AF464625

# BIBLIOTHÈQUE
DE L'ÉCOLE
# DES HAUTES ÉTUDES

PUBLIÉE SOUS LES AUSPICES
DU MINISTÈRE DE L'INSTRUCTION PUBLIQUE

---

SCIENCES HISTORIQUES ET PHILOLOGIQUES

---

BIBLIOTHÈQUE NATIONALE
CENTRE DE PRÊT
Réf. Postale 1101
78011 VERSAILLES CEDEX

CENT TRENTE-HUITIÈME FASCICULE

ÉTUDES SUR L'HISTOIRE DE MILET ET DU DIDYMEION,
PAR B. HAUSSOULLIER,
DIRECTEUR D'ÉTUDES A L'ÉCOLE DES HAUTES ÉTUDES

PARIS (2e)
LIBRAIRIE ÉMILE BOUILLON, ÉDITEUR
67, RUE DE RICHELIEU, AU PREMIER
1902

---

(TOUS DROITS RÉSERVÉS)

ÉTUDES

SUR

# L'HISTOIRE DE MILET & DU DIDYMEION

# ÉTUDES

SUR

# L'HISTOIRE DE MILET ET DU DIDYMEION

PAR

B. HAUSSOULLIER

DIRECTEUR D'ÉTUDES A L'ÉCOLE DES HAUTES ÉTUDES

PARIS
LIBRAIRIE ÉMILE BOUILLON, ÉDITEUR
67, RUE DE RICHELIEU, AU PREMIER
1902

(TOUS DROITS RÉSERVÉS)

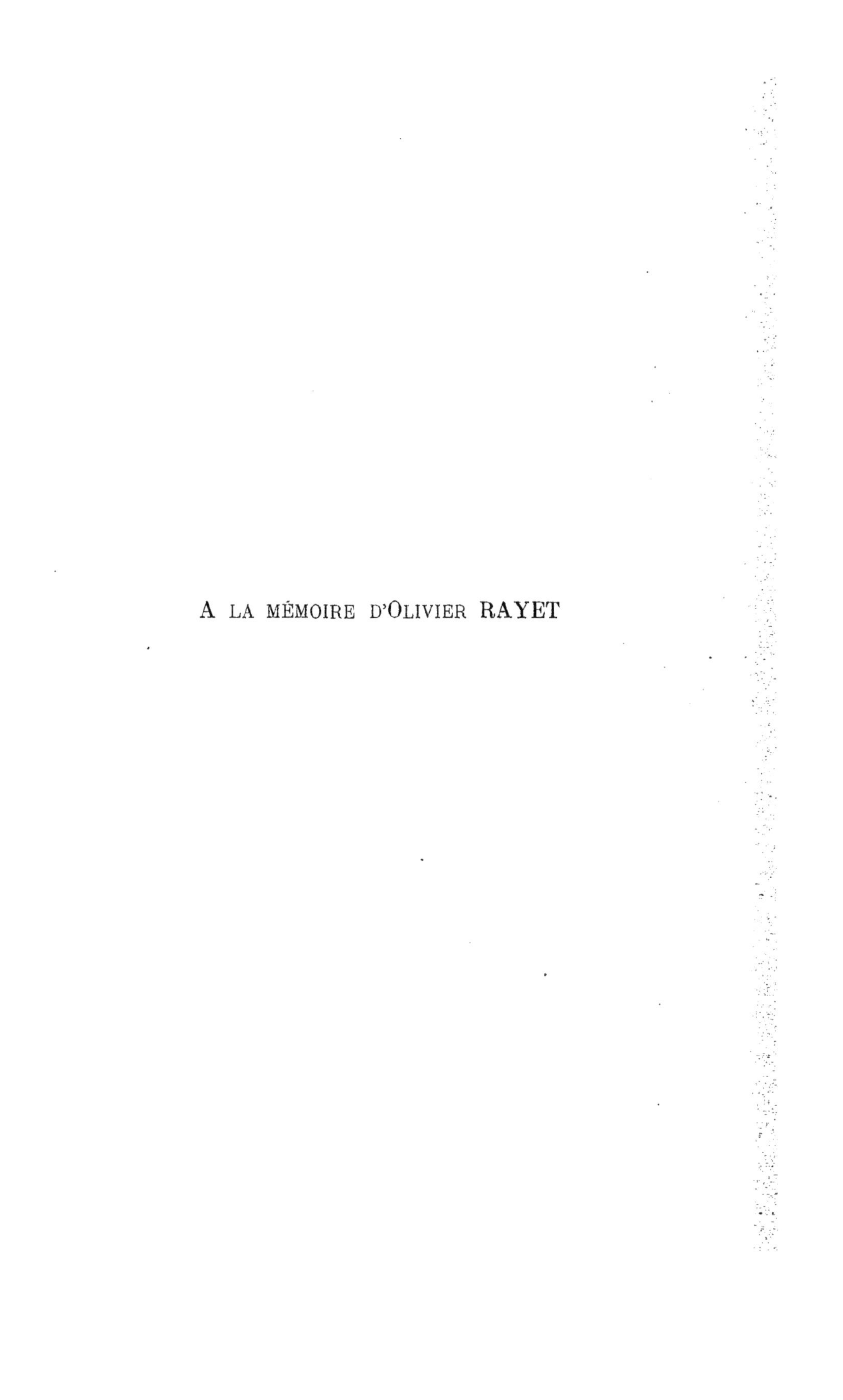

A LA MÉMOIRE D'OLIVIER RAYET

# PRÉFACE

Quelques chapitres de ce livre ont déjà paru dans une Revue à laquelle je suis depuis longtemps dévoué et qui reçoit chaque année une bonne part de mon activité, la *Revue de Philologie, de Littérature et d'Histoire anciennes.* Il m'a semblé — et je sais que plus d'un lecteur a été de mon avis, en France et à l'étranger — qu'il y avait intérêt à réunir mes articles revisés et complétés, à les nouer plus étroitement les uns aux autres, enfin à les encadrer dans des chapitres entièrement nouveaux : les premier, second et troisième, le huitième, les dixième et onzième. Ces chapitres renferment un assez grand nombre d'inscriptions inédites pour que j'aie cru nécessaire d'en donner la liste dans l'Index qui clôt ce volume. C'est, en somme, un livre nouveau que j'offre aux lecteurs.

Je l'ai dédié à la mémoire d'un homme à qui je dois beaucoup. Quand je suivais jadis à l'École des Hautes Études les conférences d'Olivier Rayet, notamment ce précieux cours d'architecture grecque où l'architecture ionique et le Didymeion tenaient une si large place, j'étais loin de penser qu'un jour, à Didymes et à l'École des Hautes Études, j'aurais l'honneur de succéder à mon maître, devenu bientôt mon ami. Le souvenir de cet homme éminent, qui joignait à de si rares qualités un esprit d'indépendance bien fait pour me séduire, ne m'a pour ainsi dire pas quitté pendant mes longs séjours à Didymes ; je lui devais un hommage public et je le lui rends d'autant plus volontiers aujourd'hui que ce livre paraît dans la *Bibliothèque de l'École des Hautes Études* et qu'Olivier Rayet a été aussi vivement attaché à son École qu'à ses fouilles.

*Saint-Prix, juin 1902.*

---

# ÉTUDES

SUR

# L'HISTOIRE DE MILET & DU DIDYMEION

## INTRODUCTION

L'histoire connaît deux temples d'Apollon Didyméen, dont le premier a été brûlé par Darius au commencement du v^e^ siècle(1). C'est du second que nous nous occuperons dans cet ouvrage. Le titre même montre suffisamment que je n'ai pas eu l'ambition d'en écrire l'histoire. Un pareil dessein serait téméraire et, pour combler des lacunes considérables, l'auteur entasserait hypothèses sur conjectures sans profit pour la science. Les études — je pourrais presque dire les notes — qui suivent forment des chapitres détachés, que des découvertes ultérieures permettront de compléter et de relier plus étroitement les uns aux autres. Je crois pouvoir affirmer qu'elles marquent un grand progrès sur les « aperçus de l'histoire du temple » présentés par mes devanciers (2) : nous devons en effet aux textes épigraphiques découverts dans les fouilles de 1895 et de 1896 un

(1) Hérodote, VI, 19.

(2) R. Chandler, *Ionian Antiquities* published by order of the Society of Dilettanti, London, 1769, p. 27-45. Une deuxième édition du même volume a paru en 1821, par les soins de W. Gell et la notice historique remplit les pages 29-47. Le voyage de Chandler avait commencé en l'année 1764 (Première édition, Introduction, p. II); celui de Gell en 1812 (Deuxième édition, Introduction, p. V).

Ch. Texier, *Description de l'Asie Mineure*, Paris, II (1849), p. 319-323. Texier visita Didymes en 1835.

O. Rayet et Alb. Thomas, *Milet et le golfe Latmique*, Paris, II (1880-1885), p. 28-32. Les fouilles d'O. Rayet à Didymes remontent à l'année 1873.

certain nombre de points de repère que Texier et Olivier Rayet eussent vainement cherchés dans les auteurs. Je me propose de les fixer aussi solidement que possible pour faciliter à mon tour la tâche de ceux qui viendront après moi.

Des deux problèmes dont l'étude s'est imposée à tous ceux qui ont pratiqué des recherches ou dirigé des fouilles sur l'emplacement du Didymeion, l'un, le problème d'architecture, avait surtout attiré l'attention d'Olivier Rayet et de son collaborateur Albert Thomas. Doublement préoccupé du développement de l'architecture ionique, qui avait tenté au Didymeion un effort considérable, et du caractère de temple-oracle, qui donnait à notre édifice un intérêt tout spécial, Olivier Rayet écrivait : « ses architectes ont dû adapter des principes de construction qui paraissaient immuables à la configuration d'un sol considéré comme sacré, à des nécessités religieuses devant lesquelles tout devait plier. De là des modifications profondes apportées par eux aux dispositions ordinaires des temples, modifications que la destruction complète des sanctuaires de Delphes et de Claros, où le même effort avait été fait, ne nous laisse aucun espoir d'étudier ailleurs qu'à Didymes [1] ». Cette étude, il l'a poursuivie au milieu de difficultés sans nombre, avec cette perspicacité pénétrante et cette énergie passionnée qui donnaient plus de prix encore à ses conquêtes ; ce problème d'architecture, il l'a en grande partie résolu avec la précieuse collaboration d'Albert Thomas. Aussi laisserons-nous ce sujet de côté, réservant pour un second volume l'ensemble des textes épigraphiques inédits qui nous renseignent sur les différentes parties du temple et l'organisation du travail aux chantiers du Didymeion ; celui-ci est exclusivement réservé au second des deux problèmes que j'indiquais plus haut, problème d'histoire et de chronologie.

(1) *Ouvrage cité*, II, p. 26-27.

On comprendra sans peine que Milet soit nommée dans le titre à côté du Didymeion. Le temple de Didymes est situé sur le territoire de Milet : le dieu de Didymes est l'un des dieux de Milet. C'est Milet qui décide la reconstruction de l'édifice et supporte les dépenses; les bonnes et les mauvaises années, dans la longue histoire des travaux du temple, correspondent à des années d'abondance, d'insuffisance ou de pauvreté dans l'histoire des finances de la ville. Par bonheur pour nous, voici que des fouilles entreprises à Milet même nous rendent un grand nombre de textes épigraphiques dont nous ne pouvons manquer de tirer profit : dès notre premier chapitre nous utiliserons deux décrets retrouvés en 1900 dans l'ancien βουλευτήριον; plus loin une importante dédicace provenant du même édifice enrichit le chapitre VIII(1). Le lecteur ne sera donc pas surpris de passer si souvent de Didymes à Milet et de Milet à Didymes. Peut-être même, au cours de ses déplacements, voudra-t-il me reprocher de ne pas avoir attendu plus patiemment les résultats complets des fouilles de Milet; mais je le prie de considérer que je suis pour ainsi dire attaché au sanctuaire, περὶ τὸ μαντεῖον, comme il est dit dans une inscription de Didymes (2), et que l'histoire du sanctuaire est l'objet principal de cette étude. Nul ne souhaite plus vivement que moi le succès de ces fouilles, mais quelques rectifications que doivent m'apporter les découvertes futures, je n'en aurai pas moins fait œuvre utile et j'ai confiance que les Milésiens d'aujourd'hui, les savants

(1) Les fouilles entreprises à Milet par la Direction des Musées royaux de Prusse ont commencé le 26 septembre 1899. Au moment où j'imprime ces lignes, deux rapports sommaires ont été publiés sur les deux premières campagnes dans les *Sitzungsberichte der königlich preussischen Akademie der Wissenschaften zu Berlin*, 1900, p. 104-115 (R. Kekule von Stradonitz); 1901, p. 903-913 (Theodor Wiegand). Je me fais un devoir et un plaisir d'exprimer ma reconnaissance à ces deux savants pour l'empressement qu'ils ont bien voulu mettre à me communiquer les résultats des fouilles.

(2) CIG., 2879, l. 5-6 : ..οἱ περὶ τὸ μαντεῖον πάντες.

qui reprennent à Palatia l'œuvre de mon ami Olivier Rayet, le reconnaîtront.

Suivant l'excellent exemple donné par Otto Kern dans son recueil des inscriptions de Magnésie du Méandre, j'ai joint à cette Introduction les textes d'auteurs relatifs à Didymes et au Didymeion ; ils sont dispersés dans nombre d'ouvrages très différents et j'ai pensé qu'il y aurait avantage à les grouper dans un même chapitre, placé en tête du livre. Il en est que je citerai plus d'une fois : le lecteur s'y reportera sans peine et pourra lui-même les rapprocher des textes épigraphiques.

Ces textes d'auteurs se répartissent sur une période de plusieurs siècles. Le premier nom qui nous frappe dans la série relative à l'histoire du temple est celui d'Alexandre, le dernier, celui de Caligula. Nos recherches portent donc sur une période d'une étendue considérable, puisqu'elle embrasse plus de trois siècles et demi, au bout desquels le Didymeion ne sera pas achevé. Trois grandes divisions s'imposaient à nous, selon les maîtres qui avaient successivement tenu Milet et l'Asie Mineure sous leur dépendance, et nous avons divisé notre livre en trois parties :

Première partie : Les MACÉDONIENS, d'Alexandre à Séleucus I (334-281).

Deuxième partie : Les SÉLEUCIDES, que supplantent par intervalles les Ptolémées (281-190).

Troisième partie : Les ROMAINS, d'abord sous la République, puis sous l'Empire.

Pour plus de clarté, nous avons subdivisé chacune de ces parties en plusieurs chapitres.

# TÉMOIGNAGES

## TEXTES D'AUTEURS RELATIFS A DIDYMES ET AU DIDYMEION

Je ne me suis nullement proposé de recueillir tous les textes d'auteurs où se trouvent cités les noms de Didymes et des Branchides. J'ai soigneusement écarté, d'abord les explications mythologiques des mots Βραγχίδαι, Δίδυμα ou Δίδυμοι, puis les textes concernant le premier temple brûlé par Darius. Ceux que j'ai retenus sont groupés sous les quatre rubriques suivantes :

A. Emplacement et Ports de Didymes.

B. Histoire du temple d'Apollon Didyméen.

C. Statue d'Apollon Didyméen.

D. Oracle d'Apollon Didyméen.

Dans cette dernière série j'ai réuni d'abord les textes relatifs aux procédés divinatoires en usage dans le Didymeion, puis les oracles rendus par le dieu de Didymes dans le second temple.

### A. Emplacement et Ports de Didymes.

I. — Strabon, XIV, 634. — Μετὰ δὲ τὸ Ποσείδιον (1) ἑξῆς ἐστι τὸ μαντεῖον τοῦ Διδυμέως Ἀπόλλωνος τὸ ἐν Βραγχίδαις ἀναβάντι ὅσον ὀκτωκαίδεκα σταδίους· ἐνεπρήσθη δ' ὑπὸ Ξέρξου (2), καθάπερ καὶ τὰ ἄλλα ἱερὰ πλὴν τοῦ ἐν Ἐφέσῳ· οἱ δὲ Βραγχίδαι τοὺς θησαυροὺς τοῦ θεοῦ παραδόντες τῷ Πέρσῃ φεύγοντι συναπῆραν τοῦ μὴ τῖσαι δίκας τῆς ἱεροσυλίας καὶ τῆς προδοσίας (3).

(1) Le cap Poseidion (aujourd'hui Monodendri) au S. de Milet marque la limite S. de l'Ionie, Strabon, 632. Une vue du cap Monodendri a été publiée par O. Rayet et Alb. Thomas, *Milet et le golfe Latmique*, pl. 22.

(2) Strabon commet la même erreur que plus loin Pausanias (nos XXIII-XXIV). Il faut lire Δαρείου au lieu de Ξέρξου. Cf. Hérodote, VI, 19 et K. Müller, *Scriptores rerum Alexandri Magni*, Callisthenis fragm. n° 36, p. 27.

(3) Cf. Strabon, XI, 518.

II. — Pomponius Mela, I, 17, éd. C. Frick. — Post Basilicum (sinum) Ionia aliquot se ambagibus sinuat, et primum a Posideo promunturio flexum inchoans cingit oraculum Apollinis dictum olim Branchidae, nunc Didymei; Miletum, urbem quondam Ioniae totius belli pacisque artibus principem, patriam Thaletis astrologi et Timothei musici et Anaximandri physici, aliorumque civium inclutis ingeniis merito inclutam, utcumque Ioniam vocant...

III. — Pline, *Hist. nat.*, V, 112 éd. L. Jahn. — Ionia ab Iasio sinu incipiens numerosiore ambitu litorum flectitur. In ea primus sinus Basilicus, Posideum promontorium et oppidum oraculum Branchidarum appellatum, nunc Didymaei Apollinis, a litore stadiis XX, et inde *CLXXX Miletus (1) Ioniae caput, Lelegeis antea et Pityusa et Anactoria nominata, super XC urbium per cuncta maria genetrix (2)...

(1) Le chiffre de CLXXX stades est inadmissible, de quelque endroit que l'on compte la distance, du promontoire Poseidion, du port Panormos ou du temple des Branchides. Du promontoire à Milet, en longeant la côte, on compte 10 + 80 stades = 120; du port Panormos à Milet 80 stades. Il faut donc corriger CLXXX soit en CXX, soit en LXXX. Cette dernière correction est beaucoup plus probable. Cf. les textes du *Stadiasmus maris magni* et de Chariton cités plus loin, nos IV et VIII.

(2) Cf. Strabon, XIV, 635 et une inscription de Milet (CIG., 2878), datée de 195 ap. J.-Chr. : Τῆς] πρώτης [τ]ῆς Ἰων[ίας ᾠ]κισμένης καὶ μητροπόλεως πολλῶν καὶ μεγάλω[ν] πόλεων ἔν τε τῷ Πόντῳ καὶ τ[ῇ] Αἰγύπτῳ καὶ πολλαχοῦ τῆς ο[ἰ]κουμένης Μιλησίων πόλεως ἡ βουλὴ καὶ ὁ δῆμος...

IV. — *Stadiasmus maris magni*, dans les *Geographi graeci minores*, éd. Müller-Didot, I, p. 501 et Carte XXV. — § 292. Ἀπὸ δὲ τοῦ Ποσειδίου εἰς Πάνορμον (1) στάδιοι μʹ.
§ 293. Ἀπὸ Πανόρμου εἰς Μίλητον στάδιοι πʹ.

(1) Sur le port de Panormos, voy. le no V et la note 1.

V. — Thucydide, VIII, 24; 26; 28.

La description détaillée des opérations navales de la

guerre d'Ionie, qui commence en 412, nous permet de nous rendre compte de la situation et de l'importance relatives des deux ports de Didymes, Panormos et Teichioussa [1], et aussi de la facilité des communications entre Milet et ces deux ports.

Milet fit défection dans l'été de 412, à l'instigation d'Alcibiade et de Chalkideus : ce dernier venait d'occuper les ports de Milet avec une escadre de vingt-cinq vaisseaux (VIII, 17). La flotte athénienne avait son quartier général à Samos (19) et tenait la mer jusqu'à une faible distance de Milet, puisque ses vaisseaux pouvaient mouiller devant l'île de Ladé (24, 1). Un premier succès, remporté à Panormos, encouragea les Athéniens : quittant le mouillage de Ladé, ils cinglèrent au S. vers le port de Panormos, y débarquèrent, surprirent et tuèrent Chalkideus même (24, 1). Ce dernier, qui fut tué sur terre, avait gagné Panormos par la voie de terre, pour se mettre en communication avec la flotte péloponnésienne qu'il attendait. Les Athéniens ne restèrent pas plus de deux jours à Panormos (24, 1) et, peu après, commencèrent le siège de Milet, avec quarante-huit vaisseaux et trois mille cinq cents hoplites (25, 1. Automne de 412). Cependant la flotte péloponnésienne, forte de cinquante-cinq vaisseaux, arrivait dans les eaux ioniennes (26, 1) : elle fit escale à Léros, que les Milésiens occupaient, et, apprenant le siège de Milet, se dirigea vers le S., non vers Panormos que les Athéniens avaient trop aisément surpris, mais vers Teichioussa, qui est au S. de la presqu'île didyméenne (26, 2). Ce fut Alcibiade, alors à Milet, qui vint à cheval mettre les Péloponnésiens au courant du siège et de la situation critique de la ville (26, 3). On sait comment elle fut sauvée : les Athéniens, sur le conseil du stratège Phrynichos, levèrent le siège (27). Ils reprirent un soir le chemin de Samos (27, 6); le lendemain matin la flotte péloponnésienne quittait Teichioussa, où elle laissait ses bagages, et entrait à Milet (28, 1). Elle n'y resta qu'un jour, revint à Teichioussa, leva le camp et, après une expédition contre Iasos, prit ses quartiers d'hiver à Milet même (28).

24, 1. — Τοῦ δ'αὐτοῦ θέρους οἵ τ' ἐπὶ Μιλήτῳ Ἀθηναῖοι ταῖς εἴκοσι ναυσὶν ἐν τῇ Λάδῃ ἐφορμοῦντες ἀπόβασιν ποιησάμενοι ἐς Πάνορμον τῆς Μιλησίας Χαλκιδέα τε τὸν Λακεδαιμόνιον ἄρχοντα μετ' ὀλίγων παραβοηθήσαντα ἀποκτείνουσι καὶ τροπαῖον τρίτῃ ἡμέρᾳ ὕστερον διαπλεύσαντες ἔστησαν, ὃ οἱ Μιλήσιοι ὡς οὐ μετὰ κράτους τῆς γῆς σταθὲν ἀνεῖλον.

26, 1. — ..Κατέπλευσαν (αἱ ἀπὸ Σικελίας καὶ Πελοποννήσου πέντε καὶ πεντήκοντα νῆες) ἐς Λέρον (2) πρῶτον τὴν πρὸ Μιλήτου νῆσον. Ἔπειτα ἐκεῖθεν αἰσθόμενοι ἐπὶ Μιλήτῳ ὄντας Ἀθηναίους ἐς τὸν Ἰασικὸν κόλπον πρότερον πλεύσαντες ἐβούλοντο εἰδέναι τὰ περὶ τῆς Μιλήτου. Ἐλθόντος δὲ Ἀλκιβιάδου ἵππῳ ἐς Τειχιοῦσσαν τῆς Μιλησίας, οἵπερ τοῦ κόλπου πλεύσαντες ηὐλίσαντο, πυνθάνονται τὰ περὶ τῆς μάχης· παρῆν γὰρ ὁ Ἀλκιβιάδης καὶ ξυνεμάχετο τοῖς Μιλησίοις καὶ Τισσαφέρνει.

28, 1. — Οἱ δὲ Πελοποννήσιοι ἅμα τῇ ἕῳ ἐκ τῆς Τειχιούσσης ἄραντες ἐπικατάγονται, καὶ μείναντες ἡμέραν μίαν τῇ ὑστεραίᾳ καὶ τὰς Χίας ναῦς προσλαβόντες τὰς μετὰ Χαλκιδέως τὸ πρῶτον ξυγκαταδιωχθείσας ἐβούλοντο πλεῦσαι ἐπὶ τὰ σκεύη, ἃ ἐξείλοντο, ἐς Τειχιοῦσσαν πάλιν.

(1) Panormos, aujourd'hui baie Kouvella, au N. de Didymes. Voy. O. Rayet et Alb. Thomas, *Milet et le golfe Latmique*, II, p. 27. — Teichioussa, aujourd'hui Kara-Kouya, au S. de Didymes. Voy. C. T. Newton, *A History of Discoveries at Halicarnassus, Cnidus and Branchidæ*, II (1863), p. 784 suiv. Le port de Teichioussa mettait Didymes en communication avec la Carie, celui de Panormos avec l'Ionie.

(2) J'adopte la leçon du manuscrit B. Ελεον avec des accentuations différentes est la leçon des autres manuscrits. Karl Hude (1901) donne : Ἐλεόν. Il me semble difficile qu'une escadre forte de 55 vaisseaux ait pu mouiller devant une des petites îles qui étaient en avant de Milet. Une inscription inédite me fournira prochainement l'occasion de revenir sur ce texte.

V *bis*. — Hérodote, I, 157. — Οἱ δὲ Κυμαῖοι ἔγνωσαν συμβουλῆς πέρι ἐς θεὸν ἀνοῖσαι τὸν ἐν Βραγχίδῃσι. Ἦν γὰρ αὐτόθι μαντήιον ἐκ παλαιοῦ ἱδρυμένον, τῷ Ἴωνές τε πάντες καὶ Αἰολέες ἐώθεσαν χρᾶσθαι. Ὁ δὲ χῶρος οὗτός ἐστι τῆς Μιλησίας ὑπὲρ Πανόρμου λιμένος.

VI. — Pausanias, V, 7, 5. — Τῷ δὲ Ἀλφειῷ τὸ αὐτὸ πάσχει καὶ ὕδωρ ἄλλο ἐν Ἰωνίᾳ· τούτου δὲ τοῦ ὕδατος πηγὴ μέν ἐστιν ἐν Μυκάλῃ τῷ ὄρει, διεξελθὸν δὲ θάλασσαν τὴν μεταξὺ ἄνεισιν αὖθις κατὰ Βραγχίδας πρὸς λιμένι ὀνομαζομένῳ Πανόρμῳ (1).

(1) Cf. le vers suivant, dans un oracle didyméen cité plus loin, n° XLIII : ἐν Διδύμων γυάλοις Μυκαλήϊον ἔνθεον ὕδωρ.

VII. — Quintus de Smyrne, *Posthomer.*, I, 279, éd. A. Zimmermann.

Κτεῖνε γὰρ Ἰτυμονῆα καὶ Ἱππασίδην Ἀγέλαον,
οἵ ῥ' ἀπὸ Μιλήτοιο φέρον Δαναοῖσιν ὁμοκλὴν
Νάστῃ ὑπ' ἀντιθέῳ καὶ ὑπ' Ἀμφιμάχῳ μεγαθύμῳ,
οἳ Μυκάλην ἐνέμοντο Λάτμοιό τε λευκὰ κάρηνα
Βράγχου τ' ἄγκεα μακρὰ καὶ ἠιόεντα Πάνορμον
Μαιάνδρου τε ῥέεθρα βαθυρρόου, ὅς ῥ' ἐπὶ γαῖαν
Καρῶν ἀμπελόεσσαν ἀπὸ Φρυγίης πολυμήλου
εἶσι πολυγνάμπτοισιν ἑλισσόμενος προχοῇσι.

VIII. — Chariton, Τῶν περὶ Χαιρέαν καὶ Καλλιρρόην λόγ. Α, 11 (Éd. R. Hercher, *Erotici scriptores graeci*, II, p. 20). — Théron et Callirrhoé se rendent d'Attique en Ionie : ὑδρευσάμενοι δὴ καὶ λαβόντες ἀπὸ τῶν παρουσῶν ὁλκάδων ἐπισιτισμὸν ἔπλεον εὐθὺ Μιλήτου, τριταῖοι δὲ κατήχθησαν εἰς ὅρμον ἀπέχοντα τῆς πόλεως σταδίους ὀγδοήκοντα, εὐφυέστατον εἰς ὑποδοχήν (1).

(1) Entendez le port de Panormos. Du cap Trogilion, extrémité du mont Mycale, au promontoire de Sounion, Strabon compte 1600 stades, XIV, 636 fin.

IX. — CIA., I, 226 suiv. — Teichioussa figure, à côté de Milet et de Léros, sur la liste des tributaires de la première confédération maritime athénienne, mais, de même que Léros, elle est sous la dépendance de Milet. 226, colonne de droite, l. 19 suiv. :

Μιλέσιοι
ἔ]χς Λέρο : ΗΗΗ
Μι]λέσιοι
ἐν Τ]ειχιόσσε[ι..(1)

(1) Cf. W. Larfeld, *Handbuch der griechischen Epigraphik*, II, I (1898), p. 21 et 26. — G. F. Hill, *Sources for greek History between the Persian and Peloponnesian Wars*, p. 43 et 44.

X. — Archestratos, ἐν τῇ Γαστρονομίᾳ (fr. 55 Ribbeck), cité par Athénée, 320 *a*.

Σκάρον ἐξ Ἐφέσου ζήτει, χειμῶνι δὲ τρίγλαν
ἔσθι' ἐνὶ ψαφαρῇ ληφθέντα Τειχιοέσσῃ
Μιλήτου κώμῃ Καρῶν πέλας ἀγκυλοκώλων.

XI. — Athénée, VIII, 351 *a*, *b*. — Ἐν Τειχιούσσῃ δὲ τῆς Μιλήτου μιγάδων οἰκούντων, ὡς ἑώρα (Στρατόνικος ὁ κιθαριστής)(1) πάντας τοὺς τάφους ξενικοὺς ὄντας· ἀπίωμεν, ἔφη, παῖ, ἐνταῦθα γὰρ οἱ ξένοι ἐοίκασιν ἀποθνήσκειν, τῶν δ'ἀστῶν οὐδείς.

(1) Stratonicos venait peut-être de Mylasa quand il aborda à Teichioussa (Athénée, 318 *d*). Il vivait dans la première partie du quatrième siècle. Voy. Athénée, 319 *e*, *f*; F. Susemihl, *Geschichte der griechischen Litteratur in der Alexandrinerzeit*, II, p. 551, 177[d], et von Wilamowitz-Moellendorff, *Griechisches Lesebuch*, I, p. 36, 12 suiv.

XI *bis*. — Étienne de Byzance, Ἐθνικῶν quae supersunt, s. v. — Τειχιόεσσα, πόλις Μιλησίας· τὸ ἐθνικὸν Τειχιόεις καὶ θηλυκὸν Τειχιόεσσα.

## B. Histoire du temple d'Apollon Didyméen.

XII. — Callisthène cité par Strabon, XVII, 814. — Προστραγῳδεῖ δὲ τούτοις ὁ Καλλισθένης ὅτι, τοῦ Ἀπόλλωνος τὸ ἐν Βραγχίδαις μαντεῖον ἐκλελοιπότος ἐξ ὅτου τὸ ἱερὸν ὑπὸ τῶν Βραγχιδῶν σεσύλητο ἐπὶ Ξέρξου περσισάντων, ἐκλελοιπυίας δὲ καὶ τῆς κρήνης, τότε ἥ τε κρήνη ἀνάσχοι καὶ μαντεῖα πολλὰ οἱ Μιλησίων πρέσβεις κομίσαιεν εἰς Μέμφιν περὶ τῆς ἐκ Διὸς γενέσεως τοῦ Ἀλεξάνδρου καὶ τῆς ἐσομένης περὶ Ἄρβηλα νίκης.

XIII. — STRABON, XIV, 634 (suite du passage cité sous le n° I). — Ὕστερον δ'οἱ Μιλήσιοι μέγιστον νεὼν τῶν πάντων κατεσκεύασαν, διέμεινε δὲ χωρὶς ὀροφῆς διὰ τὸ μέγεθος· κώμης γοῦν κατοικίαν ὁ τοῦ σηκοῦ περίβολος δέδεκται καὶ ἄλσος ἐντός τε καὶ ἐκτὸς πολυτελές· ἄλλοι δὲ σηκοὶ τὸ μαντεῖον καὶ τὰ ἱερὰ συνέχουσιν· ἐνταῦθα δὲ μυθεύεται τὰ περὶ τὸν Βράγχον καὶ τὸν ἔρωτα τοῦ Ἀπόλλωνος· κεκόσμηται δ'ἀναθήμασι τῶν ἀρχαίων τεχνῶν πολυτελέστατα· ἐντεῦθεν δ'ἐπὶ τὴν πόλιν οὐ πολλὴ ὁδός ἐστιν οὐδὲ πλοῦς.

XIV. — VITRUVE, VII, 16, éd. V. Rose, 2e édition, 1899, p. 159. — ..Quattuor locis sunt aedium sacrarum marmoreis operibus ornatae dispositiones, e quibus proprie de is nominationes clarissima fama nominantur. Quarum excellentiae prudentesque cogitationum apparatus suspectus habent in deorum caerimonio. Primumque aedis Ephesi Dianae ionico genere ab Chersiphrone Gnosio et filio eius Metagene est instituta, quam postea Demetrius ipsius Dianae servus et Paeonius Ephesius dicuntur perfecisse. Mileti Apollini item ionicis symmetriis idem Paeonius Daphnisque Milesius instituerunt.

XV. — PLUTARQUE, *Vie de Pompée*, 24. — Τῶν δὲ ἀσύλων καὶ ἀβάτων πρότερον ἱερῶν ἐξέκοψαν (les pirates) ἐπιόντες τὸ Κλάριον, τὸ Διδυμαῖον, τὸ Σαμοθρᾴκιον, τὸν ἐν Ἑρμιόνῃ τῆς Χθονίας νεὼν καὶ τὸν ἐν Ἐπιδαύρῳ τοῦ Ἀσκληπιοῦ καὶ τὸν Ἰσθμοῖ καὶ Ταινάρῳ καὶ Καλαυρίᾳ τοῦ Ποσειδῶνος, τοῦ δὲ Ἀπόλλωνος τὸν ἐν Ἀκτίῳ καὶ Λευκάδι, τῆς δὲ Ἥρας τὸν ἐν Σάμῳ, τὸν ἐν Ἄργει, τὸν ἐπὶ Λακινίῳ.

XVI. — ARNOBE, *Aduersus nationes*, VI, 23 (p. 234 A. Reifferscheid, *Corpus scriptorum ecclesiasticorum latinorum*, IV, 1875). — Ubi... Apollo divinus, cum a piratis maritimisque praedonibus et spoliatus ita est et incensus, ut ex tot auri ponderibus quae infinita congesserunt saecula ne unum quidem habuerit scripulum quo hirundinibus hospitium, Varro ut dicit set Menippeus, ostenderet[1]?

(1) Il est possible que ce texte se rapporte au Didymeion, comme le pense H. GELZER, *De Branchidis*, p. 24. Mais — nous le verrons plus loin dans le chapitre XI, p. 256 — l'auteur fait une double erreur en parlant de l'incendie du temple et de la valeur considérable des offrandes amassées au cours de tant de siècles!

XVII. — SUÉTONE, *Gaïus*, 21. — Destinaverat... et Mileti Didymeum peragere.

XVIII. — DION CASSIUS, LIX, 28. — Γάϊος δὲ τῇ Ἀσίᾳ τῷ ἔθνει τέμενός τι ἑαυτῷ ἐν Μιλήτῳ τεμενίσαι ἐκέλευσε. Ταύτην γὰρ τὴν πόλιν ἐπελέξατο, λόγῳ μὲν εἰπὼν ὅτι τὴν Ἔφεσον ἡ Ἄρτεμις, τὴν δὲ Πέργαμον ὁ Αὔγουστος, τὴν δὲ Σμύρναν ὁ Τιβέριος προκατειλήφασι, τὸ δὲ ἀληθὲς ὅτι τὸν νεὼν ὃν οἱ Μιλήσιοι τῷ Ἀπόλλωνι καὶ μέγαν καὶ ὑπερκαλλῆ ἐποίουν ἰδιώσασθαι ἐπεθύμησε.

XIX. — ZONARAS, *Annales*, XI, 7. — Οὕτω δ' ἐξεμάνη ὁ Γάϊος ὡς καὶ τοῖς ἐν τῇ Ἀσίᾳ τέμενος ἑαυτῷ ἀνεγεῖραι κελεῦσαι κατὰ τὴν Μίλητον, καὶ ἐν τῇ Ῥώμῃ δύο ναοὶ αὐτῷ ἱδρύθησαν.

XX. — Domitii ULPIANI... fragmenta..., edidit E. Huschke. Tit. XXII, 6. — Qui heredes institui possunt. Deos heredes instituere non possumus praeter eos, quos senatusconsultis constitutionibusve principum instituere concessum est, siculi Iovem Tarpeium, Apollinem Didymaeum Mileti, Martem in Gallia, Minervam Iliensem, Herculem Gaditanum, Dianam Efesiam, Matrem deorum Sipylenem, quae Smyrnae colitur et Caelestem Selenen deam Carthaginis.

XXI. — PAUSANIAS, VII, 5, 2. — Ἔχει δὲ (l'Ionie) καὶ ἱερὰ οἷα οὐχ ἑτέρωθι, πρῶτον μὲν τὸ τῆς Ἐφεσίας μεγέθους τε ἕνεκα καὶ ἐπὶ τῷ ἄλλῳ πλούτῳ, δύο δὲ οὐκ ἐξειργασμένα Ἀπόλλωνος, τό τε ἐν Βραγχίδαις τῆς Μιλησίας καὶ ἐν Κλάρῳ τῇ Κολοφωνίων.

XXII. — SOZOMENOS, Ἐκκλησιαστικὴ Ἱστορία, V, 20, 31 (*Patrologie grecque*, t. 67, p. 1279). — ..Ὡς οἶμαι δὲ, ἐκ τῶν συμβάντων ἐν τῇ Δάφνῃ διὰ τὸν μάρτυρα Βαβύλαν πυθόμενος ὁ βασιλεὺς (Julien) ἐπὶ τιμῇ μαρτύρων εὐκτηρίους οἴκους εἶναι πλησίον τοῦ ναοῦ Διδυμαίου Ἀπόλλωνος, ὃς πρὸ τῆς Μιλήτου ἐστίν, ἔγραψε τῷ ἡγεμόνι Καρίας, εἰ μὲν ὄροφόν τε καὶ τράπεζαν ἱερὰν ἔχουσι, πυρὶ καταφλέξαι, εἰ δὲ ἡμίεργά ἐστι τὰ οἰκοδομήματα, ἐκ βάθρων ἀνασκάψαι.

## C. STATUE D'APOLLON DIDYMÉEN.

XXIII.— PAUSANIAS, VIII, 46, 3. — Entre autres exemples de statues enlevées à leurs temples, Pausanias cite les suivants. Βασιλέα τε τῶν Περσῶν Ξέρξην τὸν Δαρείου, χωρὶς ἢ ὅσα ἐξεκόμισε τοῦ Ἀθηναίων ἄστεως, τοῦτο μὲν ἐκ Βραυρῶνος ἄγαλμα ἴσμεν τῆς Βραυρωνίας λαβόντα Ἀρτέμιδος, τοῦτο δὲ αἰτίαν ἐπενεγκὼν Μιλησίοις ἐθελοκακῆσαι σφᾶς ἐναντία Ἀθηναίων ἐν τῇ Ἑλλάδι ναυμαχήσαντας τὸν χαλκοῦν ἔλαβεν Ἀπόλλωνα τὸν ἐν Βραγχίδαις. Καὶ τὸν μὲν ὕστερον ἔμελλε χρόνῳ Σέλευκος καταπέμψειν Μιλησίοις.

(1) Nous avons dit plus haut, n° I, note 2, que la statue d'Apollon Didyméen avait été emportée par Darius et non par Xerxès.

XXIV. — PAUSANIAS, I, 16, 3. — Σέλευκον δὲ βασιλέων ἐν τοῖς μάλιστα πείθομαι καὶ ἄλλως γενέσθαι δίκαιον καὶ πρὸς τὸ θεῖον εὐσεβῆ. Τοῦτο μὲν γὰρ Σέλευκός ἐστιν ὁ Μιλησίοις τὸν χαλκοῦν καταπέμψας Ἀπόλλωνα ἐς Βραγχίδας, ἀνακομισθέντα ἐς Ἐκβάτανα τὰ Μηδικὰ ὑπὸ Ξέρξου (1).

(1) Voy. n° I, note 2.

XXV. — PLINE, *Hist. nat.*, XXXIV, 75 éd. L. Jahn. — Canachus Apollinem nudum qui Philesius cognominatur in Didymaeo Aeginetica aeris temperatura, cervomque una ita vestigiis suspendit ut linum supter pedes trahatur alterno morsu calce digitisque retinentibus solum, ita vertebrato dente utrisque in partibus ut a repulsu per vicis resiliat [1].

(1) Pour l'interprétation de ce texte difficile, voy. JEX-BLAKE and E. SELLERS, *The elder Pliny's Chapters on the History of Art*, 1896, p. 60. Sur la statue de Canachos et sur les répliques conservées, voy. M. COLLIGNON, *Histoire de la sculpture grecque*, I (1892), p. 311 suiv. Cf. D. BASSI, *Saggio di bibliografia mitologica*, I (1896), *Apollo*, p. 86, nos 727-732.

## D. ORACLE D'APOLLON DIDYMÉEN.

XXVI. — CALLISTHÈNE cité par Strabon, XVII, 814. — Εἶναι δ' (au temple d'Ammou) οὐχ ὥσπερ ἐν Δελφοῖς καὶ Βραγχίδαις τὰς ἀποθεσπίσεις διὰ λόγων, ἀλλὰ νεύμασι καὶ συμβόλοις τὸ πλέον... τοῦ προφήτου τὸν Δία ὑποκριναμένου.

XXVII. — ORIGÈNE, *Contre Celse*, I, 70 (Origenes, I (1899), p. 124 (P. Koetschau), dans le recueil *Die griechischen christlichen Schriftsteller der ersten drei Jahrhunderte*, Leipzig). — Λελέξεται γὰρ πρὸς αὐτὸν (Celse) ὅτι χρῆται ὁ πεπιστευμένος παρ' Ἕλλησιν εἶναι θεὸς ὁ Πύθιος καὶ ὁ Διδυμεὺς τοιᾷδε φωνῇ τῇ τῆς Πυθίας ἢ τῆς ἐν Μιλήτῳ γενομένης προφήτιδος.

XXVIII. — JAMBLIQUE, *De Mysteriis*, éd. Parthey. — A la p. 123, Jamblique énumère les différents modes de divination en usage dans les trois sanctuaires de Colophon, de Delphes et des Branchides, les trois plus célèbres : προεῖχε τῶν ἄλλων ταῦτα. Il ajoute : ...οἱ δ' ὕδωρ πίοντες καθάπερ ὁ ἐν Κολοφῶνι ἱερεὺς τοῦ Κλαρίου, οἱ δὲ στομίοις παρακαθήμενοι ὡς αἱ ἐν Δελφοῖς θεσπίζουσαι, οἱ δ' ἐξ ὑδάτων ἀτμιζόμενοι καθάπερ αἱ ἐν Βραγχίδαις προφήτιδες.

P. 127. — Καὶ μὴν ἥ γε ἐν Βραγχίδαις γυνὴ χρησμῳδός, εἴτε ῥάβδον ἔχουσα τὴν πρώτως ὑπὸ θεοῦ τινος παραδοθεῖσαν πληροῦται τῆς θείας αὐγῆς, εἴτε ἐπὶ ἄξονος καθημένη προλέγει τὸ μέλλον, εἴτε τοὺς πόδας ἢ κράσπεδόν τι τέγγουσα τῷ ὕδατι ἢ ἐκ τοῦ ὕδατος ἀτμιζομένη δέχεται τὸν θεόν, ἐξ ἁπάντων τούτων ἐπιτηδεία παρασκευαζομένη πρὸς τὴν ὑποδοχὴν ἔξωθεν αὐτοῦ μεταλαμβάνει. Δηλοῖ δὲ καὶ τὸ τῶν θυσιῶν πλῆθος καὶ ὁ θεσμὸς τῆς ὅλης ἁγιστείας καὶ ὅσα ἄλλα δρᾶται πρὸ τῆς χρησμῳδίας θεοπρεπῶς, τά τε λουτρὰ τῆς προφήτιδος καὶ ἡ τριῶν ὅλων ἡμερῶν ἀσιτία καὶ ἡ ἐν ἀδύτοις αὐτῆς διατριβὴ καὶ ἐχομένης ἤδη τῷ φωτὶ καὶ τερπομένης ἐν πολλῷ χρόνῳ· καὶ γὰρ αὐτὰ πάντα παράκλησιν τοῦ θεοῦ ὥστε παραγενέσθαι καὶ παρουσίαν ἔξωθεν ἐπιδείκνυσιν.

XXIX. — HIMERIUS, *Orat.*, XXI, 8 (Éd. Dübner-Didot, p. 88). — Μιμώμεθα, ὦ παῖδες, καὶ τὴν Ἀπόλλωνος λύραν τὴν πάνσοφον. Πῶς οὖν ἐκείνην ὁ θεὸς ἥρμοζε; Κολοφὼν μὲν γὰρ ἔχει τὴν λύραν· τρίποδες δὲ Δελφοῖς ἠχοῦσιν· ἀλλὰ καὶ Βραγχιδῶν πηγὰς συναμειβούσας ὄψει τὸ μάντευμα, καὶ τοῖς Δηλίων φυτοῖς αὖθις τὸν θεὸν συμπροφητεύοντα (1).

(1) Himérius cite encore l'oracle de Bradchides, à côté de celui de Colophon, *Orat.* XI, 3, *ibid.*, p. 67.

XXX. — CALLISTHÈNE cité par Strabon, XVII, 814 (sur les oracles rendus par le dieu de Didymes en l'honneur d'Alexandre). — Le texte a été cité plus haut, n° XII.

XXXI. — APPIEN, Συριακή, 56. — Λέγεται δ' αὐτῷ (Séleucus I) στρατιώτῃ τοῦ βασιλέως ἔτι ὄντι καὶ ἐπὶ Πέρσας ἑπομένῳ, χρησμὸν ἐν Διδυμέως γενέσθαι πυνθανομένῳ περὶ τῆς ἐς Μακεδονίαν ἐπανόδου·

Μὴ σπεῦδ' Εὐρώπηνδ'· Ἀσίη τοι πολλὸν ἀμείνων (1).

(1) Le dieu de Didymes rendait ses oracles en vers. Cf. AMMIEN MARCELLIN, XXIX, 1, 31 : heroos efficit versus interrogationibus consonos, ad numeros et modos plene conclusos, quales leguntur Pythici vel ex oraculis editi Branchidarum.

XXXII. — APPIEN, *Ibid.*, 63. — Καὶ Σέλευκος μὲν οὕτω τελευτᾷ, τρία καὶ ἑβδομήκοντα ἔτη βιώσας καὶ βασιλεύσας αὐτῶν δύο καὶ τεσσαράκοντα. Καὶ μοὶ δοκεῖ καὶ ἐς τοῦτο αὐτῷ συνενεχθῆναι τὸ αὐτὸ λόγιον· « Μὴ σπεῦδ' Εὐρώπηνδ'· Ἀσίη τοι πολλὸν ἀμείνων ». Ἡ γὰρ Λυσιμάχεια τῆς Εὐρώπης ἐστι καὶ τότε πρῶτον ἀπὸ τῆς Ἀλεξάνδρου στρατείας ἐς τὴν Εὐρώπην διεπέρα.

Il est possible que le second oracle rapporté par Appien dans le même chapitre, ait été rendu par le dieu de Didymes. Séleucus l'aurait consulté sur sa mort, en même temps que sur son retour en Europe, mais l'historien ne prononce pas le nom d'Apollon Didyméen.

XXXIII. — DIODORE, XIX, 90. — Πιστεύειν δὲ δεῖν (dit Séleucus à ses soldats après la bataille de Gaza) καὶ ταῖς τῶν θεῶν προρρήσεσι τὸ τέλος ἔσεσθαι τῆς στρατείας ἄξιον τῆς ἐπιβολῆς· ἐν μὲν γὰρ Βραγχίδαις αὐτοῦ χρηστηριαζομένου τὸν θεὸν προσαγορεῦσαι Σέλευκον βασιλέα.

XXXIV. — LIBANIUS, Ἀντιοχικὸς, I, p. 303. — Ἔτι δὲ καὶ χρησμὸς αὐτὸν ἦγεν, ὃν παρὰ τὴν δυσκολίαν ἐκ Μιλήτου δεξάμενος ἀνεθάρρησεν, ὃς τήν τε μέλλουσαν ὑπισχνεῖτο τύχην...

XXXV. — PSEUDO-SKYMNOS, Περιήγησις, dans la dédicace au roi Nicomède III (1) (*Geographi graeci minores*, éd. Müller-Didot, I, p. 197). v. 55 suiv.

Διὸ τῇ προθέσει σύμβουλον ἐξελεξάμην
τὸν συγκατορθώσαντα καὶ τῷ σῷ πατρὶ
τὰ τῆς βασιλείας πρότερον, ὡς ἀκούομεν,
παρὰ σοί τε, βασιλεῦ, γνησίως τιμώμενον
κατὰ πάντα, τὸν Ἀπόλλωνα τὸν Διδυμῆ λέγω,
τὸν καὶ θεμιστεύοντα καὶ μουσηγέτην.

(1) Sur Nicomède III Évergète et sur la dédicace du poème du Pseudo-Skymnos, voy. Th. REINACH, *Revue numismatique*, 1897, p. 254 et suiv.

XXXVI. — CONON, *Narrat.* 33, p. 138 Westermann. — Ὁ δὲ Βράγχος ἐξ Ἀπόλλωνος ἐπίπνους μαντικῆς γεγονὼς ἐν Διδύμοις τῷ χωρίῳ ἔχρα· καὶ μέχρι νῦν χρηστηρίων Ἑλληνικῶν ὧν ἴσμεν μετὰ Δελφοὺς κράτιστον ὁμολογεῖται τὸ τῶν Βραγχιδῶν.

XXXVII. — PHILOSTRATE, Τὰ ἐς τὸν Τυανέα Ἀπολλώνιον, IV, 1. — ... Λόγοι τε περὶ αὐτοῦ ἐφοίτων οἱ μὲν ἐκ τοῦ (ἐν) Κολοφῶνι (1) μαντείου " κοινωνὸν τῆς ἑαυτοῦ σοφίας καὶ ἀτεχνῶς σοφὸν " καὶ τὰ τοιαῦτα τὸν ἄνδρα ᾄδοντες, οἱ δὲ ἐκ Διδύμων, οἱ δὲ ἐκ τοῦ περὶ τὸ Πέργαμον ἱεροῦ.

(1) Sur ce texte, voy. K. BURESCH, *Klaros*, p. 41, note 7.

XXXVIII. — LUCIEN, Δὶς κατηγορούμενος ἢ Δικαστήρια, 1. — Zeus, voulant montrer que l'existence des dieux n'est pas aussi enviable que le prétendent certains philosophes, cite l'exemple d'Apollon. Ὁ Ἀπόλλων τε αὖ πολυπράγμονα τὴν τέχνην ἐπανελόμενος ὀλίγου δεῖν τὰ ὦτα ἐκκεκώφηται πρὸς τῶν ἐνοχλούντων κατὰ χρείαν τῆς μαντικῆς, καὶ ἄρτι μὲν αὐτῷ ἐν Δελφοῖς ἀναγκαῖον εἶναι, μετ' ὀλίγον δὲ ἐς Κολοφῶνα θεῖ, κἀκεῖθεν ἐς Ξάνθον μεταβαίνει καὶ δρομαῖος αὖθις ἐς τὴν Κλάρον, εἶτα ἐς Δῆλον ἢ ἐς Βραγχίδας, καὶ ὅλως ἔνθα ἂν ἡ πρόμαντις πιοῦσα τοῦ ἱεροῦ νάματος καὶ μασησαμένη τῆς δάφνης καὶ τὸν τρίποδα διασεισαμένη κελεύσῃ παρεῖναι, ἄοκνον χρὴ αὐτίκα μάλα παρεστάναι ξυνείροντα τοὺς χρησμοὺς ἢ οἴχεσθαι οἱ τὴν δόξαν τῆς τέχνης.

XXXIX. — LUCIEN, Ἀλέξανδρος ἢ Ψευδόμαντις, 29. — Εἰδὼς δὲ (Alexandre d'Abonoteichos) τοὺς ἐν Κλάρῳ καὶ Διδύμοις (1) καὶ Μάλλῳ καὶ αὐτοὺς εὐδοκιμοῦντας ἐπὶ τῇ ὁμοίᾳ μαντικῇ ταύτῃ φίλους αὐτοὺς ἐποιεῖτο, πολλοὺς τῶν προσιόντων πέμπων ἐπ' αὐτοὺς λέγων.....

Βραγχιδέων ἀδύτοισι πελάζεο καὶ κλύε χρησμῶν.

(1) Plus haut déjà (8), Lucien a nommé les Branchides à côté de Delphes, Délos et Claros, parmi les sanctuaires que leurs oracles ont rendus les plus riches et les plus fameux.

XL. — CLÉMENT, *Protrept.*, II, init. (Clementis opera ed. Dindorf, I, p. 13). — Σεσίγηται γοῦν ἡ Κασταλίας πηγὴ καὶ Κολοφῶνος ἄλλη πηγὴ καὶ τὰ ἄλλα ὁμοίως τέθνηκε νάματα μαντικά (1)... Διήγησαι ἡμῖν καὶ τῆς ἄλλης μαντικῆς, μᾶλλον δὲ μανικῆς, τὰ ἄχρηστα χρηστήρια· τὸν Κλάριον, τὸν Πύθιον, τὸν Διδυμέα, τὸν Ἀμφιάρεων, τὸν Ἀπόλλω, τὸν Ἀμφίλοχον...

(1) Comme l'a fait remarquer K. BURESCH, *Klaros*, p. 40, Clément prend son désir pour la réalité.

XLI. — CELSE cité par Origène, *Contre Celse*, VII, 3 (Origenes, II (1899), p. 154, P. Koetschau). — Τὰ μὲν ὑπὸ τῆς Πυθίας ἢ Δωδωνίδων ἢ Κλαρίου ἢ ἐν Βραγχίδαις ἢ ἐν Ἄμμωνος ὑπὸ μυρίων τε ἄλλων θεοπρόπων προειρημένα, ὑφ' ὧν ἐπιεικῶς πᾶσα γῆ κατῳκίσθη [1], ταῦτα μὲν <ἐν> οὐδενὶ λόγῳ τίθενται· τὰ δὲ ὑπὸ τῶν ἐν Ἰουδαίᾳ τῷ ἐκείνων τρόπῳ λεχθέντα ἢ μὴ λεχθέντα, καὶ ὥσπερ εἰώθασιν ἔτι νῦν οἱ περὶ Φοινίκην τε καὶ Παλαιστίνην, ταῦτά γε θαυμαστὰ καὶ ἀπαρράλλακτα ἡγοῦνται.

(1) Cf. CELSE cité par Origène, VIII, 45, p. 259 Koetschau.

XLII. — APULÉE, *Métamorphoses*, IV, 32 et 33 (éd. van der Vliet, 1897, p. 92 et 93). — Le père de Psyché va consulter le dieu de Didymes sur le mariage de sa fille : dei Milesii vetustissimum percontatur oraculum ..... et le dieu lui répond en latin : sic latina sorte respondit (suivent quatre distiques latins).

XLIII. — PORPHYRE, cité par Eusèbe, *Praep. evang.*, V, XVI, 1.

Ἀμφὶ δὲ Πυθὼ † Κλαρίην τε θεόπροπα Φοίβου
αὐδήσει φάτις ἡμετέρη θεμιτώδεσιν ὀμφαῖς.
Μύρια μὲν γαίης μαντήια θέσκελα νώτῳ
ἐβλύσθη, πηγαί τε καὶ ἄσθματα δινήεντα·
καὶ τὰ μὲν ἂψ χθονίοισιν ὑπαὶ κόλποισιν ἔδεκτο
αὐτὴ γαῖα χανοῦσα, τὰ δ' ὤλεσε μυρίος αἰών.
Μούνῳ δ' ἠελίῳ φαεσιμβρότῳ εἰσέτ' ἔασιν
ἐν Διδύμων γυάλοις Μυκαλήϊον ἔνθεον ὕδωρ,
Πυθῶνός τ' ἀνὰ πέζαν ὑπαὶ Παρνάσιον αἶπος,
καὶ κραναὴ Κλαρίη, τρηχὺ στόμα φοιβάδος ὀμφῆς [1].

(1) Sur l'attribution de cet oracle à Didymes, voy. K. BURESCH, *Klaros*, p. 41, note 8. On remarquera que l'oracle de Didymes y est nommé le premier, avant Delphes et Claros, et qu'il est fait allusion à des traditions milésiennes sur l'origine de la source prophétique de Didymes (vers 8; cf. plus haut nos VI-VII).

K. Buresch (*op. loc. cit.*) serait également tenté d'attribuer à Didymes l'oracle qu'Eusèbe cite à la suite de celui-ci, l'empruntant encore à Porphyre :

Νικαεῦσι δὲ χρῶν ἔφη·

Πυθῷον δ'οὐκ ἔστιν ἀναρρῶσαι λάλον ὀμφήν·
ἤδη γὰρ δολιχοῖσιν ἀμαυρωθεῖσα χρόνοισιν
βέβληται κληῖδας ἀμαντεύτοιο σιωπῆς.
Ῥέξατε δ'ὡς ἔθος ἐστὶ θεόπροπα θύματα Φοίβῳ.

XLIV. — Lactance. *Divin. inst.*, IV, 13, 11 (Éd. Brandt, I, p. 319, vol. XIX du *Corpus scriptorum ecclesiasticorum latinorum*) : Propterea Milesius Apollo consultus utrumne deus an homo fuerit (Christus), hoc modo respondit :

Θνητὸς ἔην κατὰ σάρκα σοφὸς τερατώδεσιν ἔργοις,
ἀλλ' ὑπὸ Χαλδαίοισι δικασπολίαισιν ἁλώσας,
γομφωθεὶς σκολόπεσσι πικρὴν ἀνέπλησε τελευτήν.

Lactance rapporte d'autres oracles de l'Apollon de Milet, VII, 13, 5 (I, p. 625) : Polites quidam consuluit Apollinem Milesium utrumne maneat anima post mortem an dissoluatur, et respondit his versibus (1)... — *De ira Dei* liber, 23, 12 (Éd. Brandt, II, p. 129) : Apollo Milesius de Iudaeorum religione consultus responso haec introducit...

(1) Le même oracle est cité dans les Χρησμοὶ τῶν Ἑλληνικῶν θεῶν publiés par K. Buresch, *Klaros*, p. 95 suiv. On le trouvera au n° 37, p. 106, sous le nom d'Apollon. Selon toute probabilité, le plus grand nombre des oracles attribués dans ces extraits à Apollon émanaient du Didymeion ou passaient pour en provenir dans les recueils populaires du temps.

XLV. — Lucii Caecilii *De mortibus persecutorum* liber, edd. S. Brandt et G. Laubmann (vol. II des œuvres de Lactance, p. 185 et 186), chap. 11, 6, 7. — Dioclétien consulte ses amis et les dieux sur la conduite à tenir à l'égard des chrétiens : ... Sed deos potissimum consulere statuit misitque aruspicem ad Apollinem Milesium. Respondit ille ut divinae religionis inimicus.

XLVI. — Sozomenos, Ἐκκλησιαστικὴ Ἱστορία, I, VII (*Patrologie grecque*, t. 67, p. 873). — Ἀμέλει τοίνυν καὶ Ἕλληνές φασιν αὐτὸν (Licinius) τότε ἀποπειραθῆναι τοῦ ἐν Μιλήτῳ μαντείου τοῦ Διδυμαίου Ἀπόλλωνος· ἐρομένῳ δὲ αὐτῷ περὶ τοῦ πολέμου χρῆσαι τὸ δαιμόνιον τουτουσὶ τοὺς Ὁμηρικοὺς στίχους·

Ὦ γέρον. ἦ μάλα δή σε νέοι τείρουσι μαχηταί,
σὴ δὲ βίη λέλυται. χαλεπὸν δέ σε γῆρας ἱκάνει.

XLVII. — EUSÈBE, *Praep. evang.*, IV, II, 10 suiv. — Ἓν δέ τι προσθεὶς τοῖς εἰρημένοις (il vient de montrer comment ceux qui débitent des oracles sont impuissants à défendre leur culte et leur personne) μέγιστον ἂν εἴη καθεωρακὼς κεφάλαιον, ὡς ἤδη καὶ τῶν ἄγαν θεοφόρων, αὐτῶν δὴ τῶν μάλιστα ἱεροφαντῶν θεολόγων τε αὐτοῖς καὶ προφητῶν, πλείους οὐ μόνον πάλαι, ἀλλὰ καὶ ἔναγχος καθ' ἡμᾶς αὐτούς, ἐπὶ τῇ θεοσοφίᾳ ταύτῃ βοηθέντες, διὰ βασάνων αἰκίας ἐπὶ τῶν Ρωμαϊκῶν δικαστηρίων τὴν πᾶσαν ἐξέφηναν πλάνην ἀνδρῶν ἀπάταις γίγνεσθαι, γοητείαν τετεχνασμένην τὸ πᾶν εἶναι ὁμολογήσαντες· οἵ γε καὶ τὸν πάντα τρόπον τῆς κατασκευῆς καὶ τὰς μεθόδους τῆς κακοτεχνίας ταῖς πρὸς αὐτῶν ἐν ὑπομνήμασιν ἀφεθείσαις φωναῖς ἐνεγράψαντο. 11 Διὸ δὴ καὶ τὴν ἀξίαν τῆς ὀλεθρίου πλάνης δίκην ἐκτίσαντες πάντα λόγον ἀνεκάλυψαν, αὐτοῖς ἔργοις τὴν τῶν δηλουμένων ἀπόδειξιν πιστωσάμενοι. Ὁποῖοι δὲ ἦσαν οὗτοι; μὴ δὴ νόμιζε τῶν ἀπερριμμένων καὶ ἀφανῶν τινάς· οἱ μέν γε αὐτοῖς ἀπὸ τῆς θαυμαστῆς ταύτης καὶ γενναίας φιλοσοφίας ὡρμῶντο, τῶν ἀμφὶ τὸν τρίβωνα, καὶ τὴν ἄλλην ὀφρῦν ἀνεσπακότων, οἱ δὲ ἀπὸ τῶν ἐν τέλει τῆς Ἀντιοχέων ἡλίσκοντο πόλεως, οἱ δὴ μάλιστα καὶ ἐπὶ ταῖς καθ' ἡμῶν ὕβρεσιν ἐν τῷ καθ' ἡμᾶς διωγμῷ λαμπρυνόμενοι. Ἴσμεν δὲ καὶ τὸν φιλόσοφον ὁμοῦ καὶ προφήτην τὰ ὁμοῖα τοῖς εἰρημένοις κατὰ τὴν Μίλητον ὑπομείναντα (1).

(1) Cf. LE BAS WADDINGTON, *Inscr. d'Asie Mineure*, n° 239 (Teichioussa): Προφήτης Φιλίδας Ἡρακλέωνος, φιλόσοφος Ἐπικούρειος. γένος ἀπ' Αἴαντος.

XLVIII. — JULIEN, *Epistul.* 62 (éd. Hertlein, 1876, p. 583). — Le commencement de la lettre est perdu et nous ne savons pas le nom de celui à qui elle était adressée. Julien lui reproche d'avoir maltraité et frappé un prêtre. — 450 D. Τέτυπται δὲ ὁ ἱερεύς· οὐ γὰρ ἂν ἦλθεν ἐπὶ ταύτην ὁ παρ' ὑμῖν ἀρχιερεὺς μὰ Δία τὴν δέησιν. Ἀλλ' ἐπειδή σοι πέφηνε μυθώδη τὰ παρ' Ὁμήρῳ, τῶν τοῦ Διδυμαίου δεσπότου χρησμῶν ἐπάκουσον, εἰ σοι φανείη πάλαι μὲν ἔργῳ νουθετήσας καλῶς τοὺς Ἕλληνας, ὕστερον δὲ τοὺς σωφρονοῦντας διδάσκων τοῖς λόγοις·

Ὅσσοι ἐς ἀρητῆρας ἀτασθαλίῃσι νόοιο
ἀθανάτων ῥέζουσ' ἀποφώλια, καὶ γεράεσσιν
ἄντια βουλεύουσιν ἀδεισιθέοισι λογισμοῖς,
οὐκέθ' ὅλην βιότοιο διεκπερόωσιν ἀταρπόν,
ὅσσοι περ μακάρεσσιν ἐλωβήσαντο θεοῖσιν
ὧν κεῖνον θεόσεπτον ἕλον θεραπηίδα τιμήν (1).

Ὁ μὲν οὖν θεὸς οὐ τοὺς τύπτοντας οὐδὲ τοὺς ὑβρίζοντας, ἀλλὰ τοὺς ἀποστεροῦντας τῶν τιμῶν εἶναι..... θεοῖς ἐχθρούς· ὁ δὲ τυπτήσας ἱερόσυλος ἂν εἴη. Ἐγὼ τοίνυν, ἐπειδήπερ εἰμὶ κατὰ μὲν τὰ πάτρια μέγας ἀρχιερεύς, ἔλαχον δὲ νῦν καὶ τοῦ Διδυμαίου προφητεύειν (2), ἀπαγορεύω σοι τρεῖς περιόδους σελήνης μή τοι τῶν εἰς ἱερέα μηδὲν ἐνοχλεῖν.

(1) Le même oracle est cité par Julien dans un long fragment de lettre (297 CD, éd. Hertlein, p. 382) : ἔστω τοίνυν ὥσπερ ἄρχων, οὕτω δὲ καὶ ἱερεὺς πᾶς αἰδέσιμος, ἐπειδὴ καὶ ἀπόφασίς ἐστι θεοῦ τοῦ Διδυμαίου τοιαύτη·

Ὅσσοι ἐς ἀρητῆρας κτλ.

καὶ πάλιν ἐν ἄλλοις ὁ θεός φησι·

Πάντας μὲν θεράποντας ἐμοὺς ὀλοῆς κακότητος —,

καί φησιν ὑπὲρ τούτων δίκην ἐπιθήσειν αὐτοῖς.

Cobet (*Mnemosyne*, N. S., X (1882), p. 57) a proposé deux corrections aux v. 5 et 6. Au v. 5 il corrige ὅσσοι περ en ὡς εἴπερ = *perinde ac si*. Au v. 6 il est d'accord avec Hercher (*in* Adnotatio critica) pour changer ἕλον en ἔχον. Mais si satisfaisantes que soient ces corrections, il est difficile de les accepter puisque le même texte se trouve en deux passages des œuvres de Julien.

(2) Puisque Julien était *Pontifex maximus* (Ἀρχιερεὺς μέγιστος) quand le sort le désigna pour prophète d'Apollon Didyméen et qu'il est mort en 363, il n'a pu être prophète qu'entre les années 361, date de la mort de Constance, et 363.

Théodoret (Ἐκκλησιαστικὴ Ἱστορία, III, 16, *Patrologie grecque*, t. 82, p. 1113) rapporte qu'avant de partir en guerre contre les Perses, probablement dans les premiers mois de 363, Julien envoya consulter les dieux de Delphes, Délos, Dodone καὶ τὰ ἄλλα χρηστήρια. Parmi ces autres oracles nous pouvons nommer à coup sûr celui de Didymes.

XLIX. — *Codex Theodosianus*, XVI, 10, 9. Édit de 385. — Ne quis mortalium ita faciendi sacrificii sumat audaciam, ut inspectione iecoris extorumque praesagio vanae spem promissionis accipiat, vel, quod est deterius, futura sub exsecrabili consultatione cognoscat. Acerbioris etenim imminebit supplicii cruciatus eis, qui, contra vetitum, praesentium vel futurarum rerum explorare tentaverint veritatem (= *Cod. Iustin.*, I, 11, 2).

L. — Théodoret, Ἑλληνικῶν θεραπευτικὴ παθημάτων. X Περὶ χρησμῶν ἀληθινῶν τε καὶ ψευδῶν, *Patrologie grecque*, t. 83, p. 1076). — ... Σιγᾷ μὲν ὁ Δωδωναῖος, σιγᾷ δὲ ὁ Κολοφώνιος καὶ Δήλιος καὶ Πύθιος καὶ Κλάριος καὶ Διδυμαῖος (1).

(1) Le sanctuaire des Branchides a été cité plus haut par Théodoret, au commencement du même livre, parmi les oracles fameux, *ibid.*, p. 1061 : ἐν δὲ Βραγχίδαις καὶ Δήλῳ καὶ Δελφοῖς καὶ Κολοφῶνι τοῦ Κλαρίου καὶ Πυθίου καὶ Δηλίου καὶ Διδυμαίου.

PREMIÈRE PARTIE

# LES MACÉDONIENS

## CHAPITRE I

## D'ALEXANDRE A ANTIGONE [334-313]

SIÈGE DE MILET (334). — RESTAURATION DE LA DÉMOCRATIE A MILET. LES Τειχοποιοί — PREMIERS TRAVAUX AU DIDYMEION : PREMIERS ORACLES (331). — MILET SOUS ADA ET ASANDROS (334-313). — SIÈGE ET PRISE DE MILET PAR LES GÉNÉRAUX D'ANTIGONE (313).

Quand, au printemps de 334, Alexandre vint mettre le siège devant Milet, la ville et les faubourgs étaient occupés par des troupes au service du roi de Perse (1). Le commandant était un Grec, Hégésistratos, et nombre de ses mercenaires étaient des Grecs. Hégésistratos, si nous entendons bien le texte d'Arrien, était à la fois commandant de la place et gouverneur de la ville (2). Il avait tout d'abord écrit à Alexandre et proposé de lui livrer Milet, puis, ayant appris qu'une armée perse était dans le voisinage, il s'était décidé à la résistance (3). Plus tard, quand les faubourgs eurent été emportés d'assaut, Milet rouvrit des négociations avec le roi par l'intermédiaire d'un notable milésien, Glaukippos, délégué à la fois par le peuple et par les merce-

(1) ARRIEN, *Anabase*, I, 18, 3.

(2) ID., *ibid.*, 18, 4. Ἡγησίστρατος... ὅτῳ ἡ φρουρὰ ἡ Μιλησίων ἐκ βασιλέως ἐπετέτραπτο. Cf. 19, 1.

(3) ID., *ibid.* Cf. J. KAERST, *Geschichte des hellenistichen Zeitalters*, I, 1901, p. 264.

naires[1]. Nous nous garderons de conclure de ce passage d'Arrien que le régime de Milet était un gouvernement démocratique : « le peuple » signifie simplement ici les Milésiens auxquels Arrien oppose « les étrangers mercenaires ». Milet était bien plutôt gouvernée par une oligarchie, dont Glaukippos était l'un des chefs. Aussi bien la ville était dévouée aux Perses ; les conditions proposées par Glaukippos et, après le refus d'Alexandre, la résolution prise par les Milésiens de lutter, leur courage, leur fidélité dont le roi même est frappé semblent prouver qu'ils supportaient sans impatience la domination des Perses[2]. Alexandre, après la défaite ou la reddition, les épargna[3]. Il les laissa libres, dit seulement Arrien, mais nous pouvons ajouter que fidèle aux principes qu'il venait d'appliquer lui-même à Éphèse et de dicter à Alkimachos, il rétablit le régime démocratique[4].

La restauration de la démocratie dans les cités ioniennes leur permit de sortir de l'isolement où elles vivaient jusqu'alors et de se rapprocher les unes des autres. Bien qu'une inscription récemment découverte à Milet nous ait appris qu'au début du IV$^{e}$ siècle (entre 391 et 387) le κοινὸν des Ioniens subsistait encore[5], il n'est pas douteux qu'Alexandre le ranima et lui donna plus d'importance. On comprendrait difficilement sans cela l'institu-

(1) Arrien, I, 19, 1.

(2) Id., *ibid.*, 19, 6. Cf. 19, 2 : du mont Mycale les Perses voient assiéger τοὺς φίλους σφῶν καὶ ξυμμάχους.

(3) Id., *ibid.*, 19, 6. Diodore, XVII, 22, 4. Diodore suit une autre source qu'Arrien.

(4) Arrien, I, 19, 6. Diodore, XVII, 22, 5. Cf. Arrien, I, 18, 1-2 : Ἀλκίμαχον δὲ τὸν Ἀγαθοκλέους ἐπὶ τὰς Αἰολίδας τε πόλεις ξὺν δυνάμει οὐκ ἐλάττονι ἐξέπεμψε καὶ ὅσαι Ἰωνικαὶ ὑπὸ τοῖς βαρβάροις ἔτι ἦσαν. Καὶ τὰς μὲν ὀλιγαρχίας πανταχοῦ καταλύειν ἐκέλευσε, δημοκρατίας δὲ ἐγκαθιστάναι καὶ τοὺς νόμους τοὺς σφῶν ἑκάστοις ἀποδοῦναι, καὶ τοὺς φόρους ἀνεῖναι ὅσους τοῖς βαρβάροις ἀπέφερον. Alkimachos, fils d'Agathoclès, était probablement le frère de Lysimaque. Les manuscrits d'Arrien donnent Ἀντίμαχον, Ἀλκίμαλον, Ἀλκίμαχον, et il n'y a pas de raison de corriger ce dernier nom en Λυσίμαχον, comme l'a proposé Sintenis. B. Niese (*Geschichte der griechischen und makedonischen Staaten*, I (1893), p. 63) accepte la correction, que rejettent E. Pridik (*de Alexandri Magni epistularum commercio*, 1893, p. 31) et W. Hünerwadel (*Forschungen zur Geschichte des Königs Lysimachos von Thrakien*, 1900, p. 13, note 2).

(5) R. Kekule von Stradonitz, *Sitzungsberichte der Akademie zu Berlin*, 1900, p. 114 suiv. Cf. Th. Wiegand, *Sitzungsberichte...*, 1901, p. 904-905.

tion de la fête des Alexandreia célébrée par les Ioniens en l'honneur d'Alexandre, fils de Philippe(1). Milet reprit ainsi contact avec les cités grecques.

Mais les démocrates milésiens avaient un autre moyen de témoigner leur dévouement à l'hellénisme, dont Alexandre se faisait le champion : pour regagner le bon renom que la trahison sacrilège des Branchides leur avait fait perdre aux yeux des Grecs, ils n'avaient qu'à relever le temple d'Apollon Didyméen, incendié par Darius en 494 (2). Faire disparaître les ruines qui depuis plus d'un siècle et demi marquaient l'emplacement de l'oracle jadis fameux, bâtir un temple nouveau, rendre en un mot la vie au Didymeion, c'était un projet non moins habile qu'avantageux ; le peuple de Milet le forma presque au lendemain du passage d'Alexandre.

La source prophétique était tarie depuis 494. Un passage de Callisthène, cité par Strabon (3), nous apprend en quelle année elle apparut de nouveau. Strabon emprunte à Callisthène le récit de l'excursion d'Alexandre au temple d'Ammon et de cette salutation prophétique dont les historiens du roi n'oublient aucun détail, et il ajoute : προστραγῳδεῖ δὲ τούτοις ὁ Καλλισθένης ὅτι τοῦ Ἀπόλλωνος τὸ ἐν Βραγχίδαις μαντεῖον ἐκλελοιπότος, ἐξ ὅτου τὸ ἱερὸν ὑπὸ τῶν Βραγχιδῶν σεσύλητο, ἐκλελοιπυίας δὲ καὶ τῆς κρήνης, τότε ἥ τε κρήνη ἀνάσχοι καὶ μαντεῖα πολλὰ οἱ Μιλησίων πρέσβεις κομίσαιεν εἰς Μέμφιν περὶ τῆς ἐκ Διὸς γενέσεως τοῦ Ἀλεξάνδρου καὶ τῆς ἐσομένης περὶ Ἄρβηλα νίκης. Que Strabon, qui vient d'exprimer très nettement le sentiment de la plupart de ses contemporains et le sien sur les oracles (4), raille le ton emphatique de Callisthène, nous ne saurions en être surpris ; mais, à la condition d'y introduire une correction déjà proposée (5), le texte de Callisthène nous fournit sur l'histoire de

(1) STRABON, XIV, 644. Ὑπέρκειται δὲ τῶν Χαλκιδέων ἄλσος καθιερωμένον Ἀλεξάνδρῳ τῷ Φιλίππου, καὶ ἀγὼν ὑπὸ τοῦ κοινοῦ τῶν Ἰώνων Ἀλεξάνδρεια καταγγέλλεται συντελούμενος ἐνταῦθα. Les Χαλκιδεῖς forment une κώμη sur le territoire de Téos. Les Ἀλεξάνδρεια sont mentionnés dans un décret rendu par les Ioniens en l'honneur d'Antiochus I (Ch. MICHEL, *Recueil d'inscriptions grecques*, n° 486, l. 24). Sur cette fête, voy. E. KORNEMANN, *Zur Geschichte der antiken Herrscherkulte*, dans les *Beiträge zur alten Geschichte*, I (1901), p. 57 suiv.

(2) HÉRODOTE, VI, 19.

(3) *Témoignages*, n° XII.

(4) XVII, 813 fin.

(5) Δαρείου au lieu de Ξέρξου. Voy. *Témoignages*, n° I, note 2.

notre oracle des renseignements précieux. La source a disparu au temps de Darius, sous l'amoncellement des ruines et bientôt de la terre qui s'est amassée autour des blocs effondrés; elle a reparu au temps d'Alexandre, c'est à dire quand les Milésiens, rendus à la démocratie, l'ont déblayée, retrouvée, dégagée pour en faire le centre d'un nouveau temple. Ces travaux n'ont pu commencer qu'en 334, peut-être même après 333, au lendemain de la bataille d'Issos, quand Balacros eut de nouveau reconquis Milet sur le Perse Hydarnès [1]. A la faveur de la paix, désormais assurée, les Milésiens résolurent de relever le temple qui avait jadis contribué à étendre leur crédit et leur renommée. Et comme il leur importait avant tout de gagner les bonnes grâces du roi, auquel ils avaient si maladroitement résisté, leur dieu, complaisant et habile, rendit ses premiers oracles en l'honneur du nouveau fils de Zeus. Des ambassadeurs milésiens furent chargés de les porter à Memphis et nous savons par Quinte Curce [2] qu'ils y rencontrèrent, venus de différents points du monde grec, de nombreux collègues (331).

La reconstruction du Didymeion a donc été la grande œuvre de la démocratie milésienne, ou, pour être plus exact, la grande pensée du régime nouveau. Mais trop confiante dans l'avenir, entraînée aussi par l'exemple d'Éphèse qui vers le même temps achevait le nouvel Artémision, « de beaucoup supérieur en dimensions à tous ses devanciers » [3], la cité conçut un plan trop vaste. Vitruve nous a conservé le nom des deux architectes auxquels elle s'adressa : le premier, Pæonios, était un Éphésien, le même qui avait construit l'Artémision ; le second, Daphnis, était de Milet [4]. Le monument colossal qu'ils projetèrent laissait loin

(1) QUINTE CURCE, IV, 5, 13. Balacrus, Hydarne, Darei praetore, superato denuo Miletum cepit.

(2) IV, 7, 12.

(3) O. RAYET et A. THOMAS, *Milet et le golfe Latmique*, II, p. 26.

(4) *Témoignages*, n° XIV. Le texte obscur de Vitruve, qui ne distingue pas avec une netteté suffisante les deux Artémision, a donné lieu à des interprétations différentes. Nombre de savants admettent que Pæonios a achevé le premier Artémision et construit, avec Daphnis, le premier Didymeion (H. BRUNN, *Geschichte der griechischen Künstler*, I, p. 327 et 382 ; O. PUCHSTEIN, *Das ionische Capitell*, 1887, p. 36 et note 29). L'architecte du second Artémision serait le macédonien Deinokratès (STRABON, XIV, 641 ; O. PUCHSTEIN, p. 36) et nous ignorerions le nom de

derrière lui le temple d'Artémis : de fait « avec sa façade décastyle, ses colonnes de près de vingt mètres, son double ptérôma, le Didymeion est le plus vaste édifice religieux qu'ait érigé l'antiquité grecque » (1).

Au moment où elle s'engageait dans cette orgueilleuse entreprise, Milet avait pourtant de lourdes charges à supporter. Le siège de 334 avait causé de grands dommages à la ville. Milet était une place forte et, sous les coups des machines d'Alexandre, les murailles avaient beaucoup souffert ; le peuple décida de les relever et c'est sans doute au lendemain du passage d'Alexandre que fut nommée la commission des τειχοποιοί, dont une inscription récemment découverte nous a appris l'existence (2). Les commissaires des fortifications tenaient à Milet, comme à Athènes et ailleurs, une grande place dans la cité (3). Tout en faisant la part des exagérations d'Eschine, qui, pour les besoins de sa cause, tient à grossir le rôle des τειχοποιοί (4), il faut reconnaître que cette commission de défense nationale avait partout une importance que prouve plus d'un texte épigraphique. A Milet, comme ailleurs, elle avait sa caisse spéciale qu'alimentaient sans doute des recettes déterminées et peut-être des emprunts ; elle avait son trésorier (ταμίας) qui restait un mois en charge. Dans le décret déjà cité, nous le voyons recevoir du Conseil l'ordre de subvenir à des dépenses qui incombaient certainement à d'autres caisses, puisqu'il s'agit de l'érection d'une statue et de la gravure d'une stèle. Ainsi qu'on l'a justement remarqué, le ταμίας τῶν στρατιωτικῶν à Athènes recevait souvent de pareilles injonctions (5).

l'architecte du Didymeion. Après hésitation, O. Rayet exprima un avis contraire : pour lui, Pæonios a collaboré avec Démétrios à l'achèvement du second Artémision, avec Daphnis à la construction du second Didymeion (O. Rayet, *Études d'archéologie et d'art*, 1888, p. 119. L'article remonte à 1876. Cf. *Milet et le golfe Latmique*, II, p. 30-31). J'ai adopté la solution proposée par Rayet. Cf. *Revue de Philologie,* XXI (1897), p. 112.

(1) *Milet et le golfe Latmique*, II, p. 26.

(2) *Athenische Mittheilungen*, XXV (1900), p. 100 suiv. (C. Fredrich).

(3) *Art. cité*, p. 104, et H. Francotte, *L'Industrie dans la Grèce ancienne,* II (1901), p. 101 suiv.

(4) III, 27 suiv. Cf. 14.

(5) C. Fredrich, *art. cité*, p. 104.

La ville même avait également souffert du siège de 334[1]. S'il fallait en croire le Pseudo-Callisthène, citant un prétendu testament d'Alexandre, le roi aurait légué cent cinquante talents d'argent aux Milésiens εἰς ἐπισκευὴν τῆς πόλεως, « pour travaux de réparation à la ville » [2]. Le legs et le testament tout entier sont imaginaires, mais la charge n'en subsistait pas moins pour le peuple de réparer la ville, et elle venait s'ajouter à d'autres, singulièrement lourdes puisqu'elles pèseront pendant des siècles sur le budget de Milet : de fait on travaillait encore au Didymeion sous l'empereur Caligula et il ne fut jamais achevé ; en 294, on construisait dans la ville un portique marchand ; vers 287, nous retrouvons des τειχοποιοί à Milet. Il est vrai qu'à cette date, ainsi que nous le verrons plus loin, la ville avait subi un second siège.

A ces charges permanentes, il s'en joignait d'autres sur lesquelles nous sommes très mal renseignés, je veux parler des contributions, ordinaires ou extraordinaires, levées par ordre d'Alexandre. Les instructions données par Alexandre à Alkimachos portaient qu'il serait fait remise aux cités ioniennes de la totalité du tribut qu'elles payaient au roi de Perse[3], mais à Éphèse même, où furent dictés ces ordres, Alexandre avait décidé que les Éphésiens paieraient les mêmes tributs à la déesse Artémis, dont le temple s'achevait[4]. Plus tard, la ville d'Érythrées rappellera à Antiochus Soter qu'elle était sous Alexandre αὐτόνομος καὶ ἀφορολόγητος[5]. Mais l'autonomie n'im-

(1) Peut-être pas autant que le pensait Rayet (*Études d'archéologie et d'art*, p. 119). Dans la ville intérieure, Alexandre avait encore vu de nombreuses statues d'athlètes vainqueurs (PLUTARQUE, *Regum et imperatorum apophthegmata*, p. 180 A). Cf. LACTANCE, *Diuin. inst.*, II, 7, 19 (éd. Brandt, I, p. 127) : « Ceres quoque Milesia multum sibi aput homines uenerationis adiecit. Nam cum ab Alexandro capta ciuitas esset ac milites ad eam spoliandam inrupissent, oculos omnium repente obiectus fulgor exstinxit. » VALÈRE MAXIME, auquel Lactance l'avait peut-être emprunté, racontait le même miracle, I, 5, p. 13 de l'édition Kempf. Cette fin du chapitre de Valère Maxime ne nous est connue que par les abrégés de Julius Paris et de Nepotianus.

(2) PSEUDO-KALLISTHENES, III, 33 (Ed. K. Müller, p. 149). — IULIUS VALERIUS, III, 59 (Ed. Kübler, 1888, p. 167). — *Incerti auctoris epitome rerum gestarum Alexandri magni*, 120 (Ed. O. WAGNER, 1900, p. 117).

(3) ARRIEN, I, 18, 2. Le texte a été cité plus haut, p. 2, note 4.

(4) ARRIEN, I, 17, 10.

(5) Ch. MICHEL, *Recueil...*, n° 37, l. 22 suiv.

pliquait pas nécessairement l'exemption de tout tribut, et de la lettre d'Alexandre à la ville de Priène, il semble résulter que l'exemption était expressément accordée par faveur royale : τῆς δὲ συντάξεως ἀφίημι τὴμ Πριηνέων πόλιν, dit le roi [1]. Ailleurs Alexandre impose à Chios l'obligation de fournir vingt trières équipées et d'entretenir une garnison macédonienne [2]. Pour Milet aucun texte ne nous apprend à quelles conditions la liberté lui fut rendue au lendemain du siège de 334. Elle fut laissée libre : nous entendrons par là qu'elle ne reçut pas de garnison [3]. Elle fut remise en possession de ses lois et de sa démocratie, mais nous savons quelles restrictions Alexandre pouvait apporter à l'autonomie des cités grecques, et quel droit de haute surveillance il se réservait en matière législative et judiciaire [4]. J'ai peine à croire qu'il ait exempté Milet de tout tribut et j'admettrais volontiers que les ambassadeurs milésiens qui portèrent à Memphis les oracles de Didymes étaient chargés, comme leurs collègues de Chios [5], d'obtenir un adoucissement aux conditions qui leur avaient été imposées trois années auparavant.

L'autorité royale s'exerçait d'ordinaire directement. Alexandre n'était pas homme à s'en remettre à ses lieutenants du soin de régler les difficultés pendantes ; il recevait lui-même les ambassadeurs, dictait ses rescrits et ses édits. Il avait pourtant des représentants dans chacune des provinces conquises. A Sardes, par exemple, dans la capitale de la Lydie, il avait laissé un gouverneur, Asandros fils de Philotas, qui commandait à la province toute entière et disposait des troupes d'infanterie et

(1) *Ancient greek Inscriptions in the British Museum*, III, n° 400. Cf. Th. Lenschau, *De rebus Prienensium*, *Leipziger Studien*, XII (1890), p. 197 suiv., p. 166 suiv. — E. Pridik, *De Alexandri Magni epistularum commercio*, 1893, p. 27.

(2) Ch. Michel, *Recueil...*, n° 33, l. 8 et 17.

(3) Cf. un texte de Diodore, relatif, il est vrai, à Antigone, XIX, 78, 2 : καὶ τοὺς Χαλκιδεῖς ἀφῆκεν ἀφρουρήτους, ὥστε γενέσθαι φανερὸν ὡς πρὸς ἀλήθειαν 'Αντίγονος ἐλευθεροῦν προῄρηται τοὺς Ἕλληνας. Il y avait pourtant à cette règle des exceptions que justifiait d'ordinaire l'importance de la citadelle : Alexandre rend la liberté à Sardes, mais laisse une garnison dans la citadelle (Arrien, I, 17, 4 suiv.) ; Démétrius met une garnison dans l'Acrocorinthe (Diodore, XX, 103, 3). Pour Milet, elle ne recevra de garnison que plus tard, après la mort d'Alexandre. Voy. plus loin, p. 12.

(4) Voy. W. Hünerwadel, *mémoire cité*, p. 112 suiv.

(5) Quinte Curce, IV, 8, 12.

de cavalerie ; — un receveur général, chargé de fixer et de percevoir les tributs, Nicias ; enfin il avait préposé Pausanias au commandement de la citadelle, dont l'importance ne lui avait pas échappé (1). J'ai cité à dessein l'organisation très complète de la province ou satrapie de Lydie, parce que nous retrouverons les mêmes règles observées dans d'autres satrapies — je ne dis pas dans toutes — du vivant d'Alexandre et après sa mort (2). La satrapie de Lydie touchait à la satrapie de Carie, dont Milet continua de faire partie. Une inscription récemment découverte à Delphes (3) nous a appris que les Milésiens avaient consacré à Apollon Pythien deux statues d'Idrieus et d'Ada, et, sans parler des monnaies (4), cette dédicace, antérieure à l'année 344, nous montre que la ville était sous la dépendance des princes cariens. Ada vivait encore en 334 et ce fut elle qu'Alexandre mit à la tête de la satrapie de Carie, après la prise d'Halicarnasse (5), mais le vrai gouverneur du pays était Asandros (6). Alexandre lui avait confié le soin de terminer la guerre, qui ne fut achevée qu'en 333, quand le Perse Orontobatès, défait par Asandros et Ptolémée, eut perdu la citadelle d'Halicarnasse, Myndos et Caunos (7). Vers le même temps, s'il faut en croire Quinte Curce, après la bataille d'Issos, le Perse Hydarnès qui avait repris Milet en était chassé par Balacros (8).

Après la mort d'Ada, dont la date nous est inconnue, Asandros devint satrape de Carie : les partages successifs de Babylone

(1) Arrien, I, 17, 7 : Κατέλιπε δὲ τῆς μὲν ἄκρας τῆς Σάρδεων ἐπιμελητὴν Παυσανίαν τῶν ἑταίρων, τῶν δὲ φόρων τῆς συντάξεώς τε καὶ ἀποφορᾶς Νικίαν, Ἄσανδρον δὲ τὸν Φιλώτα Λυδίας καὶ τῆς ἄλλης τῆς Σπιθριδάτου ἀρχῆς, δοὺς αὐτῷ ἱππέας τε καὶ ψιλοὺς ὅσοι ἱκανοὶ πρὸς τὰ παρόντα ἐδόκουν.

(2) Sur les principes de l'administration d'Alexandre, voy. J. Kaerst, *Gesch. des hellenist. Zeitalters*, I, p. 260.

(3) *Bulletin de Correspondance hellénique*, XXIII (1899), p. 384.

(4) Voy. par exemple E. Babelon, *Inventaire sommaire de la collection Waddington*, I (1897), nos 1794-1796, monnaies de Milet au nom d'Hécatomnos et de Mausole.

(5) Arrien, I, 23, 7. Sur Ada, voy. l'article de W. Judeich dans la *Real-Encyclopädie* de Pauly-Wissowa, I, p. 339.

(6) Sur Asandros, voy. l'article de J. Kaerst, P.-W. *Real-Encycl.*, II, p. 1515-1516.

(7) Arrien, II, 6, 7.

(8) Quinte Curce, IV, 5, 13. Le texte a été cité plus haut, p. 4, note 1.

(323) et de Triparadeisos (320) le maintinrent en possession de cette province[1].

Olivier Rayet, qui avait commencé l'histoire de la vallée du Méandre, sans pousser malheureusement jusqu'à Milet, a dit dans le chapitre consacré à Tralles[2] : « Les deux siècles qui s'écoulèrent entre la conquête d'Alexandre et la mort d'Attale Philométor sont l'époque de la plus grande prospérité de Tralles, comme de toutes les villes d'Asie Mineure. Les guerres des Attales, des Séleucides et des Ptolémées n'étaient ni très meurtrières ni très ruineuses pour le pays, et l'autorité du vainqueur du jour était toujours trop menacée pour pouvoir devenir oppressive. Au milieu de ces interminables compétitions, les cités populeuses et riches parvenaient aisément à se faire ménager, à obtenir des privilèges et à mettre à haut prix leur fidélité. » Une fois de plus, Rayet a vu juste et nous aurons à montrer comment Milet parvint à se faire ménager, comment elle eut toujours un des siens auprès du chef ou du roi qui tenait l'Asie Mineure sous sa domination, mais la prospérité ne commença probablement pour elle que le jour où Antigone devint maître de la Carie. c'est à dire en 313. Jusqu'à cette date Milet fut au pouvoir du satrape Asandros.

Nous sommes très mal renseignés sur cette période de dix ans (323-313). Des fragments, récemment découverts, d'Arrien nous permettent pourtant de connaître l'état de l'Ionie dans les derniers temps de la régence de Perdiccas[3], lors de la guerre qu'il entreprit contre Antipater d'une part et Ptolémée de l'autre (321)[4]. Eumène, son fidèle soutien, est à Sardes, auprès de

(1) Pour les partages de Babylone et de Triparadeisos, voy. DIODORE, XVIII, 3, 1 ; 39, 6. Cf. un article de E. SZANTO, sur lequel j'aurai l'occasion de revenir plus loin : *die Ueberlieferung der Satrapienvertheilung nach Alexanders Tode*, dans les *Archaeologisch-epigraphische Mittheilungen aus Oesterreich-Ungarn*, XV (1892), p. 12 suiv.

(2) *Milet et le golfe Latmique*, I, p. 66.

(3) Ces fragments d'Arrien ont été publiés par R. REITZENSTEIN dans les *Breslauer Philologische Abhandlungen*, III (1888) : *Arriani* τῶν μετ' Ἀλέξανδρον *libri septimi fragmenta* e codice Vaticano rescripta nuper iteratis curis lecto ed. R. R. Ils ont été étudiés par U. KOEHLER dans les *Sitzungsber. der Akad. zu Berlin*, 1892, p. 577 suiv. : *Ueber die Diadochengeschichte Arrian's*.

(4) Sur cette guerre, voy. B. NIESE, *Gesch. der griech. und makedon. Staaten*, I, p. 217 suiv.

Cléopatra, la sœur d'Alexandre. Le satrape de Lydie, Ménandros, est prêt à passer à l'ennemi, mais attend les événements; le satrape de Carie, Asandros, que des liens d'amitié unissent à Antigone (1), fait le premier défection : quand Antigone se présente à Éphèse, à la tête d'une flotte armée par Antipater, Asandros se rend auprès de lui et Ménandros suit bientôt son exemple. Éphèse et les villes voisines font bon accueil à Antigone (2) : bien qu'Arrien ne nomme pas Milet, il n'est pas douteux qu'elle se rangea, elle aussi, du côté de son satrape Asandros et d'Antigone.

L'autorité des satrapes va donc s'accroissant, au détriment du pouvoir royal et de la liberté des cités : Milet en fera bientôt l'épreuve. C'est, il est vrai, le temps où les relations personnelles des cités avec les satrapes et les stratèges prennent plus d'importance encore. Peu nombreux étaient les Grecs qui pouvaient se vanter de l'amitié d'Alexandre (3); moins nombreux encore ceux qui se disaient les amis de ses successeurs Philippe et Alexandre, mais dans l'entourage des satrapes, dans chacune de ces petites cours qui se sont formées avant que le maître ait ceint le bandeau royal, dans les chancelleries, dans les bureaux, les Grecs d'Asie Mineure se sont introduits sans peine, toujours actifs, toujours utiles, toujours empressés à tourner leur crédit et leur influence au profit de leur patrie. Le premier que nous ayons à citer est un bien mince personnage auprès des Milésiens que je nommerai dans les chapitres suivants; c'est un acteur de second ou de troisième ordre, mais il n'en a pas moins rendu de grands services à sa patrie, Nésos, et comme il a tenu son rôle dans la période qui nous occupe, je n'hésite pas à citer toute la partie conservée des considérants du décret voté en son honneur (4) :

(1) ['A]ντιγόνωι ἐπιτήδειος ὤν, dit ARRIEN, Reitzenstein, p. 10, F° 235r, l. 4-5.

(2) F° 235v, p. 12 Reitzenstein, l. 1-3 : καὶ αἱ ἐν κύκλωι τῆς 'Εφέσου πόλεις φιλίως κατεδέξαντο αὐτόν, ὁ δὲ παρεσκευάζετο ὡς ἐπὶ Σάρδεις ἐλάσων. Cf. KOEHLER, *mémoire cité*, p. 580.

(3) Peut-être l'historien Théopompe, si c'est lui qu'Alexandre désigne par les mots ἐμός τε φίλος dans une lettre adressée à Chios, comme le suppose P. FOUCART, *Revue de Philologie*, XVII (1893), p. 189. Cf. E. PRIDIK, *de Alexandri Magni epistularum commercio*, p. 30 suiv.

(4) W. R. PATON, *Inscriptiones graecae insularum maris Aegaei*, II, (1899), n° 645. = Ch. MICHEL, *Recueil...*, n° 363.

..... ὅτα δὲ] Ἀλέξανδρος διάλ[λαξεν τὸμ παρ' ἀνθρώ]πων βίον, Φίλιππος δὲ [ὁ Φιλίππω καὶ] Ἀλέξανδρος ὁ Ἀλεξάνδρω τ[ὰμ βασιλεί]αν παρέλαβον, Θέρσιππος ἔων τοῖς βασ]ιλήεσσι φίλος καὶ τοῖς στροτ[άγοισι] καὶ τοῖς ἄλλοισι Μακεδόνεσσι μ[εγάλ]ων ἀγάθων αἴτιος γέγονε τᾶι πόλι· Ἀ[ντιπ]άτρω γὰρ ἐπιτάξαντος χρήματα εἰς τὸμ πόλεμον εἰσφέρην πάντων τῶν ἄλλων εἰσφερόντων Θέρσιππος παργενόμενος πρὸς τοὶς βασίληας καὶ Ἀντίπατρον, ἐκο[ύφισσε τὰμ πόλιν, ἔπραξε δὲ καὶ πρὸς Κλε[ῖτ]ον περὶ τᾶς εἰς Κύπρον στρατείας καὶ ἐκ] μεγάλας δαπάνας εἰς μίκρον συνάγαγε. Ἐγένετ]ο δὲ καὶ περὶ τὰν σιτοδείαν ἄνη[ρ ἄγαθος] καὶ πὰρ τῶν σαδράπαν εἰσαγώγα[ν σίτω κα]τεσκεύασσε, ἔδωκε δὲ καὶ τᾶι πόλι χρήματ]α εἰς σωτηρίαν καὶ τόκοις ἐλάσ[σονας αἴτησε τῶγ κατεσταχόντων, ἐβαθόη δὲ χρη]μάτεσσι καὶ τοῖς πολίταισι εἰς [σιτωνίαν]. Καὶ Πολυπέρχοντος εἰς τὰν Ἀσί[αν στάλε]ντος διώικησε φίλον αὖτον ταῖ πόλι ὑπά]ρχην, παρεσκεύασσε δὲ καὶ Ἀρράβαιον καὶ] τοὶς ἄλλοις τοὶς ἐπί τινων τεταγμένο]ις ὑπὸ τῶν βασιλήων φίλοις τᾶι πόλι κα]ὶ τἆλλα πράσσει μετ' εὐνοίας πρὸς τὸν δ]ᾶμον πάντα.....

Il faut faire la part de l'exagération flatteuse : Thersippos était bien plutôt l'ami des régents que des rois et c'est d'Antipater qu'il obtint une première faveur. Nommé régent dans l'assemblée de Triparadeisos (320), Antipater avait imposé une contribution de guerre à toutes les cités grecques : Thersippos sut obtenir pour Nésos une diminution. Il fit encore avec succès d'autres démarches auprès de Cleitos et de Polyperchon : l'expédition navale de Cypre, pour laquelle une contribution fut levée par Cleitos, amiral de Perdiccas, eut lieu en 321/0 (1) et je suppose que Milet fut d'autant moins épargnée qu'il s'agissait d'une fourniture de vaisseaux. Pour Polyperchon, qui succéda en 319 à Antipater (2), nous ignorons à quel moment il put venir en Asie. Les mots σταλεντος ou ἐλθοντος sont d'ailleurs des restitutions et d'autres savants préfèrent πέμψαντος : en même temps qu'il notifiait sa désignation comme régent, Polyperchon eût annoncé la levée d'une nouvelle contribution (3).

Mais l'autorité du régent allait s'affaiblissant. Pour combattre un Cassandre et un Antigone et pour les réduire à l'obéissance, il fallait d'autres armes qu'un édit royal ou que des lettres écrites au nom des rois : il ne suffisait pas de parler la langue d'Alexandre et de proclamer la liberté et l'autonomie des cités grecques, conformément à la politique suivie par Philippe et par Alexandre (4). L'édit de 318 resta lettre morte, mais il n'en garde pas moins toute son importance à nos yeux : il a le double avantage de fixer en quelque sorte la tradition macédonienne et de donner le ton ; c'est le thème que vont reprendre, avec plus ou moins de sincérité, diadoques et épigones, et nous l'entendrons plus d'une fois. En attendant, le satrape de Carie, Asandros, n'en tint pas compte. Revenant aux traditions du roi de Perse, il mit une garnison dans la citadelle de Milet. Bien qu'elle fût située en dehors des grandes routes militaires de l'Asie, Milet n'en devait pas moins une importance considérable à son port, le plus grand de toute la satrapie, le plus ouvert aux relations avec la Macédoine et la Grèce d'une part, avec les îles et l'Égypte de l'autre. Occupée par une garnison, Milet cessa d'être une ville libre. En même temps elle perdit son autonomie ; elle ne la recouvra que le jour où Asandros perdit sa province. On sait comment celui-ci s'allia à Cassandre et à Ptolémée contre Antigone, comment les maîtres de la Macédoine et de l'Égypte,

(1) Justin, XIII, 6, 16. Cf. Droysen, *Histoire de l'hellénisme*, traduction française, II, p. 108 et Hicks, *A Manual of greek historical Inscriptions*, 1re édition, no 138. Cleitos passa au service d'Antipater et fut récompensé de sa défection à Triparadeisos, où il reçut la satrapie de Lydie, Diodore, XVIII, 39, 6.

(2) Diodore, XVIII, 48, 4 et 49, 4.

(3) Hicks, *op. loc. cit.* cf. Droysen, *ibid.*, II, p. 644 suiv. et p. 172 restituent πέμψαντος.

(4) Diodore, XVIII, 56.

également désireux de consolider leur pouvoir dans leurs provinces et d'en écarter Antigone, eurent intérêt à entretenir la guerre en Carie ; de cette guerre obscure, nous ne connaissons rien qui touche Milet, si ce n'est le dénouement, qui se fit attendre deux ans (315-313)(1). Asandros y maintint sa garnison jusqu'au dernier jour. Tant que les alliés furent maîtres de la mer et que Séleucus longea les côtes avec une flotte de cent vaisseaux, Asandros put tenir à Milet ; la situation changea quand Antigone, appuyé par une flotte considérable, prit lui-même la direction des opérations. Pour gagner du temps, Asandros conclut d'abord un traité avec Antigone(2) : il devait lui livrer toutes ses troupes et reconnaître l'autonomie des cités grecques ; à ces conditions, Antigone consentait à lui laisser sa province. Mais Asandros n'en fit rien : envoyant demander du secours à ses alliés, il garda ses troupes, notamment à Milet, qui eut à subir un nouveau siège par terre et par mer. Je cite ici le passage de Diodore, qui nous renseigne à la fois sur l'administration d'Asandros et sur la politique d'Antigone, désormais le maître de notre cité : οὗτοι δὲ (le général et l'amiral d'Antigone) παραγενόμενοι πρὸς τὴν πόλιν τῶν Μιλησίων τούς τε πολίτας ἐκάλουν ἐπὶ τὴν ἐλευθερίαν καὶ τὴν φρουρουμένην ἄκραν ἐκπολιορκήσαντες εἰς αὐτονομίαν ἀποκατέστησαν τὸ πολίτευμα(3).

(1) Sur cette guerre voy. B. Niese, *ouv. cité*, p. 278 et 285.
(2) Diodore, XIX, 75, 1.
(3) XIX, 75, 4.

## CHAPITRE II

# ANTIGONE [313-301]

RÉTABLISSEMENT DE LA DÉMOCRATIE A MILET (313). — LE MILÉSIEN ARISTODÉMOS (319-306). — LETTRE D'ANTIGONE AUX CITÉS GRECQUES DE L'ASIE MINEURE (311). — ADMINISTRATION D'ANTIGONE (311-301).

Avec Antigone commence une nouvelle période de l'histoire de Milet. Libres et autonomes, les Milésiens rétablissent le régime démocratique, qui va durer sans interruption, sinon sans entraves, jusqu'à l'usurpation du tyran Timarchos.

Bien que nous n'en ayons pas de preuve directe, il est permis de supposer que les premières années de cette sorte de Restauration furent heureuses pour Milet. D'abord elle avait un représentant dans l'entourage immédiat du maître nouveau, je veux parler du Milésien Aristodémos qui jouissait évidemment d'une grande influence auprès d'Antigone, à en juger par les importantes missions dont il fut chargé (1). Aristodémos s'était de bonne heure attaché à la fortune d'Antigone ; il était déjà à son service en 319 quand il lui apportait en Phrygie la nouvelle de la mort d'Antipater et il s'associa aux espérances qui s'éveillèrent dès lors dans l'âme ambitieuse de son chef (2). Diplomate et général, Aristodémos fut surtout chargé des affaires de Grèce, plus compliquées et plus délicates. En 315, déjà « maître de toute l'Asie » (3), Antigone lui confie mille talents et l'envoie dans le Péloponnèse, avec la double mission de lever des mercenaires en nombre suffisant pour entreprendre la guerre contre

(1) Sur Aristodémos, voy. l'article de J. KIRCHNER, dans P.-W. *Real-Encycl.*, II, p. 923-924.

(2) DIODORE, XVIII, 47, 4 et 5 : Ἡσθεὶς δ'ἐπὶ τοῖς γεγονόσι μετέωρος ἦν ταῖς ἐλπίσι καὶ διενοεῖτο τῶν κατὰ τὴν Ἀσίαν ἔχεσθαι πραγμάτων καὶ τῆς κατ'αὐτὴν ἡγεμονίας μηδενὶ παραχωρεῖν.

(3) DIODORE, XIX, 48, 1.

Cassandre et de conclure un traité d'alliance avec Alexandre et son père Polyperchon (1). Nous n'avons pas à dire l'importance du rôle joué alors par Aristodémos; à lire le récit, pourtant très incomplet, de Diodore, on est surtout frappé de l'énergique décision et de l'esprit d'initiative qui caractérisent le diplomate d'Antigone. En 311 nous le retrouvons auprès d'Antigone : il est mêlé aux négociations de paix que celui-ci a entamées avec Lysimaque et Cassandre, et son chef le charge d'aller en Égypte recevoir les serments de Ptolémée, admis, sur sa demande, à traiter (2). Puis il passe au service du fils d'Antigone, Démétrius : c'est par Démétrius qu'il est envoyé à Athènes en 307 (3), c'est Démétrius qui, l'année suivante, le charge d'annoncer à Antigone la grande victoire de Cypre (306). S'il faut en croire Plutarque, Aristodémos fut le premier à saluer Antigone du titre de roi (4). Nul ne doutera que les Milésiens n'aient tenu à se concilier la faveur de leur compatriote et qu'ils aient usé de son crédit auprès de ses maîtres.

On sait d'ailleurs qu'Antigone était bien disposé pour les Grecs. De tous les successeurs d'Alexandre, il n'en est pas qui soit resté plus fidèle à la tradition macédonienne et qui ait plus franchement inscrit dans son programme politique la liberté et l'autonomie des cités grecques. Soit par un calcul intéressé, soit simplement sous l'effet d'une sympathie réelle, ce rude soldat macédonien, qui savait mal leur langue, se posa presque dès la première heure en champion des cités grecques. Dès 315, quand, sur l'invitation d'Aristodémos, Alexandre, fils de Polyperchon, se rend auprès d'Antigone et se lie d'amitié avec lui, celui-ci fait décréter par l'armée que « tous les Grecs seront libres, sans garnison, autonomes » (5) et nous voyons dans Diodore que sur plus d'un point de la Grèce les généraux d'Antigone s'efforcèrent

(1) Id., XIX, 57, 5.

(2) Voy. l'inscription de Skepsis citée plus loin, l. 47 et 48 : Σ[υνο]μολογησόμενον δὲ ἀπεστείλαμεν Ἀριστόδημον καὶ Αἰσχύλον καὶ Ἡγησίαν. Aristodémos représente certainement Antigone, de même que les deux autres. Déjà plus haut (l. 5) on rencontre un Αἰσχύλος au service d'Antigone; c'est peut-être le Rhodien nommé dans Diodore, XVIII, 52, 7.

(3) Plutarque, *Démétrius*, 9.

(4) Id., *ibid.*

(5) Diodore, XIX, 61, 3. C'est le manifeste de Tyr, qu'Antigone fit partout publier.

de réaliser les intentions de leur chef[1]. Plus tard, quand, après la bataille de Gaza et la rentrée en scène de Séleucus, Antigone fut amené à traiter avec Cassandre, Lysimaque et Ptolémée (311), le traité portait encore que les Grecs seraient autonomes[2]. A dire vrai, Antigone, qui avait une première fois, mais en vain, cherché à traiter avec Cassandre[3], savait quelle confiance il devait avoir en sa parole ; il n'ignorait point par exemple qu'après comme avant la paix de 311 Athènes demeurerait privée de sa liberté et de son autonomie[4]. Néanmoins il voulut annoncer solennellement la bonne nouvelle aux cités grecques placées sous sa dépendance et l'on a retrouvé récemment l'exemplaire de la lettre royale que Skepsis avait fait graver sur marbre[5]. Quoiqu'elle nous soit parvenue incomplète, cette lettre-circulaire, cette lettre-programme qu'Antigone a certainement dictée lui-même, sinon rédigée de sa main, est pour nous du plus vif intérêt. Si boiteuse que fût la paix signée par tous ces puissants chefs — Séleucus seul en était exclu —, on sent qu'Antigone veut s'en faire honneur auprès des Grecs et l'embarras mal dissimulé qu'il éprouve à atténuer les exigences de Cassandre rend plus sensibles encore l'incorrection de la langue et la gaucherie du style. Comme la lettre fut certainement portée à Milet, nous sommes autorisé à en citer quelques passages. Du récit des négociations, qui remplit toute la première partie, nous détacherons seulement ces considérations générales sur les charges de la guerre, qui atteignaient Milet non moins que Skepsis (l. 42 suiv.) : ἅμα δὲ καὶ ὑμᾶς ὁρῶντες κα[ὶ] τοὺς ἄλλους συμμάχους ἐνοχλουμένους ὑπό τε τῆς στρατείας καὶ τῶν δαπανη-

(1) *Id.*, XIX, 74, 1 et 2 ; 78, 2.
(2) *Id.*, XIX, 105, 1.
(3) *Id.*, XIX, 75, 6. Cette tentative se place en l'année 313.
(4) Athènes ne recouvrera sa liberté qu'en 307, DIODORE, XX, 45 et 46. D'autres villes en Grèce ne furent pas « délivrées » par le traité de 311, Sicyone par exemple (*Id.*, XIX, 74, 2 et XX, 102).
(5) *Journal of hellenic Studies*, XIX (1899), p. 330 suiv. La lettre a été découverte et publiée par J. A. R. MUNRO. Elle a été étudiée par U. KOEHLER dans les *Sitzungsber. der Akad. zu Berlin*, 1901, p. 1057 suiv. : *Über die Correspondenz zwischen dem asiatischen Herrscher Antigonos und der Stadtgemeinde der Skepsier aus dem Jahre 311 v. Chr.* Je l'avais précédemment analysée dans la *Revue de Philologie*, XXIV (1900), p. 262 suiv., et je me réjouis d'être sur tant de points d'accord avec l'éminent professeur de Berlin.

μάτων (1). Le passage suivant sur le serment que les contractants imposaient aux cités grecques et dont la formule était jointe à la lettre, mérite d'être cité tout entier (l. 53 suiv.) :

..... Γεγράφαμεν δὲ ἐν τῆι ὁμολογίαι
ὀμόσαι τοὺς Ἕλληνας πάντας συνδιαφυλάσ-
σειν ἀλλήλοις τὴν ἐλευθερίαν καὶ τὴν αὐτ[ο-
ν]ομίαν, ὑπολαμβάνοντες ἐφ' ἡμῶν μὲν ὅσα ἀν-
θ]ρωπίνωι λογισμῶι διαφυλάσσεσθαι ἂν τα[ῦ-
τ]α, εἰς δὲ τὸν λοιπὸν χρόνον, ἐνόρκων γενο-
μένων τῶν τε Ἑλλήνων πάντων καὶ τῶν ἐν τοῖς
π]ράγμασιν ὄντων, μᾶλλον ἂν καὶ ἀσφαλέστε-
ρ]ον διαμένειν τοῖς Ἕλλησιν τὴν ἐλευθερίαν.

En faisant prêter serment aux cités grecques, Antigone, qui seul probablement avait pris la parole en leur faveur, les traitait vraiment comme ses alliées et les associait en quelque façon à la conclusion de la paix. Il en avait conscience quand il ajoutait :

κ]αὶ τὸ συνδιαφυλάξειν δὲ προσομνύναι ἃ ἡ-
μ]εῖς ὡμολογήκαμεν πρὸς ἀλλήλους οὐκ ἄδο-
ξον οὐδὲ ἀσύμφορον τοῖς Ἕλλησιν ἑωρῶμεν
ὄν.

La paix de 311, ainsi qu'on l'a justement reconnu (2) marque une ère nouvelle dans l'histoire d'Antigone. Peu importe qu'il n'ait pas encore pris le titre de roi : de fait, il est à la tête d'un vaste empire qu'il administrera pendant dix ans, de 311 à 301. L'organisation de cet empire a été récemment étudiée par deux savants, MM. U. Köhler et W. Hünerwadel, dont les mémoires sont antérieurs à la publication de l'importante inscription de

(1) Antigone ne manque pas non plus de parler de ses propres dépenses, l. 34, l. 3-4. Aux l. 3-4, M. Köhler restitue καὶ χρήματα προσδια[ι]ροῦντες (?), κα]ὶ... On peut aussi proposer : καὶ χρήματα προσδια]δόντες : κα]ὶ... Antigone ferait ainsi valoir les concessions qu'il *fait* actuellement (συγχωροῦντες) et les sommes qu'il *a dépensées* auparavant pour obtenir la liberté des Grecs.

(2) U. Koehler, *Das Asiatische Reich des Antigonos*, dans les *Sitzungsber. der Akad. zu Berlin,* 1898, p. 832.

Skepsis [1]. Je sortirais de mon sujet si je voulais suivre M. Köhler dans son exposition détaillée ; deux questions surtout nous intéressent directement et je dois d'autant plus m'y arrêter que j'arrive, au moins sur l'une d'elles, à des conclusions différentes des siennes : comment était divisé l'empire d'Antigone ? Quels ont été les rapports d'Antigone avec les cités grecques ?

Il ne saurait y avoir de doute sur l'idée maîtresse d'Antigone, et je l'ai déjà dite plus haut : Antigone, fidèle à la tradition macédonienne, se rattache aussi étroitement que possible à Alexandre ; il veut continuer sa politique de même qu'il a l'ambition de rétablir à son profit l'unité de l'empire. Il a d'abord dû conquérir l'Asie Mineure satrapie par satrapie. Les satrapes, dont les pouvoirs s'étaient considérablement accrus depuis la mort d'Alexandre, au point qu'ils s'étaient placés à la fois à la tête de l'administration civile et des forces militaires de la province, lui avaient longuement résisté, notamment Asandros. Antigone, dit M. Köhler [2], voulant assurer sa domination contre des révoltes possibles, prit le parti de « dénouer les satrapies en stratégies, dont les titulaires devaient posséder, chacun dans leur cercle restreint, le pouvoir militaire aussi bien que le pouvoir civil. » « Dans les derniers temps de l'existence de l'empire, dit ailleurs le même historien [3], la vieille division en satrapies n'est plus la base de l'administration. » De fait, ajoute-t-il, dans le récit de la guerre qui a l'Asie Mineure pour théâtre et qui aboutit à la bataille d'Ipsos, « les seuls fonctionnaires qui soient nommés sont des stratèges et non des satrapes » [4]. Devons-nous en conclure qu'il n'y a plus de satrapes ni surtout plus de satrapies ? Diodore, le seul historien qui nous renseigne sur cette période mal connue, prononce deux fois, dans le récit d'événements survenus entre 313 et 309, le mot de satrapie. En 313 Antigone consentait à traiter avec le satrape de Carie Asandros, aux trois conditions suivantes : Asandros lui livrait toutes ses

(1) U. Koehler, *Sitzungsber.* 1898, p. 824-843. — W. Hünerwadel, *Forschungen zur Gesch. von Kön. Lysimachos*, 1900, p. 111 suiv. L'auteur n'a pu consacrer à l'inscription de Skepsis qu'un court appendice, p. 129-131.

(2) *Mémoire cité*, p. 837.

(3) P. 835.

(4) P. 836.

troupes ; il laissait l'autonomie aux cités grecques ; enfin, devenant l'ami fidèle d'Antigone, il gardait son ancienne satrapie (1). En un mot Antigone réduisait son rôle à celui d'administrateur civil de la satrapie. Plus tard, en 309, quand le neveu d'Antigone, Polémæos, que Diodore qualifie de ὁ στρατηγὸς 'Αντιγόνου, se révolte dans la région de l'Hellespont, il laisse à son ami dévoué Phœnix le soin d'administrer en son lieu et place « la satrapie de l'Hellespont » et lui envoie des troupes pour occuper les places fortes et les villes (2). Je conclus de ces deux passages de Diodore qu'Antigone a laissé subsister les satrapies. Ces vieux cadres présentaient tant d'avantages, notamment pour la perception des impôts et tributs, pour l'entretien des routes, pour le service des courriers (3) qu'il était inutile ou dangereux de les remanier. Il ne faut pas oublier d'ailleurs — et M. Köhler n'en a garde (4) — qu'Antigone, ayant conquis l'Asie Mineure satrapie par satrapie, n'a pu organiser son royaume d'un coup, comme le feront plus tard Séleucus I et son fils. Mais Antigone a-t-il laissé subsister les satrapes ? Qu'il ait remis le commandement des forces militaires à des stratèges, nous n'en saurions douter (5) ; il est beaucoup moins certain que ces stratèges aient exercé en même temps des fonctions civiles. L'exemple d'Asandros nous montre suffisamment qu'il y avait place dans la province de Carie pour un haut fonctionnaire civil. L'exemple de Phœnix nous apprend qu'il en allait de même dans la province de l'Hellespont. Peu nous importe que dans la suite Phœnix reçoive de Polémæos des troupes dont il prendra le commandement : il y est d'abord installé comme épistate de la province. Peu nous importe encore que ce dernier terme ne soit pas exactement le titre du haut fonctionnaire civil qui administre la province : épistate ou satrape, ce haut fonctionnaire n'en subsiste pas moins. Je reconnais volontiers que ce satrape diminué est

(1) XIX, 75, 1.

(2) XX, 19, 2.

(3) Sur le service des courriers, voy. Diodore, XIX, 57, 5 : Αὐτὸς δὲ (Antigone) πᾶσαν τὴν 'Ασίαν, ἧς ἦν κύριος, διέλαβε πυρσοῖς καὶ βιβλιαφόροις, δι' ὧν ὀξέως ἤμελλεν ὑπηρετεῖσθαι πάντα. Cf. la note de M. Köhler, *mém. cité*, p. 828.

(4) *Mém. cité*, p. 835.

(5) Voy., par exemple, Diodore, XIX, 46, 5. Après la défaite d'Eumène, Antigone désigne pour satrape de Médie Orontobatès, pour stratège Hippostratos.

placé sous les ordres du stratège, mais sommes-nous autorisés à dire qu'Antigone avait établi un stratège dans chaque province? Sur ce point je suis d'accord avec M. Hünerwadel (1). Si chacune des provinces d'Asie Mineure eût compté un stratège, c'est à dire des troupes, Lysimaque en eût-il fait aussi aisément la conquête en 302? Les stratèges d'Antigone nommés par Diodore dans le récit de cette campagne occupent Synnada et Sardes (2) : il est permis de supposer qu'ils ont détaché des corps plus ou moins nombreux dans les villes qui, comme Sigeion et Abydos, résistèrent à Lysimaque (3), mais encore une fois l'Asie Mineure ne semble nullement divisée en grands gouvernements militaires (4). Le stratège n'est encore qu'un chef militaire pourvu d'un commandement spécial. Les choses changeront sous Lysimaque.

Sur les relations d'Antigone avec les cités grecques, nous sommes bien renseignés. Les inscriptions sont assez nombreuses; quelques unes, très précises et très détaillées, ont été l'objet de travaux remarquables qui nous permettront de passer plus vite. La condition des cités grecques de l'Asie Mineure peut être caractérisée d'un mot que nous empruntons à la lettre déjà citée d'Antigone à Skepsis : les Grecs sont les alliés (σύμμαχοι) d'Antigone (5). Diodore emploie d'ailleurs le terme συμμαχίδες πόλεις à plusieurs reprises, notamment dans le récit des événements de l'année 315 (6). Donc dès 315 Antigone avait conclu des traités d'alliance avec un certain nombre de villes. Peu de chancelleries ont été plus occupées que la sienne, peu d'archives ont été plus remplies de traités, rescrits, édits. Dans une page excellente, M. Hünerwadel a montré qu'en effet chaque cité, au moment d'entrer dans l'alliance, concluait directement avec Antigone ou ses stratèges un traité spécial (7); il ajoute que le traité conclu

(1) *Mém. cité*, p. 116 et 117.

(2) Diodore, XX, 107, 4 et 5.

(3) Id., XX, 107, 2.

(4) M. Köhler a raison quand il dit, p. 834 : « Von einer geschlossenen hierarchisch gegliederten Beamtenschaft des Reiches und des Hofes, wie eine solche in dem Staate der Ptolemaier und, wenn auch in abgeschwächter Gestalt, in dem der Seleukiden existirt hat, ist in der auf das Reich des Antigonos bezüglichen Überlieferung keine Spur zu finden. »

(5) Lettre d'Antigone à Skepsis, l. 43 citée plus haut, p. 16.

(6) Diodore, XIX, 58, 5.

(7) *Mém. cité*. p. 115.

entre Rhodes et Démétrius en l'année 304 peut servir de type à la condition d'en effacer les clauses relatives à Ptolémée et aux otages. Le voici, tel que nous l'a conservé Diodore (XX, 99, 3) : Αὐτόνομον καὶ ἀφρούρητον εἶναι τὴν πόλιν καὶ ἔχειν τὰς ἰδίας προσόδους, συμμαχεῖν δὲ Ροδίους Ἀντιγόνῳ πλὴν ἐὰν ἐπὶ Πτολεμαῖον στρατεύηται καὶ δοῦναι τῶν πολιτῶν ὁμήρους ἑκατόν (1)...

L'alliance est une alliance offensive et défensive. A l'entendre d'ailleurs, Antigone ne fait la guerre que « pour délivrer les Grecs (2) » et nous avons insisté sur le sens de ces mots ἐλευθερία, ἐλεύθερος, ἐλευθεροῦν. Antigone le précise d'ordinaire en remplaçant ἐλεύθερος par ἀφρούρητος, comme dans le traité conclu avec Rhodes. Les alliés doivent donc fournir des soldats et des vaisseaux (3), et dès 311 Antigone reconnaît, dans sa lettre à Skepsis, que les charges de la guerre pèsent lourdement sur eux (4). Plus tard seulement, semble-t-il, les alliés sont appelés à délibérer avec Antigone : ils ont leurs délégués ou σύνεδροι, qui prennent part aux délibérations du συνέδριον. Encore s'agit-il seulement, dans le passage de Diodore auquel je fais allusion, des cités de la Grèce propre au lendemain de la délivrance d'Athènes par Démétrius en 307 (5); nous n'avons pas un seul exemple de σύνεδροι délégués par les cités de l'Asie Mineure (6). J'ai montré plus haut comment en 311 Antigone avait associé ses alliés à la conclusion de la paix, en exigeant d'eux un

(1) Cf. l'alliance conclue en 313 entre Antigone et Rhodes, DIODORE, XIX, 77, 3 : Ἐποιήσατο δὲ καὶ πρὸς Ροδίους συμμαχίαν, καὶ προσελάβετο παρ' αὐτῶν ναῦς ἐξηρτυμένας πρὸς τὸν πόλεμον δέκα πρὸς τὴν τῶν Ἑλλήνων ἐλευθέρωσιν.

(2) DIODORE, XIX, 78, 2.

(3) Voy. le texte de Diodore cité dans la note 1.

(4) L. 42-45. Voy. plus haut, p. 16.

(5) DIODORE, XX, 46, 5 : Πρὸς δὲ τὸν υἱὸν Δημήτριον ἔγραψε κελεύων τῶν μὲν συμμαχίδων πόλεων συνέδρους συστήσασθαι τοὺς βουλευσομένους κοινῇ περὶ τῶν τῇ Ἑλλάδι συμφερόντων.

(6) Dans le récit que Diodore nous a laissé des événements de l'année 315, on lit (XIX, 58, 5) : Οἵ τε ἐκ τῶν συμμαχίδων πόλεων καὶ πάντες οἱ κοινοπραγοῦντες τοῖς περὶ Ἀντίγονον ἄθυμοι καθειστήκεσαν. Antigone est en Phénicie, occupé à faire construire une flotte, et Séleucus longe la côte avec les cent vaisseaux que lui a confiés Ptolémée. Par οἱ ἐκ τῶν συμμαχίδων πόλεων j'entends les troupes fournies par les villes alliées et non les délégués. M. Hünerwadel (p. 114-115) ne se prononce pas : Truppen oder Abgeordnete, dit-il. Je crois que l'hésitation n'est pas possible et qu'Antigone n'a organisé de συνέδριον que pour les cités de la Grèce propre.

serment où ils se garantissaient réciproquement le maintien de leur liberté et de leur autonomie.

Si respectueux qu'il fût de l'autonomie des Grecs, Antigone ne s'en était pas moins réservé, de même qu'Alexandre, un droit de haute surveillance, en matière législative, judiciaire et commerciale. MM. Köhler, Feldmann et Hünerwadel (1) ont mis ce point en lumière et je n'y reviendrai pas. M. Köhler arrive à la conclusion suivante : « La situation des vieilles cités grecques de l'Asie Mineure n'a peut-être jamais été, sous aucun des chefs macédoniens qui ont dominé dans la péninsule, plus favorable que sous Antigone (2) ». Devons-nous, sans réserve aucune, nous ranger à cet avis? N'y a-t-il pas des ombres à ce tableau flatteur? Peu après l'année 306, les cités faisant partie du κοινὸν ilien envoyaient des députés au roi Antigone ὑπὲρ τῆς ἐλευθερίας καὶ αὐτονομίας τῶν πόλεων (3). L'inscription ne nous dit pas contre qui elles avaient à se défendre, mais il semble bien que ce fût contre le neveu d'Antigone, Polémæos, dont il a été parlé plus haut. Polémæos, stratège d'Antigone, établi depuis 314 dans la satrapie de l'Hellespont, s'était révolté en 309 et avait confié l'administration de la province à Phœnix; celui-ci avait mis des garnisons dans les villes, et les bienfaits de la paix de 311 avaient été de courte durée pour les Grecs de l'Hellespont et de la Troade (4). Même après 306, l'ordre ne semble pas avoir été rétabli dans cette province et les cités doivent s'adresser au roi. La fondation récente de Lysimacheia (5), l'alliance de Polémæos et de Cassandre (6) étaient pour elles une menace constante et Antigone lui-même était impuissant à les

(1) U. Koehler, *mém. cité*, p. 838-842. — W. Feldmann, *Analecta epigraphica ad historiam synoecismorum et sympolitiarum*, Strasbourg, 1885, p. 10 suiv. (= *Dissertationes philologicae Argentoralenses*, IX, p. 97 suiv.). — W. Hünerwadel, *mém. cité*, p. 111 suiv. — Cf. Ch. Michel, *Recueil...*, n° 34 = Dittenberger, *Sylloge inscriptionum graecarum*, 2e éd., n° 177. — De l'intéressante note de M. Köhler relative aux σιτηγήσια (p. 834) il faut rapprocher l'inscription de Nésos citée plus haut, p. 11, l. 18-19.

(2) *Mém. cité*, p. 842.

(3) Ch. Michel, *Recueil...*, n° 522, l. 24-25.

(4) Diodore, XX, 19, 2.

(5) Lysimacheia fut fondée en 309/8 : Diodore, XX, 29, 1. — Marbre de Paros, *Athenische Mittheilungen*, XXII (1897), p. 188, l. 23-24.

(6) Diodore, XX, 19, 2 et suiv.

protéger. Il n'en allait pas de même en Ionie et l'exemple de Téos et de Lébédos nous montre qu'Antigone n'y renonçait à aucun de ses droits. Je n'insisterai pas, après les belles études de MM. Feldmann et Köhler, sur les rescrits d'Antigone à Téos. Le fragment, nouvellement découvert, du Marbre de Paros a permis de les dater plus exactement : il est très vraisemblable en effet que le συνοικισμός des deux villes a été résolu à la suite du tremblement de terre qui ravagea l'Ionie en 304/3 (1). Il nous importerait davantage de savoir par qui il l'a été. On admet généralement que la décision a été prise par Antigone et qu'il a imposé sa volonté aux deux cités. M. Köhler croit que cette conception n'est pas exacte. Il lui semble qu'Antigone agit et parle en arbitre, à qui les deux cités se sont adressées. Il a reçu en même temps les députés de Téos et de Lébédos, qui lui ont sans doute présenté des décrets rendus par les deux villes, et il ne s'est prononcé que sur les points où elles n'avaient pu se mettre d'accord. Cela résulte, dit M. Köhler, du titre même qui est donné dans l'inscription au rescrit du roi : c'est une réponse (ἀπόκρισις), donc Antigone a été consulté. Enfin il n'est pas jusqu'au ton du roi qui ne semble exclure l'idée d'un ordre imposé : une fois seulement il se sert du mot συντάσσομεν, dans un passage du rescrit où il se montre particulièrement rigoureux ; partout ailleurs, il emploie la formule οἰόμεθα δεῖν (2). A la vérité, je crains fort qu'il ne faille pas attacher grande importance à la procédure suivie par les deux villes intéressées ni à la prétendue modération du ton pris par le roi. Sans compter que la formule οἰόμεθα δεῖν n'est guère qu'une variante, à l'usage des alliés et amis, du verbe συντάσσομεν réservé aux fonctionnaires et aux subordonnés (3), je vois que M. Köhler lui-même atténue singulièrement la nouveauté de son explication, en reconnaissant que les moyens ne manquaient pas au roi de faire savoir aux cités ses vues et ses vœux, sans recourir à l'ordre brutal (4). Qu'importent ce prétendu rôle d'arbitre, ces ambassades, cette réponse, si,

(1) *Ath. Mitth.*, 1897, p. 189, l. 18, où le mot σεισ[μῶν a été fort heureusement restitué par Ad. Wilhelm.

(2) *Mém. cité*, p. 839, où il faut corriger διατάσσομεν en συντάσσομεν, l. 87.

(3) Nous retrouverons ces mêmes verbes dans des lettres des rois Séleucides, qui seront citées plus loin.

(4) P. 834.

comme nous le croyons, Antigone a fait naître lui-même la question du συνοικισμός, s'il a plus ou moins directement demandé aux cités de le prendre pour arbitre? On peut douter que les Lébédiens s'y soient prêtés de bonne grâce. En tout cas, loin de faire au roi un grief de la décision qu'il avait su provoquer et que la guerre l'empêcha de mener à bonne fin, la suite de l'histoire de Lébédos nous prouve qu'il faut l'en féliciter. Ravagée par le tremblement de terre de 304/3, Lébédos ne se releva jamais complètement de ses ruines. En 287/6, quand Lysimaque fondera la nouvelle Éphèse (Arsinoeia) (1), la déchéance de Lébédos la désignera au choix du roi de Thrace, qui la dépouillera d'une partie de ses habitants au profit de la ville nouvelle (2). Lébédos subsiste pourtant et continue à envoyer des délégués à la confédération des treize villes ioniennes (3). Bientôt elle changera de nom : sans doute pour témoigner sa reconnaissance à Ptolémée II (?) à la suite de quelque faveur ou de quelque libéralité, elle prendra le nom, que vient de nous révéler un décret de Magnésie, de Πτολεμαΐς (4). En somme Antigone avait vu juste et M. Köhler a raison de dire « qu'il avait envisagé les affaires et les intérêts des communes grecques, d'un regard que ne troublait ni l'ignorance, ni le parti-pris (5). » Les Grecs lui en furent reconnaissants. Skepsis célébrait des jeux en son honneur, peut-être dès 315, au lendemain du manifeste de Tyr; en 311, elle lui décerne les honneurs divins (6). Délivrée en 313, la Carie gardera fidèlement le souvenir de son bienfaiteur (7).

(1) Sur la date de la fondation d'Arsinoeia, voy. une longue note d'E. Rohde, *Der griechische Roman...*, p. 75, 1. Cf. C. Fredrich, *Ath. Mitth.*, XXV (1900), p. 105. Hünerwadel, *mém. cité*, p. 123, note 2.

(2) Pausanias, I, 9, 7.

(3) Ch. Michel, *Recueil...*, n° 486, l. 46.

(4) O. Kern, *Die Inschriften von Magnesia am Maeander*, n° 53, l. 79.

(5) *Mém. cité*, p. 834.

(6) Voy. le décret de Skepsis retrouvé en même temps que la lettre d'Antigone (*Journ. of hellen. Studies*, XIX (1899), p. 335, et le commentaire de Koehler (*Sitzungsber. der Akad. zu Berlin*, 1901, p. 1067).

(7) Voy. H. Usener, *Rheinisches Museum*, XXIX (1874), p. 41, où il commente et explique une dédicace cnidienne en l'honneur d'Antigone Gonatas (= Kaibel, *Epigrammata graeca*, n° 781).

## CHAPITRE III

# LYSIMAQUE [302-281]

Situation troublée de l'Asie Mineure (301-287). — Le Milésien Hippostratos, stratège de Lysimaque en Ionie. — Administration de Lysimaque. — Milet et la reine Eurydice (300-287/6).

Le Marbre de Paros, après avoir mentionné les tremblements de terre de l'année 304/3, nous apprend que l'année d'après fut marquée par une comète et par le passage de Lysimaque en Asie : ce sont même les deux seuls événements qu'il rapporte pour l'année [1]. La guerre n'atteignit pas Milet ; Prépélaos, que Lysimaque avait chargé de conquérir l'Éolide et l'Ionie, ne dépassa pas Éphèse et, après avoir reçu la soumission de Téos et de Colophon, remonta vers Sardes [2]. D'autre part, quand Démétrius vint au secours de son père, il débarqua à Éphèse, s'en empara et se dirigea vers l'Hellespont [3]. La guerre s'acheva loin de Milet : Ipsos, où fut livré la grande bataille qui mit fin au règne et à la vie d'Antigone, était une localité de Phrygie. La plus grande partie de l'Asie occidentale [4] et Milet passèrent sous la domination du roi de Thrace, Lysimaque.

On sait que Lysimaque n'établit pas aussitôt son autorité sur ses nouvelles provinces et que Démétrius, fort du souvenir de son père cher aux Grecs, soutenu par une flotte considérable et bientôt allié à Séleucus (299), resta maître de la côte occidentale

(1) *Ath. Mitth.*, XXII (1897), p. 189, l. 29-30.

(2) Diodore, XX, 107, 2, 4 et 5. Il est question d'une ambassade envoyée par les Éphésiens à Prépélaos dans un décret d'Éphèse (Ch. Michel, *Recueil...*, n° 488, l. 4 suiv.).

(3) Diodore, XX, 111, 3. Cf. un décret d'Éphèse en l'honneur de Démétrius (Ch. Michel, n° 490).

(4) Sur le partage du royaume d'Antigone et sur la part qui échut à Lysimaque, voy. W. Hünerwadel, *Forschungen zur Gesch. von Kön. Lysimachos*, p. 51 suiv. — G. B. Possenti, *Il re Lisimaco di Tracia*, 1901, p. 99 suiv. Cf. B. Niese, *Gesch. der griech. und makedon. Staaten*, I, p. 351-352.

de l'Asie Mineure jusque vers 294 [1]. L'histoire de cette courte période (301-294) est très confuse [2]. Il se dégage pourtant de nos textes et d'une inscription récemment retrouvée à Didymes quelques indications très précises. Il est parfaitement vrai que, prudent et patient, Lysimaque renonça, au lendemain de la bataille d'Ipsos, à tenter la conquête des provinces qu'il venait de gagner. Il avait très nettement compris que son plus redoutable ennemi en Asie Mineure n'était pas le fils du vaincu d'Ipsos, Démétrius, mais bien plutôt son allié de la veille, celui qui partageait avec lui l'honneur de la victoire et qui présentement en recueillait seul le profit, Séleucus. Aussi chercha-t-il presque aussitôt à s'allier plus étroitement avec celui des anciens ennemis d'Antigone qui était le plus disposé à se montrer jaloux de Séleucus, je veux dire le roi d'Égypte, Ptolémée. En 300 il épousa la fille de Ptolémée, Arsinoé; vers le même temps, semble-t-il, Agathoclès son fils aîné épousait Lysandra, fille de Ptolémée et d'Eurydice [3]. Aussi bien Lysimaque avait à se défendre en Europe même contre Pyrrhus, contre Démétrius et contre les Gètes : sans abandonner complètement l'Asie Mineure, sans renoncer surtout à ses projets, il s'attacha à sauver son royaume. Séleucus, de son côté, ne resta pas inactif. Nous savons depuis longtemps comment il s'allia à Démétrius et obtint pour lui la main d'une fille de Ptolémée [4]; une inscription de Didymes nous fera mieux comprendre encore comment, longtemps avant sa rupture définitive avec Lysimaque, il s'assura des partisans dans les villes ioniennes.

Au milieu de toutes ces compétitions et de ces hostilités plus ou moins ouvertes, les cités grecques avaient grand'peine à garder la paix intérieure. Chacun des rois s'efforçait d'y entretenir un parti, et de ces divisions naissaient des troubles dont nous

(1) Hünerwadel, p. 53-54.

(2) Voy. B. Niese, I, p. 352 suiv., 402 suiv. De cette période date un décret d'Éphèse en l'honneur d'un ambassadeur des rois Démétrius et Séleucus, rendu après 299 (Ch. Michel, *Recueil...*, n° 492).

(3) Plutarque, *Démétrius*, 31. Cf. B. Niese, I, p. 354, et surtout Hünerwadel, p. 56-60.

(4) Plutarque, *Démétrius*, 32.

pouvons reconnaître la trace sur différents points. En face de Milet, Priène subit pendant trois ans le joug d'un tyran (1); bientôt elle devra se défendre contre les Magnètes et les gens de la Plaine (2). Ilion, peut-être à la suite de troubles non moins graves, porte une loi contre la tyrannie et l'oligarchie (3). Pour Milet au contraire, elle semble avoir été favorisée. Les « séleucisants » y étaient nombreux et surent obtenir de Séleucus et de son fils, dès 295, d'importantes donations dont il sera parlé dans le chapitre suivant. Puis quand Lysimaque, rendu libre en Europe, prit enfin possession de l'Asie Mineure, le stratège qu'il mit à la tête des villes ioniennes fut un Milésien, Hippostratos fils d'Hippodémos. Cet « ami du roi Lysimaque » joua auprès du roi le rôle qu'Aristodémos avait tenu auprès d'Antigone, et ses fonctions lui permettaient de rendre d'autant plus de services à ses compatriotes que Lysimaque avait la main dure et ne partageait pas sur la condition des villes grecques les idées généreuses d'Antigone.

Nous possédons, en double exemplaire, le texte d'un décret rendu par le κοινὸν des Ioniens en l'honneur d'Hippostratos. Le premier, depuis longtemps connu, avait été gravé à Smyrne : il était incomplet (4). Le second, retrouvé à Milet où il avait été gravé, est complet et la dernière ligne renferme un nom propre qui permet de dater plus exactement le décret (5). Hippostratos y est qualifié d' « ami du roi Lysimaque », titre officiel, et de « stratège préposé aux villes ioniennes » (6). Nous apprenons ainsi — et ce renseignement est confirmé par une inscription de Priène (7) — que les gouverneurs des provinces de Lysimaque

(1) *Anc. gr. Inscr. in the Brit. Museum*, III, n° 403, l. 65 suiv., 111, 124. Je crois avec Lenschau (*De rebus Prienensium*, p. 200) que la tyrannie d'Hiéron se place plutôt de 300 à 297 que de 304 à 301.

(2) *Anc. gr. Inscr. in the Brit. Museum*, III, n° 401, l. 5-6.

(3) Ch. Michel, *Recueil*..., n° 524 = *Recueil des Inscriptions juridiques grecques*, II, n° XXII, p. 25. La date de cette loi ne peut être fixée avec certitude : elle est peut-être postérieure à 281.

(4) Ch. Michel, *Recueil*..., n° 485 = Dittenberger, *SIG.*², n° 189.

(5) *Ath. Mitth.*, XXV (1900), p. 100.

(6) Ἱππόστρατος Ἱπποδήμου Μιλήσιος φίλος ὢν τοῦ βασιλέως Λυσιμάχου καὶ στρατηγὸς ἐπὶ τῶν πόλεων τῶν Ἰώνων κατασταθεὶς (l. 1 suiv. de l'exemplaire de Milet).

(7) *Anc. gr. Inscr. in the Brit. Museum*, III, n° 402, l. 12.

portaient le titre de stratège. Nous voyons également que Lysimaque n'avait pas tenu compte de l'ancienne division de l'Asie Mineure en satrapies : le territoire des treize villes ioniennes formait une province dont Milet faisait partie et l'on a pu supposer avec beaucoup de vraisemblance que le territoire des villes du κοινὸν ilien en formait une autre (1). Lysimaque ne s'était pas décidé sans raisons à cette importante modification dont le sens est clair : en choisissant, au lieu des vieux cadres régionaux, créés ou maintenus par les rois ses prédécesseurs, ces groupements artificiels qui étaient l'œuvre des Grecs, il signifiait aux cités l'intention d'exercer plus directement sur elles l'autorité royale. Et comme la plupart de ces villes, situées sur le littoral, étaient ouvertes aux partisans et aux flottes de Démétrius, Lysimaque montrait du même coup qu'il entendait y maintenir sa domination.

J'ai dit plus haut et tout le monde admet que Lysimaque n'avait pas à l'égard des Grecs les dispositions généreuses d'Antigone. Non qu'il ait aboli les démocraties : des textes épigraphiques nous montrent au contraire qu'il laissa subsister le régime démocratique à Samothrace, à Priène, à Samos, à Milet (2). D'autres nous apprennent qu'il sut défendre et Samothrace contre les pirates, et Priène contre les gens de la Plaine et de Magnésie du Méandre, avant que cette dernière cité lui fût soumise, par conséquent avant l'entrée en charge du stratège Hippostratos (3). Samothrace et Priène reconnaissantes lui élevèrent un autel et lui décernèrent les honneurs divins (4). Mais son admi-

(1) Hünerwadel, p. 126.

(2) Samothrace, Dittenberger, *SIG.*², n° 190 ; Priène, *Anc. gr. Inscr. in the Brit. Museum*, III, n° 402, l. 2 ; Samos, Ch. Michel, n° 36 ; Milet, *Ath. Mitth.*, XXV (1900), p. 101. Des deux décrets milésiens joints au décret du κοινόν des Ioniens, l'un est décret du peuple, l'autre un décret du Conseil. Voy. encore le décret rendu par Milet sur la proposition de Démodamas, dans le chapitre suivant.
Sur l'administration de Lysimaque en général, voy. Hünerwadel, p. 118-127 et Possenti, p. 160-167.

(3) Pour Samothrace, voy. Ch. Michel, *Recueil...*, n° 350. Lysimaque s'était rendu lui-même à Samothrace (l. 12 suiv.). — Pour Priène, voy. *Anc. gr. Inscr. in the Brit. Museum*, III, n° 401, l. 5 suiv. ; 402, l. 13-14. On sait positivement que Magnésie fut soumise à Lysimaque, car on possède des tétradrachmes et drachmes du roi frappés dans cette ville. L. Müller, *Die Münzen des thracischen Königs Lysimachus*, p. 81, n°s 438, 439 et Pl. VIII.

(4) Samothrace, Dittenberger, *SIG.*², n° 190. —Priène, *Anc. gr. Inscr. in the Brit. Museum*, III, n° 401, l. 17 suiv.

nistration n'en semble pas moins avoir été vexatoire. Lemnos en avait gardé mauvais souvenir, ainsi que nous l'apprend l'historien Phylarchos : autant ils eurent à se louer de Séleucus I, autant les clérouques athéniens de Lemnos eurent à se plaindre de Lysimaque et de la dureté de ses commissaires (1). Érythrées, rappelant le passé au roi Antiochus I, se félicitait d'avoir été autonome et exempte d'impôts sous Antigone et sous Alexandre : elle se gardait de mentionner Lysimaque (2). Je crois en effet que Lysimaque fut surtout avide d'argent : le « gardien de trésor », comme l'appelaient les courtisans de Démétrius, avait certainement recours aux impôts et tributs pour remplir ses trésors de Pergame et de Sardes (3), et les Grecs furent plus d'une fois mis à contribution.

Pour Milet la politique royale lui valut, peut-être dès l'année 300, un traitement de faveur dont ne jouissait aucune autre ville de l'Ionie. Elle devint en effet la résidence de la reine Eurydice, quand celle-ci, répudiée par Ptolémée, quitta la cour d'Égypte (4). Un tel choix ne fut évidemment pas laissé au hasard et, pour désigner Milet, Lysimaque s'entendit sans doute avec son allié Cassandre dont Eurydice était la sœur, et avec Ptolémée dont il épousait vers le même temps la fille Arsinoé. Il est même permis de supposer, avec L. Müller, que Milet fut donnée en présent à Eurydice : on ne connaît pas en effet de monnaies de Lysimaque frappées à Milet (5) et quand, en 287, Démétrius vint

(1) PHYLARCHOS, dans les *Fragmenta historicorum graecorum*, I, p. 341, n° 28 : ... αὐτοὺς ὁ Σέλευκος πικρῶς ἐπιστατουμένους ὑπὸ Λυσιμάχου οὐ μόνον ἐξείλετο... Cf. le décret athénien et les deux décrets des clérouques rendus en l'honneur de l'Athénien Koméas, qui avait rempli une ambassade auprès de Séleucus, CIA., IV, II, p. 88, 318 c et *Hermes*, XXIII (1888), p. 459-461 (Ad. WILHELM).

(2) Ch. MICHEL, *Recueil*..., n° 37, l. 22.

(3) Ὁ γαζοφύλαξ, PHYLARCHOS, *Fragm. historic. graec.*, I, p. 341, n° 29. PLUTARQUE, *Démétrius*, 25. Sur le trésor de Pergame, que gardait Philétæros, voy. STRABON, XIII, 623 ; sur celui de Sardes, POLYEN, IV, 9, 4.

(4) Je ne vois pas sur quelles raisons se fondent B. NIESE (*ouv. cité*, I, p. 389) et M. L. STRACK (*Die Dynastie der Ptolemäer*, p. 181) pour placer cet événement en 287 ou 286 seulement. Je crois que l'établissement d'Eurydice à Milet suivit de peu le mariage de Lysimaque avec la fille de Ptolémée, Arsinoé.

(5) Voy. L. MÜLLER, *Die Münzen des thrac. Kön. Lysimachus*, p. 27. — Pour ces donations de villes, on sait qu'Arsinoé, encouragée peut-être par l'exemple d'Eurydice, se fit donner par Lysimaque les villes d'Héracleia, Tios et Amastris (MEMNON, *Fragm. historic. graec.*, III, p. 531, VII, 2).

tenter une dernière fois la fortune en Asie, ce fut à Milet qu'il débarqua ; bien reçu par Eurydice, il y célébra son mariage avec la fille de celle-ci, Ptolémaïs, dont la main lui avait été promise antérieurement (1). Si la ville avait été au pouvoir de Lysimaque, Démétrius, son plus redoutable ennemi, n'y fût pas entré sans lutte. Mais nous nous garderons de conclure de cette situation privilégiée que la ville était alors prospère. L'état de ses finances au contraire semble avoir été peu brillant, à en juger par les deux décrets du peuple et du Conseil de Milet, qui sont gravés au-dessous de l'exemplaire milésien du décret rendu par les Ioniens en l'honneur d'Hippostratos. Tous trois datent de la dernière période du règne de Lysimaque (287-281) (2) et nous y voyons que les Milésiens sont encore occupés à reconstruire les murs de leur ville, puisqu'il existe encore chez eux une commission de τειχοποιοί. Or le dernier siège dont ils avaient eu à souffrir remontait à l'année 313 ! La reconstruction des murs n'avançait guère plus vite que celle du Didymeion. Et pourtant la caisse des τειχοποιοί était encore moins pauvre que les autres, puisqu'on lui faisait supporter des dépenses qui ne lui incombaient nullement, telles que frais d'érection d'une statue et de gravure d'une stèle. Les Ioniens ayant décidé d'élever au Panionion une statue de bronze au stratège Hippostratos, deux villes du κοινόν furent chargées de veiller à l'exécution du monument ; on ne sera pas surpris que Milet, sa patrie, ait été désignée la première, avant Arsinoeia (3). Le peuple de Milet confirma la décision du κοινόν et nomma deux « épistates de la statue (4). » Cela se passait sous le stéphanéphorat de Télésias, au mois de Panémos, très probablement le premier de l'année milésienne (5). Six mois plus tard, en Lénæon, Hippostratos n'avait pas encore reçu les honneurs que lui avaient décernés les Ioniens : non seulement Milet n'avait pas fourni sa quote-part pour l'exécution de la

(1) Plutarque, *Démétrius*, 46.

(2) La ville d'Arsinoeia (la Nouvelle Éphèse) est en effet nommée dans le décret du κοινόν (l. 24) et elle ne fut pas fondée avant 287. Voy. plus haut, p. 24, note 1.

(3) *Ath. Mitth.*, XXV (1900), p. 101, l. 24.

(4) L. 25 suiv.

(5) Le nom de Télésias se retrouve sur une monnaie de Milet, E. Babelon, *Invent. somm. de la collection Waddington*, I, n° 1818.

statue de bronze qu'elle était spécialement chargée de surveiller, mais encore le décret n'avait pas encore été gravé sur marbre. On chargea les τειχοποιοί de fournir la somme, et la stèle, enfin gravée, a été retrouvée en 1900. Retrouvera-t-on jamais la statue au Panionion? Fut-elle jamais érigée? Il y a lieu d'en douter, car Milet changea bientôt de maître. En 281 Lysimaque était vaincu et tué à la bataille de Koroupédion et ses possessions asiatiques passaient aux mains de Séleucus qui les recueillit sans difficulté(1).

(1) Voy. B. Niese, *ouv. cité*, I, p. 404.

DEUXIÈME PARTIE

# LES SÉLEUCIDES

---

## CHAPITRE IV

## SÉLEUCUS I [295-281]

Les séleucisants a Milet avant 281. — Bienfaits de Séleucus et d'Antiochus. — Décret de Démodamas (294). — Travaux au Didymeion et fête des Didymeia. — Le temple en 281.

S'il faut en croire une tradition rapportée par Appien (1), le fondateur de la dynastie des Séleucides eût consulté le dieu de Didymes bien des années avant de prendre le titre de roi, dès 334. « Ce ne peut guère être en effet que cette année-là, pendant la campagne où Alexandre entrait à Éphèse, enlevait Milet de vive force, prenait Halicarnasse et guerroyait en Carie, que Séleucus, alors simple chef de troupes dans l'armée du conquérant, vint, las déjà d'une expédition qui n'en était pourtant qu'à ses débuts, demander à l'oracle s'il ne ferait pas bien de retourner dans son pays. La réponse du dieu fut catégorique : « ne te hâte pas vers l'Europe : l'Asie te vaut bien mieux (2) ». Rien ne s'oppose à ce qu'en 334 Séleucus ait pris part au siège de Milet, mais il est peu probable qu'il eût alors la moindre velléité de retour, et absolument impossible en tout cas qu'il ait, à cette date, consulté l'oracle de Didymes : celui-ci était muet

(1) *Témoignages*, n° XXXI.
(2) O. Rayet et A. Thomas, *Milet et le golfe Latmique*, II, p. 29.

et la source prophétique tarie depuis plus d'un siècle et demi, depuis qu'en 494 Darius avait incendié le temple et emmené le dieu en captivité. S'ensuit-il que l'authenticité de la réponse du dieu doive être suspectée? Je ne le crois pas et le même Appien nous met sur la voie de la solution juste. D'après lui l'oracle rendu en 334 vaut également pour l'année 281, quand, vainqueur à Koroupédion, Séleucus, qui s'était déjà déchargé sur son fils du fardeau royal, exprimait le désir de finir ses jours en Macédoine (1); nous admettrons plus simplement que l'oracle n'a été rendu qu'à cette dernière date, au lendemain de la victoire qui permettait enfin au vieillard de regagner la terre de ses pères. « Ne te hâte pas vers l'Europe, lui répondit en un vers l'Apollon de Didymes, l'Asie te vaut bien mieux », c'est à dire, en prose milésienne : ne t'éloigne pas de nous et continue à nous combler de tes bienfaits !

Le décret suivant a été rendu par Milet sous le règne de Séleucus I, en l'honneur de son fils Antiochus. Il était gravé sur une grande plaque de marbre blanc dont j'ai retrouvé quatre fragments à Didymes. Les trois fragments A, B, C ont beaucoup souffert de l'humidité, qui a écaillé le marbre, creusé et élargi les caractères. Copie et estampages.

*Revue de Philologie*, XXIV (1900), p. 245 suiv. (2).

"Εδοξε τῶι δήμωι, γνώμη συνέδρων, Δημοδάμας
'Αριστείδου εἶπεν · ἐπειδὴ 'Αντίοχος ὁ πρεσβύτατο[ς
τοῦ βασιλέως Σελεύκου πρότερόν τε πολ[λὴν
A ε]ὔνοιαν καὶ προθυμίαν παρεχόμενος δι[ετέλει B
πε]ρὶ τὸν δῆμον τὸν Μ[ι]λησίων καὶ νῦν ὁρ[ῶν τὸν
π]ατέρα τὸν αὐτο[ῦ τ]ὴν πᾶσαν σπουδὴ[ν πεποιημέ-
νο]ν περὶ τὸ ἱερὸν [τὸ ἐ]ν Διδύμοις, καλῶς ἔχ(ο)ν κ[αὶ νῦν
ὑπ]ολανβάν[ων ἐπ]ακολουθεῖν τῆι τοῦ πατ[ρὸς προ-
αιρ]έσε[ι, ἐ]π[αγγ]έλ[λε]ται στοὰν οἰκοδο[μήσειν

(1) *Témoignages*, nº XXXII.

(2) Le texte qui suit diffère sur plus d'un point de celui que j'ai donné dans la *Revue*. Je dois à MM. von Wilamowitz-Moellendorff, A. Brueckner, Max Fraenkel, Bruno Keil, d'excellentes corrections et observations qu'ils m'ont communiquées avec autant d'empressement que de bonne grâce. Je leur en exprime toute ma reconnaissance et ne manquerai pas de leur rendre ce qui leur est dû. Cf. l'article de M. Holleaux, dans la *Revue des Études grecques*, XIV (1901), p. 92-96.

......... ωι κατὰ πόλιν, ἀφ' ἧς ἔσονται..... πρόσοδοι ἃς] οἴεται δεῖν δαπανᾶσθαι εἰς τὰ κατασκευαζόμε]να ἐν τῶι ἱερῶι τῶι ἐν Διδύμοις, τὰ δὲ ἀπὸ τούτων] συντελούμενα γίνεσθαι αὐτοῦ ἀν[αθήματα · δε]δόχθαι Μιλησίοις ἐπαινέσαι μὲν Ἀντίοχον τῆ]ς περὶ τὸν θεὸν εὐσεβείας καὶ τῆς περὶ τοὺς πολίτ]ας εὐνοίας, δεδόσθαι δὲ αὐτῶι C εἰς τὴν στοὰν] τὸν τόπον ὃν ἂν ὁ ἀρχιτέκτων [ὁ ἡιρη]μέ[νο]ς μετὰ τῶν ἀνδρῶν οἷς προστέ[ταχεν] Ἀντίο[χο]ς ἀποδείξηι, τοὺς δὲ ταμία[ς... ... κ]αὶ τοὺς [ἀεὶ κ]αθισταμένους πρυτάνης συναφ]ελέσθ[αι τὴν] γινομένην [ἀπ'] αὐτῆς πρόσοδον,] κατατάσ[σειν δὲ] αὐτὴν καθ' αὐτὴν καὶ μίσ[θωσιν] ποεῖσθα[ι καθ]ότι ἂν τῶι δήμωι δοκῆ[ι· ἐπε]ιτὰν δὲ συν[τελε]σθῆι τὸ δεδογμένο[ν, ἐ]πιγραφέτωσαν [Ἀν]τίοχον τὸν Σελεύκ[ου τοῦ βασιλέως υἱὸν [πρ]εσβύτατον ἀ[νατεθεικότα · ὅπως δὲ καὶ ἕτερ[οι] προαιρῶντ[αι D σπουδάζειν περὶ τὸ ἱερὸν τὸ ἐν Δι[δύμ]οις κ[αὶ τὸ πλῆθος τὸ Μιλησίων, ὁρῶντες τοὺ[ς τοῦ ἱερ]οῦ [εὐεργέτας τιμωμένους ὑπὸ τοῦ δ[ήμου, δεδόχθαι Μιλησίοις στῆσαι Ἀντιόχου ε[ἰκόνα χαλκῆν ἐφ' ἵππου ἐν τῶι τόπωι ὧι ἂν τῆι [βουλῆι κατανέμειν δόξηι, τὸ δὲ ἀργύριον τὸ εἰς [τὴν εἰκόνα ἐξελεῖν τοὺς ἀνατάκτας το[ὺς ἐπὶ Ν. στεφανηφόρου, ἐπειτὰν καὶ τὰ[ς προσόδους διοικήσωσιν· εἰσκαλεῖσθαι δὲ αὐτὸν [εἰς προεδρίαν ἐν Μιλήτωι τοῖς Διονυσίοις καὶ ἐν Διδύμο[ις τοῖς Διδυμείοις καὶ τοῖς κυκλίοις ἀγῶσιν· δεδόσθ[αι δὲ αὐτῶι καὶ σίτησιν ἐν πρυτανείωι καὶ ἀτέλεια[ν πάντων καὶ ἀσφάλειαν καὶ ἐν εἰρήνηι καὶ πολέμωι ἀ[συλεὶ καὶ ἀσπονδεί, ὑπάρχειν δὲ αὐτῶι καὶ προμα[ντείαν ἐν τῶι ἱερῶι τῶι ἐν Διδύμοις· εἶναι δὲ ταῦτα [καὶ τοῖς ἐγγόνοις τοῦ Ἀντιόχου· ὅπως δὲ ἡ εἰκὼν συν[τελεσθῆι κατὰ τάχος, ἑλέσθαι τὸν δῆμον τρεῖς ἄ[νδρας αὐτίκα μάλα καὶ αὐτοὺς ἐπιμεληθῆναι τῆς ἐργ[ασίας· ἡιρέθησαν οἵδε Ν..... Ν.......... ... Ν..........

Avant de commenter ce texte et d'en tirer les renseignements qu'il nous fournit sur l'histoire de notre sanctuaire, je dois d'abord l'expliquer, en justifiant les restitutions, puis le dater.

C'est, à vrai dire, le premier décret du peuple de Milet qui nous ait été conservé en entier. Les décrets milésiens sont aujourd'hui moins rares, depuis que dans l'automne de 1899 la direction des Musées Royaux de Berlin a commencé d'importantes fouilles à Milet même, mais, quelque nombreuse qu'en devienne jamais la série, le décret de Démodamas y fera toujours bonne figure à raison de son importance, de sa date et du nom même du personnage qui l'a proposé. Je n'hésite pas en effet à identifier Δημοδάμας Ἀριστείδου (l. 1-2) avec le général des rois Séleucus et Antiochus et l'historien du même nom que mentionnent plusieurs auteurs anciens. Le texte de Pline l'Ancien (VI, 49) est particulièrement intéressant : *transcendit eum amnem* (le fleuve Iaxartès) *Demodamas, Seleuci et Antiochi regum dux, quem maxime sequimur in iis, arasque Apollini Didymaeo statuit.* Les manuscrits de Pline portent *Demonax* et *Demonas*, mais le vrai nom a été restitué par Saumaise et par Harduin d'après le texte de Solin, que confirment Étienne de Byzance et Athénée (1). Notre décret nous fait connaître le nom de son père ; nous verrons d'ailleurs qu'il a été rendu antérieurement à l'expédition de Scythie (2).

L. 2. Il n'y a pas de place à la fin de la ligne pour le mot υἱός qui a été omis par le lapicide. Cf. l. 25-26.

L. 7. Il ne reste plus du nu de πεποιημένον qu'une partie de la dernière barre droite.— A la fin, je lis, après Διδύμοις, καλῶς ἔχεν et je distingue ensuite la partie inférieure d'un jambage vertical, après lequel il y a place pour cinq ou six lettres en admettant

(1) C. Iulii Solini *Collect. rerum memorabilium*, ed. Mommsen 2, 49, 5 6, p. 180... Demodamas dux Seleuci et Antiochi, satis idoneus vero auctor, transvectus amnem istum, titulos omnium supergressus est aliumque esse quam Tanaim deprehendit, ob cuius gloriae insigne dedit nomini suo, ut altaria ibi strueret Apollini Didymaeo. Cf. Étienne de Byzance, s. v. Ἄντισσα. Athénée, XV, 682 D. *Fragm. historic. gr*, II, p. 444.

(2) J'ai cru retrouver le nom de Démodamas dans un fragment de décret milésien découvert à Didymes (*Revue de Philologie*, XXIV (1900), p. 251), mais la restitution est incertaine. Ni ce fragment, ni le décret de Démodamas ne sont cités dans l'article Demodamas, P.-W. *Real-Encycl.*, IV, 1901, p. 2868 (Schwartz).

que toute la ligne ait été remplie. La date certaine de l'inscription s'oppose à l'emploi de ε pour ει dans ἔχεν et mieux vaut corriger le texte. M. Wilamowitz-Mœllendorff propose avec hésitation καλῶς ἔχ(ον) ἐν [παντί... « jugeant convenable de suivre en toute chose... ». J'adopte καλῶς ἔχον qui se rencontre très fréquemment (1), mais je préfère καὶ νῦν à ἐν παντί. Peut-être distingue-t-on l'amorce d'une des branches obliques du kappa et le sens est également satisfaisant : « jugeant convenable de suivre maintenant encore... », là encore, comme toujours. Ce second καὶ νῦν correspond au premier, l. 5.

C'est à la l. 9 que le fragment B se joint au fragment C.

L. 9-10. M. Max Fränkel, rapprochant la l. 17, propose : ἔν τινι τόπ]ωι κατὰ πόλιν. Il me semble que les mots ἔν τινι τόπωι n'ajoutent guère aux mots κατὰ πόλιν et qu'il faut ici un complément de désignation qui nous échappe. Notons que nous ne disposons à la fin de la l. 9 que d'un très court espace où peuvent tenir deux ou trois lettres.

Κατὰ πόλιν, dans la ville, c'est à dire dans cette partie de la ville qu'Arrien, décrivant le siège de 334, appelle τὴν εἴσω πόλιν par opposition à τὴν ἔξω πόλιν (I, 18, 3). Il n'est pas sans intérêt de rappeler qu'un des dèmes de Milet s'appelait οἱ Καταπολίτιοι, le dème de la cité (2).

L. 10-11. Après ἔσονται, où il y a place pour six ou sept lettres, je distingue au bas de la ligne une barre horizontale qui peut avoir fait partie d'un E. Elle est également notée sur la copie que j'ai prise à Hiéronda. Sur l'estampage je crois distinguer ensuite la partie inférieure du jambage oblique d'un mu, mais c'est le passage le plus difficile de toute l'inscription et je n'affirme rien. Je renonce aussi à chercher le mot qui manque, peut-être un adjectif se rapportant à πρόσοδοι. Ἐμπορικαί serait trop long ; ἔμπεδοι est-il possible?

Au commencement de la l. 11 ma copie porte un Σ. Un long examen de l'estampage m'a montré que je m'étais trompé. J'y distingue deux points placés sur une ligne verticale et avant

(1) Par exemple, *Journ. of. hellen. Studies*, XIX (1899), p. 335, l. 45 et 65 (lettre d'Antigone à Skepsis). — Ch. Michel, *Recueil...*, n° 543, l. 12 (Décret de Laodicée).

(2) *Revue de Philologie*, XXI (1897), p. 39-40.

ces deux points, mais très rapproché d'eux, un fragment de rond que je prenais pour l'angle interne d'un sigma. Je reconnais aujourd'hui que ce fragment est trop nettement tracé pour avoir appartenu à un sigma, et rejoignant par un trait vertical les deux points, je lis : οἴεται δεῖν. L'expression est bien connue et il suffira de citer : *Journ. of hellen. Studies*, XIX (1899), p. 334, l. 12 (Lettre d'Antigone à Skepsis) ; Ch. MICHEL, *Recueil*..., n° 34, l. 2, 4, etc. (Rescrits d'Antigone à Téos) ; n° 40, l. 8 (Rescrit d'Antiochus II).

L. 11-12. Κατα|[σκευαζόμε]να a été proposé par MM. Wilamowitz, Brückner, Holleaux. Ces deux derniers savants renvoient au même passage de l'inscription d'Andanie, Ch. MICHEL..., n° 694, l. 54-55 : [εἰς τὰ] κ[α]τασκευαζό[μενα] ἐν [τῶ]ι Καρνει|ασίωι.

L. 12-14. J'adopte la restitution proposée par M. Wilamowitz, qui rapproche très justement les l. 12-14 des l. 25-27. Celle de MM. Brückner et Holleaux n'en diffère pas sensiblement ; toutefois il n'y a pas de place pour ἀεί entre τούτων et συντελούμενα.

L. 15. MM. Max Fränkel et Holleaux sont choqués de l'emploi de ces génitifs (εὐσεβείας et εὐνοίας) sans aucune préposition. Le mot χάριν a été omis par le lapicide et c'est une faute de plus à signaler ; cf. l. 2 et 7.

L. 16. Wilamowitz : πρὸς τοὺς Ἕλλην]ας. A cette époque, ajoute-t-il, on sent encore la différence entre les Grecs et les Macédoniens. Mais il me semble qu'il n'est ici question que des Milésiens, et le décret reproduit, à la louange du fils, un rapprochement déjà fait dans les considérants à la louange du père. Les termes sont légèrement modifiés et l'ordre est interverti entre les titres des deux princes :

L. 4-5 : εὔνοιαν καὶ προθυμίαν περὶ τὸν δῆμον τὸν Μιλησίων = l. 15-16 : τῆς περὶ τοὺς πολίτας εὐνοίας.

L. 6-7 : σπουδὴν περὶ τὸ ἱερὸν τὸ ἐν Διδύμοις = l. 15 : τῆς περὶ τὸν θεὸν εὐσεβείας. Cf. un décret d'Érétrie en l'honneur de Magnésie du Méandre et de ses théores, *Die Inschriften von Magnesia*, n° 48, l. 21-22 : φιλοτιμίας καὶ σπουδῆς ἕνεκεν ἧς πεποίηνται περί τε τῶν θ[ε]ῶν καὶ τῶν πολιτῶν.

A la fin de la ligne, après αὐτῶι je distingue seulement la partie supérieure d'une barre verticale qui n'a pas fait partie d'un epsilon, mais plutôt d'un kappa, si bien que la seule restitution possible semble καί.

L. 17. Εἰς τὴν στοάν a été proposé par MM. Brückner et Holleaux, qui se fondent justement sur la l. 21 (τὴν γινομένην ἀπ' αὐτῆς πρόσοδον) pour exiger la restitution du mot auquel se rapporte αὐτῆς. La répétition des mots κατὰ πόλιν m'avait semblé nécessaire, mais puisque l'emplacement du portique sera marqué par l'architecte d'accord avec les mandataires du prince, ceux-ci veilleront évidemment à ce que le désir exprimé par leur maître soit réalisé.

L. 19-20. Nous ne connaissons pas assez les fonctionnaires de l'administration des finances à Milet pour restituer en toute certitude la fin de la l. 19 et le commencement de la l. 20. Les seuls trésoriers dont le titre se retrouve dans nombre d'inscriptions sont les ταμίαι τῶν ἱερῶν χρημάτων, qui formaient un collège de six membres. Seraient-ils suffisamment désignés par les mots τοὺς ταμίας et suffirait-il d'ajouter τοὺς | ἀεί? Faut-il restituer avec M. Holleaux τοῦ | θεοῦ? Ce sont là questions que résoudront les fouilles de Milet et mieux vaut attendre.

L. 21. La restitution du premier mot est douteuse. Συνεξελέσθαι conviendrait d'autant mieux que nous rencontrons ἐξελεῖν à la l. 34, mais il est impossible de lire un ξ devant ελεσθαι. Je distingue nettement une longue barre verticale qui n'a pu faire partie ni d'un π, ni d'un ν et je restitue un φ. M. Holleaux concilie les deux passages en proposant ἐξαφ]ελέσθαι. M. Wilamowitz, qui reconnaît justement que la grammaire garde tous ses droits même vis-à-vis des lapicides, est choqué de l'emploi de l'infinitif aoriste. On attendrait en effet un présent, puisqu'il s'agit d'une action qui doit se répéter constamment et que dans la même phrase on trouve le présent κατατάσ[σειν (ou κατατάσ[σοντας, Brückner), dont l'emploi est tout à fait correct. Aussi M. Wilamowitz propose-t-il une audacieuse correction : ἐπιμ]έλεσθ[αι τῆς] γινομένη(ς) [ἀπ'] αὐτῆς προσό[δου. Mais sans compter que le nu final de γινομένην est très suffisamment net, il est impossible que le trait qui précède ελεσθαι ait appartenu à un mu ; le mu a partout les branches obliques et le trait qui précède l'epsilon est vertical. Enregistrons donc la difficulté sans pouvoir la résoudre et attendons d'être en possession d'une série de décrets milésiens,

L. 22. Κατατάσ[σειν δὲ] αὐτὴν καθ αὐτήν. cf. *Inscr. gr. insul.*, II, n° 529 = Ch. MICHEL, n° 359, l. 7-8 : μῆδε τὸ ἀργύριον εἰς ἄλλο κατάταξαι μῆδεν. Le verbe καταχωρίζειν est également employé avec cette signification, *ibid.*, n° 498, l. 44-45.

L. 24. Ἐπε]ιτὰν est certain : le mot se lit en entier à la l. 35. Cette conjonction, très régulièrement formée de ἐπείτε fréquent dans Hérodote et de ἄν, ne s'était pas encore rencontrée dans les inscriptions ni dans les auteurs et il y aura lieu maintenant de se demander, comme le fait M. Bruno Keil, s'il ne faut pas l'introduire dans quelques textes, notamment dans Hérodote (I, 193 au lieu de ἐπ' ἐάν), dans Eschyle (*Sept.* 734 Weil) et dans Euripide (*Rhes.* 469) au lieu de ἐπειδάν.

Συντελεσθῆι τὸ δεδογμένον. Le verbe συντελεῖσθαι a été employé plus haut (l. 13) et nous le retrouverons fréquemment dans les comptes de la construction du Didymeion (ἀπολογισμός τῶν συντελεσθέντων ἔργων). Il n'y a pas de place à la fin de la ligne pour le mot ἔργον.

L. 31. On peut hésiter entre une statue de bronze (χαλκῆν) et une statue de bronze doré (χρυσῆν). Cf. Ch. MICHEL, n° 485 (décret du κοινόν des Ioniens en l'honneur d'Hippostratos), l. 13 suiv. : εἰκόνα χαλκῆν ἐφ' ἵππου ; n° 525 (décret d'Ilion en l'honneur d'Antiochus I), l. 34 suiv. : εἰκόνα χρυσῆν ἐφ' ἵππου.

L. 32-33. La restitution κατανέμειν est justifiée par nombre d'inscriptions attiques, CIA., II, 164, l. 32; 335, l. 9; 341, l. 13.

L. 34-35. Τοὺς ἀνατάκτας. Le mot ne s'est pas encore rencontré, que je sache, dans aucune inscription ni dans aucun auteur. Nous connaissons les τάκται Athéniens, chargés de fixer le montant du tribut des villes dans la première confédération. Si je ne me trompe, les ἀνατάκται milésiens sont chargés de répartir les recettes de la cité entre les divers fonctionnaires ou collèges. Je donne à la préposition ἀνά le sens distributif et je traduis : les répartiteurs, mais j'ignore si c'étaient des fonctionnaires ordinaires ou extraordinaires. Pour le verbe dont nous avons la fin au commencement de la l. 36, la nécessité de restituer un subjonctif aoriste nous empêche de chercher un composé de τάσσω, auquel j'avais pensé d'abord; on peut hésiter entre διοικήσωσιν ou μερίσωσιν.

L. 37. Τοῖς Διδυμείοις. Sur la restauration ou fondation des jeux Didymeia, voy. plus loin, p. 46.

L. 42. Il semble difficile de restituer à la fin de la ligne un autre mot que ἐγγόνοις. Le mot ἀδελφοῖς ne conviendrait pas dans un décret rendu en l'honneur du seul Antiochus. Qu'il s'agisse d'enfants nés ou à naître, nous l'ignorons; mais Antiochus n'en était pas moins marié au moment où fut rendu le décret.

L. 43 suiv. Cf. le décret en l'honneur d'Hippostratos, Ch. Michel, n° 485, l. 15 suiv. : ὅπως ἂν ἡ εἰκὼν σταθῆι κατὰ τάχος, et *Ath. Mitth.*, XXV (1900), p. 101, l. 13 suiv.

Il ne sera pas inutile de joindre à ces explications de détail la traduction complète du décret de Démodamas.

### Traduction.

« Décret du peuple, rendu sur l'avis des synèdres, sur la proposition de Démodamas fils d'Aristeidès.

Attendu qu'Antiochus, le fils aîné du roi Séleucus, n'a pas cessé jusqu'à présent de témoigner beaucoup de bienveillance et d'empressement au peuple de Milet, et que maintenant, voyant tout le zèle déployé par son père en faveur du sanctuaire de Didymes et jugeant convenable de suivre, là encore, les bonnes dispositions de son père, il s'offre à édifier..... dans la ville un portique productif de revenus. — Les revenus devront être, selon son intention, dépensés dans les travaux entrepris au sanctuaire de Didymes, et les édifices construits sur ces fonds seront considérés comme offrandes d'Antiochus ;

Plaise aux Milésiens. On décernera un éloge à Antiochus, en reconnaissance de sa piété envers le dieu et de sa bienveillance envers les citoyens ;

On lui donnera pour le portique l'emplacement qu'aura marqué, d'accord avec ceux qui ont reçu les ordres d'Antiochus, l'architecte qui sera élu ;

Les trésoriers... et les prytanes qui seront successivement en charge mettront à part les revenus provenant du portique, en formeront un fonds spécial et procèderont à l'adjudication des travaux selon ce qui aura été décrété par le peuple ; et quand l'ouvrage décrété par le peuple aura été achevé, ils y feront graver l'inscription suivante : offert par Antiochus fils aîné du roi Séleucus ;

Et afin que d'autres aussi, voyant les honneurs décernés par le peuple aux bienfaiteurs du temple, prennent l'initiative de témoigner leur zèle au temple de Didymes et au peuple de Milet :

Plaise aux Milésiens. On élèvera une statue équestre d'Antiochus, en bronze, à l'endroit qu'il plaira au Conseil d'assigner, et l'argent pour la statue sera prélevé par les répartiteurs en charge sous le stéphanéphorat de N., après qu'ils auront fait la répartition des revenus ;

On l'invitera à siéger au premier rang, à Milet aux Dionysia, à Didymes aux Didymeia et aux concours cycliques ;

Il aura la nourriture au prytanée, l'immunité complète et la sécurité en temps de paix et en temps de guerre, sans qu'il puisse être victime d'aucunes représailles, sans qu'il soit l'objet d'aucune trêve ;

Il aura aussi un tour de faveur pour consulter l'oracle dans le temple de Didymes ;

Ces privilèges appartiendront également à ses descendants.

Et pour que la statue soit achevée au plus tôt, le peuple élira séance tenante trois citoyens qui veilleront à l'exécution. Ont été élus N., N., N. »

La date de ce décret peut être fixée sans difficulté. Nous ne saurions évidemment l'attribuer à une année déterminée, mais la période à laquelle il appartient est courte et très nettement limitée. Séleucus y porte le titre de roi qu'il prit en 306 (1), ce titre n'est pas donné à Antiochus qui le reçut vers 293 (2). Donc le décret se place entre 306 et 293, et très probablement plus près du second terme que du premier. La date de 293 n'est elle-même qu'une date approximative et voici comment elle a été obtenue. Plutarque (3) raconte que le mariage d'Antiochus et de Stratonice et leur désignation comme roi et reine des hautes satrapies ne vinrent à la connaissance de Démétrius, le père de Stratonice, qu'après que celui-ci eut reconquis le trône de Macédoine ; or la conquête de la Macédoine par Démétrius se

(1) DIODORE, XX, 53, 4. Cf. B. NIESE, *ouv. cité*, I, p. 321.

(2) Sur Antiochus, voy. l'important article d'U. WILCKEN dans P.-W. *Real-Encycl.*, I (1894), p. 2450 suiv. Cf. B. NIESE, I, p. 365 suiv.

(3) *Démétrius*, 38. Le passage que je cite quelques lignes plus loin est emprunté à la traduction d'Amyot.

place en 293, donc c'est vers 293 que se sont passés les événements qui nous intéressent. Le calcul est juste, mais il ne résulte pas du texte de Plutarque que le titre de roi ait été donné à Antiochus en même temps que la main de Stratonice. Le chapitre de Plutarque se compose de deux parties : dans l'une, très courte, sont relatés les faits qu'apprend Démétrius vainqueur ; dans l'autre est complaisamment développé le roman de l'amour d'Antiochus pour Stratonice. C'est dans cette seconde partie qu'est rapportée la déclaration de Séleucus : « il fit assembler le peuple, et devant toute l'assistance déclara qu'il avait proposé et arresté de couronner son fils Antiochus Roy des hautes provinces de l'Asie, et Stratonice Royne pour les marier ensemble. » Mais Plutarque même commence son récit par les mots ὡς ἔοικε et le clôt par ceux-ci : τὸν μὲν οὖν Ἀντιόχου καὶ Στρατονίκης γάμον ἐκ τοιαύτης γενέσθαι προφάσεως λέγουσι. En vérité nous n'avons à tenir compte que de la première partie du chapitre et il n'en résulte pas, comme je l'ai dit plus haut, qu'Antiochus ait reçu le titre de roi le jour où il épousait Stratonice. Notre décret, si j'ai bien restitué et interprété la l. 52, nous apprend au contraire qu'Antiochus était marié avant qu'il portât le titre de roi. De combien de temps l'un de ces faits est-il antérieur à l'autre? nous l'ignorons, mais l'intervalle ne doit pas être considérable et nous aurons peu de chance de nous tromper en admettant que le decret de Démodamas a été rendu vers 294.

A cette date, quels services Séleucus I avait-il rendus au temple de Didymes. Il est simplement dit dans le décret (l. 5 suiv.) : καὶ νῦν ὁρῶν τὸν πατέρα τὸν αὑτοῦ τὴν πᾶσαν σπουδὴν πεποιημένον περὶ τὸ ἱερὸν τὸ ἐν Διδύμοις. L'expression est vague, pourtant moins banale et plus forte que d'ordinaire ; il est évidemment fait allusion à des actes de générosité récents et importants, et je n'hésite pas à croire que le décret vise celui qui avait le plus vivement excité la reconnaissance des Milésiens, à savoir la restitution de la vieille statue d'Apollon, œuvre de Kanachos, que Darius avait enlevée en 494. Nous savions simplement par Pausanias que la statue avait été rendue par Séleucus [1]; notre

(1) *Témoignages*, nos XXIII et XXIV.

décret nous permet de proposer pour le retour du dieu la date de 295/4. Cette date n'est pas sans intérêt. Séleucus n'a pas attendu d'avoir vaincu Lysimaque et d'entrer en possession de l'Asie Mineure pour gagner l'importante cité de Milet ; bien des années auparavant, il y a ses partisans dont Démodamas est le chef et il s'y attire la reconnaissance de tous en restituant la statue du dieu protecteur de la cité (1).

Antiochus, sollicité peut-être par les Milésiens eux-mêmes, suivit l'exemple de son père : par une importante fondation il contribua du même coup à l'embellissement de Milet et à la continuation des travaux de Didymes. Le décret de Démodamas n'a d'autre objet que de régler les détails de l'exécution et d'exprimer au prince la reconnaissance de la cité. Antiochus s'engageait à bâtir à ses frais, dans la ville, un portique dont les revenus devaient grossir les fonds affectés aux travaux de Didymes. Les exemples de ces donations-fondations ne manquent pas et, renvoyant le lecteur au *Recueil des Inscriptions juridiques grecques* (2), je me bornerai à de courtes explications.

Le portique d'Antiochus est productif de revenus (l. 10, ἀφ' ἧς ἔσονται πρόσοδοι) : c'est un portique marchand. Le portique d'Attale, à Athènes, avec ses vingt-et-une chambres qui sont aujourd'hui complètement dégagées, peut nous en donner l'idée (3). C'était une sorte de bazar : les chambres étaient ouvertes pendant le jour et l'étalage débordait sur la colonnade ; elles étaient closes

(1) O. Rayet (*Milet et le golfe Latmique*, II, p. 30, note 2) s'est demandé si Vitruve ne nous avait pas conservé le nom de l'architecte chargé de poser sur un piédestal nouveau la statue colossale de Kanachos. Vitruve (X, 2, 13) cite le fait suivant : *nostra* vero *memoria* cum colossici Apollinis in fano basis esset a vetustate diffracta, metuentes ne caderet ea statua et frangeretur, locaverunt *ex eisdem lapidicinis* basim excidendam. Conduxit *quidam* Paeonius. — Rayet semblait disposé à identifier ce Paeonius avec l'architecte Éphésien du même nom qui avait, en collaboration avec Daphnis de Milet, donné le plan du second Didymeion (*Témoignages*, n° XIV). Mais les termes que j'ai soulignés *nostra memoria*, *ex eisdem lapidicinis* (Vitruve vient de parler des carrières d'Éphèse), *quidam*, qui ne conviendrait pas à un architecte connu, permettent de rejeter cette hypothèse. L'Apollon, dont parle Vitruve, est l'œuvre de Myron ; Antoine l'avait enlevée, Auguste l'avait rendue aux Éphésiens (Pline, *Hist. nat.*, 34, 58).

(2) Série II (1898), p. 142 suiv.

(3) Sur le portique d'Attale et les fouilles de 1898-1899, voy. le rapport de K. D. Mylonas dans les Πρακτικά de la Société archéologique d'Athènes, année 1899, p. 20 suiv.

le soir (1). Il n'est donc pas surprenant qu'Antiochus fixe l'emplacement de ce portique dans la ville intérieure, où les locations seront d'un meilleur rapport.

La cité qui devait profiter de la donation fait don à son tour à Antiochus du terrain sur lequel s'élèvera le bazar nouveau : Antiochus n'a d'autres charges que les frais de la construction. Pour l'emplacement du terrain, le donateur et le donataire se mettront d'accord : le donateur sera représenté par les personnes qui ont reçu ses ordres et qui sont très probablement ses envoyés ; le donataire, par l'architecte qu'aura élu le peuple. Entendons ici l'architecte spécialement désigné pour la construction du portique (2).

L'intention d'Antiochus était d'affecter tous les revenus du portique aux travaux de Didymes et, pour la réaliser, la cité prit les résolutions suivantes. Les trésoriers et les prytanes devaient mettre à part les loyers et en former un fonds spécial (κατατάσσειν αὐτὴν καθ' αὑτήν, *scil.* τὴν πρόσοδον). Entendons qu'ils les détachaient, aussitôt qu'ils avaient été perçus, de la masse des revenus de la cité qu'administraient et répartissaient les ἀνατάκται. Ce fonds spécial, ils étaient tenus de l'employer aux travaux de Didymes ; ces travaux étaient décrétés par le peuple et mis en adjudication par les soins desdits trésoriers et prytanes (3).

Pour désigner ces travaux l'auteur du décret dit simplement aux l. 11-12 : τὰ κατασκευαζόμενα ἐν τῶι ἱερῶι τῶι ἐν Διδύμοις, proprement : les constructions entreprises dans le sanctuaire de Didymes. Dans l'inscription d'Andanie que MM. Brückner et Holleaux ont justement rapprochée du décret de Démodamas,

(1) Pareilles boutiques sont désignées par le mot ἐργαστήρια dans une dédicace inédite de Sébastopolis (Royaume de Pont), qu'a découverte et me communique obligeamment M. Fr. Cumont. La dédicace est de l'époque d'Hadrien et on y lit : τὴν μὲν στοὰν... [τὰ δὲ] ἐργαστήρια ἐξ ἰδί[ων... Cf. une inscription d'Isaura (J. R. Sitlington Sterrett, *The Wolfe Expedition*, 1888, p. 112, n° 187), l. 9 : ... τὴν στοὰν κειόνων εἴκοσι πέντε καὶ τὰ ἐν αὐτῇ ἐργαστήρια σὺν τῷ ψα(λ)ιδώματι ἐκ φιλοτειμίας κατεσκεύασεν ἐκ τῶν ἰδίων. L'inscription est de l'époque de Marc Aurèle.

(2) C'est du moins ce qui semble résulter du texte, où il est impossible de restituer ὁ ἀρχιτέκτων ὁ ἀεὶ αἱρούμενος. Nous ne savons pas encore si la ville de Milet avait son architecte, comme Chios par exemple (Ch. Michel, *Recueil...*, n° 364, l. 12) comme Halicarnasse (*Anc. gr. Inscr. in the Brit. Museum.*, n° 893, l. 53).

(3) Le mérite de cette explication revient à MM. Brückner et Holleaux.

τὰ κατασκευάζομενα s'oppose à τὰ ἐπισκευαζόμενα, les constructions aux réparations[1]. On peut citer aussi les décrets du κοινὸν ilien rendus vers 306 en l'honneur de Malousios de Gargara qui, entre autres services, a fait d'importantes avances εἰς... τὰ κατασκευάσμα[τα τοῦ ἱεροῦ καὶ τῆ]ς πανηγύρεως[2] ; plus loin le troisième décret rappelle les travaux entrepris au théâtre, χρημάτων εἴς τε τὸ θέατρον καὶ εἰς τἄλλα κατασκευάσματα καὶ εἰς τ[ὰ] ἱερά[3]. Ces derniers textes nous aideront à comprendre de quels travaux il s'agit dans le décret de Démodamas. Il n'est pas question de la construction du temple. Les termes employés sont indéterminés à dessein : le participe neutre n'est pas moins vague que le mot κατασκευάσματα dans les décrets en l'honneur de Malousios. Pour une entreprise telle que la construction du temple, Démodamas n'eût pas manqué de choisir les termes très précis que lui fournissaient les comptes mêmes de la construction du Didymeion, οἰκοδομία et ναός. Il n'emploie pas ce dernier mot, mais fait allusion à des travaux « dans le sanctuaire », ἐν τῶι ἱερῶι, distingué du temple qui en est le centre. S'il s'agissait du temple, on comprendrait mal et la demande d'Antiochus et la clause du décret relatives à l'inscription du nom d'Antiochus sur l'édifice.

Aussi bien les travaux ne manquaient pas dans le vaste sanctuaire de Didymes, depuis si longtemps abandonné. Le premier signe de vie que pût donner un sanctuaire grec était une fête. A toute fête il fallait une occasion : le père d'Antiochus la fournit aux Milésiens en leur restituant la statue de leur dieu. Est-il téméraire de supposer qu'ils eurent l'idée de fêter ce retour, si longtemps attendu, par la célébration d'un sacrifice et de jeux solennels? Je ne saurais dire s'ils restaurèrent alors ou fondèrent les Didymeia, qui sont nommés dans le décret de Démodamas[4], mais je n'hésite pas à rattacher à la fête d'inauguration qui eut lieu vers 295 un intéressant décret des Éléens en l'honneur de Damocratès de Ténédos[5]. Ce personnage qui avait longtemps

(1) Ch. Michel, *Recueil...*, n° 694, l. 54-55.
(2) *Ibid.*, n° 522, l. 4-5.
(3) L. 38 suiv.
(4) L. 37.
(5) Ch. Michel, *Recueil...*, n° 197 = Dittenberger et Purgold, *Die Inschriften von Olympia*, n° 39. Ch. Michel place l'inscription vers le milieu du quatrième

vécu à Olympie et qui y avait même remporté une victoire, remplissait, depuis son retour dans sa patrie, la charge de θεαροδόκος ou d'hôte des théores d'Olympie. Les Éléens le récompensent largement de son zèle et veillent en même temps à l'envoi du décret honorifique à Ténédos ; ils le remettent « aux théores envoyés à Milet pour la célébration du sacrifice et du concours des Didymeia (1). » Ce sont des théores extraordinaires ; ce ne sont pas les députés ordinaires qui tous les quatre ans allaient annoncer aux cités grecques le retour des jeux olympiques, mais des envoyés spéciaux qui vont prendre part à une fête. Il était d'usage, quand on restaurait ou fondait de grands jeux, d'adresser aux principales cités grecques une invitation officielle : Milet n'y a pas manqué pour les Didymeia, Magnésie du Méandre n'y manquera pas, moins d'un siècle plus tard, quand elle rétablira les Leucophryneia. Pour célébrer les Didymeia, il fallait remettre le sanctuaire en état et bien que nombre des constructions destinées aux fêtes fussent provisoires, la générosité d'Antiochus permettait d'en élever de durables. Les Milésiens n'eurent garde de refuser ses offres. Seulement ils ignoraient encore, au moment où fut rendu le décret de Démodamas, à quel ouvrage ils affecteraient pour la première fois les revenus du portique à construire. Ils se réservèrent d'en délibérer à l'assemblée du peuple et prirent dès lors la résolution de placer le nom d'Antiochus sur l'ouvrage dont l'assemblée aurait décidé la construction. L'inscription à graver était fort simple : Ἀντίοχος ὁ Σελεύκου τοῦ βασιλέως πρεσβύτατος υἱὸς ἀνέθηκε.

siècle, mais je doute que les Didymeia fussent alors célébrés ; Dittenberger (p. 79), se fondant sur le maintien des formes dialectales, propose la première moitié du troisième siècle et je suis tout à fait d'accord avec lui.

La plus ancienne inscription agonistique de Milet, qui nous ait été conservée, remonte à la première partie du troisième siècle. Elle a été découverte par O. Rayet dans les fouilles du théâtre de Milet et rapportée au Musée du Louvre (*Revue Archéologique*, 1874, II, p. 108). Le nom du joueur de flûte, connu par des inscriptions de Delphes et d'Athènes, a permis de la dater. Voyez Dittenberger, *SIG.*², n° 691, note 6 et Edward Capps, *Studies in greek agonistic Inscriptions*, dans les *Transactions of the American philological Association*, XXXI (1900), p. 128, note 2.

(1) L. 35 suiv. : Περὶ δὲ τῶ ἀποσταλᾶμεν τοῖρ Τενεδίοιρ τὸ γεγονὸρ ψάφισμα ἐπιμέλειαν ποιήαται Νικόδρομορ ὁ βωλογράφορ, ὅπωρ δοθᾶι τοῖρ θεαροῖρ τοῖρ ἐμ Μίλητον ἀποστελλομένοιρ ποτὶ τὰν θυσίαν καὶ τὸν ἀγῶνα τῶν Διδυμείων.

On peut en rapprocher la dédicace du portique d'Attale à Athènes [1].

La seconde partie du décret (l. 27 suiv.) nous retiendra moins longtemps. Elle contient l'énumération des honneurs et privilèges accordés à Antiochus, en outre de l'éloge déjà décerné : statue équestre, proédrie aux Dionysia et aux Didymeia ainsi que dans les concours cycliques, nourriture au prytanée, immunité, sécurité, enfin tour de faveur pour consulter l'oracle de Didymes. C'est en somme l'expression banale de la reconnaissance officielle, dans une cité qui célèbre de grands jeux et possède sur son territoire un temple-oracle. Le fils du roi Séleucus n'est pas traité plus favorablement qu'un simple particulier et nous sommes seulement surpris que les Milésiens aient tardé si longtemps à lui accorder tant d'honneurs et d'avantages de si peu d'importance. Pour ma part je serais tenté de croire qu'ils ne les avaient pas encore offerts au roi Séleucus lui-même. Comment admettre en effet, si Séleucus les avait reçus, que le décret les lui conférant n'ait pas renfermé la clause banale : ταῦτα δ'εἶναι καὶ τοῖς ἐκγόνοις? Les Milésiens s'étaient-ils donc contentés de témoigner leur reconnaissance à Séleucus en lui envoyant une couronne de laurier, cueillie dans l'adyton de Didymes, comme ils le feront pour Séleucus II? Avaient-ils craint, en décernant trop d'honneurs au roi de Syrie, d'éveiller la susceptibilité jalouse du roi Lysimaque, leur maître? Cela est possible, mais sur ce point nous en sommes réduits aux hypothèses. En tout cas nous ne serons pas surpris que le décret de Démodamas, rendu en l'honneur du bienfaiteur du Didymeion, ait été exposé à Didymes.

***

Pendant le règne commun de Séleucus et d'Antiochus (293-281), nous retrouvons Démodamas, non plus à Milet, mais dans les hautes satrapies dont Antiochus a le gouvernement. Il est alors chef d'armée, il commande une expédition au-delà de l'Iaxartès,

(1) CIA., II, 1170.

il en dirige probablement une autre du côté de l'Inde (1) : en un mot, il est au service des rois Séleucus et Antiochus, et nous savons qu'il recueille dans ces contrées lointaines les notes destinées à ses mémoires que lisait encore Pline l'Ancien. Le Milésien assez fidèle à son dieu pour lui élever des autels au-delà de l'Iaxartès sut-il intéresser utilement ses chefs au grand sanctuaire que voulaient ranimer ses compatriotes? nous l'ignorons. Pourtant, s'il faut en croire certains savants, Séleucus I et Antiochus se seraient associés pendant leur règne commun pour faire au Didymeion de riches offrandes.

Ces offrandes consistaient en vaisseaux d'or et d'argent dont nous avons conservé l'inventaire dans une inscription retrouvée à Didymes (2). L'inventaire est précédé d'une lettre adressée par le roi Séleucus au Conseil et au peuple de Milet, la lettre d'un intitulé où il est dit que les offrandes sont faites par les rois Séleucus et Antiochus. Qui faut-il reconnaître dans ces deux rois? Deux réponses ont été faites à cette question. Le premier éditeur de l'inscription, Chishull, avait émis l'opinion qu'il s'agissait des rois frères Séleucus II et Antiochus Hiérax (3) : Boeckh dans le *Corpus inscriptionum graecarum* (ad II, 2852) s'était rangé à son avis, comme précédemment Soldan dans un mémoire consacré aux antiquités de Milet (4). Mais en 1841, après la publication du fascicule du *Corpus*, le même Soldan, dans une revue quelque peu oubliée aujourd'hui (5), combattait l'opinion de Chishull et admettait que les donateurs n'étaient autres que Séleucus I et son fils Antiochus. Il lui semblait en effet que les rapports des deux frères n'avaient jamais été tels que, reconnus rois tous deux, ils eussent pu agir ensemble. Gelzer en 1869,

(1) Voy. les textes de Pline et de Solin cités plus haut, p. 36 et ÉTIENNE de Byzance, s. v. Ἄντισσα... Ἰνδικῆς, ἣν ἀναγράφει Φίλων καὶ Δημοδάμας ὁ Μιλήσιος.

(2) CIG., 2852 et plus loin chapitre X, n° 1.

(3) E. CHISHULL, *Antiquitates asiaticae*, Londres, 1728, p. 66 suiv.

(4) W. G. SOLDAN, *Rerum milesiarum commentatio*, I, Darmstadt, 1829, p. 35. Je n'ai pas eu cette dissertation entre les mains et ne la connais que par les articles postérieurs du même auteur.

(5) *Zeitschrift für Alterthumswissenschaft*, 1841, p. 575. Soldan a publié la même année, dans le même recueil, cinq articles intitulés : *Das Orakel der Branchiden*.

M. Wilcken en 1894 et avec lui MM. Ad. Wilhelm, R. Herzog et E. Kornemann(1) ont adopté l'hypothèse de Soldan, sans faire connaître d'ailleurs les raisons qui les avaient personnellement décidés. M. Wilcken se borne à proposer pour la lettre la date de 281 : les offrandes ont été faites au lendemain de la bataille de Koroupédion, après que Séleucus a laissé à son fils le gouvernement de l'Asie Mineure. J'ajouterai, pour compléter cet exposé, qu'on a cru longtemps l'inscription perdue. Il n'en était rien : la pierre est aujourd'hui dans la cour de l'église de Hiéronda, où je l'ai vue, copiée, estampée.

Avant de me prononcer entre les deux hypothèses de Chishull et de Soldan, je dois reconnaître qu'on ne peut tirer de la paléographie aucune objection contre la date la plus reculée qui est adoptée par Wilcken. Les dernières fouilles de Didymes nous ont livré un certain nombre d'inscriptions de la première moitié du troisième siècle, parmi lesquelles je citerai le décret de Démodamas rendu vers 294 et une lettre de Séleucus II écrite au commencement du règne. La comparaison de l'inscription de Chishull avec ces deux textes suggère les observations suivantes. L'inscription de Chishull est écrite en caractères plus grands, plus larges et plus espacés. Cette disposition plus lâche donne presque l'impression d'une gravure un peu moins soignée, mais les caractères n'en sont pas moins de bonne époque ; certains même, par exemple le pi et le xi, me semblent meilleurs — pour user d'une expression courante — que les caractères correspondants du décret de Démodamas. J'appelle surtout l'attention sur le pi, qui, dans les inscriptions de Didymes, est un des signes les plus intéressants.

Si l'examen paléographique de la pierre n'est pas défavorable à l'hypothèse de Soldan et de Wilcken, il ne s'ensuit malheureusement pas que nous devions l'adopter sans tarder. Quelque séduisante qu'elle paraisse, quelque avantage qu'il y ait à décharger d'un petit problème de chronologie le règne de Séleucus II, qui en est encombré de tant et de si difficiles, l'hypothèse

(1) H. Gelzer, *De Branchidis*, Leipzig, 1869, p. 21. — U. Wilcken, P.-W. *Real-Encycl.*, I, p. 2151. — Ad. Wilhelm, *Göttingische gelehrte Anzeigen*, 1898, p. 208. — R. Herzog, *Koïsche Forschungen und Funde*, 1899, p. 2 et 220. — E. Kornemann, *Beiträge zur alten Geschichte*, I (1901), p. 67, note 4.

de Soldan doit subir encore l'épreuve de deux objections. D'abord, il est dit dans l'intitulé que les vaisseaux envoyés par les rois sont offerts aux Dieux Sauveurs (l. 14-15). Faut-il entendre par là Zeus Soter, auquel est destinée une corne en or (l. 43), et Soteira (l. 48), qui reçoit un vase à rafraîchir en or? Mais entre ces deux divinités, l'inventaire nomme les Θεοὶ Σωτῆρες qu'il est difficile de ne pas identifier avec Antiochus Soter et Stratonice. C'est en l'honneur de ces derniers dieux que sont faites les magnifiques offrandes de Séleucus et d'Antiochus, mais chacune des grandes divinités en a sa part et, sauf pour les vases en argent, la répartition est faite par les rois eux-mêmes. Parmi ces divinités figure Osiris, dont, il est vrai, M. Wilcken n'avait pu reconnaître le nom : devrons-nous donc admettre que le culte du dieu égyptien a été introduit à Didymes dans les vingt premières années du troisième siècle, avant l'établissement des Ptolémées dans la région? Ignorant la réponse que MM. Kornemann, Herzog, Wilhelm et Wilcken pourraient faire à ces deux objections, et craignant qu'elle ne me donne pas satisfaction, je me décide à regret pour l'hypothèse proposée dès la première heure par Chishull.

***

Résumant en quelques mots ce que nous avons appris chemin faisant sur l'histoire du Didymeion, dans le demi-siècle qui va de la conquête d'Alexandre à l'établissement des Séleucides, nous n'avons guère à enregistrer que les faits et dates suivants :

En 331, des ambassadeurs Milésiens portent à Memphis des oracles rendus par le dieu de Didymes en l'honneur d'Alexandre, fils de Zeus.

En 294, des travaux sont engagés « dans le sanctuaire de Didymes ». Antiochus, fils du roi Séleucus I, fonde à Milet un portique dont les revenus seront affectés aux travaux de Didymes. Précédemment le roi Séleucus a restitué aux Milésiens la statue d'Apollon prise par Darius.

Au même temps les jeux Didymeia sont célébrés à Didymes et des décrets y sont exposés.

En 281, l'oracle a reconquis assez de notoriété ou de faveur pour être consulté par Séleucus au lendemain de la bataille de Koroupédion.

Du temple même il n'est pas expressément question, ni dans le décret de Démodamas, ni dans les auteurs que j'ai cités, mais est-il admissible que le dieu de Didymes rende des oracles, si la source sacrée dont le temple n'est que l'encadrement, n'a pas été dégagée? que des travaux soient entrepris « dans le sanctuaire de Didymes », sans que le temple, demeure du dieu, abri de la précieuse image pieusement restituée, en ait sa bonne part? On travaille donc au temple, à la construction du temple, et cela, nous l'avons vu, dès la fin du quatrième siècle. Nous est-il possible de nous renseigner sur l'état d'avancement des travaux en l'année même où s'établissait sur Milet et l'Asie Mineure la domination des Séleucides? Nous n'avons d'autre source d'information que les inscriptions et malheureusement elles ne sont ni suffisamment abondantes, ni suffisamment complètes pour nous donner toute satisfaction. Il y en a de deux sortes : les unes, gravées sur les pierres mêmes du temple, sont des marques de chantier; les autres, gravées sur des stèles qui étaient exposées dans l'enceinte sacrée, sont des comptes de la construction du temple.

Les marques de chantier sont particulièrement nombreuses au Didymeion qui n'a jamais été achevé. Ces courtes inscriptions, destinées à disparaître sous le ciseau, lors du ravalement, subsistent dans toutes les parties du temple qui ont été mises à découvert. La plupart des voyageurs modernes en ont noté l'existence; nul n'a eu la patience d'en faire le relevé complet, qui ne serait pas sans intérêt, puisque, depuis le XVIIe siècle, plus d'un pan des murs de la cella est tombé, dispersant dans sa chute ces lettres utiles. Un précieux croquis emprunté par Wheler au Dr Pickering (1673) et de nouveau publié par Chishull, nous montre quatorze assises d'une partie du mur de la cella; sur sept de ces pierres sont des marques de chantier assez incorrectement copiées puisqu'on y lit une lettre romaine, mais l'ensemble n'en est pas moins intéressant (1). Chandler (1764-1765),

(1) Wheler, *Voyage de Dalmatie*, etc., traduction française, I (1723), p. 327. Chishull, *Antiquitates asiaticae*... (1728), p. 90. Les marques de chantier ne sont pas reproduites sur la gravure de la traduction de Wheler ; on les trouvera sur la

qui se souvient du croquis de Wheler, ne manque pas de signaler ces marques et en cite deux, à titre d'exemples (1). Pour ma part j'ai soigneusement copié toutes celles que j'ai mises au jour dans les fouilles de 1895-1896.

Sous leur forme la plus simple qui est aussi la plus fréquente, ces marques ne comprennent que deux éléments, deux mots dont les premières lettres seules ont été gravées, en grands caractères, par exemple :

IE EXE      IE ΔΙΟΚ      IE ΔΙΟΓΕΙ

Le premier élément qui est invariable — une fois seulement j'ai noté IEP — se restitue aisément ἱερ[ὸς λίθος, et des deux sens qui peuvent être donnés dans les inscriptions de Didymes aux mots ἱερὸς λίθος, pierre destinée au temple ou pierre taillée par les ἱεροὶ παῖδες ou esclaves du dieu, je n'hésite pas à choisir le premier. C'est dans la carrière que la marque a été gravée, autant pour éviter les erreurs de transport que pour faciliter le contrôle du travail des carriers. Le second élément est un nom propre, celui de l'entrepreneur ou du chef d'équipe qui a fourni la pierre, et c'est très probablement le génitif qu'il faut restituer, Διογεί[τονος, par exemple. Comme je l'ai dit, ces marques sont très nombreuses et si jamais l'énorme masse du Didymeion venait à être complètement dégagée, le relevé complet de ces modestes inscriptions serait tout à fait instructif : il nous apprendrait au moins quelles parties du soubassement de ce temple colossal ont été construites d'un seul jet, en une même période. Malheureusement nous sommes loin de jouir de cette vue d'ensemble : les fouilles de 1895-1896 n'ont dégagé que la façade principale et une très faible partie des longs côtés N. et S., et la seule conclusion que je puisse tirer des noms que j'ai copiés sur l'escalier central, sur les deux pylônes, sur les sept degrés qui à l'E. et à l'W. font suite aux pylônes, c'est que tout ce soubassement de la façade

gravure de l'ouvrage de Chishull et à la p. 271 de l'édition originale de Wheler, que je n'ai pas à ma disposition.

(1) *Ionian Antiquities published by order of the Society of Dilettanti*, p. 47. Le voyage de Chandler et Revett eut lieu en 1764-1765, la publication en 1769, une seconde édition du premier volume des *Ionian Antiquities* a paru en 1821, par les soins de W. Gell.

a été posé dans une même période, d'un même coup, puisqu'on y lit partout les mêmes noms. Pour chercher à déterminer cette période, notre première ressource est l'étude paléographique de ces courtes inscriptions, étude d'autant plus délicate que nous connaissons assez mal la paléographie milésienne et que ces grands caractères, tracés dans la carrière ou dans le chantier et destinés à disparaître, ne sauraient être comparés de trop près aux caractères plus petits et plus réguliers des documents destinés à durer, tels que décrets, comptes et dédicaces. Or, si je m'en rapporte à mes impressions souvent éprouvées, j'estime qu'il est impossible d'attribuer à la première partie du IIIe siècle, à la période qui finit en 281, les marques de la façade principale du Didymeion. A côté de lettres dont les formes rappellent ce qu'on est convenu d'appeler la bonne époque, telles que le thêta avec un point au centre et le mu aux branches obliques, je rencontre l'alpha à la barre médiane brisée et surtout des lettres liées et des monogrammes compliqués qui me semblent mieux convenir à une époque plus basse. L'examen de quelques uns des noms des entrepreneurs semble confirmer ces impressions. Parmi les monogrammes relevés sur la partie N. de l'escalier central et des degrés de la façade principale, je note les deux suivants : Αρε et Ευτ qu'il est permis de compléter en Ἀρέσκου et Εὐτύχου. Or ces deux noms d'entrepreneurs figurent dans des comptes : ils ont fourni des carreaux de marbre pour la treizième, la quatorzième et la quinzième assises du mur de la cella. Est-il besoin d'avertir qu'en 281 le mur de la cella n'avait pas été poussé jusqu'à cette hauteur? Donc Areskos et Eutychès vivaient à une époque postérieure, donc la façade principale au soubassement de laquelle ils ont travaillé n'était pas commencée en 281.

L'étude des comptes de la construction du temple aboutit également à un résultat négatif. De tous les comptes ou fragments de comptes découverts à Didymes, j'ai publié et reprendrai plus loin les seuls qui puissent être datés. Ils se rapportent à la première moitié du IIe siècle avant notre ère et nous apprennent comment dans cette période on travaillait à la grande porte du χρησμογράφιον, en même temps qu'on posait des carreaux de marbre aux vingt-cinquième, sixième et septième assises du mur de la cella. Pour les autres, il en est qui se classent certainement après cette période et nous n'avons pas à nous en occuper ; d'autres au contraire sont antérieurs et ce sont les seuls que je doive considérer aujourd'hui. De cette réserve j'éliminerai d'abord ceux où sont relatés des travaux faits aux treizième, quatorzième et quinzième assises : nul, encore une fois, ne peut avoir l'idée de les attribuer à la première partie du IIIe siècle av. J.-Chr. Parmi ceux qui restent, aucun n'est complet, l'intitulé qui nous eût fait connaître le nom du stéphanéphore éponyme manque à tous et je préfère m'abstenir d'hypothèses, qui reposeraient sur une base trop peu solide, à savoir l'examen comparé de la forme des lettres. Je remets ces discussions de détail au jour où je publierai l'ensemble des comptes.

En somme, au point où nous avons laissé les fouilles, ni l'examen des parties déblayées du monument, ni l'étude des inscriptions découvertes ne nous renseignent suffisamment sur l'état des travaux en l'année 281. Nous devons une fois de plus nous contenter de probabilités ; or je ne pense pas qu'on puisse élever d'objections sérieuses contre les déductions suivantes. Les deux éléments essentiels à tout temple-oracle sont d'abord la source sacrée qui donne la vertu prophétique à l'interprète du dieu, puis l'image même du dieu au nom de qui sont rendus les oracles. Les Milésiens travaillèrent en premier lieu autour de la source, et c'est sur l'adyton que portèrent leurs premiers efforts. Ils la dégagèrent, ils lui firent un encadrement de marbre et de verdure digne d'elle : dès le début du règne de Séleucus II, ils pouvaient cueillir dans l'adyton une couronne de laurier qu'ils envoyaient au roi. De l'adyton, les travaux furent poussés vers le naos, c'est à dire vers la demeure du dieu : dès 295, elle était en état de recevoir l'image vénérée que Séleucus avait rapatriée. Si le lecteur veut bien se reporter à la Pl. 35 de l'ouvrage de Rayet (Coupe longitudinale restaurée), il se rendra compte lui-même de la direction que devaient alors prendre les travaux. La différence considérable de niveau entre le prodomos d'une part, l'adyton et le naos de l'autre, suffit à faire comprendre qu'il n'y avait pas intérêt à les pousser vers le prodomos et la façade principale : de ce côté l'adyton et le naos se trouvaient fermés ; des trois autres au contraire la demeure du dieu était ouverte et il importait de la clore.

La vie renaissait donc dans le grand temple de Didymes. A le regarder du dehors, tout encombré d'ouvriers, d'échafaudages et de machines, on devait mal distinguer l'ensemble de cet énorme corps, mais déjà il était animé, déjà le dieu l'habitait : il y rendait des oracles, il y recevait des offrandes. Nous aurons à rechercher plus loin où ces offrandes étaient déposées et conservées pendant la construction du temple.

---

## CHAPITRE V

# ANTIOCHUS I [281/0-262/1]

Antiochus I et les cités grecques de l'Asie Mineure. — Le péril galate et les Gaulois a Milet (278-276). — La première guerre de Syrie et l'occupation de Milet par Ptolémée (275). — Le tyran Timarchos.

Antiochus I, qui succéda en 281/0 à son père Séleucus, n'avait pas attendu — nous l'avons vu plus haut — de porter le titre de roi pour témoigner aux Milésiens sa bienveillance, à leur dieu sa piété généreuse. Il régna dix-neuf ans, mais ne maintint pas pendant tout son règne sa domination sur Milet : lors de la première guerre de Syrie, Milet passa au pouvoir de Ptolémée Philadelphe ; avant la mort d'Antiochus (262/1), elle tomba entre les mains plus rudes du tyran Timarchos. Si nous ajoutons qu'elle fut touchée par l'invasion des Gaulois, nous aurons en quelques lignes cité tous les faits que nous apprennent auteurs et inscriptions. Mais heureusement les inscriptions mêmes nous permettent de ne pas nous en tenir à ce court résumé : nous leur devons de connaître assez exactement les relations d'Antiochus avec les cités grecques, et, bien qu'aucun de ces décrets n'émane de Milet même, bien qu'aucune des lettres royales ne lui soit adressée, il ne s'en dégage pas moins de tous ces textes une impression d'ensemble qui peut se traduire en un mot : les cités grecques ne se sentent pas assurées du lendemain ; ni leur liberté, ni leur autonomie ne leur semblent suffisamment garanties. Par suite, la justice devient moins sûre et le roi doit parfois intervenir. Si l'on ajoute les dangers venus du dehors, des Gaulois qui ravagent le pays, des Égyptiens qui tiennent la mer et prennent bientôt pied en Carie, même en Ionie, si bien que la sécurité des routes est incertaine, on ne sera pas surpris que cet état de malaise aboutisse, pour Milet, à la perte de la liberté et de la démocratie, à l'établissement d'un tyran.

*
* *

Je laisse de côté la question de savoir dans quelle satrapie du royaume des Séleucides était comprise Milet. Une inscription datée du règne d'Antiochus II, que je commenterai dans le chapitre suivant, me permettra de réunir quelques renseignements intéressants sur l'administration des Séleucides et j'en viens aussitôt aux relations d'Antiochus I avec les cités grecques.

Peut-être ne sera-t-il pas inutile de citer tout d'abord, en les classant autant que possible dans l'ordre chronologique, les différents textes épigraphiques dont nous avons à tirer parti.

Vers 279, Ch. Michel, *Recueil...*, n° 525, inscription dite de Sigeion, parce qu'elle y a été découverte. Décret d'Ilion, rendu dans les premières années du règne, après qu'Antiochus eut réprimé la révolte de la Syrie du Nord (l. 2 suiv.) et passé en Asie Mineure : l. 11 suiv. νύν τε παραγενόμενος ἐπὶ τοὺς τόπους τοὺς ἐπὶ τάδε τοῦ Ταύρου μετὰ πάσης σπουδῆς καὶ φιλοτιμίας ἅμα καὶ ταῖς πόλεσιν τὴν εἰρήνην κατεσκεύασεν καὶ τὰ πράγματα καὶ τὴν βασιλείαν εἰς μείζω καὶ λαμπροτέραν διάθεσιν ἀγήγοχε, μάλιστα μὲν διὰ τὴν ἰδίαν ἀρετήν, εἶτα καὶ διὰ τὴν τῶμ φίλων καὶ τῶν δυνάμεων εὔνοιαν.

Vers 277, avant la victoire remportée sur les Gaulois, Ch. Michel, n° 37. Lettre d'Antiochus à Érythrées. MM. Dittenberger et avec lui U. Wilcken et B. Niese (1) attribuent cette lettre à Antiochus II, mais le seul argument de Dittenberger doit être écarté depuis la découverte d'un décret des Ioniens que je citerai plus loin. Dans la lettre adressée à Érythrées, le roi dit aux l. 22 suiv. : διότι ἐπί τε 'Αλεξάνδρου καὶ 'Αντιγόνου αὐτό[ν]ομος ἦν καὶ ἀφορολόγητος ἡ πόλις ὑμῶν καὶ οἱ ἡμέτεροι πρόγο[νοι] ἔσπευδον ἀεί ποτε περὶ αὐτῆς. Antiochus I, disait Dittenberger, ne pouvait parler du règne de ses ancêtres, donc la lettre a été écrite par Antiochus II. Mais, dans un décret des Ioniens rendu en l'honneur d'Antiochus I (Ch. Michel, n° 486), le roi est invité à suivre les traditions et la politique de ses ancêtres (l. 19... [ἀκολουθήσει τῆι τ]ῶν προγόνων αἱρέσει). Il faut en conclure qu'Antiochus I comptait parmi ses ancêtres

(1) Dittenberger, *SIG.*¹, n° 166, note 1. U. Wilcken, dans l'article déjà cité, P.-W., *Real-Encycl.*, s. v. Antiochos, p. 2453. B. Niese, *Gesch. der griech. und makedon. Staaten*, II (1899), p. 96, note 1 ; p. 135, n. 10.

Alexandre et Antigone qui sont cités à la l. 22 de la lettre et d'une manière générale ceux qu'il appelle lui-même οἱ πρότερον βασιλεύσαντες (l. 9-10) (1). La date de cette lettre d'Antiochus peut être assez exactement déterminée : le *terminus post quem* est l'établissement d'une contribution levée en vue de la guerre contre les Gaulois, 278/7 ; le *terminus ante quem* est la victoire remportée par Antiochus sur les Gaulois, entre 277/6 et 276/5 (2). La lettre ne fait en effet aucune allusion à ce dernier événement et je suis seulement surpris que le roi accorde aux Érythréens l'exemption de la contribution de guerre. Il est probable que la ville venait de faire retour au roi de Syrie, après avoir subi la domination de Ptolémée, et qu'Antiochus avait intérêt à la ménager.

Vers 276/5 (?) Ch. Michel, n° 526. Décret d'Ilion rendu en l'honneur d'un médecin d'Amphipolis qui avait guéri le roi d'une blessure reçue au cou ἐν τῆι μάχηι. Peut-être s'agit-il de la bataille livrée aux Gaulois. L'inscription est en tout cas antérieure à 266, puisqu'elle nomme « les rois Antiochus et Séleucus », c'est à dire Antiochus I et son fils aîné Séleucus qui fut mis à mort entre 269 et 266 (3).

(1) Th. Lenschau, *De rebus Prienensium*, p. 192-193, et H. Gaebler, *Erythrae* (1892), p. 26 27, ont déjà combattu l'opinion de Dittenberger.

(2) Pour cette date, voy. U. Wilcken, *art. cité*, p. 2453. Maintenir l'attribution proposée par Dittenberger, ce serait admettre que les Γαλατικά ont été levés même après la victoire remportée par les Galates, que par conséquent le danger subsistait encore, et nous n'avons pas de raison de le croire.

(3) U. Wilcken, *art. cité*, p. 2452.

Je suis d'accord avec Dittenberger (*SIG.*1, n° 157) et P. Haubold (*De rebus Iliensium* (1888), p. 23) pour attribuer ce décret au règne d'Antiochus I, mais j'entends autrement qu'eux les l. 11-12, où sont rappelés les services rendus par le médecin d'Amphipolis εἰς τοὺς βασιλεῖς Ἀντίοχον καὶ Σέλευκον. J'admets, avec Wilcken (p. 2454 fin), que ces rois sont Antiochus I et Séleucus, son fils aîné ; pour Dittenberger, ce sont Antiochus I et son père Séleucus I. Je m'appuie sur des inscriptions cunéiformes des années 32, 37, 38, 39, 43 (soit 280, 275, 274, 273, 269 av. J.-Chr.), où Séleucus porte, à côté de son père Antiochus I, le titre de roi (Cf. Wilcken, *art. cité*, p. 2452). Dittenberger justifie son interprétation en rappelant qu'il était d'usage de nommer d'abord le roi vivant, en second lieu son père mort ; il cite un décret d'Athènes (Ch. Michel, n° 126 = *SIG*2., n° 197) où il est dit aux l. 28 et suiv. : ὅσοι τῶν πολιτῶν κατελήφθησαν ἐν τῆι Ἀσίαι εἰργμένοι ὑπὸ Δημητρίου καὶ Ἀντ[ι]γόνου, et le décret de Sigeion (Ch. Michel, n° 525), où on lit aux l. 46 et suiv. : ἀπολογισάμ[ενοι ὅσα ἡμῖν ὑπάρχει πρὸς αὐτόν τε καὶ τὸν πα]τέρα αὐτοῦ βασιλέα Σ[έλευκον. Je crois pour ma part que, puisque la chose est possible dans

Après la victoire remportée sur les Gaulois, Antiochus I put s'occuper plus librement de l'organisation de son royaume. C'est alors qu'il s'adressa à Magnésie du Méandre et sans doute à d'autres cités grecques de l'Asie Mineure, pour leur demander des colons destinés à Antioche de Perse. *Die Inschriften von Magnesia am Maeander*, nº 61, l. 10 suiv. : ἐπειδὴ Μάγνητες οἱ ἀπὸ Μαιάνδρου συγγενεῖς ὄντες καὶ φίλοι τοῦ δήμου καὶ πολλὰς καὶ ἐπιφανεῖς χρείας παρεισχημένο[ι] τοῖς [Ἕλλ]ησιν [τῶν εἰς τὴν δόξ]αν ἀνηκουσῶν (1) πρότερόν τε Ἀντιόχου τοῦ Σωτῆρος φιλοτιμο[υ]μένου ἐπα[υξ]ῆσαι τὴμ πόλιν ἡμῶν οὖσαν αὐτοῦ ἐπώνυμον καὶ πέμψαντος πρὸς αὐτοὺς περὶ ἀποικίας...

Vers 275 (?), en tout cas avant le commencement de la première guerre de Syrie, dédicace inédite de Didymes. Grande et belle base de marbre blanc, qui se trouve aujourd'hui dans les ruines d'une petite église, au milieu d'un champ appartenant à Iannis ὁ δεμιρτζῆς, au S. du temple. L'inscription est brisée, mais on peut néanmoins mesurer complètement les dimensions de la base : haut. 0m,53; larg. 0m,842; épaiss. 0m,805. Copiée en 1895. Estampage.

*Vac.*
παμηνβα
ομιλησιωναρ
*Vac.*

J'ai mis un point sous les lettres qui ne sont pas entièrement conservées; la lecture de ces lettres, notamment du pi à la première ligne, est certaine. Je lis et restitue :

Βασίλισσαν Ἀ]πάμην βα[σιλέως Ἀντιόχου
ὁ δῆμος] ὁ Μιλησίων Ἀρ[τέμιδι Πυθείηι.

Cf. la dédicace en l'honneur de la reine Philotéra publiée plus loin, p. 67. La forme des lettres convient à merveille à la pre-

le décret d'Ilion, il vaut mieux entendre les deux rois vivants et je rapprocherai de notre texte les offrandes adressées à Milet « par les rois Séleucus et Antiochus » (Ch. Michel, nº 39, l. 7-8). Peu importe qu'il s'agisse dans ce dernier texte de Séleucus I et d'Antiochus I ou de Séleucus II et d'Antiochus Hiérax : les rois ainsi désignés par le pluriel βασιλεῖς n'en sont pas moins vivants.

(1) Cf. Ch. Michel, nº 525, l. 32 suiv. : Ὅπως δὲ τὰ] εἰς τὴν τιμὴν καὶ δόξαν ἀνήκοντα συγκατασκευάζων ὁ δῆμος φανερὸς [ἧι πᾶσιν.

mière partie du troisième siècle. Sur Apamé, voy. U. Wilcken, P.-W. *Real-Encycl.*, I, p. 2662. Née vers 291, Apamé, fille d'Antiochus et de Stratonice, avait épousé Magas, régent de Cyrène, avant l'ouverture de la première guerre de Syrie. Peut-être la statue de Didymes fut-elle élevée à l'occasion de son mariage.

Vers 275 (?) Ch. Michel, n° 457. Décret de la ville carienne de Bargylia qui, sur l'ordre d'Antiochus, a demandé un juge à Téos. Le décret est postérieur à la victoire remportée sur les Gaulois, puisqu'Antiochus y porte le titre de Σωτήρ, et antérieur à l'occupation de Bargylia par la flotte de Ptolémée II pendant la première guerre de Syrie.

Après 269-266, Ch. Michel, n° 486. Décret du κοινόν des Ioniens en l'honneur d'Antiochus I. La reine Stratonice est encore en vie et le second fils du roi, Antiochus, porte à côté de son père le titre de roi. Son frère aîné a été mis à mort entre 269 et 266.

Nous ne serons pas surpris de rencontrer dans cette liste trois décrets d'Ilion et du κοινόν des Ioniens. Non seulement Ilion avait dès la première heure — nous le verrons plus loin — donné des preuves de son dévouement au fondateur de la dynastie des Séleucides, mais encore le sanctuaire d'Athéna, qui s'élevait sur son territoire, était le centre d'une importante association qui comptait nombre de cités grecques du N. W. de l'Asie Mineure. L'intérêt politique, non moins que l'exemple d'Alexandre et les souvenirs mythologiques, engageait donc les Séleucides à ménager Ilion. Vers le S. W., le Panionion était un autre foyer d'influence ; les députés qui s'y réunissaient représentaient des villes plus importantes et plus riches, que les Séleucides cherchaient à s'attacher.

Le premier soin d'Antiochus, quand il eut réprimé la révolte de la Séleucide et qu'il eut pénétré en Asie Mineure, avait été de rétablir la paix dans les cités grecques(1). Milet, ainsi que nous l'apprend la dédicace de la statue d'Apamé, garda son gou-

(1) Καὶ ταῖς πόλεσιν τὴν εἰρήνην κατεσκεύασεν, est-il dit dans l'inscription de Sigeion citée plus haut.

vernement démocratique. Sur la statue qu'Ilion éleva au roi fut gravée cette dédicace, l. 36 suiv. : ὁ δῆμος ὁ [Ἰλιέων βασιλέα Ἀντί]οχον βασιλέως Σελεύκου εὐσεβείας ἕνεκεν τῆς εἰς τὸ ἱερὸ[ν, εὐεργέτην καὶ σω]τῆρα γεγονότα τοῦ δήμου. Déjà le roi était honoré d'un culte et avait son prêtre à Ilion. Le décret porte en effet (l. 25 suiv.) que « tous les prêtres et prêtresses, assistés du prêtre du roi Antiochus, adresseront leurs prières à Apollon l'auteur de sa race, à Niké, etc. » Ilion est peut-être même la première cité d'Asie Mineure qui ait élevé un autel aux Séleucides et célébré des jeux en leur honneur : dans un décret rendu au lendemain de la bataille de Koroupédion, la ville décide :

5\. ἱδρύσ]ασθαι δὲ καὶ βωμὸν ἐν τῆι [ἀγορᾶι..........
...κα]ὶ ἐπιγράψαι βασιλέως Σε[λεύκου............
...καὶ] συντελεῖν τῶι βασιλεῖ..................
. . . . . . . . . . . . . . . .
12\. ...καὶ γυμνικὸν καὶ ἱππικὸν [ἀγῶνα καθὼς........
συν]τελεῖται τοῦ ἀρχηγοῦ τοῦ [γένους αὐτοῦ (1).....

La double mention du dieu auteur de la race des Séleucides nous intéresse particulièrement, puisque ce dieu n'est autre qu'Apollon et que témoigner sa générosité au dieu de Didymes, c'était pour Antiochus faire acte de piété filiale. Nos deux inscriptions nous apprennent que les Grecs d'Asie Mineure avaient sans difficulté pris leur parti de ces mystérieuses légendes, si semblables d'ailleurs à celles qu'Alexandre avait laissé répandre dans tout l'Orient. Pourtant ni Séleucus Nicator, ni Antiochus I, trop préoccupés d'établir ou d'organiser leur domination temporelle, ne semblent s'être souciés, au moins en Asie Mineure, du culte qui leur était dû. Les cités restaient libres de leur élever un autel et de leur désigner un prêtre : l'exemple donné en 281 par

(1) Cette inscription a été publiée pour la première fois dans l'*Archäologische Zeitung*, XXXII (1875), p. 155, par G. Hirschfeld. Elle mérite d'être reprise et figurera dans le recueil des inscriptions d'Ilion, dont M. A. Brückner nous annonce la publication prochaine.

Je note à la l. 11 la mention d'un mois nommé Σελεύκε[ιος. Cf. une tribu Σελευκίς à Magnésie du Méandre, *Die Inschr. von Magnesia am Maeander*, n° 5, l. 4. Or il semble qu'à Magnésie l'honneur de donner son nom à une tribu était réservé aux dieux. *Ibid.*, p. 212.

Ilion ne fut suivi qu'après 269-266 par les Ioniens(1). Les inscriptions où Antiochus I est qualifié de dieu ou d'Apollon sauveur, sont toutes postérieures à sa mort(2). Le culte royal ne sera définitivement institué et obligatoire que sous le règne d'Antiochus II.

***

Tout en gardant son autonomie et sa démocratie, Milet n'en supportait pas moins les charges, tributs et contributions extraordinaires, qu'Antiochus imposait à toutes les cités grecques. Dans la lettre qu'il adresse aux Érythréens, le roi, faisant droit à leurs réclamations, s'exprime en ces termes, l. 26 suiv. : τήν τε αὐτονομίαν ὑμῖν συνδιατηρήσομεν καὶ ἀφορο[λογ]ήτους εἶναι συγχωροῦμεν τῶν τε ἄλλων ἁπάντων καὶ [τῶν εἰς] τὰ Γαλατικὰ συναγομένων. L'expression ἀφορολογήτους τῶν τε ἄλλων ἁπάντων nous donne à penser que, sous l'administration des Séleucides, le tribut ou φόρος s'était multiplié d'inquiétante façon(3). Le roi pouvait, il est vrai, en accorder l'exemption, mais nous n'avons pas encore appris qu'il eût étendu cette faveur à Milet, et nous savons combien de guerres avait à supporter le trésor royal.

La guerre contre les Gaulois fournit à Antiochus l'occasion d'établir une nouvelle contribution, et Ptolémée suivit son exemple dans les cités grecques placées sous sa dépendance. Que la contribution fût perçue par l'un ou par l'autre, les villes n'en eurent pas moins à veiller elles-mêmes à la défense de leur territoire. Une inscription d'Érythrées, antérieure de peu à la lettre d'Antiochus citée plus haut, nous l'apprend : ce furent les stratèges d'Érythrées, qui se chargèrent de lever des hommes, et surtout la rançon exigée par Léonnorios, le chef des bandes gauloises(4). Le même décret éclaire d'un jour très vif la triste

(1) Ch. Michel, n° 486, l. 20 suiv. Nous ne savons pas si les Σελεύκεια, à Érythrées, furent institués en l'honneur de Séleucus I, ni s'ils furent institués de son vivant (*Ibid.*, n^os^ 506 et 507).

(2) Voy. plus loin, chapitre VII.

(3) Il est très probable, par exemple, que l'or apporté par les Érythréens au roi « pour les présents » (τὸ χρυσίον τὸ εἰς τὰ ξένια, l. 5), était une partie du tribut, et non pas une offrande.

(4) Ch. Michel, n° 503.

situation, pendant cette période, de la paralie ionienne. Milet aurait pu dire, de même qu'Érythrées, l. 10 suiv. : πο[λλῶν δὲ φό]βων καὶ κινδύνων περιστάντων καὶ δαπ[άνης πρὸς] εἰρήνην οὐκ ὀλίγης. Milet aussi aurait eu le droit de parler des ennemis survenus de toutes parts (l. 21, suiv.) : τῶν πολεμίων] τῶν ἐπιπεσόντων π[άντοθεν. Nous savons en effet qu'elle eut à souffrir de l'invasion des Gaulois. Ni les historiens, ni jusqu'à ce jour les inscriptions ne nous renseignent sur le passage des barbares dans la vallée du Méandre; à la vérité, les cités grecques ayant pris le plus souvent le parti de traiter avec eux et d'acheter la paix (1), il n'est pas surprenant qu'elles n'aient point gardé le souvenir de ces conventions, qui, sans rien ajouter à leur gloire, avaient augmenté leurs charges financières. A Milet, comme en plus d'un endroit sans doute, ce furent surtout les femmes qui souffrirent de l'envahisseur.

Trois textes nous renseignent sur l'enlèvement des Milésiennes et la noble conduite de plusieurs d'entre elles. Ils sont assez peu connus et méritent d'être cités, le premier surtout, qui semble avoir été négligé par les historiens modernes (2).

Parthénios, π. ἐρωτ. παθημ., VIII, (Ed. P. Sakolowski) :

Ὅτε δὲ οἱ Γαλάται κατέδραμον τὴν Ἰωνίαν καὶ τὰς πόλεις ἐπόρθουν, ἐν Μιλήτῳ Θεσμοφορίων ὄντων καὶ συνηθροισμένων γυναικῶν ἐν τῷ ἱερῷ, ὃ βραχὺ τῆς πόλεως ἀπέχει (3), ἀποσπασθέν τι μέρος τοῦ βαρβαρικοῦ διῆλθεν εἰς τὴν Μιλησίαν καὶ ἐξαπιναίως ἐπιδραμὸν ἀνεῖλεν τὰς γυναῖκας. Ἔνθα δὴ τὰς μὲν ἐρύσαντο πολὺ ἀργύριόν τε καὶ χρυσίον ἀντιδόντες, τινὲς δὲ τῶν βαρβάρων αὐταῖς οἰκειωθέντων ἀπήχθησαν, ἐν δὲ αὐταῖς καὶ Ἡρίππη, γυνὴ Ξάνθου, ἀνδρὸς ἐν Μιλήτῳ πάνυ δοκίμου γένους τε τοῦ πρώτου...

Anyté de Mytilène (*Anthol. Palat.*, VII, 492) :

Ὠχόμεθ', ὦ Μίλητε, φίλη πατρί, τῶν ἀθεμίστων
τὰν ἄνομον Γαλατᾶν κύπριν ἀναινόμεναι,

(1) Cf. Tite Live, XXXVIII, 16, 11 suiv.

(2) Il manque dans la très intéressante dissertation de F. Stæhelin, *Geschichte der kleinasiatischen Galater bis zur Errichtung der römischen Provinz Asia*, Bâle, 1897, p. 12 et dans l'ouvrage de B. Niese, II, p. 79, note 4.

(3) L'existence d'un temple de Déméter à Milet est attestée par Valère Maxime et par Lactance en des passages que j'ai cités plus haut, p. 6, note 1.

παρθενικαὶ τρισσαὶ πολιήτιδες, ἃς ὁ βιατὰς
Κελτῶν εἰς ταύτην μοῖραν ἔτρεψεν Ἄρης.
Οὐ γὰρ ἐμείναμεν αἷμα τὸ δυσσεβὲς οὐδ' Ὑμέναιον,
νύμφιον ἀλλ' Ἀίδην κηδεμόν' εὑρόμεθα.

St JÉRÔME, *adv. Iovinianum*, lib. I, 41 (308 et 309). Patrol. lat. éd. Migne, vol. XXIII, p. 285. Empruntant au paganisme des exemples de vierges célèbres, qui ont préféré la mort au déshonneur, saint Jérôme cite les sept vierges de Milet : *Quis valeat silentio praeterire septem Milesias virgines, quae Gallorum impetu cuncta vastante, ne quid indecens ab hostibus sustinerent, turpitudinem morte fugerunt, exemplum sui cunctis virginibus relinquentes, honestis mentibus magis pudicitiam curae esse quam vitam?*

Le nom de Milet revient plus d'une fois dans les légendes amoureuses de Parthénios et il n'y a pas lieu d'en être surpris, car il a beaucoup emprunté aux auteurs de *Milesiaca*. Tout n'est pas à rejeter dans ces récits et je crois que le préambule cité plus haut doit être accepté tout entier. Parthénios suit ici Aristodémos de Nysa (1), mais, comme Aristodémos, il s'intéresse plus au sort de la Milésienne Hérippé qu'aux événements mêmes qui ont été le point de départ de ses aventures. Ce n'est pas de la première partie du récit que la légende s'est emparée : nous n'avons aucune raison de ne pas y ajouter foi. Que les Gaulois soient venus jusqu'à Milet, que les Milésiens aient traité avec eux de la rançon de leurs femmes, que plusieurs d'entre elles aient été emmenées en captivité, il n'y a là rien d'invraisemblable : une inscription ne nous a-t-elle pas appris que les Gaulois étaient venus en Ionie, dans les environs d'Érythrées, et n'y avons-nous pas vu que les Érythréens avaient payé rançon à Léonnorios? A Milet, comme à Érythrées, on éloigna le péril galate.

(1) Sur Parthénios, voy. F. SUSEMIHL, *Geschichte der griechischen Litteratur in der Alexandrinerzeit*, I, p. 191 suiv., 195.

* * *

Au temps où, par leur belle conduite, les stratèges d'Érythrées méritaient le décret que j'ai rappelé plus haut, leur ville était au pouvoir de Ptolémée II ; la première guerre de Syrie était commencée. On sait comment l'engagea Ptolémée et il ne sera pas sans intérêt de rapporter le texte de Pausanias (I, 7, 3) : ὡρμημένου δὲ Ἀντιόχου στρατεύειν (1), Πτολεμαῖος διέπεμψεν εἰς ἅπαντας ὧν ἦρχεν Ἀντίοχος, τοῖς μὲν ἀσθενεστέροις λῃστὰς κατατρέχειν τὴν γῆν, οἳ δὲ ἦσαν δυνατώτεροι στρατιᾷ κατεῖργεν. Tous les moyens semblaient donc bons au roi d'Égypte pour harceler le roi de Syrie et contrarier ses projets de conquête. Des bandes à sa solde ravageaient les côtes, sa flotte tenait la mer, si bien que vers le même temps la ville carienne de Bargylia devait donner une escorte au citoyen de Téos qui, sur l'ordre d'Antiochus, était venu rendre la justice (2). La Carie passa bientôt sans difficulté au pouvoir de Ptolémée (3), puis Milet et dans la même région Héraclée du Latmos.

Ici encore les inscriptions sont notre seule source d'information (4). Les deux qui se rapportent aux deux cités que je viens de nommer sont de courtes dédicaces.

(1) D'après Pausanias, Antiochus était poussé à la guerre par son gendre Magas, révolté contre Ptolémée. Il n'y a pas de raison de douter de l'alliance de Magas et d'Antiochus : aussi avons-nous admis que l'érection de la statue d'Apamé à Didymes était antérieure à la première guerre de Syrie et à l'occupation de Milet par Ptolémée. Cf. B. Niese, II, p. 126.

(2) Ch. Michel, n° 457, l. 32 suiv. : ἐλέσθ]αι δὲ καὶ ἄνδρας οἳ ἀποκαταστήσουσιν αὐτ[ὸν εἰς] τὴν ἰδίαν μετὰ ἀσφαλείας. Les routes n'étaient donc pas sûres. Cf. un décret de Magnésie du Méandre, rendu en 221/0 en l'honneur de Cnide et de ses députés, où il est dit l. 24 suiv. : ὅταν δὲ ποιῶνται τὴν ἄφοδον (οἱ πρεσβευταί), ὅπως [ἀσφαλῶς παραπεμφθῶσι το]ὺς πολεμάρχας καὶ τοὺς ἱππάρχας καὶ τὸμ [φρούραρχον τὸν ἐπὶ τῆς φυ]λακῆς τῆς χώρας ἐπιμέλειαν ποιήσα[σθαι (*Die Inschr. von Magnesia*, n° 15 *b*. Cf. n° 97, l. 91 suiv.).

(3) Sur l'occupation de la Carie par Ptolémée Philadelphe, voy. l'inscription d'Adulis, Ch. Michel, *Recueil*..., n° 1239 (= M. L. Strack, *die Dynastie der Ptolemäer*, p. 232, n° 39, l. 7, et Théocrite, XVII, 89.

(4) Il n'y a malheureusement rien à tirer des monnaies. « Ptolémée II, dit B. Niese, II, p. 129), semble avoir frappé des monnaies à son nom à Milet », mais R. Stuart Poole, auquel il renvoie (*Catalogue of greek Coins. The Ptolemies kings of Egypt*, p. 10, n°s 53-57), ne prononce le nom de Milet qu'avec hésitation. Il ne suffit pas que ces monnaies portent le monogramme Mι pour être attribuées en toute certitude à Milet; E. Babelon (*Les Rois de Syrie*, p. LVII) reconnaît en effet que le monogramme de Milet, sur ses monnaies autonomes, est tout autre.

Didymes (*Revue de Philologie,* XXIV (1900), p. 323).

Βασίλισσαν Φιλωτέραν βασιλέως
Πτολεμαίου ὁ δῆμος ὁ Μιλησίων
Ἀρτέμιδι Πυθείῃ (1).

Héraclée du Latmos. Cadran solaire découvert par O. Rayet et rapporté au Musée du Louvre (nº 2820). Cf. *Revue de Philologie*, XXIII (1899), p. 275.

Βασιλεῖ Πτολεμαίωι Ἀπολλ[ώ]νιος Ἀπολλοδότου.
Θεμισταγόρας Μενίσχου Ἀλεξανδρεὺς ἐποίει.

La reine Philotéra, fille de Ptolémée Soter, était la sœur de Ptolémée Philadelphe et c'est sous le règne de ce dernier que la statue a été élevée à Didymes par le peuple de Milet. On sait en quelle estime et quelle affection le roi tenait sa sœur et l'on admettra sans peine que Milet n'était plus sous la domination d'Antiochus I, quand elle faisait ainsi sa cour à Ptolémée II (2). J'ai rapproché de la dédicace de Didymes celle d'Héraclée du Latmos : l'une est faite par le peuple, l'autre par un particulier, un Héracléote puisque son nom n'est accompagné d'aucun ethnique; la première est datée, la seconde ne l'est pas, mais il me semble que la date de l'une entraîne celle de l'autre et que l'inscription de Didymes donne raison à Rayet qui attribuait celle d'Héraclée à Philadelphe.

Si courte qu'elle soit, la dédicace de Didymes suffit à nous apprendre que Ptolémée II laissa subsister à Milet le régime

(1) La base de la statue de Philotéra est sensiblement moins large que celle de la statue d'Apamé (0m,73 contre 0m,842) : aussi les deux dédicaces, qui sont tout à fait semblables, tiennent-elles l'une en trois lignes, l'autre en deux seulement, sans compter que les noms de Philotéra et de Ptolémaios sont plus longs que ceux d'Apamé et d'Antiochos.

(2) Sur Philotéra, voy. Mahaffy, *The Empire of the Ptolemies*, p. 115 suiv. M. Mahaffy croit qu'une statue de granit, conservée au Musée égyptien du Vatican à côté des statues de Philadelphe et d'Arsinoé II est un portrait conventionnel de Philotéra : « Malheureusement, dit-il, le nom et les titres... ont été effacés ». La dédicace de Didymes ne lui donne d'autre titre que celui de βασίλισσα. Sur la valeur de ce titre voy. M. L. Strack, *ouv. cité*, p. 5-6.

démocratique. Nous ne savons rien de plus (1). Nous ignorons absolument si l'un des gymnases didyméens, qui s'appelait le Ptolemaieion, devait son nom à Ptolémée II ou à l'un de ses successeurs (2); nous ignorons également si les Égyptiens avaient dans Milet une garnison (3). Leur station navale était à Samos, c'est à dire en face de l'embouchure du Méandre, dont leur flotte dominait toute la basse vallée (4). Nous pouvons supposer en tout cas que les Égyptiens de Philadelphe introduisirent à Didymes le culte d'Osiris : le nom d'Osiris figure dans un inventaire didyméen de la seconde moitié du troisième siècle et le dieu égyptien y a sa part d'offrandes (5). Ce sont encore une fois les Égyptiens qui l'ont introduit, pendant la première guerre de Syrie, comme ils ont introduit Sarapis et Isis à Halicarnasse (6).

Au fond, Milet n'avait rien perdu à changer de maître. Pour nous en convaincre, il suffit de relire le décret rendu après 269-266 par les Ioniens en l'honneur d'Antiochus I. Le roi, la

(1) Il va de soi que Milet, comme toutes les villes placées sous la domination de Ptolémée, comme les Nésiotes, payait tribut. Sur le tribut des Nésiotes, voyez J. Delamarre (*Revue de Philologie*, XX (1896), p. 109). Deux décrets de Lissa en Lycie, datés de la 8e et de la 11e année de Ptolémée (Philadelphe), 277 et 274, nous renseignent exactement sur la condition des cités grecques qui dépendaient de l'Égypte. Elles gardaient leur autonomie : le peuple de Lissa se réunit en assemblée, vote des décrets, confère le droit de cité et l'exemption des impôts (*Journ. of hellen. Studies*, IX (1888), p. 88).

(2) Le gymnase est nommé dans une inscription de Didymes conservée au Musée britannique (*Anc. gr. Inscr. in the Brit. Museum*, n° 925, l. 40). Même embarras pour le portique consacré par Halicarnasse « à Apollon et au roi Ptolémée » (Ch. Michel, n° 595, l. 4).

(3) Nous ne savons pas dans quelle ville résidait le fonctionnaire égyptien (*Charmades Ptolomaei regis praefectus*) que nomme Frontin, III, 2, 11. Voy. p. 70.

(4) D'une dédicace faite à Samos en l'honneur de Ptolémée II, de sa femme Arsinoé I et de l'amiral égyptien Callicratès (M. L. Strack, *ouv. cité*, p. 222, n° 18), il résulte que l'occupation égyptienne fut antérieure au mariage du roi avec sa sœur Arsinoé II, qui eut probablement lieu en 274. (Voy. U. Koehler, *Sitzungsber. der Akad. zu Berlin*, 1895, p. 971 et Strack, p. 193). Le décret des Nésiotes publié par J. Delamarre (*Revue de Philologie*, XX (1896), p. 103 suiv.) permet de remonter plus haut. Il a été rendu dans l'une des premières années du règne de Ptolémée II (l. 16 suiv.), toutefois après la mort de Ptolémée I et de Séleucus I, et déjà Samos était une possession égyptienne. Je crois pour ma part que l'occupation de Milet suivit de très près l'établissement à Samos.

(5) Voy. plus loin, chapitre X.

(6) M. L. Strack, *ouv. cité*, p. 219, n° 1. Cf. U. Wilcken, *Götting. gel. Anzeigen*, 1895, p. 140.

reine et leur fils Antiochus y sont comblés d'honneurs, que les députés du κοινόν feront complaisamment valoir, mais les mêmes envoyés exprimeront au roi plus d'espérance dans l'avenir que de reconnaissance pour les services passés ou de satisfaction présente. Le véritable objet de l'ambassade est la requête suivante, habilement dissimulée sous un amoncellement d'honneurs nouveaux : παρακαλείτω]σαν δὲ οἱ πρέσβεις τὸμ βασι[λέια 'Αντίοχον πᾶσαν ἐπιμ]έλειαν ποιεῖσθαι τῶμ πόλε[ων τῶν 'Ιάδων ὅπως ἂν τὸ λοιπὸ]ν ἐλεύθεραι οὖσαι καὶ δημο[κρατούμεναι βεβαίως ἤδη πολι]τεύωνται κατὰ τοὺς πατρί[ους νόμους (1). Aussi bien il y a lieu de se demander si toutes les cités ioniennes qui faisaient partie du κοινόν avaient été représentées dans l'assemblée qui rendit ce décret. Il en était, comme Milet, qui se trouvaient alors sous la domination de Ptolémée et l'on admettra difficilement que, dans ces conditions, leurs synèdres aient adressé une requête à un maître qui n'était plus le leur. Il est regrettable que la liste des synèdres, gravée à la fin du décret, ne nous ait pas été conservée en entier. Notons toutefois que la ville d'Éphèse prit part à la délibération du κοινόν : elle n'était donc pas encore tombée entre les mains de Ptolémée, au temps où ce décret fut rendu. Elle y tombera bientôt et nous verrons le tyran de Milet faire cause commune avec le gouverneur égyptien d'Éphèse.

***

Combien de temps se maintint à Milet la domination de Ptolémée II? Nous l'ignorons. Elle avait commencé vers 275 ou peut-être plus tôt; sans pouvoir en fixer le terme, je crois être en droit de supposer qu'Antiochus I ne ressaisit jamais notre

(1) L. 19. suiv. Les inscriptions des cités grecques nous donnent d'ailleurs l'idée d'un mouvement perpétuel d'ambassadeurs envoyés au roi. Ambassadeurs d'Ilion, Ch. Michel, nº 525, l. 42 suiv.; d'Érythrées, nº 37, l. 2, suiv.; de Bargylia, nº 457, l. 44 suiv. (ἀ]ποδοῦναι καὶ τῶι βασιλεῖ τὸ ψήφισμα τὴμ πρό[τερον ἀ]ποσταλεῖσαν πρὸς αὐτὸν πρεσβείαν); des Ioniens, choisis parmi ceux des synèdres qui se sont déjà acquittés d'une ambassade auprès du roi, nº 486, l. 9 suiv. [ἐλέσθαι μὲν ἐκ τῶν συνέδρ]ων δύο ἀφ' ἑκάστης πόλε[ως πρέσβεις πρότερον ἤδη πρεσ]βεύσαντας πρὸς τὸν βα]σιλέια 'Αντίοχον). Peut-être les cités étaient-elles tenues de rendre hommage au roi.

cité. Aux Égyptiens y succéda le tyran Timarchos, qui ne fut chassé que par Antiochus II.

Un seul texte nous fournit, sur la tyrannie de Timarchos, un renseignement positif. Appien nous donne, dans une même phrase, le nom et la date de notre tyran (*Syr.*, 65) : Ἀντίοχος... ὅτῳ Θεὸς ἐπώνυμον ὑπὸ Μιλησίων γίγνεται πρῶτον, ὅτι αὐτοῖς Τίμαρχον τύραννον καθεῖλεν. Puisqu'Antiochus II délivre Milet de Timarchos, c'est bien évidemment que ce dernier n'était pas du parti des Séleucides. Était-il donc dévoué à Ptolémée et lui devait-il son établissement? Ici nous en sommes réduits aux hypothèses que nous pouvons bâtir sur les trois textes suivants :

Polyen, V, 25. Τίμαρχος Αἰτωλὸς ἀποβὰς τῆς Ἀσίας ἐς χωρίον πολυάνθρωπον, ἵνα μὴ φύγοιεν οἱ στρατιῶται τὸ πλῆθος τῶν πολεμίων, τὰς ναῦς κατέπρησεν, οἱ δὲ ἐλπίδα φυγῆς οὐκ ἔχοντες ἀγωνισάμενοι γενναίως ἐνίκησαν.

Frontin, *Strategem.*, III, 2, 11. *Timarchus Aetolus, occiso Charmade Ptolomaei regis praefecto, clamide interempti et galeari ad Macedonicum ornatus est habitum : per hunc errorem pro Charmade in Saniorum*(1) *portum receptus occupavit.*

Trogue Pompée, Prol. lib. XXVI... *Ut in Syria rex Antiochus cognomine Soter altero filio occiso, altero rege nuncupato Antiocho decesserit. Ut in Asia filius Ptolomaei regis socio Timarcho desciverit a patre.*

Le texte de Polyen et celui de Frontin se rapporteraient à l'établissement de Timarchos et nous n'y gagnerions en somme qu'un renseignement précis sur sa patrie : les deux auteurs en font un Étolien. Il est vrai que ni l'un ni l'autre ne prononcent le mot de tyran, mais la mention de l'Asie dans Polyen, de Ptolémée dans Frontin, d'une entreprise maritime dans les deux rend très vraisemblable l'identification proposée. Admettons donc que Timarchos est un Étolien qui, par ruse et par violence, s'est imposé à Milet(2).

(1) Un manuscrit porte *Samiorum ;* deux autres, *Samniorum.* La vraie leçon reste à trouver.

(2) Cf. B. Niese, *ouvr. cité,* II, p. 134, note 6.

Nous ne serons pas surpris de rencontrer un Étolien dans ces régions, où l'on guerroyait depuis si longtemps. L'Étolie, contrée rude et pauvre, était riche en mercenaires, chefs ou soldats, et nous savons que les Étoliens étaient nombreux dans l'armée des Ptolémées (1). J'admettrai donc encore que Timarchos était au service de Ptolémée quand il eut l'idée de s'emparer de Milet. D'autres Étoliens se fixèrent sans doute avec lui dans le pays : tels les ancêtres de ce Mikkéas qui consacra, dans Héraclée du Latmos, un autel à Aphrodite (2).

Il ressort avec évidence du texte de Frontin que Timarchos, loin d'être appuyé dans son entreprise par le roi d'Égypte, lui enleva Milet (3). Il l'occupait encore en 261.

Du gouvernement de Timarchos nous ne savons rien. Milet perdit certainement sa liberté et ses institutions démocratiques ; elles lui seront rendues par Antiochus II.

En résumé, les dix-neuf années du règne d'Antiochus Soter ont été pour Milet, pour ses finances et partant pour son temple une période difficile, δυσχερεῖς καιροί. C'est l'expression dont se servent les Priéniens pour désigner de mauvaises années sous le règne d'Antiochus II (4) : elle convient également à Milet et au règne d'Antiochus I.

De Didymes nous savons seulement que des statues y furent élevées à Apamé et à Philotéra. Avaient-elles l'une et l'autre mérité cet honneur par quelque acte de générosité, ou bien nos Milésiens avaient-ils jugé moins compromettant d'honorer des princesses royales que les rois eux-mêmes ? Ptolémée, qui se plaisait à bâtir et restaurer des temples, avait-il témoigné sa piété à l'Apollon de Didymes, comme il le fit à l'Apollon de Naucratis (5) ? Nous devons nous résigner à l'ignorer.

(1) P. M. Meyer, *das Heerwesen der Ptolemäer in Ägypten*, 1900, p. 14, note 51 suiv.

(2) *Revue de Philologie*, XXIII (1899), p. 282. Les caractères de cette dédicace sont très soignés et elle peut être attribuée au deuxième siècle.

(3) Je reviendrai dans le chapitre suivant sur le texte de Trogue-Pompée.

(4) *Anc. gr. Inscr. in the Brit. Museum*, n° 403, l. 131-133.

(5) Voy. Flinders Petrie, *Naucratis*, I (1886), p. 9 et 26. Ptolémée Philadelphe avait restauré et embelli le téménos d'Apollon à Naucratis.

## CHAPITRE VI

# ANTIOCHUS II [262/1-246/5]

MILET DÉLIVRÉE PAR ANTIOCHUS II : CHUTE DU TYRAN TIMARCHOS (259/8?). — RÉTABLISSEMENT DE LA DOMINATION DES SÉLEUCIDES EN IONIE ET EN CARIE. — LA REINE LAODICE A ÉPHÈSE. — ADMINISTRATION DU ROYAUME : Στρατηγοὶ ET Ὕπαρχοι. — LE DOMAINE ROYAL ET L'Οἰκονόμος. MANANTS ET COLONS.

Le tyran Timarchos gouvernait encore Milet quand Antiochus, fils d'Antiochus Soter, succéda à son père, en 261. Les temps difficiles (καιροὶ δυσχερεῖς) n'avaient pas encore pris fin pour notre cité. Il était réservé au nouveau roi de restituer aux Milésiens la liberté et l'autonomie et de marquer ainsi une ère nouvelle dans leur histoire.

***

Milet sut mettre à profit les bonnes dispositions du roi pour les cités grecques et ce fut Antiochus qui la délivra de son tyran. Le fait est attesté par Appien dans un court passage, dont la première partie seule peut prêter à discussion : Ἀντίοχος... ὅτῳ Θεὸς ἐπώνυμον ὑπὸ Μιλησίων γίγνεται πρῶτον, ὅτι αὐτοῖς Τίμαρχον τύραννον καθεῖλεν (1). Pour l'exécution du tyran par Antiochus II, qui mit ainsi fin au régime institué sous le règne de son père, il n'y a pas de raison d'en douter : l'inscription suivante, qui provient des dernières fouilles de Didymes, confirme le texte d'Appien et nous fait connaître le nom du Milésien qui sollicita et obtint l'intervention du roi.

*Revue de Philologie*, XXV (1901), p. 6. La pierre est très lisse, l'inscription très effacée. J'ai mis des points sous les lettres douteuses.

(1) *Syr.*, 65.

῾Υδροφόρος ᾿Αρτέμιδος Πυθί[ης
Χρυσὼ Αὐτομένους τοῦ ᾿Αντιγόν[ου,
μ]ητρὸς δὲ. . ο. . . ας τῆς ᾿Αντιφῶν-
το]ς (1), ἀπόγονος ὑπάρχουσα ῾Ιππομά-
χου] τοῦ ᾿Αθηναίου, ὃς κατήγ[α]γεν τ[ή]ν τ[ε
ἐλ]ευθερίαν καὶ δημοκρατίαν παρ[ὰ β]ασ[ιλέως ᾿Αντι-
όχου το[ῦ] θεοῦ, [σ]υνηθ. . . . . . . . . [῾Ιππο-
μάχου, ὃς ἦν τοῦ π. . . . . . . . [πρέσ-
β]εύσας [πρὸς. . . . . . . . . . . .

Cette inscription rentre dans la série, très nombreuse à Didymes, des inscriptions commémoratives où sont énumérés les titres de l'hydrophore d'Artémis Pythienne. Ce ne sont pas en effet des dédicaces gravées aux frais de la cité, mais des monuments privés, gravés par la famille de l'hydrophore ou par l'hydrophore elle-même ; ils sont destinés à rappeler non seulement les services rendus par la prêtresse, mais ses titres de noblesse, à savoir les mérites de ses ancêtres, qui, non moins que sa fortune, l'ont généralement désignée au choix de ses concitoyens. Notre inscription qui remonte au deuxième siècle avant J.-Chr., est l'une des plus anciennes de la série. Chryso, fille d'Automénès, y rappelle qu'elle descend d'Hippomachos, qui a contribué à rétablir dans sa patrie le gouvernement démocratique. Hippomachos n'a pas eu la gloire de tuer de sa main le tyran. Dans une inscription d'Halicarnasse, on fait honneur à un certain Areus de descendre et par son père et par sa mère ἀπὸ τῶν κτιστῶν καὶ τυραννοκτόνων τῆς πόλεως (2). Les titres de Chryso sont moins brillants; son ancêtre Hippomachos s'est borné à intervenir auprès d'Antiochus II (3).

Si effacée que soit l'inscription, la lecture des lignes 5 et 6 et du commencement de la ligne 7 est certaine : Hippomachos a ramené (κατήγαγεν) la liberté et la démocratie (qu'il a reçues)

(1) L'oméga est douteux. Peut-être faut-il lire ᾿Αντιφ[άνου]ς.

(2) Le Bas-Waddington, *Inscr. d'Asie Mineure*, n° 505 et *Bull. de Corr. hellén.*, IV (1880), p. 403, note 1.

(3) Le père d'Hippomachos, Athénæos, est peut-être à identifier avec le personnage du même nom que nous font connaître deux monnaies de Milet. Mionnet, *Description...*, III, p. 163, n° 723; *Supplément*, VI, p. 263, n° 1171.

du roi Antiochus. L'expression est classique et il s'agit évidemment du fait rapporté par Appien. A la demande d'Hippomachos, qui était peut-être au service du roi de Syrie, comme l'avait été précédemment le Milésien Démodamas, Antiochus envoya des troupes qui chassèrent le tyran Timarchos et le tuèrent (1). La loi d'Ilion, que nous avons déjà eu l'occasion de citer (2), nous donne l'idée des honneurs et avantages qui furent sans doute conférés à Hippomachos, aussi des poursuites qui furent exercées contre les partisans du tyran.

La date de la délivrance de Milet ne nous est pas fournie par Appien ni par l'inscription de Didymes. Peut-être le texte de Trogue-Pompée cité plus haut (3) nous permettra-t-il de la fixer. Il mentionne la révolte en Asie d'un fils du roi Ptolémée, qui s'appuyait sur Timarchos. On s'accorde aujourd'hui à reconnaître que ce fils de Philadelphe n'était autre que Ptolémée, fils du roi Lysimaque, fils adoptif de Ptolémée II et que sa révolte à Éphèse se place en l'année 259/8 (4). Si son complice Timarchos est le même que le tyran de Milet et si d'autre part nous avons bien traduit le verbe καθεῖλεν dans le texte d'Appien, Timarchos était encore tyran de Milet au moment où son voisin se révolta et fut tué, c'est à dire en 259/8. Il est fort possible que lui-même ait été tué la même année.

Quoi qu'il en soit de ces calculs, la reconnaissance des Milésiens fut vive et s'il fallait en croire Appien, ce sont eux qui auraient les premiers donné au roi le surnom de Théos. Qu'ils aient été les premiers des Grecs à rendre les honneurs divins à Antiochus II, à lui élever un autel, à lui consacrer un téménos, il n'y a là rien de surprenant, surtout si le bienfait royal date d'une des premières années du règne. Faut-il s'étonner davantage que, lui rendant les honneurs divins, ils l'aient surnommé Théos? M. Köhler rejette l'explication proposée par Appien (5) : Antiochus doit son surnom au culte qu'il s'est fait rendre et qu'il a organisé dans tout le royaume. Cette explication nou-

(1) Καθεῖλεν, dit Appien.
(2) Voy. plus haut, p. 27.
(3) Voy. plus haut, p. 70.
(4) Voy. plus loin, p. 83.
(5) U. Koehler, *Sitzungsber. der Akad. zu Berlin*, 1894, p. 449.

velle est fondée sur un rescrit royal retrouvé en Phrygie et adressé au satrape Anaximbrotos [1] : Antiochus II, qui a précédemment institué dans chaque province un grand-prêtre du roi, ordonne que l'on institue également une grande-prêtresse de la reine. Mais le rescrit montre seulement que le culte du roi était organisé avant que fût établi le culte de la reine, et il ne me semble pas qu'il infirme le témoignage d'Appien. Nous donnerons donc raison à l'historien grec, non sans reconnaître que le culte officiel a contribué à répandre le surnom sous lequel nous désignons encore Antiochus II. Nous verrons, dans une lettre inédite de son successeur Séleucus II, comment le roi fut ainsi amené à changer de ton et à le hausser ; le ton va changer aussi dans les cités grecques et, dans un décret de Smyrne, rendu sous le règne de Séleucus, peu d'années après la mort d'Antiochus II, ce dernier sera qualifié de Θεὸς Ἀντίοχος [2].

L'avènement d'Antiochus II marque donc une ère nouvelle pour Milet. Dans la suite, après qu'Antiochus eut étendu ses bienfaits à d'autres cités ioniennes, après qu'il eut maintenu ou restauré le gouvernement démocratique dans une ville fidèle comme Smyrne ou dans une ville reconquise comme Éphèse [3] — pour ne citer que ces deux noms, — il passa pour avoir rendu la liberté et l'autonomie à tous les Ioniens. Plus de deux siècles plus tard, quand les Ioniens se soulèvent contre les Juifs, ils demandent à M. Agrippa d'être seuls à jouir du régime politique qui leur a été octroyé par Antiochus Théos [4], comme si celui-ci leur avait accordé d'un coup une charte valable pour toutes les cités ! Évidemment il ne saurait être question d'une mesure générale : les bonnes dispositions d'Antiochus pour les Grecs

(1) Ch. MICHEL, *Recueil...*, n° 40. Le rescrit découvert par MM. P. PARIS et M. HOLLEAUX, acquis par M. P. FOUCART alors directeur de l'École française d'Athènes, et maintenant conservé au Musée du Louvre, a été attribué par les premiers éditeurs au roi Antiochus II (*Bull. de Corr. hellén.*, IX (1885), p. 327) et cette attribution n'a pas été contestée. Cf. E. KORNEMANN, *Zur Geschichte der antiken Herrscherkulte*, dans les *Beiträge zur alten Geschichte*, I (1901), p. 79.

(2) Ch. MICHEL, n° 19, l. 9.

(3) Pour Smyrne, voy. Ch. MICHEL, n° 19, l. 9 et suiv. Pour Éphèse, voy. plus loin, p. 83.

(4) JOSÈPHE, *Ant. iudaïc.*, XII, 3, 2 (125 Naber) : Τῶν... Ἰώνων κινηθέντων ἐπ' αὐτοὺς καὶ δεομένων τοῦ Ἀγρίππα ἵνα τῆς πολιτείας ἣν αὐτοῖς ἔδωκεν Ἀντίοχος ὁ Σελεύκου υἱωνὸς ὁ παρὰ τοῖς Ἕλλησι Θεὸς λεγόμενος μόνοι μετέχωσιν...

d'Asie ne se firent pas sentir le même jour, à la même heure, sur toute l'étendue de l'Ionie; le roi intervint selon les circonstances. L'inscription suivante, qui provient également des dernières fouilles de Didymes, jette quelque jour sur cette histoire confuse : elle nous fournit quelques noms de cités et une date.

* * *

*Revue de Philologie*, XXV (1901), p. 8 suiv. La plaque, brisée en deux, est complète dans le bas et sur les côtés, où il manque seulement quelques lettres, incomplète dans le haut.

. . . . . . . . . . . . . . . . . . . . . . . . .
A . ηροτρια. . . . . . . . . . . . . . . . . [ἀ-
ποτεμέσθαι τὸ χωρίον (1), τὴμ μὲν Πάν[νου κώμην καὶ εἴ τις τυγχάνει ὕστερον γεγενῆσθαι καὶ εἴ τινες (ε)ἰς (2) τὴν χώ[ραν προσπί-
πτουσιν τόποι καὶ τοὺς ὑπάρχοντας αὐτο[ῖς λαοὺς πανοικίους σὺν τοῖς ὑπάρχουσιν πᾶσιν καὶ σὺν ταῖς [τοῦ ἐ-
νάτου καὶ πεντηκοστοῦ ἔτους προσόδοις ἀρ[γυ-
ρίου ταλάντων τριάκοντα, ὁμοίως δὲ καὶ εἴ τινες ἐ-
κ] τῆς κώμης ταύτης ὄντες λαοὶ μετεληλύθασιν εἰς ἄλλου-
ς τόπους, ἐφ' ὧι οὐθὲν ἀποτελεῖ εἰς τὸ βασιλικὸν καὶ κυρία ἔ[σ-
ται προσφερομένη πρὸς πόλιν ἣν ἂν βούληται (3) · κατὰ ταὐτὰ δ[ὲ
καὶ οἱ παρ' αὐτῆς πριάμενοι ἢ λαβόντες αὐτοί τε ἕξουσιν κυρίως καὶ πρὸς πόλιν προσοίσονται ἣν ἂν βούλω[ν]ται
ἐάμπερ μὴ Λαοδίκη τυγχάνει πρότερον προσενηνε-
γμένη πρὸς πόλιν, οὕτω δὲ κεκτ(ή)σονται (4) οὗ ἂν ἡ χώρα ἦι προ-

(1) Je n'ai pas tenté la restitution de la première ligne où la première lettre est peut-être un nu : ἀ]ν̣ὴρ ὁ τρια[κ... A la fin, il faut sans doute restituer [καὶ μὴ ἀ]ποτεμέσθαι ou [ὥστε μὴ ἀ]ποτεμέσθαι. Le sens de ce dernier verbe est clair « et l'on n'entamera pas la localité », l'on n'en détachera rien. Cf. Strabon, XIII, 588 et une inscription d'Éphèse, dans les *Jahresh. des oesterr. arch. Institutes*, II (1899), Beiblatt, p. 27, l. 4.

(2) Le lapicide a omis la barre médiane de l'epsilon.

(3) Le texte de ces deux dernières lignes diffère de celui que j'avais donné dans la *Revue de Philologie*. J'avais cru devoir corriger le texte, en supposant une lettre omise à la l. 9. M. G. de Sanctis m'a montré que cette correction était inutile et qu'un changement de ponctuation donnait un sens plus satisfaisant. J'aurai plus loin l'occasion de citer la lettre très intéressante qu'il m'a écrite au sujet de ce passage, mais je tiens à lui renouveler ici mes meilleurs remercîments.

(4) Le lapicide a omis la barre horizontale de l'éta.

σωρισμένη ὑπὸ Λαοδίκης. Τὴν δὲ τιμὴν συντετάχαμεν ἀνενεγκεῖν εἰς τὸ κατὰ στρατείαν γαζοφυλάκ[ιον ἐν τρισὶν ἀναφοραῖς, ποιουμένου τὴμ μὲν μίαν ἐν τῶι Αὐδναίωι μηνὶ τῶι ἐν τῶι ἑξηκοστῶι ἔτει, τὴν δὲ ἑτέραν ἐ[ν τῶι Ξανδικῶι, τὴν δὲ τρίτην ἐν τῆι ἐχομένηι τριμήνωι. Σύνταξον παραδεῖξαι Ἀρριδαίωι τῶι οἰκονο(μ)οῦντι (1) τὰ Λαοδίκης τήν τε κώμην καὶ τὴν Βᾶριν καὶ τὴν προσοῦσαν χώραν καὶ τοὺς λαοὺς πανοικίους σὺν τοῖς ὑπάρχουσιν αὐτοῖς πᾶσιν καὶ τὴν ὠνὴν ἀναγράψαι εἰς τὰς βασιλικὰς γραφὰς τὰς ἐν Σάρδεσιν καὶ εἰς στήλας λιθίνας πέντε, τούτων τὴμ μὲν μίαν θεῖναι ἐν Ἰλίωι ἐν τῶι ἱερῶι τῆς Ἀθηνᾶς, τὴν δὲ ἑτέραν ἐν τῷ (2) ἱερῶι τῶι ἐν Σαμοθρᾴκηι, τὴν δὲ ἑτέραν ἐν Ἐφέσωι ἐν τῶι ἱερῶι τῆς Ἀρτέμιδος, τὴν δὲ τετάρτην ἐν Διδύμοις ἐν τῶι ἱερῶι τοῦ Ἀπόλλωνος, τὴν δὲ πέμπτην ἐν Σάρδεσιν ἐν τῶι ἱερῶι τῆς Ἀρτέμιδος · εὐθέως δὲ καὶ περιορίσαι καὶ στηλῶσαι τὴν χώραν καὶ [προσαναγρά]ψαι τὸν περιορισμὸν εἰς τὰς στήλας τὰ[ς προειρημένας..............] Δίου ε'. Το[...(3)... ........................ Παννο[..........

B ..............................ς λαο[..... Παρεδείχθη] δὲ Ἀρριδαίωι τῶι οἰκονομοῦντι τὰ Λαοδίκης [ὑπ]ὸ...... κ]ράτους τοῦ ὑπάρχου ἥ τε κώμη καὶ ἡ Βᾶρις καὶ ἡ προσοῦσ[α χώρα] κατὰ τὸ παρὰ Νικομάχου τοῦ οἰκονόμου πρόσταγμα, [ὧι ὑ]πεγέγραπτο καὶ τὸ παρὰ Μητροφάνους καὶ τὸ παρὰ τοῦ β[ασι]λέως γραφὲν πρὸς αὐτόν, καθὰ ἔδει περιορισθῆναι· ἀπὸ

(1) Le lapicide a omis les deux barres obliques du mu.

(2) Le lapicide a omis l'iota de τῶι.

(3) Je ne puis rien tirer des traits et traces de lettres qui précèdent Δίου. On attendrait ἔτους et un chiffre, mais il est impossible de lire ἔτους. Il semble qu'il y a un point après Δίου ; en tout cas, il y a un vide entre Δίου et l'epsilon qui suit. Il n'y en a pas entre cet epsilon et le tau qui suit, mais il serait contraire à l'usage de lire Δίου, ἔτ[ους... Le chiffre de l'année précède d'ordinaire le nom et le quantième du mois.

Sur un petit éclat de la même stèle, je lis quelques lettres de trois lignes :

σμενα
ἑ]ξηκοστ[οῦ ἔτους
... της πρ...

Mais ce petit fragment ne peut être rapporté à aucun endroit de la cassure, entre A et B ; il appartient donc à la partie supérieure, aujourd'hui perdue, de la stèle.

μ]ὲν ἡλίου ἀνατολῶν ἀπὸ τῆς Ζελειτίδος χώρας τῆς μὲν π]ρὸς τὴν Κυζικηνικὴν ὁδὸς βασιλικὴ ἡ ἀρχαία ἡ ἄγουσα ἐπ[ὶ Πάννου κώμης ἐπάνω τῆς κώμης καὶ τῆς Βάρεως, ἡ συ[ν-δ]ειχθεῖσα ὑπό τε Μενεκράτου Βακχίου Πυθοκωμίτου κ]αὶ Δάου Ἀζαρέτου καὶ Μηδείου Μητροδώρου Π(ά)ννοκωμ[ι- (1) τῶν, καταρηρομένη δὲ ὑπὸ τῶν γ(ε)ιτνιώντων (2) τῶι τόπωι· ἀπὸ δὲ ταύτης παρὰ τὸν τοῦ Διὸς βωμὸν τὸν ὄντα ἐπάνω τῆς Βάρεως καὶ ὡς ὁ τάφος ἐν δεξιᾷ τῆς ὁδοῦ · ἀπὸ δὲ τοῦ τ]άφου αὐτὴ ἡ ὁδὸς ἡ βασιλικὴ ἡ ἄγουσα διὰ τῆς Εὐπαν-ν]ήσης ἕως ποταμοῦ τοῦ (Α)ἰσήπου (3). Ἐστηλώθη δὲ καὶ ἡ χώ]ρα κατὰ τὰ ὅρια τὰ παραδειχθέντα (4). *Vac.*

*Vac.*

TRADUCTION.

« [Laodice a acheté]... le village de Pannos et tout groupe qui aura été formé postérieurement et toutes les localités qui rentrent dans ce territoire, et les manants y établis, eux et toute leur maison et tout ce qui leur appartient, avec les revenus de la cinquante-neuvième année, pour trente talents d'argent ;

[Elle a acheté] pareillement tous ceux des manants dudit village, s'il y en a, qui se sont transportés ailleurs ;

[La vente est faite] à condition que Laodice ne paiera pas de tribut au trésor royal et qu'elle aura le droit de rattacher la terre à la ville qu'elle voudra.

De même tous ceux qui lui achèteront ou recevront d'elle (une terre) en disposeront souverainement et la rattacheront à la ville qu'ils voudront, à moins que Laodice ne l'ait antérieurement rattachée à quelque ville ; auquel cas ils seront propriétaires sur le territoire de la ville à laquelle la terre aura été rattachée par Laodice.

(1) Le lapicide a omis la barre horizontale de l'alpha.

(2) Le lapicide a omis la barre médiane de l'epsilon.

(3) Le lapicide a omis la barre horizontale de l'alpha.

(4) En trois endroits, sur la tranche droite de cette stèle, j'ai relevé des lettres dont la signification m'échappe. Sur la tranche de A, à la hauteur des lignes 27-28, un alpha ; sur la tranche de B, à la hauteur de la l. 42, un alpha ; à la hauteur de la l. 49, απολι.

Pour le prix nous avons ordonné qu'il serait apporté au trésor de l'armée, en trois versements, l'un qui sera fait au mois Audnæos de la soixantième année, le second au mois Xandicos, le troisième dans le trimestre suivant.

Tu ordonneras qu'on remette à Arrhidæos, qui administre les biens de Laodice, et le village et Baris et le territoire qui en dépend et les manants avec toute leur maison et tout ce qui leur appartient; pareillement, que l'on inscrive la vente dans les archives royales à Sardes et sur cinq stèles de marbre, dont l'une sera placée à Ilion dans le temple d'Athéna, l'autre dans le temple de Samothrace, l'autre à Éphèse dans le temple d'Artémis, la quatrième à Didymes dans le temple d'Apollon, la cinquième à Sardes dans le temple d'Artémis.

Tu ordonneras aussi qu'il soit aussitôt procédé à la délimitation et au bornage de la terre, et que l'acte de délimitation soit aussi gravé sur les stèles susdites.

..... Écrit le cinquième jour de Dios.

.......................................................................

. . Ont été remis à Arrhidæos, l'administrateur des biens de Laodice, par ....cratès l'hyparque et le village et Baris et le territoire qui en dépend, conformément à l'ordre de Nicomachos l'administrateur (royal), auquel étaient jointes la lettre de Métrophanès et la lettre du roi à Métrophanès enjoignant de procéder au bornage.

A partir du levant, depuis l'endroit où le territoire de Zéleia regarde celui de Cyzique, la vieille route royale qui conduisait au village de Pannos, passant au-dessus du village et de Baris, celle qui a été indiquée par Ménécratès fils de Bacchios du village de Pythès, par Daès fils d'Azarétos et par Médeios fils de Métrodoros, tous deux du village de Pannos, et qui est barrée par les voisins du lieu ;

Depuis cette route, le long de l'autel de Zeus situé au dessus de Baris et dans la direction du tombeau qui est à droite de la route ;

Depuis le tombeau, la route royale même qui traverse l'Eupannésé jusqu'au fleuve Aisépos.

Il a été aussi procédé au bornage de la terre conformément aux limites reconnues. »

Cette longue inscription se rapporte tout entière à un acte de vente qui a été conclu dans la cinquante-neuvième année de l'ère des Séleucides, soit en 253 avant J.-Chr., sous le règne d'Antiochus II [1]. Le vendeur n'est autre que le roi lui-même; l'acquéreur, une femme du nom de Laodice, qui est certainement la reine; la chose vendue, un lot du domaine royal. Si la plaque nous eût été conservée complète, nous y aurions retrouvé dans l'ordre suivant les documents dont voici la désignation :

I. L'ordre de Nicomachos, l'administrateur (du domaine royal), τὸ παρὰ Νικομάχου τοῦ οἰκονόμου πρόσταγμα.

II. La lettre de Métrophanès (le satrape de la province), τὸ παρὰ Μητροφάνους... γραφέν. Nous aurons à rechercher dans la suite à qui étaient adressés l'ordre et la lettre.

III. La lettre du roi à Métrophanès, τὸ παρὰ τοῦ βασιλέως πρὸς αὐτὸν γραφέν.

IV. Le procès-verbal de la délimitation du lot vendu (... καθὰ ἔδει περιορισθῆναι).

De toutes ces pièces, en tête desquelles on lisait sans doute le nom du stéphanéphore et du prophète milésiens, il nous manque entièrement la première et la seconde; il nous manque également la première partie de la lettre du roi, dont nous avons conservé trente-deux lignes.

La lettre royale, quoique incomplète, nous fournit de précieux renseignements et nous en tirerons d'abord ce qui concerne les relations d'Antiochus II avec les cités grecques de l'Asie Mineure.

Le roi donne au satrape l'ordre de faire graver l'acte de vente sur cinq stèles qui seront exposées dans cinq temples différents :

A Ilion, dans le sanctuaire d'Athéna ;

Dans le sanctuaire de Samothrace ;

A Éphèse, dans le sanctuaire d'Artémis ;

A Didymes, dans le sanctuaire d'Apollon ;

(1) Les revenus attribués à l'acheteur sont ceux de la cinquante-neuvième année, donc la vente est conclue dans la cinquante-neuvième année. La lettre royale est datée du 5 Dios : j'entends le mois de Dios (le premier) de la cinquante-neuvième année. Le paiement aura lieu l'année suivante, dans la soixantième année.

A Sardes, dans le sanctuaire d'Artémis. Une copie de l'acte était d'ailleurs déposée à Sardes dans les archives royales. Nous verrons plus loin quelles raisons avaient guidé le roi dans le choix de ces cinq temples, mais ne sommes-nous pas dès maintenant en droit d'affirmer que ces temples étaient compris dans le royaume d'Antiochus, et qu'en l'année 253, par conséquent, Ilion, l'île de Samothrace, Éphèse, Milet (Didymes) et Sardes appartenaient au roi de Syrie? Nous possédons sur cette période si peu de renseignements précis qu'il vaut la peine de reprendre chacun de ces noms et de s'y arrêter.

Ilion avait subi, dans la première partie du troisième siècle, les deux maux qui frappèrent alors nombre de cités grecques de l'Asie Mineure, entre autres Milet : le gouvernement d'un tyran et l'invasion des Gaulois. Il semble toutefois que le gouvernement du tyran doive se placer avant la bataille de Koroupédion (1). Dès le lendemain de cette bataille qui lui assurait un nouveau maître, Ilion donna aux Séleucides les preuves d'un dévouement empressé : la première parmi les cités grecques, elle éleva un autel à Séleucus Nicator et institua des jeux en son honneur (2). Quelques années plus tard, vers 279, elle vote une statue équestre à Antiochus I « qui a été le bienfaiteur et le sauveur du peuple » (3). Entendons simplement qu'il a maintenu la démocratie et non qu'il l'a restaurée après avoir chassé le tyran : s'il eût rendu pareil service, les Iliens n'eussent pas manqué de le rappeler dans leur long décret. Survinrent les Galates (278/7). Nous avons, sur leur passage à Ilion, le témoignage de l'historien troyen Hégésianax, cité par Strabon : τοὺς Γαλάτας περαιωθέντας ἐκ τῆς Εὐρώπης ἀναβῆναι μὲν εἰς τὴν πόλιν δεομένους ἐρύματος, παραχρῆμα δ' ἐκλιπεῖν διὰ τὸ ἀτείχιστον (4). Je ne sais comment M. Haubold a pu conclure de ce texte que la ville d'Ilion

(1) Nous n'avons, sur l'existence d'un tyran à Ilion, qu'un témoignage indirect, celui qui nous est fourni par l'inscription citée plus haut, p. 27 ; mais cette loi, portée contre le tyran et en même temps contre le chef d'un gouvernement oligarchique, est manifestement une loi de circonstance, rédigée avec une grande précipitation au lendemain même de l'expulsion d'un tyran.

(2) Voy. l'inscription citée plus haut, p. 62.

(3) Voy. plus haut, p. 62.

(4) Strabon, XIII, 594 init.

avait été détruite par les Gaulois (1). S'il faut lire entre les lignes, j'y vois bien plutôt qu'ils ne firent pas un long séjour dans la région, d'abord parce que les Iliens surent leur payer rançon, puis parce qu'en effet l'endroit était mal choisi pour y établir un camp : les progrès rapides des Gaulois permirent bientôt aux bandes de Lutarios de s'enfoncer plus avant à l'E. et au S., vers les bandes de Léonnorios. Ilion était sans aucun doute en état de payer une forte rançon. Que la ville ne fût pas défendue par des remparts, cela est possible, et nous devrons seulement admettre qu'elle ne tarda pas à en construire puisqu'en 216 elle put supporter un siège (2), mais elle n'en était pas moins riche, ayant à sa disposition le trésor d'Athéna, et la déesse recevant les hommages et les offrandes de tout un κοινόν. Enfin nous avons admis plus haut que le décret d'Ilion en l'honneur du médecin d'Antiochus Soter avait été très probablement rendu au lendemain de la défaite des Galates (3). Nous n'avons pas d'inscription ilienne qui soit contemporaine du règne d'Antiochus II, mais l'acte de vente de 253 nous apprend qu'à cette date Ilion appartenait encore au roi de Syrie.

Samothrace est nommée la seconde parmi les cinq villes où doit être exposé notre acte de vente, et le roi se contente de dire « dans le temple de Samothrace », sans nommer la divinité. D'ordinaire les décrets rendus par Samothrace même étaient exposés dans le temple d'Athéna (4), mais il faut admettre ici qu'il s'agit du temple des Grands Dieux auxquels Samothrace devait sa célébrité. Dans un fragment de décret d'Ilion, que me communique obligeamment M. A. Brückner, il est dit que deux exemplaires d'une lettre d'Antiochus III (?) seront exposés, l'un à Lysimacheia auprès de l'autel de Zeus Soter, l'autre ἐν Σαμοθράικηι ἐν τῶι ἱερῶι τῶν θεῶν [τῶν μ]εγάλων (5). C'est dans ce même temple que fut exposé notre acte de vente. L'histoire de Samothrace nous est assez mal connue; nous savons surtout

(1) P. HAUBOLD, *De rebus Iliensium*, p. 21. Cf. F. STÆHELIN, *Geschichte der kleinasiatischen Galater*, p. 12.

(2) POLYBE, V, 111, 2 suiv. Cf. HAUBOLD, *mémoire cité*, p. 21.

(3) Voy. plus haut, p. 59.

(4) Voy. les décrets nos 351 (A, l. 21) et 352 (l. 12-13) du *Recueil* de Ch. MICHEL.

(5) Je renouvelle à M. A. Brückner mes vifs remercîments.

de quelle faveur jouissaient les mystères de cette seconde Éleusis et combien d'hommages les Grands Dieux recevaient des Grecs de la Thrace, de l'Asie Mineure et de l'Égypte. A l'exemple des rois de Macédoine, les Ptolémées les honoraient d'une dévotion particulière et l'on a retrouvé dans l'île les ruines d'un temple rond que Philadelphe leur avait élevé ; la dédicace, gravée sur l'architrave, en est conservée (1). Nous n'avons pas le droit de conclure de cette royale offrande que l'île appartenait à Philadelphe ; Ptolémée III seulement en deviendra le maître (2). Pour Antiochus II, ni lui, ni aucun des Séleucides ne semble avoir éprouvé d'attrait pour le culte mystérieux des Grands Dieux, mais Samothrace avait appartenu à Lysimaque (3) et la victoire de Koroupédion avait donné l'île aux Séleucides : ils en étaient encore les maîtres en 253.

Pour Éphèse, nous ignorions en quelle année elle avait fait retour aux Séleucides (4). Nous savions qu'ils l'avaient perdue entre 269/266 et 259/8, peut-être en 263 ou 262 (5). Nous apprenons qu'ils la reprirent entre 259/8 et 253. C'est en effet, semble-t-il, en 259/8 que Ptolémée, fils du roi Lysimaque, fils adoptif de Ptolémée Philadelphe, qui résidait à Éphèse, se révolta contre son père (6) ; l'inscription de Didymes nous montre qu'en 253 Éphèse

(1) Conze, Hauser et Benndorf, *Neue archäologische Untersuchungen auf Samothrake* (1880), II, Taf. 35 = M. L. Strack, *Die Dynastie der Ptolemäer*, p. 221, n° 13.

(2) Ch. Michel, *Recueil...*, n° 351.

(3) *Ibid.*, n° 350.

(4) Nous savions seulement qu'elle avait été reprise par Antiochus Théos, Frontin, *Strategem.*, III, 9, 10.

(5) En 269/266, Éphèse appartient encore aux Séleucides, puisqu'elle est représentée à l'assemblée du κοινόν des Ioniens et que celle-ci adresse une requête au roi Antiochus I (Ch. Michel, n° 486 et plus haut, p. 61). J. Beloch (*Beiträge zur alten Geschichte*, I (1901), p. 293) émet l'avis qu'Éphèse fut peut-être perdue par Antiochus I en 263 ou 262, à la suite de la défaite que lui infligea Eumène de Pergame.

(6) Sur ce personnage, voy. Ad. Wilhelm, *Götting. gel. Anzeigen*, 1898, p. 209 et suiv. — H. von Prott, *Rheinisches Museum*, LIII (1898), p. 470 suiv. — Wilamowitz-Moellendorff, *Hermes*, XXXIII (1898), p. 533 ; P. M. Meyer, *Das Heerwesen der Ptolemäer...*, p. 20, note 73. J. Beloch, *Beiträge zur alten Geschichte*, I (1901), p. 293, note 1. Ptolémée fils de Lysimaque porte le titre de roi dans un inventaire inédit de Délos, cité par Ad. Wilhelm, p. 210. Cf. Grenfell et Mahaffy, *Revenue Laws of Ptolemy Philadelphus*, 1896, p. xix, col. 1 et 24.

Sur sa révolte, voy. le texte de Trogue-Pompée cité plus haut, p. 70. Sur sa mort, voy. Athénée, XIII, 593 A et B.

appartenait aux Séleucides. Nous verrons plus loin que cette ville était devenue la résidence favorite de la reine Laodice, sa capitale en quelque sorte.

Nous avons dit plus haut comment Antiochus avait reconquis Milet et Didymes [1].

Pour Sardes, la vieille capitale de la Lydie n'avait jamais cessé d'appartenir aux Séleucides.

Les cinq villes de Sardes, Milet, Éphèse, Samothrace, Ilion ne sont pas les seules qui soient citées dans l'inscription. La dernière partie, le procès-verbal de la délimitation du lot vendu, renferme les noms de Zéleia et de Cyzique, deux villes de la Troade et de la Phrygie hellespontienne, dont la seconde avait une grande importance. Nous savions qu'Antiochus II y avait frappé monnaie, de même qu'à Éphèse [2]; nous verrons plus loin qu'il possédait dans cette région des domaines considérables.

Ni Cyzique, ni Zéleia, les deux villes les plus proches pourtant du lot vendu, ne furent désignées par le roi pour recevoir une copie de l'acte de vente. La haute situation des parties contractantes exigeait le choix de cités ou de sanctuaires plus fameux. Milet seule ne dut cet honneur qu'à son dieu : non seulement l'oracle d'Apollon Didyméen s'était montré favorable aux Séleucides, mais il y avait entre le dieu et le roi des liens de parenté qu'Antiochus II avait fait valoir en établissant par tout le royaume le culte du roi et le culte de la reine. Pour les quatre autres cités, le choix en fut inspiré par des raisons d'ordre politique et administratif. Sardes était en quelque sorte la capitale et l'acropole de toute l'Asie antérieure. Là étaient les archives royales [3], là stationnait, à l'abri de puissantes murailles et d'une

(1) E. Babelon, *Les Rois de Syrie*, p. LVI, propose, non sans hésitation, d'attribuer à Antiochus II et à l'atelier de Milet un hémi-chalque (*Catalogue*..., n° 235), attribué jadis à Antiochus Soter. L'attribution reste en effet fort incertaine, vu que le monogramme de Milet sur ses monnaies autonomes, par exemple sur les monnaies au nom d'Athénæos citées plus haut, p. 73, est différent des lettres MIΛ qu'on lit sur le n° 235.

(2) La liste des villes d'Asie Mineure où des monnaies ont été frappées au nom d'Antiochus II a été dressée par E. Babelon, *op. loc. cit.*

(3) L. 23 de notre acte de vente : εἰς τὰς βασιλικὰς γραφὰς τὰς ἐν Σάρδεσιν. Le dépôt de Sardes servait non seulement pour la satrapie de Lydie, mais aussi pour la satrapie de l'Hellespont et probablement pour toute l'Asie en-deçà du Taurus.

forteresse réputée imprenable, un important corps de troupes royales, là résidait sans aucun doute un satrape. Éphèse avait, nous l'avons dit, d'autres titres que la célébrité de son temple d'Artémis : Laodice y avait installé sa cour. Pour Samothrace, nous verrons plus loin qu'elle était comprise dans la satrapie de Métrophanès. Reste Ilion, dont le choix ne peut nous surprendre : son temple d'Athéna est en effet le plus fameux de la Troade et le lot vendu se trouve à proximité de Zéleia, l'une des villes de la Troade. Ce temple est de plus le centre d'un κοινὸν dont Zéleia fait sans doute partie, de même que Lampsaque et Gargara (1). Enfin Ilion a toujours entretenu d'excellentes relations avec les Séleucides.

En résumé, qu'il s'agisse de Zéleia et de Cyzique ou des cinq villes dont l'histoire nous a retenus plus longtemps, toutes appartiennent à Antiochus en 253, toutes sont « dans l'alliance du roi », pour me servir d'une expression que j'emprunte à une lettre d'Antiochus I (2), toutes par conséquent sont libres et autonomes à cette date.

***

J'ai admis sans hésitation que la femme, du nom de Laodice, qui acquiert un lot du domaine royal, n'était autre que l'épouse du vendeur, la reine-sœur Laodice. Pour le vendeur, il ne saurait y avoir de doute sur son identité : la lettre du roi, rapprochée de lettres d'Antiochus I que je citerai plus loin, montre clairement que le lot vendu faisait partie du domaine royal ; de fait, le paiement aura lieu au trésor royal et l'acte sera déposé dans les archives royales. Pour Laodice, je n'ai pas hésité davantage à me prononcer : l'importance du lot vendu, la mention d'un administrateur des biens de Laodice (οἰκονομῶν τὰ Λαοδίκης), enfin ce que nous savions déjà de l'attachement de Laodice pour l'Asie Mineure et pour Éphèse, toutes ces raisons m'ont semblé con-

(1) Les noms de Lampsaque et de Gargara nous sont fournis par un décret du κοινὸν ilien (Ch. Michel, n° 522, l. 1-2 et 59). Sur ce κοινόν, voy. Haubold, *mémoire cité*, p. 62 suiv.

(2) Ch. Michel, n° 35, l. 58 et 72 : τῶν πόλεων τῶν ἐν τῆι ἡμετέραι συμμαχίαι.

vaincantes. S'il se fût agi d'une autre femme, la lettre royale ne l'eût-elle pas désignée par le nom de son père ou de son mari ?

On tirera peut-être une objection de l'absence de tout titre, tel que βασίλισσα ou ἀδελφὴ βασίλισσα, ou ἀδελφή. Dans la seule inscription grecque déjà connue où se rencontre le nom de Laodice, le titre ne manque pas et c'est précisément un édit d'Antiochus II (1). Je ne crains pas d'en citer tout le début, où le roi rend un solennel hommage au dévouement et à la piété de la reine : Βουλόμενοι τῆς ἀδελφῆς βασιλίσσης Λαοδίκ[ης τ]ὰς τιμὰς ἐπὶ πλεῖον αὔξειν καὶ τοῦτο ἀναγ[καιό]τατον ἑαυτοῖς νομίζοντες εἶναι διὰ τὸ [οὐ μ]όνον ἡμῖν φιλοστόργως καὶ κηδεμονι[κῶς] αὐτὴν συμβιοῦν ἀλλὰ καὶ πρὸς τὸ θε[ῖον ε]ὐσεβῶς δια[κ]εῖσθαι. L'édit se termine par ces mots : [ὅ]πως νῦν τε καὶ εἰς τὸ λοιπὸν πᾶσιν φανε[ρ]ὰ [δηλ]ῶ[τ]αι ἡ [ἡ]μετέρα καὶ ἐν τού[τοις κατ]ὰ τὴν ἀδελφὴν προαίρεσις (2). Mais l'édit retrouvé en Phrygie et la lettre découverte à Didymes sont d'ordre tout différent. Il était nécessaire, dans l'édit qui instituait le culte officiel de la reine, de la désigner par les deux titres qui lui donnaient double droit à ce culte, sœur et reine ; il était absolument inutile de le faire dans un acte de vente où Laodice n'agissait plus comme reine, mais comme femme, où, sans tenir compte d'aucune prérogative royale, la femme se montrait uniquement préoccupée de se constituer un domaine et des revenus, qui devaient survivre en quelque sorte à la royauté qu'elle partageait avec Antiochus (3). En droit, la femme ne pouvait acquérir sans

(1) Ch. MICHEL, n° 40. La dédicace de Dymé en l'honneur du roi Antiochus fils du roi Antiochus, de la reine Laodice et de leur fils Antiochus doit être rapportée à Antiochus IV (DITTENBERGER, *SIG.*[1], n° 229). Le fragment de décret d'Ilion, que je citerai dans le chapitre suivant, est postérieur à la mort d'Antiochus II.

(2) Dans un papyrus, que je citerai plus loin (*Sitzungsber. der Akad. zu Berlin*, 1891, p. 447), Laodice est désignée une fois par les mots τῆς ἀδελφῆς (fin de la première colonne), une autre fois par Λαοδίκη (colonne II, p. 450). Le papyrus est postérieur à la mort d'Antiochus II.

(3) J'ai cité dans la *Revue de Philologie*, XXV (1901), p. 18, une tablette babylonienne, publiée en 1892 par C. F. LEHMANN (*Zeitschrift für Assyriologie*, VII, p. 330) et relatant une donation de terres faite par Antiochus II à son épouse Laodice. Ces terres, situées dans les environs de Babylone et de Borsippa, furent dans la suite rattachées par Antiochus, Laodice et ses fils aux territoires de Babylone, Borsippa et Kutha, et finirent par appartenir à un temple. C. F. Lehmann annonce (*Beiträge zur alten Geschichte*, I (1901), p. 299, note 1) une nouvelle édition de cette tablette, malheureusement mal conservée : il ne manquera pas de la rapprocher de l'inscription de Didymes.

l'autorisation de son κύριος : que le consentement d'Antiochus ait été exprimé ou non dans la partie perdue de l'inscription, peu importe, puisqu'Antiochus était à la fois κύριος et vendeur, c'est à dire κύριος consentant.

Je sais bien qu'une autre explication pourrait être proposée, moins simple peut-être, mais plus séduisante. Si Laodice, dira-t-on, ne porte aucun titre dans l'inscription de Didymes, c'est qu'à l'époque où celle-ci fut gravée, Laodice n'y avait plus aucun droit : n'étant plus l'épouse d'Antiochus qui l'avait répudiée pour épouser Bérénice, elle n'était plus reine. Et l'on pourrait ajouter à l'appui de cette hypothèse qu'il ne s'agit plus d'une donation, comme dans la tablette babylonienne, mais d'une vente. Il serait ainsi prouvé qu'avant le mois de Dios de l'année 253 Bérénice était devenue l'épouse d'Antiochus, que par conséquent la paix était faite entre le roi de Syrie et le roi d'Égypte dès 254. La chronologie traditionnelle nous enseigne une tout autre date : elle place en 248 ou vers 248 la fin de la deuxième guerre de Syrie et la répudiation de Laodice(1). Il est vrai que, pour être généralement admise, cette date n'en est pas moins fort incertaine. Voici comment on l'a obtenue : à la mort d'Antiochus, c'est à dire en 246, Bérénice est mère d'un petit enfant (βρέφος)(2); le mariage par conséquent remonte à deux ans au moins, soit 248. Mais le dernier historien de cette période confuse, B. Niese, reconnaît justement que d'après saint Jérôme il doit s'être écoulé plus de deux ans entre le mariage de Bérénice et la rentrée en grâce de Laodice, si bien qu'il fait remonter à 250 la paix conclue entre Philadelphe et Antiochus II(3).

(1) Voy. par exemple M. L. Strack, *Die Dynastie der Ptolemäer*, Chronologische Tabelle, p. 182; U. Wilcken s. v. Antiochos, P.-W. *Real-Encycl.*, I, p. 2456; — s. v. Berenike 10, *ibid.* III, p. 283. Fr. Koepp (*Rheinisches Museum*, XXXIX (1884), p. 219) est plus prudent et s'abstient de prononcer aucune date.

(2) Appien, *Syr.* 65.

(3) B. Niese, *Gesch. der griech. und makedon. Staaten*, II, p. 139 : « um 250 ». Il ne sera pas inutile de citer le texte de St Jérôme, *Comment. in Danielem,* cap. XI, vers. 6. Patrologie latine, éd. Migne, tome XXV, p. 585) : Antiochus autem, Berenicen consortem regni habere se dicens et Laodicen in concubinae locum, *post multum temporis* amore superatus Laodicen cum liberis suis in regiam reducit. Cf. A. Mai, *Scriptorum veterum nova collectio*, I, ἐκ τῆς Πολυχρονίου εἰς τὸν Δανιὴλ ἑρμηνείας, p. 21.

J. Beloch, *art. cité* dans les *Beiträge zur alten Geschichte*, I (1901), p. 293, note 2, placé vers 250 ou au plus tard en 249 le mariage d'Antiochus et de Bérénice.

L'inscription de Didymes nous autorise-t-elle à l'avancer de quatre années encore, à la dater de 254? Il serait téméraire de l'affirmer et je m'en tiens à ma première explication.

Ambitieuse et avide, Laodice s'efforce d'augmenter ses propres ressources. Prévoit-elle qu'il lui faudra quelque jour ne compter que sur elle-même? Cela est possible. En tout cas il semble que dès 253 elle se fixe en Asie Mineure où elle a de grands domaines qu'administre Arrhidæos(1). Celui-ci, dont le nom trahit l'origine macédonienne, jouait, si je ne me trompe, un rôle important à la cour de la reine. Je crois le reconnaître dans un décret très mutilé d'Éphèse où il ne reste de son nom que les lettres ..ριδαῖον(2). L'éditeur anglais, M. Hicks, restitue 'Α]ριδαῖον et se demande s'il ne faut pas identifier ce personnage avec le général bien connu d'Alexandre qui fut satrape de la Phrygie hellespontienne et qu'Antigone chassa de sa province. Sans compter que le vrai nom de ce général est peut-être 'Αρραβαῖος(3), j'estime que l'inscription n'est pas aussi ancienne et, restituant 'Αρ]ριδαῖον, je la place vers le milieu du troisième siècle avant notre ère. Le décret d'Éphèse serait rendu en l'honneur de l'administrateur des biens de Laodice. Toute la première partie manque; on y lisait : ἔδοξεν τῆι βουλῆι καὶ τῶι δήμωι, N. εἶπεν· ἐπειδὴ 'Αρριδαῖος N. Μακεδών(4)... Des considérants nous n'avons que la fin, très bien restituée par M. Hicks :

.....[καὶ κοινῆι τῶι δήμωι καὶ ἰδίαι τοῖς ἐντυγχά-
1. νουσι τῶν πο]λιτῶν καθότι ἄ[ν ἕκαστος αὐτὸν προσκαλέσηται· δεδόχθαι τῆι βουλῆι καὶ τῶι δήμωι ἐπαινέ-
2. σαι 'Αρ]ριδαῖον ἀρετῆς ἕνεκε καὶ ε[ὐνοίας, ἣν ἔχει πρὸς τὸν δῆμον τὸν 'Εφεσίων, δοῦναι δὲ πολιτεί-
3. αν α]ὐτῶι καὶ ἐκγόνοις ἐφ' ἴσηι κα[ὶ ὁ]μοίαι καθάπερ καὶ τ[οῖς ἄλλοις εὐεργέταις...

(1) Noter dans notre inscription, l. 20 et 35, l'emploi du participe ὁ οἰκονομῶν τὰ Λαοδίκης. Nous verrons plus loin que le titre d'οἰκονόμος était réservé à un fonctionnaire royal.

(2) *Anc. gr. Insc. in the Brit. Museum*, n. 451.

(3) Cf. l'inscription citée plus haut, p. 11, l. 25 et les observations de KAERST dans P.-W. *Real-Encycl.*, II, p. 1250.

(4) Dans nombre de décrets honorifiques éphésiens (*Anc. gr. Inscr. in the Brit. Museum*. nos 449, 453, 455, 457, 458) le patronymique et l'ethnique ne sont joints au nom du personnage honoré que dans les considérants; on ne les répète pas dans le corps du décret.

On devine quels services Arrhidæos pouvait rendre soit à la ville d'Éphèse, soit aux Éphésiens en particulier. Vivant à la cour de Laodice, dont il était en quelque sorte le ministre des finances plutôt que l'intendant, il avait d'autant plus souvent l'occasion d'intervenir auprès de la reine que celle-ci même semble s'être fixée à Éphèse. Elle y vécut certainement après sa répudiation ; elle s'y trouvait en 246, au moment de la mort d'Antiochus. C'est à Éphèse qu'elle fit proclamer roi son fils Séleucus, assassiner Danaé, l'épouse de Sophron, gouverneur de la ville (1) ; c'est d'Éphèse enfin qu'elle ordonna le meurtre de Bérénice et de son enfant (2), et qu'elle dirigea la troisième guerre de Syrie, dont les premières années sont appelées dans une inscription de Priène ὁ Λαοδίκειος πόλεμος (3). Laodice est nommée dans cet intéressant rapport militaire, récemment retrouvé en Égypte, où un officier de la flotte égyptienne raconte la campagne de Cilicie, l'entrée à Séleucie et à Antioche (4). « La sœur », entendez la reine-sœur, Laodice, avait encouragé le satrape de Cilicie Aribazos « à faire la guerre avec ardeur et à lui rendre tous autres services (5) » ; elle l'avait surtout chargé de réunir le plus d'argent possible et le satrape s'était bien acquitté de sa tâche, puisqu'il avait amassé à Séleucie (de Cilicie) quinze cents talents qu'il se proposait de faire parvenir à Éphèse, à Laodice (6). La suite du rapport nous apprend que ce trésor tomba au pouvoir de l'ennemi. Éphèse même devait être conquise par Ptolémée III ; les Égyptiens y mirent une forte garnison qui l'occupera encore à l'avènement de Philopator, en 221/0 (7).

(1) Phylarchos, fragm. 23, dans les *Fragm. historic. graec.*, I, p. 339. Sur Danaé, voy. J. Beloch, *Historische Zeitschrift*, XXIV (1888), p. 500, note 1 et *Beiträge zur alten Geschichte*, I (1901), p. 290.

(2) St Jérôme, *op. loc. cit.* Cf. B. Niese, *ouvr. cité*, II, p. 146.

(3) *Anc. gr. Inscr. in the Brit. Museum*, n° 403, l. 134 fin.

(4) Publié pour la première fois par Mahaffy, *The Flinders Petrie Papyri*, II (1893), n° XLV, p. 145, ce rapport a été repris par U. Koehler, qui l'a fort heureusement restitué et commenté (*Sitzungsber. der Akad. zu Berlin*, 1894, p. 445 suiv.). Je le citerai d'après le mémoire de M. Köhler.

(5) U. Koehler, p. 447 : τῆς ἀδελφῆς πρὸς αὐτοὺς διαπεμψαμένης εἰ[ς τὸ στρατεύει]ν προθύμως καὶ τὴν λοιπὴν χρεία[ν παρέχεσθαι (Col. I fin et Col. II, l. 1-2).

(6) U. Koehler, p. 450 : [διε]νοεῖτο μὲν Ἀρίβαζος ὁ ἐν Κιλι(κί)α σατράπ[ης ταῦτα] ἀποστέλλειν εἰς Ἔφεσον τοῖς περὶ τ(ὴ)ν Λαοδίκην (Col. II, l. 5-7).

(7) Polybe, V, 35, 11.

*
* *

Notre inscription nous fournit encore, et ce n'est pas le moindre profit que nous en tirions, de très précieux renseignements sur l'administration du royaume des Séleucides et sur le domaine royal.

Le royaume de Syrie avait été divisé par son fondateur en un certain nombre de satrapies, et nous reviendrons plus loin sur le chiffre que nous a transmis Appien (1). Le mot σατραπεία s'est rencontré plusieurs fois dans des documents officiels, rescrits royaux et lettre d'un gouverneur (2) : c'était évidemment le titre officiel de la circonscription administrative. Le mot σατράπης au contraire ne se trouve pas dans les inscriptions, et le titre officiel du gouverneur de la satrapie était στρατηγός (3), ce qui n'est

(1) Le travail le plus récent que je puisse citer sur la division du royaume des Séleucides est celui de Mme Adalgisa Corvatta, *Divisione amministrativa dell' impero dei Seleucidi*, dans les *Rendiconti della reale Accademia dei Lincei*, X (1901), p. 149-171. Le mémoire est intéressant : malheureusement l'auteur n'a eu connaissance ni de l'importante étude de M. Köhler sur le papyrus Mahaffy (1894), ni de mon article de la *Revue de Philologie* (janvier 1901), et plusieurs textes épigraphiques lui ont échappé. Nous verrons néanmoins qu'elle a trouvé la solution d'une difficulté et qu'elle arrive à la même conclusion que M. Köhler. Mme Corvatta annonce sur l'*Amministrazione dei Seleucidi* un travail qui sera le bienvenu.

(2) Ch. Michel, n° 35, l. 27-28 : ἐν τῆι ἐφ' Ἑλλησπόντου σατραπείαι (Lettre d'Antiochus I à Méléagros); *Ibid.*, n° 40, l. 4 : ἀ]ρχιέρειαν τῶν ἐν τῆι σατραπείαι (Lettre du satrape Anaximbrotos sous le règne d'Antiochus II); Le Bas-Waddington, *Inscr. d'Asie Mineure*, n° 2720 a, dans la lettre du roi Antiochus au satrape Euphémos : τῆς περὶ Ἀπάμιαν σατραπείας.

(3) Mme Corvatta, *mémoire cité*, p. 150 et p. 169, a bien vu que le στρατηγός réunissait dans ses mains les pouvoirs civil et militaire, mais elle n'a pas cité tous les textes épigraphiques où le mot στρατηγός a le sens de gouverneur d'une satrapie. J'en donne la liste aussi complète que possible.

Ch. Michel, n° 526, décret d'Ilion en l'honneur d'un médecin d'Antiochus I, l. 5 suiv. : ἐφέσταλκεν [δὲ] καὶ Μελέαγρος ὁ στρατηγός. Nous avons admis que ce Méléagros était le gouverneur de l'Hellespont, à qui Antiochus I a adressé trois lettres que je citerai plus loin (Ch. Michel, n° 35).

Fragment de décret d'Ilion, contemporain de Laodice et de ses deux fils (H. Schliemann, *Bericht über die Ausgrabungen in Troja im Jahre 1890*, Leipzig, 1891, p. 26). Le mot στρατη[γὸς se lit à la l. 9.

Lettre d'un roi Séleucide à la ville de Tralles (?) publiée par Condoléon et P. Foucart, *Bull. de Corr. hellén.*, X, 1886), p. 515, l. 9 : ..γεγράφαμεν Θε]μιστοκλεῖ τῶι στρατη[γῶι ὅπως... Je reviendrai plus loin sur ce texte, p. 106.

Dédicace de l'année 218, *Bull. de Corr. hellén.*, XIV (1890), p. 587 : Πτολε-

guère surprenant, vu que le gouverneur était avant tout un commandant d'armée(1). Mais on ne se servait pas moins couramment du mot σατράπης. Ainsi dans le rapport militaire que j'ai déjà cité et qui est l'œuvre d'un officier égyptien, Aribazos est qualifié de ὁ ἐν Κιλικίᾳ σατράπης; plus loin le mot est employé au pluriel et nous aurons à expliquer ce passage. Il est d'un usage fréquent dans les écrivains anciens, dans Polybe par exemple(2). Quand le roi de Syrie écrit à un satrape, il n'ajoute aucun titre au nom de ce dernier. Dans les trois lettres d'Antiochus Soter au stratège Méléagros, la suscription est : βασιλεὺς Ἀντίοχος Μελεάγρωι χαίρειν. Il n'y a pas de titre dans la lettre d'Antiochus II à Anaximbrotos, ni dans celle d'Antiochus à Euphémos(3). Si le marbre de Didymes était complet, nous y lirions de même : βασιλεὺς Ἀντίοχος Μητροφάνει χαίρειν. J'admets en effet sans la moindre hésitation que Métrophanès était stratège. C'est à lui

μαῖος Θρασέα στραταγὸς καὶ ἀρχιερεὺς Συρίας Κοίλας καὶ Φοινίκας. Ptolémée fils de Thraséas est à la fois gouverneur de la Cœlésyrie et de la Phénicie, et grand prêtre du roi.

Dédicace découverte à Suse et publiée pour la première fois par W. K. Loftus, *Travels and Researches in Chaldæa and Susiana in 1849-1852*, p. 403 (cf. *Revue de Philologie*, XXVI (1902), p. 98). Πυθαγόρας Ἀριστάρχου σωματοφύλαξ Ἀρρενείδην Ἀρρενείδου τὸν στρατηγὸν τῆς Σουσιανῆς τὸν ἑαυτοῦ φίλον.

Par contre, dans les deux inscriptions suivantes, le mot στρατηγός n'a plus le sens de gouverneur de province et ne désigne plus qu'un officier supérieur : Dédicace en l'honneur de Δημοκράτην Βυττάκου τὸν στρατηγὸν καὶ ἐπιστάτην τῆς πόλεως (Babylone), τεταγμένον δὲ καὶ ἐπὶ τῶν ἀκροφυλακίων (*Revue de Philologie*, XXIV (1900), p. 332 et U. Koehler, *Sitzungsber. der Akad. zu Berlin*, 1900, p. 1107-1108). Les titres joints à celui de στρατηγός indiquent suffisamment qu'il ne s'agit pas ici du gouverneur en chef de la province. — *Journ. of hellen. Studies*, XVI (1896), p. 231. Fragment d'une lettre d'Antiochus, peut-être Antiochus III, retrouvée à Amyzon et adressée στρατηγοῖς, ἱππάρχαις, πεζῶν ἡγεμόσι, στρατιώταις καὶ τοῖς ἄλλοις. Le mot στρατηγοί, suivi du mot ἱππάρχαι, désigne très probablement un officier supérieur, un commandant de corps. Cf. une même adresse dans une lettre de Ptolémée II (*Revenue Laws*, col. 37, l. 2, et P. M. Meyer, *Das Heerwesen der Ptolemäer in Ägypten*, p. 26).

(1) Séleucus a simplifié l'organisation instituée par Alexandre. Cf. l'article déjà cité (p. 9) d'E. Szanto, dont je suis loin d'ailleurs d'adopter toutes les conclusions (*Arch.-epigr. Mitth. aus Oesterreich-Ungarn*, XV (1892), p. 12 suiv.). Nous verrons plus loin comment la création des ὕπαρχοι contrebalança l'attribution au στρατηγός du double pouvoir civil et militaire.

(2) Polybe, V, 40, 7, entre autres passages, mais Polybe n'emploie pas moins le mot στρατηγός, par exemple V, 54, 12.

(3) Le Bas-Waddington, *Inscr. d'Asie Mineure*, n° 2720 a.

qu'est adressée la lettre royale et le roi ne transmet ses ordres qu'au fonctionnaire le plus élevé de la satrapie; celui-ci les transmet à son tour au fonctionnaire placé au-dessous de lui.

Comme il s'agit, dans l'inscription de Didymes, de l'aliénation d'une partie du domaine royal, Métrophanès communique l'ordre d'Antiochus à l'οἰκονόμος, dont nous dirons les fonctions en traitant de la βασιλικὴ χώρα. L'οἰκονόμος à son tour donne à l'ὕπαρχος l'ordre de remettre à l'intendant de Laodice le lot vendu. Si le lecteur veut bien se reporter aux lignes 34-39, il reconnaîtra qu'il est impossible de classer autrement les trois fonctionnaires successivement touchés par l'ordre royal : l'ὕπαρχος se conforme à l'ordre de l'οἰκονόμος, l'οἰκονόμος à l'ordre du stratège, le stratège à l'ordre reçu directement du roi.

L'ὕπαρχος fait officiellement son entrée dans la liste des fonctionnaires du royaume des Séleucides ; non pas que le mot fût absolument inconnu — nous rencontrions au moins l'ὑπαρχία dans une inscription — mais il nous manquait un document officiel et l'inscription de Didymes nous le donne. Disons de suite qu'elle confirme d'une façon éclatante l'explication, proposée par M. Köhler, d'un passage fort embarrassant d'Appien. L'historien grec nous apprend que Séleucus avait divisé le royaume en soixante et douze satrapies (1) ; or l'on sait que le royaume d'Alexandre n'en comptait pas beaucoup plus de vingt, parmi lesquelles la Médie et la Perse. Le but que se proposait Séleucus était évidemment d'affaiblir la puissance des satrapes, trop tentés, comme il l'avait été lui-même, de ceindre le bandeau royal. Mais si l'on admet que Séleucus a remanié les satrapies et en a modifié les frontières, comment concilier cette réforme avec le texte de Polybe où nous lisons qu'au commencement du règne d'Antiochus III, la Médie forme encore une satrapie, la Perse aussi (2) ? Et M. Köhler arrive à cette conclusion : « Ich glaube, dass Seleukos die alte Satrapienordnung in der Form beibehalten, aber die einzelnen Provinzen in mehrere Sprengel getheilt

(1) Appien, *Syr.*, 62.

(2) V, 40, 7. Cf. l'inscription de Suse citée plus haut, où nous voyons que la Susiane forme encore une satrapie; l'inscription peut être rapportée au règne d'Antiochus III.

hat, deren Verwalter unter der Controle des Statthalters der Gesammtlandschaft standen, aber thatsächlich ihrerseits wieder diesen controlirten. Eine Bestätigung meiner Auffassung finde ich in der von mir erwähnten Inschrift aus Grossphrygien. Den Anaximbrotos, an welchen der königliche Erlass gerichtet ist, halte ich für den Satrapen der Landschaft, τὸν ἐν Φρυγίᾳ σατράπην, den Dionytas, welchem von Anaximbrotos eine Copie des Erlasses übersandt wird mit der Weisung, denselben zur Ausführung zu bringen und öffentlich aufzustellen, für einen der *Untersatrapen* in Grossphrygien (1). » A la condition d'y changer un mot, de remplacer σατράπην par στρατηγόν, titre officiel du gouverneur, j'accepte cette solution qui fait honneur à la sagacité du savant épigraphiste (2). Appien ne s'est pas trompé : en employant le terme σατραπεῖαι pour désigner les circonscriptions et sous-circonscriptions administratives du royaume de Syrie, il se conformait à l'usage littéraire pour ainsi dire. Ainsi faisait dans le rapport plusieurs fois cité l'officier égyptien : pour désigner le satrape et les ὕπαρχοι de la Cilicie, il disait οἱ σατράπαι (3).

Aussi bien, en choisissant le titre d'ὕπαρχος pour les sous-satrapes qu'il instituait, Séleucus I ou sa chancellerie ne faisait que reprendre un terme souvent employé par les historiens anciens. On sait qu'ὕπαρχος est fréquent dans Hérodote comme synonyme de σατράπης. De fait ὕπαρχος y a le plus souvent ce sens et, là même où le mot ne peut être remplacé par σατράπης, il désigne un commandant en chef. Dans Thucydide au contraire ὕπαρχος désigne toujours un fonctionnaire placé sous la dépendance et sous les ordres du satrape qui l'a nommé, un sous-gouverneur (4).

(1) U. Koehler, *Sitzungsber. der Akad. zu Berlin*, 1894, p. 451.

(2) Mme Corvatta écrivait plus timidement en 1901, sans connaître l'article de M. Köhler : « Quindi è che, se anche accettiamo il numero 72 di Appiano, possiamo pensare che esso non si riferisca alle provincie, ma forse a distretti, suddivisioni della σατραπεία stessa, che dovevano essere alla dipendenza di funzionari subordinati senza dubbio allo στρατηγός » (*Mémoire cité*, p. 170).

(3) U. Koehler, *mémoire cité*, p. 450 : τῶν τε Σ[ο]λείων καὶ σατραπ[ῶν τῶν] αὐτόθεν (Col. II, l. 8-9). Cf. p. 452, col. III, l. 11 : τοὺς αὐτ]όθεν σατράπας en parlant des « satrapes » de la Syrie du N.

(4) Pour l'emploi du mot ὕπαρχος dans Hérodote et dans Thucydide, voy. une note excellente de P. Krumbholz, *De Asiae minoris satrapis persicis*, diss. in., Leipzig, 1883, p. 4, note 1.

Arrien, décrivant la bataille du Granique, nomme parmi les morts (*Anab.*, I, 16, 3) :

Il n'en résulte nullement que l'ὑπαρχία ne soit pas une création originale de Séleucus I : ce qui lui appartient en propre, c'est d'avoir divisé chacune des satrapies en un nombre fixe d'ὑπαρχίαι et très probablement d'avoir réservé au roi la nomination des ὕπαρχοι. Dans l'empire perse au contraire, l'ὕπαρχος était une créature du satrape qui le nommait là où il croyait sa présence utile.

Une inscription, contemporaine très vraisemblablement d'Antiochus II, nous fait connaître le nom d'une ὑπαρχία. Elle a été découverte dans la Kabalis, région intermédiaire entre la Lydie d'une part, la Lycie et la Pamphylie de l'autre (1). C'est une courte dédicace dont voici le texte :

Οἱ ἐν τῆι περὶ Ἐρίζαν ὑπαρχίαι
φυλακῖται καὶ οἱ κατοικοῦντες
ἐν Μοξουπόλει καὶ Κριθίνηι
Μηνόδωρον Ζήθου Ἀδραμ[υτ]τηνὸν
τὸν ἐπὶ τῶν προσόδων διὰ τὴν
πρὸς α[ὐτοὺς εὔ]νοιαν.....

Les gendarmes d'Ériza et les colons militaires établis à Moxoupolis et à Crithiné se sont réunis pour honorer un des person-

Σπιθριδάτης ὁ Λυδίας σατράπης καὶ ὁ τῶν Καππαδοκῶν ὕπαρχος Μιθροβουζάνης. Diodore (XVII, 21, 3) dit du même personnage : M. ὁ Καππαδοκῶν ἡγούμενος. Mithrobouzanès n'était pas satrape de Cappadoce, mais seulement commandant des troupes de la satrapie de Cappadoce.

Ὕπαρχος a un sens différent dans deux textes, qui doivent être rapprochés, de Diodore et de Polyen. En 315, armant sur les côtes de la Phénicie une flotte considérable, Antigone donne aux ὕπαρχοι τῆς Συρίας l'ordre d'approvisionner ses vaisseaux (Diodore, XV, 91). Antiochus II, usant de ruse au siège de Damas, donne ἅπασι τοῖς ὑπάρχοις l'ordre de réunir le plus de provisions possible pour une fête destinée à tromper l'ennemi (Polyen, IV, 15). Sur le sens du mot dans ces deux textes et sur le régime particulier des villes de la région, voy. U. Koehler, *Sitzungsber. der Akad. zu Berlin*, 1898, p. 837. Cf. Polybe, V, 70, 10.

Le mot ὕπαρχος s'est encore rencontré dans une inscription grecque des environs de Séleucie en Piérie (CIG., 4461, l. 2), mais il n'y a rien à tirer de ce fragment, et la seconde lettre du mot est une restitution de Pococke.

(1) Découverte et publiée pour la première fois par V. Bérard (*Bull. de Corr. hellén.*, XV (1891), p. 556), elle a été reprise par G. Radet, *De coloniis a Macedonibus in Asiam cis Taurum deductis*, 1892, p. 53 et par Schulten, *Die Makedonischen Militärcolonien*, dans l'*Hermes*, XXXII (1897), p. 531 et 532.

nages importants de la satrapie, τὸν ἐπὶ τῶν προσόδων (1). Ériza est le chef-lieu d'une hyparchie et celle-ci s'appelle ἡ περὶ Ἐρίζαν ὑπαρχία. La ville devait son importance à sa situation : elle défendait la route qui menait de la Pamphylie vers la Lydie et Sardes. On a pu supposer qu'Antiochus II y avait fondé une colonie militaire, en prévision des attaques et des incursions des Égyptiens (2).

A l'hyparchie d'Ériza, je suis très tenté d'en joindre quatre, qui auraient formé ensemble une satrapie. Décrivant la Séleukis ou Syrie du N., Strabon dit qu'on la désignait aussi sous le nom de la province aux quatre villes, à cause des quatre villes principales, Antioche, Séleucie, Apamée, Laodicée. Il ajoute : οἰκείως δὲ τῇ τετραπόλει καὶ εἰς σατραπείας διῄρητο τέτταρας ἡ Σελευκίς, ὥς φησι Ποσειδώνιος (3). Strabon ou Poseidonios ne commet-il pas ici le même semblant d'inexactitude que l'officier égyptien plusieurs fois cité et qu'Appien? La satrapie de la Séleukis ne comptait-elle pas quatre hyparchies : ἡ περὶ Ἀντιόχειαν ὑπαρχία, ἡ περὶ Σελεύκειαν ὑ., ἡ περὶ Ἀπάμειαν ὑ., ἡ περὶ Λαοδίκειαν ὑ.? Je n'hésiterais pas à répondre affirmativement, si je ne lisais dans la lettre du roi Antiochus relative au bourg de Bætokéké, les mots τῆς περὶ Ἀπάμιαν σατραπείας (4). Il est vrai qu'à en juger d'après la langue et le style, cette lettre est postérieure au milieu du troisième siècle. Faut-il donc admettre qu'au temps où elle fut rédigée, nos ὕπαρχοι avaient été remplacés par des satrapes (5)?

Ajoutons que nous connaissons aujourd'hui les noms de deux ὕπαρχοι, tous deux contemporains d'Antiochus II : Dionytas, ὕπαρχος dans la grande Phrygie, dont Anaximbrotos est le satrape; — ... cratès, ὕπαρχος dans la satrapie qui a pour gouverneur Métrophanès. Celle-ci n'est pas nommée dans la lettre royale, ni dans le procès-verbal de délimitation, mais ce procès-verbal peut

(1) Cf. Appien, *Syr.* 45, où il est dit d'Antiochus IV : σατράπην μὲν ἔχων ἐν Βαβυλῶνι Τίμαρχον, ἐπὶ δὲ ταῖς προσόδοις Ἡρακλείδην. Sur le receveur général de la satrapie, voy. ci-dessous, p. 100.

(2) Radet et Schulten, *op. loc. cit.*

(3) Strabon, XVI, 749 et 750.

(4) Le Bas-Waddington, *Inscr. d'Asie Mineure*, nº 2720 a.

(5) Si nous entendons bien le texte de Strabon, la Cœlésyrie eût été de même divisée en quatre hyparchies (XVI, 750 init.).

nous aider à en retrouver le nom : la satrapie qui renferme Cyzique et Zéleia est la satrapie de l'Hellespont, ἡ ἐφ' Ἑλλησπόντου σατραπεία, ainsi qu'elle est appelée dans une lettre d'Antiochus Soter(1). Ilion, Gergis et Skepsis en font partie, et nous avons lieu de croire qu'elle comprenait, au temps d'Antiochus II, les possessions de Thrace et de Samothrace. Quand Ptolémée III sera devenu le maître « de l'Hellespont et de la Thrace »(2), il confiera l'administration de ces deux contrées à un seul gouverneur, qui portera le titre de στρατηγὸς ἐπὶ τοῦ Ἑλλησπόντου καὶ τῶν ἐπὶ Θράικης τόπων(3). Respectant les divisions administratives qu'il avait intérêt à ne pas modifier, le roi d'Égypte s'est borné à substituer son stratège à celui du roi de Syrie.

Pour Milet, nous avons admis plus haut(4) qu'à l'origine de la conquête macédonienne elle faisait partie de la satrapie de Carie. Nous n'avons pas de raison de croire que Séleucus I l'en détacha. Aussi bien, dès les premières années du règne d'Antiochus I, Milet et bientôt toute la Carie sont conquises par Ptolémée Philadelphe(5). Antiochus II reprend la ville peu d'années après son avènement et il en est encore maître en 253, mais dès lors la province n'appartient plus tout entière au roi de Syrie et nous n'oserions affirmer qu'il existe encore un satrape de Carie. L'autorité royale semble représentée dans les villes reconquises par des gouverneurs spéciaux : ainsi Éphèse en 246, après la mort d'Antiochus II, est gouvernée par Sophron auquel l'historien Phylarchos donne le titre de ὁ ἐπὶ τῆς Ἐφέσου(6). Le titre officiel était sans doute : ὁ ἐπὶ τῆς Ἐφέσου τεταγμένος(7). Par la force des choses, sous la menace constante des Égyptiens dont les flottes enserrent toutes les côtes, de la Cilicie à l'Hellespont, la division de l'Asie Mineure

(1) Ch. Michel, n° 35, l. 27-28.

(2) Inscription d'Adulis (Ch. Michel, n° 1239), l. 14 suiv. : (κυριεύσας δὲ)... καὶ τοῦ Ἑλλησπόντου καὶ Θράικης καὶ τῶν δυνάμεων τῶν ἐν ταῖς χώραις ταύταις πασῶν...

(3) Ch. Michel, n° 351 A, l. 3-4.

(4) P. 8.

(5) Voy. plus haut, p. 67 suiv.

(6) Phylarchos cité par Athénée, XIII, 593 B = *Fragm. historic. graec.*, I, fr. 23, p. 339.

(7) Cf. *Revue de Philologie*, XXIV (1900), p. 332. — Polybe, VII, 17, 9, où le gouverneur de Sardes, sous le règne d'Achæos, est qualifié de ὁ ἐπὶ τῆς πόλεως τεταγμένος.

en satrapies devint incertaine et flottante. La satrapie de Lydie subsiste en tout cas et c'est en quelque sorte le noyau des possessions d'Antiochus II en deçà du Taurus. Sardes en est la capitale : protégée par sa forteresse, elle a la garde des archives royales et c'est très probablement au camp de Sardes que le roi a confié son trésor (1). Sardes sera plus tard la capitale d'Achæos auquel Antiochus III, dès son avènement, remettra le gouvernement de toute la région en deçà du Taurus (2). Enfin le dernier satrape de Lydie, Zeuxis, aura sous ses ordres une partie de la Carie, puisque de Bargylia c'est à lui que s'adresse en 201 le roi de Macédoine Philippe V, pour obtenir les subsistances qui lui sont dues par le roi de Syrie (3). Zeuxis a d'ailleurs mis son nom sur une dédicace retrouvée à Amyzon, en Carie (4).

* * *

Le domaine royal, constitué dès l'origine de la conquête par Alexandre, agrandi par ses premiers successeurs, avait été recueilli en 281 par Séleucus Nicator, après la bataille de Kouroupédion, qui lui livrait toute l'Asie antérieure. Antiochus I, à qui son père abandonna aussitôt la royauté (5), se chargea de mettre bon ordre dans l'administration des biens de la couronne : il peut être considéré comme le véritable organisateur du domaine royal. Une inscription de Pergame nous le montre à l'œuvre. Aussitôt après la victoire, il vend à la ville de Pitané en Mysie

(1) L. 16-17 de notre inscription : εἰς τὸ κατὰ στρατείαν γαζοφυλάκ[ι]ον. Je donne ici au mot στρατεία le sens d'armée, camp, qu'il a dans un rescrit d'Antigone (Ch. Michel, nº 41, l. 37-38 : ἕως ἂν ἐγὼ ἐπιστρέψας ἀπὸ τῆς [στρα]τείας διακούσω), et je suppose que ce camp est celui de Sardes. Le roi Lysimaque, ὁ γαζοφύλαξ comme l'appelaient les courtisans de Démétrius (Plutarque, *Démétrius*, 25), avait un trésor à Sardes. Voy. plus haut, p. 29.

(2) Polybe, V, 40, 7. Cf. IV, 48, 3 suiv. Achæos avait son palais sur l'acropole, VII, 17, 4 et 7.

(3) Polybe, XVI, 24, 6 suiv.; cf. XVI, 1, 8.

(4). E Fabricius, *Archaeologische Untersuchungen im westlichen Kleinasien*, *Sitzungsber. der Akad. zu Berlin*, 1894, p. 915-917. Le même Zeuxis avait sa statue à Pergame (M. Fraenkel, *Die Inschriften von Pergamon*, I, nº 189), comme son maître Antiochus le Grand (*Ibid.*, nº 182).

(5) *Die Inschriften von Pergamon*, I, nº 245 c, l. 41 suiv. : Σελεύκο[υ τῆι πρὸς] Λυσ[ίμαχον μάχηι ἐπι]κρατήσαντος ὁ υἱὸς αὐτοῦ διαδεξάμενος τὴν βασιλείαν.

une partie de plaine pour la somme considérable de 330 talents, qu'il porte d'ailleurs à 380 talents ; l'acte de vente fut gravé sur trois stèles et celles-ci exposées à Ilion, à Délos et à Éphèse (1). Ces trois stèles devaient ressembler fort à celle de Didymes : on y lisait entre autres pièces une lettre d'Antiochus « relative au droit de propriété sur le fonds (vendu) (2) ». C'était en effet la première fois que les nouveaux maîtres de l'Asie Mineure consentaient une aliénation de ce genre et il était d'autant plus nécessaire de s'entendre sur les droits de l'acquéreur que le contrat avait donné lieu à une réclamation de la part de la ville d'Élæa (3). Antiochus l'avait examinée et repoussée, décidant que le fonds vendu faisait bien partie du domaine royal. Antiochus I eut donc une double tâche à remplir : il veilla d'abord à la constitution et à la délimitation du domaine royal. L'inscription de Pergame emploie à cette occasion le mot de διανομή, qui a été fort bien entendu par M. Fränkel (4) : il s'agissait de distinguer entre les terres acquises au domaine royal et les autres, de quelque nature qu'elles fussent. En second lieu Antiochus dut non seulement déterminer la condition des βασιλικοὶ λαοί, c'est à dire des manants établis sur le domaine, mais encore définir les droits et obligations des particuliers, des associations et des cités qui, dans la suite, se rendraient acquéreurs d'une parcelle du domaine ou en recevraient un lot, à titre de donation. Trois lettres d'Antiochus I, une lettre d'un de ses satrapes, la lettre d'Antiochus II découverte à Didymes et une longue inscription de Smyrne contemporaine de Séleucus II vont nous permettre d'établir les règles et principes dont s'est inspiré l'organisateur du royaume et du domaine.

(1) *Ibid.*, l. 42 suiv. : Καὶ π[ροσει]σέπραξεν ἄλλ[α τ]άλαντα πεντήκοντα. Dans ces cinquante talents étaient probablement compris les revenus de la plaine vendue, mais nous ignorons sous quel prétexte Antiochus put ajouter une somme aussi considérable au prix convenu. Les gens de Pitané avaient heureusement un riche banquier dans leur voisinage, Philétæros, qui leur fit de larges avances (l. 44).

(2) L. 48 : ἐν αἷς ἡ γε[γραμμένη ὑ]πὸ Ἀντιό[χου ἐ]πιστολὴ περὶ τῆς κατὰ τὴν χώραν τα[ύτην κυρ]είας κατετέ[τακτο. Plus loin, l. 50, il est parlé d'une lettre de Séleucus, qui fut confirmée par Eumène. Séleucus avait signé seul cette seconde lettre, parce qu'il s'y appuyait sur un jugement rendu par son fils Antiochus.

(3) L. 53.

(4) L. 46 et p. 150.

Dans chaque satrapie, semble-t-il, le domaine royal (ἡ βασιλικὴ χώρα) était administré par un οἰκονόμος. Un certain Nicomachos remplissait ces fonctions en 253/2 dans la satrapie de l'Hellespont (1) ; nous avons vu plus haut comment son titre suffisait à le distinguer de l'intendant de Laodice, ὁ οἰκονομῶν τὰ Λαοδίκης. L'οἰκονόμος, qu'il faut se représenter assisté de nombreux agents, veillait d'abord à l'intégrité du domaine : il en faisait respecter les bornes, il exerçait des reprises contre ceux qui empiétaient sur son terrain. Ainsi nous voyons agir dans l'île de Théra un οἰκονόμος royal (2). L'île appartient alors à Ptolémée III et notre procurateur est un fonctionnaire égyptien, mais, quel que soit le maître, les fonctions sont les mêmes, comme le titre (3). Donc à Théra, l'οἰκονόμος, qui exerçait sans doute ses fonctions dans toute la province des Cyclades, avait repris et fait rentrer dans le domaine royal un certain nombre de terrains de peu d'importance, puisque d'après les termes mêmes de son rapport les revenus annuels montaient à 111 drachmes ptolémaïques (4). Les usurpateurs n'étaient autres que les soldats de la garnison égyptienne qui employaient cette somme à des sacrifices et à des achats d'huile. A vrai dire les terrains n'avaient pas cessé de faire partie du domaine royal ; seulement les revenus touchés par la garnison ne faisaient pas retour au trésor royal (εἰς τὸ βασιλικόν). L'οἰκονόμος remet la main sur eux, mais, en 229, par lettre adressée soit au gouverneur militaire de Théra, soit à quelque

(1) L. 37 de notre inscription.

(2) Hiller von Gaertringen, *Inscr. gr. ins.*, III, n° 327, et *Addenda et corrigenda*, p. 230. Cf. P. M. Meyer, *Das Heerwesen der Ptolemäer in Ägypten*, p. 21.

(3) Sur les οἰκονόμοι égyptiens, voy. une note de P. M. Meyer, *ouvr. cité*, p. 6, note 13. M. Meyer la complète dans une intéressante lettre qu'il veut bien m'adresser et dont je le remercie vivement. Il distingue :

1° L'οἰκονόμος τοῦ βασιλέως ou Idiologos,
2° L'οἰκονόμος τοῦ νομοῦ (*Heerwesen*, p. 54, note 192),
3° L'οἰκονόμος τῆς μερίδος (*Ibid.*),
4° L'οἰκονόμος, fonctionnaire de l'intendance militaire,
5° L'οἰκονόμος des collèges et associations.

(4) L. 8 suiv. : τὰ ἀνειλημμένα ὑπὸ τοῦ οἰκονόμου εἰς τὸ βασιλικὸν χωρία. Ces terrains portent le nom de leurs anciens propriétaires (τὸ Τεισαγόρειον, τὸ Καρχίνειον, etc.) ; ils avaient été confisqués au profit du roi. Sur les revenus, voy. l. 12 suiv. : ἀφ' ὧν τὰς προσόδους ἀπέφαινεν (ὁ οἰκονόμος) γίνεσθαι κατ' ἐνιαυτὸν Πτολεμαικὰς (δρ.) ρια'.

fonctionnaire important(1), Ptolémée III les attribue à la garnison. L'οἰκονόμος avait encore — et nous reviendrons plus loin sur cette partie de sa tâche — à percevoir les fermages et impôts dus par les manants. C'était en somme, surtout dans les grandes satrapies de l'Asie Mineure, un personnage important. Il était, sinon sous la dépendance du stratège, au moins à un rang inférieur : le roi ne s'adresse pas directement à lui, mais lui fait transmettre ses ordres par le stratège. En revanche l'οἰκονόμος est d'un rang supérieur à celui de l'ὕπαρχος, auquel il donne des ordres. Son chef hiérarchique dans la satrapie est le receveur général, ὁ ἐπὶ τῶν προσόδων (2).

Le domaine royal a, dès l'origine, rendu de nombreux services aux Séleucides. Il était avant tout une source de revenus, et une source double, puisqu'en dehors des fermages on pouvait compter, à l'occasion, le produit des ventes. Il fournissait de plus au roi le moyen de témoigner sa reconnaissance à des particuliers par la donation d'un terrain, et d'assurer sa domination par la fondation de colonies militaires. Bien qu'Antiochus II ait — nous l'avons vu plus haut(3) — fondé des colonies militaires,

(1) Hiller von Gaertringen (*Indices*, I, s. v.) admettait que le destinataire de la lettre royale, Apollonios (l. 2), était le chef des mercenaires égyptiens en garnison à Théra, Apollonios, fils de Koiranos, dont le nom se lit deux fois ailleurs, l. 21 au milieu de la liste des mercenaires, l. 146 en tête d'une liste de souscripteurs ; mais la place qu'occupe le fils de Koiranos à la l. 21 et plus loin la faiblesse de sa souscription (il y a en effet 93 souscripteurs pour une somme de 16 drachmes ou 96 oboles !) m'ont fait penser que la lettre royale s'adressait à un autre, et j'ai proposé d'identifier l'Apollonios de la l. 2 avec Ἀπολλώνιος Σωσιβίου Θηραῖος ἡγεμὼν τῶν ἔξω τάξεων, dont on a retrouvé à Coptos une dédicace en l'honneur des Grands Dieux de Samothrace (*Revue Archéologique*, 1883, II, p. 179). Après avoir commandé sur la mer Rouge (P. M. Meyer, *ouvr. cité*, p. 17), le fils de Sosibios aurait été nommé gouverneur militaire de Théra, ou peut-être même amiral du district des Cyclades (*Ibid.*, p. 20). L'identification que j'ai proposée m'a valu, de la part de P. M. Meyer, d'excellentes observations dont j'ai tiré profit pour cette note. Elle a été approuvée par Hiller von Gärtringen (*Beiträge zur alten Geschichte*, I (1901), p. 220, note).

(2) Du texte d'Appien, cité plus haut, p. 95, note 1, je conclus qu'il y avait un receveur général par satrapie. Il en allait de même sous Alexandre (voy. plus haut, p. 8) et sous la régence de Perdiccas (voy. les nouveaux fragments d'Arrien, avec les restitutions de Koehler, dans les *Sitzungsber. der Akad. zu Berlin*, 1892, p. 578, note 2). Perdiccas nomme Dokimos satrape de la Babylonie et prépose l'ancien satrape Archon ἐπὶ τῆ[ς ξυντάξ]εως τῶν προσόδων.

(3) Voy. p. 95.

nous n'avons pas à nous en occuper ici. La seule question qu'il nous importe d'éclaircir, dans le commentaire de notre inscription de Didymes, est une question de droit public : que devient la terre détachée du domaine royal par acte d'aliénation ou de donation? Quelle est en d'autres termes la condition du fonds vendu ou donné?

Le contrat de vente consenti par Antiochus ne nous a pas été conservé en entier. Nous y voyons pourtant que la vente est faite purement et simplement, sans aucune réserve. Laodice acquiert l'ensemble des droits que les Pergaméniens, dans une inscription citée plus haut, traduisaient par les mots : ἡ παγκτητικὴ κυρεία(1). Elle devient propriétaire de toutes les localités qui dépendent de Baris et de la Πάννου κώμη, en même temps de tous les manants y établis, eux et toute leur maison et tout ce qui leur appartient(2), sans excepter les manants fugitifs. Sont compris dans la vente les revenus de la cinquante-neuvième année, c'est à dire de l'année qui commence puisque la lettre est écrite le cinquième jour du premier mois de la cinquante-neuvième année(3). Enfin la vente est consentie à la double condition que Laodice n'aura aucun tribut à payer au trésor royal et qu'elle sera libre de rattacher sa terre à la ville qu'elle voudra.

Le donataire avait les mêmes droits que l'acquéreur. C'est ce que nous montrent très clairement les trois lettres d'Antiochus I, relatives aux donations faites à Aristodikidès d'Assos (4). L'exemple est fort intéressant et ces trois lettres doivent être rapprochées de la lettre d'Antiochus II. Une première fois Antiochus Soter avait fait don de 2000 plèthres de terre cultivable à Aristodikidès.

(1) *Die Inschriften von Pergamon*, I, n° 245 c, l. 46.

(2) L. 2 suiv. Cf. l. 21 suiv.

(3) Le paiement doit avoir lieu dans la soixantième année, en trois versements (ἀναφοραῖς), le premier dans le dernier mois du premier trimestre (Audnæos), le second dans le dernier mois du deuxième trimestre (Xandicos), le troisième dans le courant du troisième trimestre (l. 15 et suiv. de l'inscription).

(4) Ch. Michel, n° 35.

..... Δεδώκαμεν Ἀριστοδικίδηι τῶι Ἀσσίωι γῆς ἐργασίμου πλέθρα δισχίλια, προσενέγκασθαι πρὸς τὴν Ἰλιέων πόλιν ἢ Σκηψίων· σὺ οὖν σύνταξον παραδεῖξαι Ἀριστοδικίδηι ἀπὸ τῆς ὁμορούσης τῆι Γεργιθίαι ἢ τῆι Σκηψίαι, οὗ ἂν δοκιμάζηις, τὰ δισχίλια πλέθρα τῆς γῆς καὶ προσορίσαι εἰς τὴν Ἰλιέων ἢ τὴν Σκηψίων.....

Aristodikidès ne se tint pas pour satisfait. Croyant que la localité dite Pétra et le territoire qui en dépendait, jadis confisqués à un certain Méléagros(1), étaient libres, il alla trouver Antiochus et lui demanda de joindre à son premier lot non seulement Pétra et son territoire, mais encore 2000 autres plèthres de terre cultivable attenant aux premiers. Faisant droit à sa prière, Antiochus donne à son stratège l'ordre suivant :

.................... Σὺ οὖν ἐπισκεψάμενος εἰ μὴ δέδοται ἄλλωι πρότερον αὕτη ἡ μερίς, παράδειξον αὐτὴν καὶ τὴν πρὸς αὐτῆι χώραν Ἀριστοδικ<ικ>ίδηι, καὶ ἀπὸ τῆς βασιλικῆς χώρας τῆς ὁμορούσης τῆι πρότερον δεδομένηι χώραι Ἀριστοδικίδηι σύνταξον καταμετρῆσαι καὶ παραδεῖξαι αὐτῶι πλέθρα δισχίλια καὶ ἐᾶσαι αὐτῶι προσενέγκασθαι πρὸς ἣν ἂμ βούληται πόλιν τῶν ἐν τῆι χώραι τε καὶ συμμαχίαι...

Mais Aristodikidès avait été mal renseigné. Pétra et son territoire n'étaient plus libres au moment où il les obtenait, ils avaient été concédés (ἐπικεχωρῆσθαι) à un officier du nom d'Athénæos(2). Sans se décourager Aristodikidès se présenta de nou-

(1) *Ibid.*, l. 28-29 : τὴν Πέτραν, ἣμ πρότερον εἶχεν Μελέαγρος, « Pétra, qui appartenait autrefois à Méléagros ». Cf. l'inscription de Théra, citée plus haut (*Inscr. gr. ins.*, III, nº 327, l. 11-12) : καὶ ἃ εἶχε Τιμακρίτα.

(2) *Ibid.*, l. 53-54 : διὰ τὸ Ἀθηναίωι τῶι ἐπὶ τοῦ Ναυστάθμου ἐπικεχωρῆσθαι. La lettre royale n'emploie plus ici le verbe δοῦναι, mais le verbe ἐπιχωρεῖν que nous rencontrons également dans le traité d'alliance de Smyrne et de Magnésie du Sipyle (Ch. Michel, nº 19, l. 100 : καὶ τούς τε κ[λ]ήρους αὐτῶν τοὺς δύο, ὅν τε ὁ θεὸς καὶ σωτὴρ Ἀντίοχος ἐπεχώρησεν...). Il s'agit, dans l'inscription de Smyrne, d'une colonie militaire, et dans la lettre d'Antiochus II, d'un officier; dans

veau devant le roi et lui demanda d'abord l'équivalent de Pétra et de son territoire, puis — à titre de consolation sans doute — 2000 autres plèthres de terre cultivable. Il demandait en outre qu'il lui fût permis de rattacher ces lots nouveaux à la ville alliée qu'il choisirait lui-même. Antiochus céda encore et notre homme revint enrichi de 4000 plèthres. Nouvel ordre du roi au stratège :

> ................ Σύνταξον οὖν καταμετρῆσαι Ἀριστοδικίδηι καὶ παραδεῖξαι γῆς ἐργασίμου τά τε δισχίλια καὶ πεντακόσια πλέθρα καὶ ἀντὶ τῶν περὶ τὴν Πέτραν ἄλλα ἐργασίμου χίλια πεντακόσια ἀπὸ τῆς βασιλικῆς χώρας τῆς συνοριζούσης τῆι ἐν ἀρχῆι δοθείσηι αὐτῶι παρ' ἡμῶν ἐᾶσαι δὲ καὶ προσενέγκασθαι τὴν χώραν Ἀριστοδικίδην πρὸς ἣν ἂν βούληται πόλιν τῶν ἐν τῆι ἡμετέραι συμμαχίαι...

On voit qu'Antiochus Soter donnait sans compter, laissant à ses satrapes et surtout à ses οἰκονόμοι le soin de se tirer d'affaire. J'ai tenu à citer ses lettres parce que nous retrouvons les mêmes termes dans celle d'Antiochus II et qu'ils figurent encore quelques années plus tard dans le traité conclu entre Smyrne et Magnésie du Sipyle. Ce sont termes de la chancellerie des Séleucides et le sens en est très clair. Προσφέρεσθαι, προσενέγκασθαι signifie rattacher le terrain donné ou vendu au territoire d'une cité; προσορίσαι exprime la même idée d'une autre manière, c'est ajouter en déplaçant les bornes, en les reculant vers l'intérieur du domaine royal jusqu'aux nouvelles limites de celui-ci(1). Telle est en effet la première obligation du donataire ou de l'acquéreur : il est tenu de rattacher son fonds au territoire d'une cité. Droysen a très bien vu qu'Antiochus I n'avait nulle-

les deux cas, d'une concession et non d'une donation. La différence mérite d'être signalée.

Pour les fonctions que remplissait Athénæos, voy. M. Holleaux, *Revue des Études anciennes*, III (1901), p. 119. M. Holleaux propose avec raison d'identifier le port dont Athénæos était le gouverneur avec τὸ Ναύσταθμον (τὸ) πρὸς Σιγείῳ (Strabon, XIII, 598). Ce port, situé entre Sigeion et le Port des Achéens (Id., XIII, 525), commandait au S. l'entrée de l'Hellespont. Tite Live le mentionne, XXXVII, 31, 10.

(1) Ch. Michel, nº 19, l. 101 : καὶ ἐὰν προσορισθῇ ἡ χώρα. Les remarques de Schulten sur ce passage (*Hermes*, XXXII (1897), p. 533) ne me semblent pas justes.

ment l'intention de faire d'Aristodikidès une sorte de dynaste, si minuscule que fût son État(1); son lot ne pouvait rester en l'air pour ainsi dire, à l'abri de toute atteinte, de tout impôt, de toute charge. Dans la première lettre même, le roi ne lui donne le choix qu'entre deux cités, Ilion et Skepsis, et le stratège veillera à ce que les deux mille plèthres soient attenants au territoire de la cité choisie(2). Plus tard il se montre plus large et Aristodikidès est laissé libre de rattacher son nouveau lot à la cité qu'il voudra, à condition que celle-ci soit « dans la région et dans l'alliance(3). » Cette dernière règle a prévalu dans la suite : donataires et acquéreurs ont été laissés libres de choisir la cité d'attache, aux conditions exprimées par les deux mots que je viens de citer(4).

Il se peut pourtant que Laodice ne s'acquitte pas immédiatement de cette obligation. Le contrat prévoit en effet qu'à son tour elle pourra vendre ou donner des parcelles de son nouveau domaine. Le donataire et l'acquéreur(5) auront tous les droits de propriété (ἕξουσιν κυρίως) et rattacheront leur lot à la ville qu'ils voudront, à moins que Laodice ne l'ait fait elle-même antérieu-

(1) *Histoire de l'hellénisme*, traduction française, I (1883), p. 782.

(2) Ch. Michel, n° 35, l. 20-21. Voy. pour la l. 23 les observations de Dittenberger, *SIG*1., n° 158, note 6.

(3) L. 70 et suiv., citées plus haut.

(4) La lettre du satrape Méléagros à la cité d'Ilion nous apprend qu'Aristodikidès demanda à rattacher son lot au territoire d'Ilion. Le satrape transmit lui-même la demande à la ville, en l'appuyant; l'autorisation de la ville intéressée était en effet nécessaire et l'ἔγκτησις ne pouvait être accordée que par un décret. Aristodikidès l'obtint sans peine : il devint à Ilion un ἐγκεκτημένος et, comme tel, dut acquitter l'ἐγκτητικόν. On peut supposer, il est vrai, qu'Ilion se montra plus généreuse envers un ami du roi, si chaudement recommandé par le satrape, et qu'elle lui conféra le droit de cité.

Aussi bien rien n'empêchait Aristodikidès d'Assos de rattacher son lot au territoire de sa ville natale. Le choix d'Assos l'eût dispensé de payer l'ἐγκτητικόν. Il en résultait que des cités grecques se trouvaient ainsi en possession d'enclaves souvent fort éloignées du territoire central. C'était une source de contestation de plus entre cités voisines : l'inscription de Pergame que j'ai plusieurs fois citée nous montre Mytilène disputant à la ville de Pitané des terrains considérables que celle-ci a achetés à Antiochus I et qui sont manifestement enclavés dans les territoires d'autres cités (*Die Inschriften von Pergamon*, I, n° 245 c et le commentaire de M. Fraenkel, p. 152).

(5) L. 11 : οἱ παρ' αὐτῆς πριάμενοι ἢ λαβόντες. C'est l'expression consacrée. Cf. une inscription de Zéleia, Ch. Michel, n° 530, l. 17 suiv. : ἢν δέ τις ἀμφισβατῆι φὰς πρίασθαι ἢ λαβ[ε]ῖν κυρίως παρὰ τῆς πόλει(ω)ς.

rement; dans ce cas il ne sera rien changé aux dispositions qu'elle aura prises. Donc il se peut que le jour où Laodice vendra ou donnera quelque parcelle de son domaine, ladite parcelle n'ait pas encore été rattachée à une cité; donc Laodice ne tient pas compte de l'obligation qui incombait à Aristodikidès, qui incombera dans la suite à ceux qui recevront d'elle ou lui achèteront une terre. Cette exception n'infirme nullement la règle. Dans le contrat de vente consenti par Antiochus, l'acquéreur est une femme et cette femme est la reine. Que Laodice s'acquitte ou non de l'obligation, celle-ci n'en subsiste pas moins.

Vendu ou donné, tout lot détaché du domaine royal porte et conserve les manants (λαοί) qui y sont établis et qu'on appelait, avant l'acte de vente ou de donation, les manants royaux, βασιλικοὶ λαοί. Nous sommes assez mal renseignés sur la condition des βασιλικοὶ λαοί. Le mot λαοί, qui revient trois fois dans notre inscription (1), s'est déjà rencontré avec le qualificatif βασιλικοί dans une des trois lettres d'Antiochus I citées plus haut. Aristodikidès reçoit du roi la localité de Pétra, à charge d'y laisser habiter les βασιλικοὶ λαοί du voisinage, si ceux-ci le veulent pour leur sûreté (2). J'ai traduit λαοί par manants (3). Les λαοί sont en effet attachés à jamais aux lieux (τόποι) qu'ils cultivent pour le roi; si le roi donne ou vend une partie du domaine royal, les λαοί établis sur ce lot (ὑπάρχοντες τοῖς τόποις) passent au donataire ou à l'acquéreur. Une clause spéciale du contrat de Laodice concerne les manants fugitifs et stipule qu'ils ne cessent pas de faire partie de son lot : ils seront ressaisis et ramenés à la κώμη qu'ils ont quittée. Quel motif a pu les pousser à se déplacer ainsi, à s'enfuir? Nous l'ignorons, mais il est vraisemblable que c'est par crainte du nouveau maître qu'ils sont allés se fixer sur un autre point du domaine royal. D'une expression deux fois employée dans notre texte (λαοὶ πανοίκιοι σὺν τοῖς ὑπάρχουσιν πᾶσιν), on peut conclure qu'ils ont un droit sur leur maison et sur tout ce que désignent les mots τὰ ὑπάρχοντα πάντα, attirail de culture, troupeaux, etc. La terre qu'ils cultivent appartient au roi, mais

(1) L. 4, 8, 22.

(2) Ch. Michel, nº 35, l. 46 suiv. : οἱ δὲ βασιλικοὶ λαοὶ οἱ ἐκ τοῦ τόπου ἐν ὧι ἐστιν ἡ Πέτρα, ἐὰμ βούλωνται οἰκεῖν ἐν τῆι Πέτραι ἀσφαλείας ἕνεκε, συντετάχαμεν Ἀριστο<το>δικίδηι ἐᾶν αὐτοὺς οἰκεῖν.

(3) J'aurais pu traduire aussi par colons.

ils ne sont pas tenus de lui donner tous les fruits ; ils en ont leur part. C'est en somme la condition sociale des populations conquises, des Ϝοικέες crétois par exemple (1) ; les λαοί jouissent de droits civils, mais n'ont aucun droit politique. Ils n'ont rien de commun avec les esclaves (2).

La dernière partie de l'inscription, qui nous a été conservée en entier, renferme le procès-verbal de la délimitation du lot vendu à la reine. Pour la forme, nous pouvons le rapprocher de procès-verbaux déjà connus, notamment d'une inscription de Pergame citée plus haut (3) ; il n'en diffère pas, mais il nous

(1) Voy. *Recueil des Inscriptions juridiques grecques*, I, p. 424.

(2) M. G. de Sanctis pense très justement que le contrat de Laodice éclaire d'un jour nouveau la difficile question des origines du colonat. Les λαοί sont les ancêtres des colons et l'administration des grands domaines romains a été calquée sur l'administration des domaines royaux hellénistiques. La même idée a été développée par un savant russe, M. Rostowzew, dans les *Beiträge zur alten Geschichte*, I (1901), p. 295-299 : *Der Ursprung des Kolonats*. M. Rostowzew reconnaît au domaine royal des Séleucides les deux caractères essentiels du grand domaine de l'empire romain : 1° l'exterritorialité, c'est à dire que le domaine royal ne fait partie du territoire d'aucune cité ; 2° la présence de colons attachés à la glèbe, n'ayant aucun droit de propriété, et payant un fermage annuel. Ces caractères essentiels ont été nettement établis par Schulten, *Die römischen Grundherrschaften*, Weimar, 1896, p. 2 suiv., et l'on trouvera un résumé de ses doctrines dans Ed. Beaudouin, *Les grands domaines dans l'empire romain*, 1899, p. 8 suiv. J'ai le regret de ne pouvoir lire l'ouvrage, écrit en russe, de M. Rostowzew (*Geschichte der Staatspacht in der römischen Kaiserzeit*, Petersburg, 1899.)

M. Paul M. Meyer (*Beiträge zur alten Geschichte*, I (1902), p. 421 suiv.) s'est demandé si l'on ne retrouvait pas dans l'Égypte des Ptolémées une classe analogue, mais nous sommes insuffisamment renseignés sur les λαοί égyptiens du troisième siècle. En tout cas, il n'y a pas lieu de rapprocher les βασιλικοὶ λαοί du domaine royal des Séleucides des βασιλικοὶ γεωργοί du domaine royal des Ptolémées. Sur ces derniers, voy. U. Wilcken, *Griechische Ostraka aus Aegypten und Nubien*, I (1899), p. 700.

(3) N° 245 c, l. 24 : ... ὡς ἡ ὁδὸς ἄγει... ; l. 25 : ... ἕως [τοῦ] τάφου... Cf. Ch. Michel, n° 20 (Arbitrage de Mégare entre Épidaure et Corinthe), l. 10 suiv. ; n° 1383 (Vente des biens des enfants d'Annikéas à Chios), A, l. 2 suiv.

Le mot περιορισμός s'est rencontré dans une lettre d'un roi Séleucide que j'ai citée plus haut, p. 90. Il faut lire et restituer :

1. [Βασιλεὺς..... Τραλλιανῶν (?) τῆι βουλῆι καὶ τῶι δήμ]ωι χαίρειν· Ἀριστέα[ς καὶ N. καὶ N. οἱ παρ' ὑμῶν]
2. [πρεσβευταὶ τό τε ψήφισμα ἀπέδωκαν ἡμῖν καὶ ὅ τι ἄλ]λο ἐγεγράφειτε ὑπὲ[ρ... ..... καὶ αὐτοὶ]
3. διελέχθησαν μετὰ σπουδῆς ἀκολούθως τοῖς ἐν τῶι ψηφίσ]ματι γεγραμμένοις, [ἀπολογισάμενοι.....
4. ......... ὑπὸ βασιλέως Ἀντιό]χου περιορισμούς.....

apporte la solution d'un petit problème de topographie; nous lui devons de connaître assez exactement l'emplacement d'une ville qui ne semble avoir joué aucun rôle avant l'ère chrétienne, mais plus tard devint le siège d'un évêché, la ville de Baris (Βᾶρις, Βάρεως).

Le lot acquis par Laodice s'étendait entre le territoire de Zéleia en Mysie et le territoire de Cyzique, ainsi qu'il résulte avec évidence des lignes 40-41 de notre inscription. Voici, très sommairement indiquées, les limites que permet de tracer notre procès-verbal.

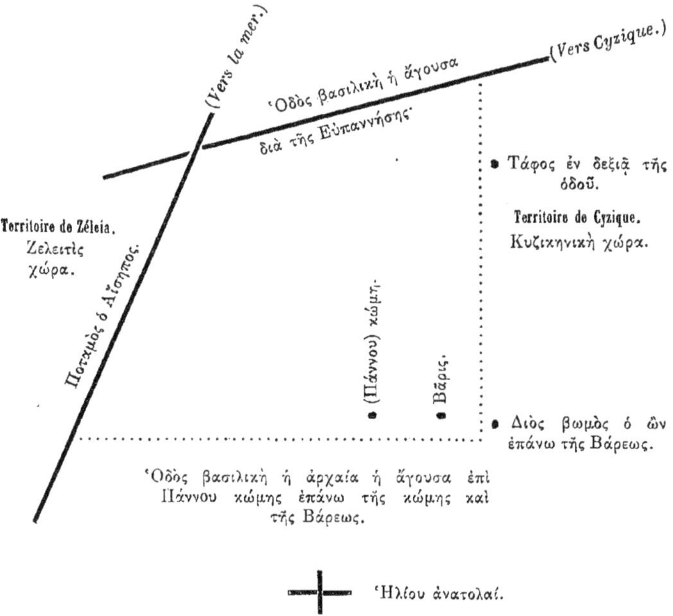


J'ai admis que le fleuve Aisépos limitait à l'E. le territoire de Zéleia et que des deux routes royales nommées aux lignes 41 et 48, la seconde conduisait à Cyzique. D'après les renseignements très précis de Strabon, qui suit de près Démétrius de Skepsis et le cite souvent, le territoire de Zéleia ne s'étendait pas jusqu'à la mer; la côte sur les deux rives de l'Aisépos appartenait à l'E. à Cyzique, à l'W. à Priapos(1). Zéleia même, qui se trouvait à 80 stades de l'embouchure de l'Aisépos, à 190 de Cyzique, était placée sur les derniers contreforts de l'Ida(2); son territoire comprenait, au dire de Démétrius, des plaines et des plateaux bien cultivés(3). Toute la région d'ailleurs était riche en traditions mythologiques(4). La terre sacrée de la Troade commençait aux eaux noires de l'Aisépos(5), et des monuments, autels et tombeaux, ou de simples noms de lieux perpétuaient le souvenir de légendes doublement vénérées puisqu'Homère les avait recueillies. A la limite des territoires de Priapos et de Cyzique, non loin du domaine de Laodice par conséquent, un lieu dit Ἁρπάγια marquait l'endroit où Ganymède avait été enlevé(6); l'autel de Zeus, mentionné dans notre inscription et qui se trouvait « en haut de Baris », n'était certainement pas éloigné d'Harpaghia et peut-être se rattachait-il à la même légende. Sur la rive gauche de l'Aisépos on montrait sur une éminence le tombeau de Memnon, fils de Tithonos, et dans le voisinage se trouvait encore au temps de Strabon une Μέμνονος κώμη(7). Je crains fort que les deux villages cités dans notre inscription (Πάννου κώμη, Πύθου κώμη) ne portent le nom d'aucun héros : leurs patrons, Pannos et Pythès, semblent de simples mortels qui ont eu l'honneur assez banal de fonder une κώμη. L'inscription ne nous renseigne pas exactement sur l'emplacement du village de Pythès; nous en pouvons seulement conclure qu'il n'était pas éloigné de la vieille route royale alors abandonnée. La route ayant été barrée et occupée par les voisins(8), on s'adresse à ceux-ci pour en indiquer le tracé, qui forme l'une des limites du domaine de Laodice, de l'W. à l'E. Trois de ces voisins sont

(1) STRABON, XIII, 587.
(2) *Ibid.*, init.
(3) STRABON, XIII, 603 : τὰ δ'ἑξῆς ἤδη τὰ τῆς Ζελείας ἐστὶ πεδία καὶ ὀροπέδια καλῶς γεωργούμενα.
(4) ÉLIUS ARISTIDE, Ἱερῶν λόγων Δ, 4 (Édition Bruno KEIL, II, p. 427).
(5) STRABON, XIII, 586, in fin.
(6) ID., XIII, 587.
(7) *Ibid.*
(8) L. 45 : καταρηρομένη δὲ ὑπὸ τῶν γειτνιώντων τῶι τόπωι.

chargés d'assister dans ce travail l'ὕπαρχος et l'intendant de Laodice : deux sont du village de Pannos, l'un du village de Pythès. Le village de Pannos étant au N. de cette vieille route, celui de Pythès est très vraisemblablement au S., en dehors du lot de la reine. La mention de cette route abandonnée, déclassée et sans aucun doute remplacée par « la route royale qui conduit à travers l'Eupannésé (?) » serait plus intéressante encore, si le tracé que j'ai proposé plus haut était moins hypothétique; mais l'exemple même de Baris que M. Tomaschek, non sans hésitation, proposait de placer au-delà du Granique sur le territoire de Gergis (1), et M. Ramsay près de l'embouchure du même fleuve, dans le voisinage de l'ancienne Priapos (2), nous montre combien il faut user de prudence. Attendons patiemment d'autres textes qui viendront compléter le nôtre.

En résumé, la ville de Baris, que Hiéroclès nommait entre Cyzique et Parion (3), était située sur la rive droite de l'Aisépos, et M. Bruno Keil a récemment montré qu'Élius Aristide nous l'apprenait avant l'inscription de Didymes (4). Rapprochant très ingénieusement plusieurs passages du quatrième Discours sacré et la suscription du discours intitulé *Athèna*, il a prouvé que ce dernier discours avait été composé à Baris, en Mysie, sous le proconsulat de Severus (5). Or le quatrième Discours sacré relate le séjour en Mysie, sous le même proconsul, de l'illustre malade qui faisait alors route vers l'Aisépos. Élius Aristide a donc traversé l'ancien domaine de Laodice; bien mieux, il a vu, sinon l'autel de Zeus mentionné dans notre inscription, du moins un sanctuaire de Zeus Olympien que M. B. Keil a raison de placer à l'endroit même où s'élevait en 253 av. J.-Chr. l'autel qui domi-

(1) Tomaschek, *Zur historischen Topographie von Kleinasien im Mittelalter* dans les *Sitzungsberichte der Akademie, Wien*, CXXIV (1891), mémoire VIII, p. 18.

(2) W. M. Ramsay, *The historical Geography of Asia Minor*, p. 152 et 159.

Sur Baris, voy. encore l'article de Bürchner dans P.-W. *Real-Encycl.*, s. v. Il n'y a rien à tirer d'une inscription découverte à Brousse (*Arch.-epigr. Mitth. aus Oesterreich-Ungarn*, VII (1883), p. 171, n° 4). On y lit, fragment b. l. 6 : ...κατὰ τὴν Βᾶριν καὶ τὸν Μόλπον...

(3) Hieroclis *Synecdemus*, éd. Parthey, p. 20, 3.

(4) *Revue de Philologie*, XXV (1901), p. 123.

(5) Sur la difficile question de l'identification et de la date de ce Severus, voy. H. Dessau, *Prosopographia imperii romani*, II, p. 215, n° 375 et Th. Mommsen dans les *Sitzungsber. der Akad. zu Berlin*, 1901, p. 26.

nait Baris. Enfin Élius Aristide nous rend un dernier service en nous indiquant la distance qui séparait le sanctuaire de Zeus Olympien de l'Aisépos et des sources chaudes qui sont dans le voisinage du fleuve : « la distance est de deux jours de route », dit-il (1), soit d'environ 300 stades puisque le premier jour Aristide s'arrête à Poemanénon après avoir franchi 160 stades. Il était parti du sanctuaire de Zeus à une heure avancée de la matinée et fit 60 stades presque de nuit à la lueur des torches. On sait d'ailleurs qu'il voyageait à son aise et lui-même nous apprend qu'assis dans sa voiture il avait composé des hymnes en l'honneur d'Asclépios qui avait un sanctuaire à Poemanénon, de l'Aisépos, des Nymphes et d'Artémis Thermæa (2). Ajoutons que les indications d'Aristide sont d'autant plus précises qu'il avait des domaines dans la région (3).

Revenant au domaine royal des premiers Séleucides, nous constaterons, à la fin de cette étude, combien l'étendue en était considérable dans la Troade. Nous en pouvons juger par le nombre des acquéreurs et des donataires qui ont acheté ou reçu des lots dans cette région. Sous le règne d'Antiochus Soter, c'est la ville de Pitané, c'est Aristodikidès d'Assos dont nous avons conté plus haut les démarches ; avant lui, c'était Athénæos, le gouverneur de Ναύσταθμον. A ces deux noms je serais tenté d'ajouter celui du médecin d'Antiochus I, Métrodoros d'Amphipolis, qui avait guéri le roi d'une blessure au cou. Il y a lieu de se demander en effet pourquoi le roi d'abord, puis le gouverneur de la province prennent la peine d'annoncer cette heureuse guérison à la ville d'Ilion (4). N'y a-t-il pas quelque lien entre la ville et Métrodoros ? Ce dernier n'a-t-il pas reçu de la faveur royale une parcelle du domaine qu'il a rattachée à la ville d'Ilion, et la ville n'est-elle pas invitée à compléter le bienfait en lui conférant le droit de cité ? Sous le règne d'Antiochus II, c'est la

(1) Ἱερῶν λόγων Δ, 2 (P. 426 Keil).

(2) *Ibid.*, 4 (P. 427 Keil).

(3) *Ibid.*, 73 (P. 443 Keil). M. J. Arthur R. Munro a récemment parcouru cette contrée (*Journ. of hellen. Studies*, XXI (1901), p. 234-235 : On the Tarsius and the Aesepus). Il propose maintenant de placer Poemanenum dans le voisinage de Gunen.

(4) Ch. Michel, *Recueil...*, n° 526.

reine même qui fait l'importante acquisition dont il vient d'être parlé.

Dans la région de l'Ida, dans les vallées du Granique et de l'Aisépos, le domaine royal faisait donc une large tache en quelque sorte. Quelle en était l'origine? Le noyau était le domaine qui avait appartenu aux rois de Perse. Strabon nous apprend par exemple que dans les montagnes qui faisaient partie du territoire de Cyzique et touchaient à celui de Zéleia, il y avait une chasse royale, aménagée d'abord pour les rois de Lydie, puis pour les rois de Perse (1). Le conquérant macédonien en hérita comme de toutes les autres terres et y ajouta considérablement. Au lendemain de la bataille du Granique, Arrien nous montre les barbares descendant des montagnes et venant se soumettre au vainqueur : Alexandre les renvoie chez eux, probablement non sans s'être approprié leur territoire (2). Pour les gens de Zéleia qui avaient pris les armes contre lui, il leur pardonna, ayant appris qu'ils y avaient été contraints (3). Dès la première heure, dès les premiers pas, Alexandre n'en est pas moins préoccupé de recueillir ou de constituer le domaine royal. L'extension qu'il lui donna dans la région de l'Hellespont s'explique aisément : il lui importait d'assurer sa domination sur la côte où il avait débarqué, où devaient passer les recrues venant de Macédoine et les vétérans regagnant leur patrie. Ce coin de la Troade était en quelque sorte une des têtes du pont qui devait rester libre entre la Thrace et le royaume d'Asie : Alexandre en fit en grande partie son bien propre (4).

Je n'ai pas à chercher comment s'accrut le domaine royal sous les successeurs d'Alexandre (5). Il nous suffira de rappeler

(1) Strabon, XIII, 589 init.

(2) Arrien, *Anab.*, I, 17, 1.

(3) Id., I, 17, 2.

(4) Il avait créé ou s'était approprié des haras dans la région de l'Ida. Eumène y remonte sa cavalerie (Plutarque, *Eumène*, 8).

(5) Cette étude ne manquerait pas d'intérêt. Pour Alexandre, le point de départ serait l'édit royal, retrouvé à Priène (*Anc. gr. Inscr. in the Brit. Museum*, n° 400 = Lenschau, *De rebus Prienensium*, p. 197 et 166 = E. Pridik, *de Alexandri Magni epistularum commercio*, p. 28). Pour Antigone, on tirerait parti des rescrits d'Antigone à Téos, Ch. Michel, *Recueil...*, n° 34, l. 84, où ἡ φορολογουμένη χώρα équivaut à ἡ βασιλικὴ χώρα. De ce passage du rescrit on rapprocherait le décret de Nésos cité plus haut, p. 11.

que les colonies militaires macédoniennes étaient établies sur le domaine royal, que les lots (κλῆροι) concédés aux colons (κάτοικοι) étaient détachés dudit domaine : tel est du moins le cas pour la colonie fondée à Magnésie du Sipyle par Antiochus Soter. Une longue inscription, contemporaine de Séleucus Callinicus, nous fournit sur cet établissement de précieux renseignements et nous aurons à la citer dans le chapitre suivant qui renfermera une lettre adressée par Séleucus II à Milet. Cette lettre nous ramènera à Didymes et à notre temple.

## CHAPITRE VII

# SÉLEUCUS II [246/5-227/6]

LETTRE DE SÉLEUCUS II A MILET (246). — L'ASIE MINEURE A L'AVÈNEMENT DE SÉLEUCUS II. — MILET ET LES PREMIERS SÉLEUCIDES. — SÉLEUCUS II ET LES CITÉS GRECQUES DE L'ASIE MINEURE. — OCCUPATION DE L'IONIE ET DE MILET PAR PTOLÉMÉE III.

Séleucus II succéda en 246 à son père Antiochus Théos. Peu de règnes ont plus embarrassé nos historiens des successeurs d'Alexandre; peu de récits sont plus encombrés d'hypothèses contradictoires, échafaudages entrecroisés qui sont bâtis sur des textes peu solides eux-mêmes. Fort heureusement pour nous, un historien moderne qui ne redoute pas les sujets difficiles et prend plaisir à les attaquer de front, M. Bouché-Leclercq, a traité du règne de Séleucus II Callinicus et de la critique historique dans un important mémoire qui servira de guide et de modèle à quiconque abordera désormais cette période, confuse entre toutes (1). Reprenant courageusement tous les systèmes proposés depuis Niebuhr jusqu'à M. Beloch, il les a fidèlement analysés et patiemment alignés, de si maîtresse manière qu'on découvre du même regard et leurs inconséquences et la vérité à laquelle ils faisaient plus ou moins violence. Vérité fort incomplète, à coup sûr, mais en jalonnant la voie, M. Bouché-Leclercq a rendu un service considérable.

Deux textes nouveaux me permettront, je crois, de rectifier et de préciser le tracé du début, je veux dire des premières années du règne. De ces textes, l'un a été publié après la rédaction du mémoire de M. Bouché-Leclercq : c'est ce rapport d'un officier

(1) *Le règne de Séleucus II Callinicus et la critique historique*, dans la *Revue des Universités du Midi* III (1897), nos d'avril et de juin. Je renverrai aux pages du tirage à part. Cf. B. NIESE, *Gesch. der griech. und makedon. Staaten*, II (1899), p. 145 suiv.

égyptien sur la première partie de la troisième guerre de Syrie, auquel j'ai déjà fait quelques emprunts dans le chapitre précédent. Pour plus de commodité, je le désignerai désormais sous le nom de papyrus de Gourob, du nom du lieu où il a été découvert (1). Le second texte est une inscription qui provient des dernières fouilles de Didymes.

*Revue de Philologie*, XXV (1901), p. 126. La stèle est brisée à la partie inférieure.

Βασιλεὺς Σέλευκος Μιλησίων τῆι βουλῆι καὶ τῶι δήμωι χαίρειν·
τῶμ προγόνων ἡμῶν καὶ τοῦ πατρὸς (2) πολλὰς καὶ μεγάλας
εὐεργεσίας κατατεθειμένων εἰς τὴν ὑμετέραμ πόλιν, διά τε
τοὺς ἐγδεδομένους χρησμοὺς ἐκ τοῦ παρ' ὑμῖν ἱεροῦ
τοῦ Διδυμέως Ἀπόλλωνος (3) καὶ διὰ τὴν πρὸς αὐτὸν τὸν θεὸν
συγγένειαν, ἔτι δὲ καὶ διὰ τὴν τοῦ δήμου εὐχαριστίαν,
ὁρῶντες καὶ αὐτοί — ἔκ τε τῶν ἄλλων τῶμ πεπολιτευμένων
ὑμῖν διὰ παντὸς τοῦ χρόνου πρὸς τὰ ἡμέτερα πράγματα (4),
παραθέντων ἡμῖν τῶμ πατρικῶγ φίλων (5), καὶ ἐκ τοῦ ἀπολογισμοῦ
ο]ὗ ἐποιήσαντο Γλαύκιππος καὶ Διόμανδρος οἱ παρ' ὑμῶν
κ]εκομικότες τὸν ἱερὸν στέφανον τὸν ἐκ τοῦ ἀδύτου ὧι
ἐστεφανώκει ἡμᾶς ὁ δῆμος — εἰλικρινῆ καὶ βεβαίαμ ποιουμένους
ὑμᾶς πρὸς τοὺς φίλους ἀπόδεξιγ καὶ μεμνημένους ὧν ἂν εὖ
πάθητε, ἀπεδεξάμεθα τὴν αἵρεσιν τοῦ πλήθους καὶ (6)

(1) Comme précédemment je le cite d'après U. Koehler, *Sitzungsber. der Akad. zu Berlin*, 1894, p. 445 suiv.

(2) Antiochus Soter parle déjà de οἱ ἡμέτεροι πρόγονοι, Ch. Michel, nº 37, l. 23. Cf. Ch. Michel, nº 48, l. 5-6.

(3) Ἐγδεδομένους peut être restitué dans le décret de Palla retrouvé à Téos. Le Bas-Waddington, *Inscr. d'Asie Mineure*, nº 78, l. 8 et 9 : ...διά τε τῶν χρησμῶν [τῶν ἐγδεδομένων ἐν] Δελφοῖς καὶ ἐν Διδύμοις. Waddington restituait : ἀναγγελθέντων. Cf. *Die Inschr. von Magnesia am Maeander*, nº 61, l. 24-25, ἐγδοθέντος αὐτοῖς χρησμοῦ.

(4) Cf., dans la lettre d'Antiochus III à Magnésie du Méandre (*Die Inschr. von Magnesia am Maeander*, nº 18), les l. 16 suiv. : ἔχοντες οὖν ἐξ ἀρχῆς π[ερὶ] τοῦ δήμου τὴν φιλανθρωποτάτην διάλ[η]ψιν διὰ τὴν εὔνοιαν ἣν τυγχάνει ἀποδεδειγμένος ἐμ πᾶσι τοῖς καιροῖς εἴς τε ἡμᾶς καὶ τὰ πράγματα.

(5) Le substantif παράθεσις a le même sens dans le décret d'Abdère (Ch. Michel, nº 325 = Dittenberger, *SIG.*², nº 475 et p. 816), l. 25 suiv. : [διὰ πολλ]ῶν πραγμάτων παραθέσειώς τε καὶ...

Le lapicide avait commencé à graver πατρικῶν. Il a corrigé le nu en gamma.

(6) La ligne est sensiblement plus courte que les autres. Le lapicide a laissé un grand blanc après *καί*, mais on remarquera qu'il n'a pas une seule fois coupé un mot en deux ; à chaque ligne commence un mot.

προθυμούμενοι καὶ ἐν τοῖς μεγίστοις ἡγούμεν[οι καὶ καλλίστοις εἰς ἐπιφανεστέραν διάθεσιν ἀγαγεῖν κ[αὶ τὰ παρ' ἡμῶν φιλάνθρωπα(1), ἐπὶ δ[ὲ τούτοις..................

## TRADUCTION.

« Le roi Séleucus au Conseil et au peuple de Milet salut !

Nos ancêtres et notre père ont conféré de nombreux et grands bienfaits à votre cité, autant pour les oracles rendus par votre sanctuaire d'Apollon Didyméen que pour la parenté qui les unissait au dieu même, et aussi à raison de la reconnaissance du peuple.

Nous-même nous voyons, à l'exposé que les amis de notre père nous ont fait de votre conduite, dévouée de tout temps à nos intérêts, et au discours que nous ont tenu Glaukippos et Diomandros, chargés par vous de nous apporter la couronne sacrée cueillie dans l'adyton, que nous a décernée le peuple — nous voyons que vous témoignez vos sentiments à vos amis avec franchise et constance, et que vous gardez le souvenir des bienfaits reçus.

Aussi nous agréons l'hommage du peuple, et disposé et attachant la plus grande importance à rendre plus manifeste encore notre bienveillance, [voulant] en outre..... »

Nul ne contestera, je pense, l'attribution de cette lettre à Séleucus II. Seul, le fils d'Antiochus Théos pouvait ainsi parler de son père et des liens de parenté qui l'unissaient au dieu de Didymes; seul, il pouvait rappeler la reconnaissance du « peuple » de Milet. Antiochus II n'avait-il pas délivré Milet du tyran Timarchos et restauré la démocratie? N'avait-il pas institué par tout le royaume le culte du roi et celui de la reine?

(1) Cf. la lettre d'Antiochus III citée plus haut p. 86, l. 20 suiv. : καὶ βουλόμενοι φανερὰν ποιεῖν τὴν ἑαυτῶν προαίρεσιν. — Pour la restitution [τὰ παρ' ἡμῶν] φιλάνθρωπα, cf. le décret de Smyrne contemporain du roi Séleucus II, Ch. MICHEL, n° 19, l. 16 suiv. : ...ὑπάρξειν αὐτοῖς παρὰ τοῦ δήμου καὶ παρὰ τοῦ βασιλέως Σελεύκου πάντα τὰ φιλάνθρωπα καὶ καλῶς ἔχοντα καὶ ἀποδοθήσεσθαι χάριτας αὐτοῖς ἀξίας τῆς αἱρέσεως. Le mot αἱρέσεως a ici le même sens que dans notre inscription, l. 14.

Pas plus que l'attribution, la date ne me semble incertaine. L'ambassade des Milésiens et la lettre du roi se placent au début même du règne de Séleucus. Le roi, qui est encore tout jeune et qui vient de monter sur le trône, n'a pas encore rendu de services au peuple de Milet : il ne sait qu'invoquer les bienfaits de ses ancêtres, particulièrement ceux de son père. Il n'a pas encore mis lui-même à l'épreuve le dévouement de Milet aux intérêts de sa maison ; sur ce point il s'en rapporte à l'exposé que lui ont fait de la politique milésienne les amis de son père et les ambassadeurs eux-mêmes. Il n'a pas eu jusqu'à présent d'autres moyens de se renseigner, mais il a confiance en ce double témoignage ; le passé garantit l'avenir, non moins que l'attitude présente et l'envoi d'une couronne sacrée cueillie dans l'adyton de Didymes. Cette couronne n'accompagne en effet ni des félicitations pour une victoire que le jeune prince n'a pas eu le temps de remporter, ni des remercîments pour un bienfait qu'il n'a pu conférer : c'est simplement l'hommage rendu par une cité fidèle au nouveau roi. Une couronne de laurier cueillie dans le grand sanctuaire ionien d'Apollon convient au fils d'Antiochus-Dieu (1). Les Milésiens — nous le verrons plus loin — n'ont pas joint à leur envoi que l'assurance de leur dévouement : ils ont demandé pour leur temple la confirmation de quelque privilège ou fait appel à la générosité du maître nouveau.

Nous avons donc le droit de joindre notre texte à ceux qui nous renseignent sur l'état de l'Asie Mineure en 246, à l'avènement de Séleucus II.

***

C'est à l'historien Justin qu'il faut emprunter le récit des premières années du règne. Après avoir rappelé le meurtre de Bérénice, il poursuit en ces termes : *Indigna res omnibus visa. Itaque universae civitates exemplo crudelitatis exterritae*

(1) On sait qu'à Delphes des couronnes de laurier sacré étaient également décernées par les amphictyons. COLLITZ-BAUNACK, *Sammlung der griechischen Dialekt-Inschriften*, II (1899), nos 2507-2512. La formule est la même dans ces six décrets : στεφανῶσαι δάφνης στεφάνωι παρὰ τοῦ θεοῦ.

*simul et in ultionem eius quam defensuri fuerant, Ptolemaeo se tradunt, qui nisi in Aegyptum domestica seditione revocatus esset, totum regnum Seleuci occupasset* (1).

S'il fallait en croire Justin, la révolte des villes eût été générale : elle se fût étendue de la Séleucide, où le meurtre avait été commis, à l'Asie Mineure. Pareillement Ptolémée eût porté la guerre et en Syrie et en Asie Mineure. Complétant Justin, les savants modernes nous fournissent des noms, ceux d'Éphèse et de Smyrne.

Pour Éphèse, M. Beloch admet qu'elle fut livrée à Ptolémée avant même le meurtre de Bérénice. Échappant à Laodice qui voulait s'en défaire, le gouverneur de la ville, « Sophron, leva à Éphèse l'étendard de Bérénice et remit la ville à Ptolémée, qui la garda depuis lors. Sophron lui-même passa au service de l'Égypte. L'exemple donné par Éphèse trouva des imitateurs dans toute une série de cités sur la côte de l'Asie Mineure (2). »

Smyrne ne doit pas être comprise dans cette « série ». Aussitôt après le meurtre de Bérénice, écrit le regretté Couve en commentant une inscription de Delphes que je citerai plus loin, « Ptolémée envahit l'Asie Mineure avec une armée et s'empara sans peine d'une grande partie de ce pays, car la plupart des villes abandonnèrent Séleucus et se rangèrent docilement sous la domination du roi d'Égypte. Smyrne cependant resta fidèle au fils de son bienfaiteur. » Et plus loin : « Leur inaltérable fidélité à la cause de Séleucus avait coûté cher aux Smyrniens; ils avaient résisté aux armées de Ptolémée, mais avaient perdu dans la lutte une partie de leurs possessions (3)... »

A ces tableaux trop rapidement brossés, voici ce que nous permettent d'opposer les textes nouveaux :

Milet, — avant le meurtre de Bérénice, il est vrai — rend hommage à Séleucus. Magnésie du Méandre, dans la même région appartient encore à Séleucus après le meurtre de Bérénice (4).

(1) XXVII, 1. J'ai supprimé du texte les mots qui ont été manifestement interpolés, ainsi que l'a démontré Nipperdey.

(2) Julius Beloch, *Seleukos Kallinikos und Antiochos Hierax*, dans l'*Historische Zeitschrift*, XXIV (1888), p. 500. Cf. p. 502 : ... Kleinasien..., das, wie wir wissen, sich zum Theil ebenfalls im vollen Aufstand befand.

(3) *Bull. de Corr. hellén.*, XVIII (1894), p. 232 et 233.

(4) Pour Magnésie du Méandre, voy. ci-dessous, p. 124 et 132.

Éphèse, après le meurtre de Bérénice, est aux mains de Laodice. C'est Éphèse que la reine a choisie pour capitale; c'est de là qu'elle donne ses ordres aux satrapes et gouverne le royaume, pendant que Séleucus conduit ou mieux prépare les opérations militaires (1).

Donc, pas de révolte générale des cités grecques. Nous verrons bientôt que dans l'Asie Mineure nous ne pouvons nommer qu'une seule cité révoltée, Magnésie du Sipyle; encore le nom de cité ne convient-il pas exactement au groupe qui occupait alors l'emplacement de Magnésie.

Bien mieux : Smyrne n'a pas été assiégée par Ptolémée, ni la guerre portée par le roi d'Égypte en Asie Mineure. L'histoire de Smyrne, pendant les premières années du règne de Séleucus II, nous est assez bien connue, grâce à deux inscriptions, dont l'une, depuis longtemps publiée, compte parmi les inscriptions historiques les plus précieuses; l'autre, découverte dans les fouilles de l'École française à Delphes, n'avait pas échappé à M. Bouché-Leclercq. L'une est un décret de Smyrne réglant les conditions d'une alliance avec Magnésie du Sipyle (2) ; l'autre, un décret de Delphes. Les considérants du décret de Smyrne contiennent un récit divisé en deux chapitres pour ainsi dire : dans le premier sont relatés les événements qui se sont passés πρότερόν τε καθ' ὃν καιρὸν ὁ βασιλεὺς Σέλευκος ὑπερέβαλεν εἰς τὴν Σελευκίδα ; dans le second, les négociations engagées νῦν τε ὑπερβεβληκότος τοῦ βασιλέως εἰς τὴν Σελευκίδα. On se fonde généralement sur ces deux lignes qui sont en quelque sorte deux titres de chapitres, pour admettre que Séleucus a fait deux campagnes en Séleucide (3) : l'une, malheureuse, au début de son règne; l'autre, victorieuse, après le départ de Ptolémée (*post discessum Ptolemaei*) (4), et qu'il poussa jusque sur l'Euphrate, où il fonda

(1) Sur Éphèse, voy. plus haut, p. 89.

(2) Ch. Michel, n° 19. Je dis : le décret de Smyrne, bien qu'il y ait en réalité deux décrets. Sont gravés sur la même pierre : 1° Un décret de Smyrne relatif au traité à conclure avec Magnésie; 2° le texte même du traité, les serments des deux parties, les dispositions relatives à l'échange des serments et à l'exposition des stèles; 3° un décret de Smyrne relatif au traité à conclure avec Palæmagnesia.

(3) Voy. les tableaux dressés par Bouché-Leclercq, p. 10 et suiv. du mémoire déjà cité.

(4) Justin, XXVII, 2.

Callinicon en 242. J'avoue que cette double campagne ne me semble nullement prouvée. Justin n'en dit mot et nous n'avons à compter qu'avec le décret de Smyrne. Il y est parlé à deux reprises d'une irruption de Séleucus en Séleucide, mais n'est-ce pas la même campagne deux fois rappelée, n'est-ce pas deux moments différents de la même expédition? Le début d'abord : « au temps où Séleucus passa en Séleucide », entendez : au temps où Séleucus franchit le Taurus ; puis la suite : « maintenant que Séleucus est passé en Séleucide », entendez : maintenant qu'il fait la guerre de l'autre côté du Taurus. Traduire, comme le fait Droysen, « au moment où le roi passait *de nouveau* en Séleucide » (1), c'est ajouter au texte un adverbe qu'il ne contient pas. De même dans la première phrase : ἐπειδὴ πρότερόν τε καθ' ὃν καιρόν ..., l'adverbe πρότερον ne modifie pas le verbe ὑπερέβαλεν, mais simplement s'oppose à νῦν τε ὑπερβεβληκότος... dans la seconde (2). Nous serons donc peut-être plus respectueux et de la langue grecque et de la vérité historique en rayant des cadres la « première » campagne de Séleucide. C'est une économie appréciable, qui nous aidera tout à l'heure à dater le décret de Smyrne, quand nous aurons étudié les événements racontés dans les considérants.

Le premier chapitre de ce récit comprend deux parties, l'une consacrée à la conduite de Smyrne, l'autre à celle du roi. On me permettra de transcrire ce texte qui a été souvent mal interprété. Voici d'abord le passage qui concerne Smyrne :

2. ............ πολλῶν [κ]αὶ μεγάλων κινδύνων περιστάντων τὴμ πόλιν καὶ τὴν
3. χ̣ώραν, διεφύλαξεν ὁ δῆμος τὴμ πρὸς αὐτὸν εὔνοιάν τε καὶ φιλίαν, οὐ καταπλαγεὶς τὴν τῶν ἐναντίων ἔφοδον
4. οὐδὲ φροντίσας τῆς τῶν ὑπαρχόντων ἀ[π]ωλείας, ἀλλὰ πάντα δεύτερα ἡγησάμενος εἶναι πρὸς τὸ διαμεῖ-
5. ναι ἐν τῆι αἱρέσει καὶ ἀντιλαβέσθαι τῶμ π[ρ]αγμάτων κατὰ τὴν ἑαυτοῦ δύναμιν καθότι ἐξ ἀρχ̣ῆς ὑπέσστη.

(1) Voy. Bouché-Leclercq, *mémoire cité*, p. 27, et cf. Droysen, *Histoire de l'hellénisme*, traduction française, III (1885), p. 377.

(2) L'opposition est complète entre πρότερόν τε et νῦν τε. Νῦν δέ, dans le mémoire de Bouché-Leclercq, p. 27, note, est une faute d'impression qui n'est pas sans importance.

On a conclu de là que Smyrne avait subi, au début du règne de Séleucus, une guerre et un siège. Les « ennemis » ne pouvaient être que les armées de Ptolémée ; ce sont donc les troupes égyptiennes qui ont attaqué la ville et lui ont fait courir tant et de si grands dangers. Mais, pour en revenir au texte même, les mots κινδύνων et ἐναντίων conviennent-ils à une guerre ouverte, telle que la guerre avec le roi d'Égypte ? Le mot πόλεμος, qu'on attendrait ici, revient plus loin deux fois, non plus dans le décret, mais dans le traité d'amitié conclu entre Smyrne et Magnésie du Sipyle : συντελεσθέντων δὲ τῶν ὅρκων τὰ μὲν ἐγκλήματα αὐτοῖς τὰ γεγενημένα κατὰ τὸν πόλεμον ἤρθω πάντα καὶ μὴ ἐξέστω [μηδ]ὲ ἑτέροις ἐγκαλέσαι περὶ τῶν κατὰ τὸν πόλεμον γεγενημένων (1)... Cette guerre qu'on veut effacer n'est-elle pas celle que se sont faite Smyrne et Magnésie du Sipyle ? N'est-ce pas les habitants de Magnésie qui sont désignés dans le décret par le mot ἐναντίων, et dont les incursions (ἔφοδον), les déprédations (τῆς τῶν ὑπαρχόντων ἀπωλείας) ont causé tant de préjudice aux Smyrniens (2) ? Et si nous prenons garde que les habitants de Magnésie sont ou des colons militaires ou des troupes de cavalerie et d'infanterie au service du roi de Syrie, ou un petit nombre de résidents grecs et barbares (3), nous pourrons rétablir ainsi qu'il suit les faits qui se sont alors passés dans ce coin de l'Asie Mineure. Au lendemain du meurtre de Bérénice, ou peut-être même de la mort d'Antiochus II sur laquelle circulèrent de bonne heure des bruits fâcheux pour Laodice (4), Magnésie du Sipyle, fidèle à la mémoire du roi défunt et dévouée à son épouse Bérénice, se révolta. S'il est aussi longuement parlé, dans le traité conclu plus tard entre Smyrne et Magnésie, du dévouement au roi Séleucus, c'est qu'il était nécessaire d'insister sur ce point capital et, bien que l'engagement soit pris par les deux parties contractantes, il n'en est pas moins clair que les gens de Magnésie étaient surtout visés : Smyrne s'était montrée dévouée au roi, elle avait fait ses preuves. Les gens de Magnésie troublèrent l'ordre en s'attaquant à leurs

(1) L. 41 suiv.

(2) Cf. les considérants du second décret, l. 90 suiv. : ... καὶ πολλὰ μὲν περιεῖδεν ἀπολλύμενα καὶ καταφθειρόμενα τῶν ὑπαρχόντων, πολλοὺς δὲ ὑπέμειν[εν] κινδύνους....

(3) L. 35 suiv.

(4) Cf. J. Beloch, *article cité*, p. 499 et 500 et B. Niese, *ouvr. cité*, p. 146, note 2.

voisins les Smyrniens. Le voisinage d'une colonie militaire aussi importante que Magnésie du Sipyle n'était sans doute pas envié des cités grecques. En temps de paix, c'étaient des contestations sur les limites des territoires respectifs, et nous verrons plus loin que Smyrne, si favorisée qu'elle soit plus tard par Séleucus, attendra encore de son intervention la restitution de sa πάτριος χώρα; les gens de Magnésie avaient sans doute empiété plus d'une fois sur le territoire de leurs voisins. En temps de trouble, comme au lendemain de la mort d'Antiochus, c'étaient de la part de ces vétérans ou de ces soldats en activité, des razzias ruineuses, et l'insécurité avait pour résultat de mettre en péril le régime démocratique. Malgré tous ces dangers, Smyrne resta fidèle à Séleucus dès la première heure, ἐξ ἀρχῆς, est-il dit dans l'inscription, et quelques lignes plus loin il est rappelé qu'elle avait élevé un temple à Stratonice, l'aïeule de Séleucus, honorée sous le nom d'Aphrodite Stratonikis, et que le père du roi, Antiochus Théos, avait également sa statue dans la ville, qui lui rendait les honneurs divins.

Séleucus se montra reconnaissant et voici, d'après l'inscription de Smyrne, la suite du récit que nous nous efforçons de préciser :

5. ........................................διὸ
6. καὶ ὁ βασιλεὺς Σέλευκος, εὐσεβῶς τὰ πρὸς τοὺς θεοὺς διακείμενος καὶ φιλοστόργως τὰ πρὸς τοὺς γονεῖς, μεγα-
7. λόψυχος ὢν καὶ ἐπιστάμενος χάριτας ἀποδιδόναι τοῖς ἑαυτὸν εὐεργετοῦσιν, ἐτίμησεν τὴμ πόλιν ἡμῶν διά
8. τε τὴν τοῦ δήμου εὔνοιαν καὶ φιλοτιμίαν ἣν ἐπεποίητο εἰς τὰ πράγματα αὐτοῦ καὶ διὰ τὸ τόμ πατέ-
9. ρα αὐτοῦ θεὸν Ἀντίοχον καὶ τὴμ μητέρα τοῦ πατρὸς θεὰν Στρατονίκην ἱδρῦσθαι παρ' ἡμῖν τιμωμέ-
10. νους τιμαῖς ἀξιολόγοις καὶ κοινῆι ὑπὸ τοῦ πλήθους καὶ ἰδίαι ὑφ' ἑκάστου τῶμ πολιτῶν καὶ ἐβεβαίωσεν τῶι δήμωι τὴν αὐ-
11. τονομίαν καὶ δημοκρατίαν, ἔγραψεν δὲ καὶ πρὸς τοὺς βασιλεῖς καὶ τοὺς δυνάστας καὶ τὰς πόλεις καὶ τὰ ἔθνη ἀξι-
12. ώσας ἀποδέξασθαι τό τε ἱερὸν τῆς Στρατονικίδος Ἀφροδίτης ἄσυλον εἶναι καὶ τὴμ πόλιν ἡμῶν ἱερὰν καὶ ἄσυλον.

On a fort heureusement retrouvé à Delphes un décret de Delphes où se trouve mentionnée la royale circulaire adressée aux rois, dynastes, cités et confédérations[1]. Des considérants je détache les lignes suivantes qui complètent le décret de Smyrne :

6. (Ἐπεὶ βασιλεὺς Σέλευκος) ........ ἐπικεχώρηκε δὲ τοῖς [Σμυρ-
7. ναίοις τάν τε πόλιν καὶ τὰν χώραν αὐτῶν ἐλευθέραν εἶμεν καὶ ἀφο[ρο-
8. λόγητον καὶ τάν τε ὑπάρχουσαν αὐτοῖς χώραν βεβαιοῖ καὶ τὰν πάτρι[ον[2]
9. ἐπαγγέλλεται ἀποδώσειν.

Il en résulte que Séleucus ne s'est pas contenté de confirmer l'autonomie et la démocratie ; il a encore concédé aux Smyrniens la liberté de leur ville et de leur territoire (entendons qu'il s'est engagé à ne mettre de garnison ni dans la ville, ni sur son territoire), et l'exemption du tribut. Enfin il leur a garanti la possession du territoire qui leur appartenait actuellement et s'est engagé à leur restituer le territoire tel que le possédaient leurs pères. Vaine promesse, car il était sans doute aussi difficile à Smyrne de rentrer dans la πάτριος χώρα qu'à Athènes de revenir à la πάτριος πολιτεία[3]. Le décret de Delphes serait encore plus intéressant pour nous, s'il renfermait un nom de magistrat delphien ou une disposition qui nous permît de le dater exactement. Les noms delphiens manquent. Il est seulement dit à la fin qu'on chargera les théores qui annonceront les jeux pythiques de porter au roi l'éloge de la ville, et le dernier éditeur de l'inscription, M. Baunack, fait justement remarquer que, Séleucus étant monté sur le trône en 246, année où furent célébrés les jeux pythiques, les premiers jeux où il pût être invité tombèrent en 242. « Les années 226 ou 222 (?), dit M. Baunack, sont trop éloignées » et il propose pour le décret de Delphes la

(1) *Bull. de Corr. hellén.*, XVIII (1894), p. 228 suiv. (L. Couve) = Ch. Michel, nº 258 = Collitz-Baunack, *Griech. Dialekt-Inschr.*, II, nº 3733.

(2) MM. L. Couve, Ch. Michel et Baunack restituent πατρί[δα. Il me semble que l'adjectif πάτριον est justifié par le sens et par la présence de la particule τέ dans la première partie de la phrase (καὶ τάν τε ὑπάρχουσαν...). Cf. dans un décret d'Abdère, Ch. Michel, nº 325 = SIG.², nº 303, l. 9 : ἦτεῖ τ[ὴν π]άτριον ἡμῶν χώραν.

(3) Les Smyrniens ne rentreront en possession de la πάτριος χώρα qu'en 188. Polybe, XXII, 24, 6.

période comprise entre 242 et 230. Pour ma part, je proposerais la période comprise entre 242 et 238, et je crois que les théores chargés de porter au roi l'éloge de la ville devaient l'inviter aux jeux de 238. Le décret de Delphes, ayant été rendu avant leur départ, doit être antérieur à l'année 240 ou 239 ; il faut en effet tenir compte du temps prévu pour leur voyage et pour le voyage de ceux qu'ils invitaient.

En résumé j'ajouterais aux tableaux qu'a dressés M. Bouché-Leclercq le tableau suivant qui n'embrasse que les premières années du règne :

246/5. — Laodice écrit à Ilion en son nom et au nom de ses deux fils (H. SCHLIEMANN, *Bericht über die Ausgrabungen in Troja im Jahre 1890*, Leipzig, 1891, p. 26, et ci-dessous, p. 129).

Milet rend hommage au roi Séleucus II (Lettre de Séleucus II découverte à Didymes).

Magnésie du Sipyle se révolte et fait la guerre à Smyrne qui reste fidèle au roi (Ch. MICHEL, n° 19, l. 2-5).

246-244. — « Guerre de Laodice » (*Anc. gr. Inscr. in the Brit. Museum*, n° 403, l. 134). La flotte égyptienne conquiert sans difficulté les villes de Syrie et de Pamphylie (*Papyrus de Gourob*, fin des colonnes I, II, III ; JUSTIN, XXVII, 1 ... universae civitates... Ptolemaeo se tradunt).

Sur terre, la guerre est portée par Ptolémée dans la Mésopotamie (U. KOEHLER, *Sitzungsber. der Akad. zu Berlin*, 1894, p. 457).

244. — Séleucus, après avoir témoigné sa reconnaissance à Smyrne et conclu un arrangement avec Magnésie du Sipyle, entre en Séleucide (Ch. MICHEL, n° 19, l. 1-2 et ci-dessous).

244-242. — Pendant l'absence du roi, Smyrne conclut avec Magnésie du Sipyle un traité d'amitié (*Ibid.*, l. 12-13 et ci-dessous).

242-241. — Séleucus vainqueur fonde Callinicon (*Chronicon Paschale*, éd. de Bonn, I, p. 360).

242-238. — Delphes décerne un éloge à Séleucus. Les théores delphiens offrent un sacrifice à Aphrodite Stratonikis (Ch. MICHEL, n° 258).

238. — Jeux pythiques (*Ibid.* et ci-dessus p. 122).

Je reviens donc, pour le décret de Smyrne, à une date voisine de celle qu'avaient proposée Selden et Boeckh (1) : il a été rendu entre 244 et 242. Après une guerre, ou pour mieux dire après des hostilités qui ont pu se prolonger pendant de longs mois — car il ne s'agissait pas d'une guerre ouverte — Smyrne amena Magnésie du Sipyle à traiter. Il résulte avec évidence de certains termes du traité même, que Séleucus avait au préalable conclu un arrangement avec les gens de Magnésie. Tout au moins il avait consenti certaines concessions pour les faire rentrer dans l'obéissance et le devoir ; on lit en effet, dans le serment qu'ils prêtent : καὶ ἃ παρείληφα παρὰ τοῦ βασιλέως Σελεύκου διατηρ[ήσω] κατὰ δύναμιν τὴν ἐμὴν καὶ ἀποδώσω τῶι βασιλεῖ Σελεύκωι (2). Qu'avaient-ils reçu du roi ? Sans doute un accroissement de territoire. De toute façon le roi les avait gagnés à sa cause et ils se montrèrent disposés à traiter avec Smyrne. Nous n'avons pas à étudier ici cet important traité, sur lequel je reviendrai quelque jour, et je me bornerai à rappeler que les Smyrniens en firent graver deux exemplaires, dont l'un fut exposé à Magnésie du Méandre dans le sanctuaire d'Artémis Leucophryéné (3). Des trois exemplaires gravés par les gens de Magnésie du Sipyle, l'un fut exposé à Grynéon dans le sanctuaire d'Apollon (4). Grynéon dépendait déjà de Pergame, et nous apprenons ainsi que Pergame entretenait alors des relations d'amitié avec Séleucus. Pour Magnésie du Méandre, elle était restée fidèle au roi. Une inscription récemment découverte à Magnésie même nous a appris qu'une des tribus portait le nom de Σελευκίς (5), et l'éditeur semble admettre que ce nom lui a été donné en l'honneur de Séleucus II. La chose est possible, et nous rencontrerons plus

(1) Ad CIG., 3137. Cf. B. NIESE, *ouvr. cité*, p. 161, note 4.
(2) L. 63 suiv. Cf. l. 38 suiv.
(3) L. 84.
(4) L. 85. Cf. B. NIESE, *ouvr. cité*, p. 162.
(5) *Die Inschriften von Magnesia am Maeander*, n° 5, l. 4.

tard à Magnésie une tribu Ἀτταλίς (1), mais il se peut aussi que le nom de Σελευκίς ait été donné en l'honneur de Séleucus I. N'est-ce pas pour rendre hommage à Séleucus I que les Iliens avaient donné le nom de Σελεύκειος à l'un de leurs mois (2) ?

* * *

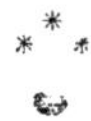

Écrite au début du règne, la nouvelle lettre de Séleucus II fait surtout valoir les bienfaits conférés à Milet par ses ancêtres, et notamment par son père. Elle énumère, non sans gaucherie, les motifs de cette constante bienveillance. Il y en a trois, d'abord les oracles rendus par le sanctuaire milésien d'Apollon Didyméen, puis les liens de parenté qui unissaient au dieu Séleucus I et ses successeurs, enfin la reconnaissance même du peuple milésien.

Sur ces trois points nous sommes fort inégalement renseignés. Pour les oracles didyméens favorables aux Séleucides, je ne puis citer que les suivants, qui se rapportent au fondateur de la dynastie, Séleucus Nicator.

Avant 312. — Quand Séleucus, après la bataille de Gaza, se décide à reconquérir son ancienne satrapie de Babylone, il encourage ses compagnons, effrayés du petit nombre de ses troupes, en leur rappelant l'exemple d'Alexandre et les prédictions favorables des dieux, notamment l'oracle rendu par le dieu de Didymes (*Témoignages*, n° XXXIII). — Le même oracle, semble-t-il, est invoqué plus tard par Séleucus, quand, devenu roi et vainqueur à Ipsos, il fonde Antioche et le sanctuaire de Daphné, vers 300 (*Témoignages*, n° XXXIV).

En 281. — Après la bataille de Koroupédion, Séleucus, devenu maître de l'Asie Mineure et désireux de retourner en Europe, interroge le dieu de Didymes, dont la réponse nous a été conservée (*Témoignages*, n° XXXI).

Nous admettrons sans difficulté que ces deux oracles sont de ceux auxquels Séleucus II fait allusion. Séleucus Nicator s'est

(1) *Die Inschriften von Magnesia am Maeander*, n° 89, l. 7 ; 98, l. 3.
(2) Inscription d'Ilion, dans l'*Archäologische Zeitung*, XXXII (1875), p. 155, l. 11.

en effet contenté de Didymes : l'Apollon Didyméen, dont il avait restitué l'image au sanctuaire milésien, était pour ainsi dire sous sa main ; le dieu de Delphes était trop loin. L'Apollon de Delphes ou de Daphné, assis sur l'omphalos ou debout auprès du trépied prophétique, ne figure sur aucune de ses monnaies (1). Séleucus et Stratonice ont fait des offrandes à l'Apollon de Délos (2), dont le sanctuaire attirait toujours les Grecs d'Asie (3), mais nous ne savons pas qu'ils aient entretenu de relations avec Delphes.

Nous n'avons pas conservé d'oracles qui se rapportent à Antiochus I ou à Antiochus II. Nous rappellerons seulement qu'avant de monter sur le trône, Antiochus, fils de Séleucus, avait par une importante fondation, bien mérité du dieu de Didymes (4). Devenu roi, il introduisit sur ses monnaies le type de l'Apollon Delphique (5). Pour Antiochus II, on peut sans témérité supposer qu'il s'adressa à l'oracle de Didymes, pour faire proclamer par le dieu même sa filiation divine. On retrouve sur ses monnaies le type de l'Apollon Delphique et ses successeurs le garderont pendant plus d'un siècle (6).

Nous avons dit plus haut comment Antiochus II avait eu, le premier, l'idée de faire valoir les liens de parenté (συγγένεια) qui l'unissaient à Apollon. Ni Séleucus Nicator, ni Antiochus Soter n'avaient eu l'humeur ou le loisir de se vanter de cette descendance, si glorieuse fût-elle. Non seulement Séleucus Nicator n'adopta pas pour ses monnaies le type d'Apollon, mais encore on y chercherait vainement un emblème qui fasse allusion à sa haute origine. Le trépied qui figure à l'avers de plusieurs de ses monnaies, ne suffit pas à la révéler. Quant à l'ancre, Justin rapporte qu'une ancre était gravée sur le chaton de la bague donnée par le dieu à la mère du futur roi (7) ; mais Holm a raison

(1) Pour les monnaies de Séleucus I, voy. E. BABELON, *Les Rois de Syrie*, p. VIII suiv.

(2) *Bull. de Corr. hellén.*, VI (1882), p. 158 et 160 ; XII (1888), p. 420.

(3) Nous avons vu plus haut, p. 98, qu'Antiochus I avait fait exposer à Délos un exemplaire du contrat de vente qu'il avait conclu avec la ville de Pitané.

(4) Voy. plus haut, p. 34 suiv.

(5) Delphique ou Daphnéen. Voy. E. BABELON, *ouv. cité*, p. XLIII et XLVI.

(6) Barclay V. HEAD, *Historia numorum*, p. 638-644.

(7) JUSTIN, XV, 4.

de lui opposer un texte d'Appien, dont il présente une explication très plausible(1). La mère de Séleucus avait trouvé une bague ornée d'une ancre, mais le fils la perdit dans l'Euphrate, d'où l'on devait conclure que Séleucus régnerait un jour sur l'Euphrate et sur la région. L'ancre est en quelque sorte le symbole de Babylone, où s'est exercée pour la première fois l'autorité de Séleucus, où plus tard il a ressaisi le pouvoir souverain.

On a prétendu, il est vrai, que, loin de dédaigner les honneurs divins, Séleucus Nicator avait « de son vivant, assumé le rôle de Zeus Olympien ». « Séleucus *est* Zeus, dit le même auteur, comme Antiochus *est* Apollon »(2). Mais je crois que M. Bevan fait erreur. Il s'appuie surtout sur une inscription bien connue(3), mais qui date du règne de Séleucus IV, par conséquent de la première partie du deuxième siècle avant notre ère : Séleucus y est qualifié de Zeus Nicator, Antiochus d'Apollon Soter, mais c'est en quelque sorte le surnom du roi (Nicator, Soter), qui a déterminé le choix du nom du dieu (Zeus ou Apollon), tout autant que les types monétaires qui figurent sur les monnaies de l'un ou de l'autre. Encore faut-il ajouter que dans le décret plus ancien d'Antioche de Perse, où est nommé le prêtre de Séleucus Nicator et d'Antiochus Soter, ceux-ci ne portent aucun nom de dieu(4). Je rejette donc pour Séleucus I, de même que pour son fils Antiochus, l'identification proposée par M. Bevan. Il faut laisser à Antiochus II l'honneur, que ne lui disputent ni son père, ni son aïeul, d'avoir sinon révélé, du moins fait officiellement reconnaître le lien qui l'unissait au dieu(5). Les Milésiens, nous l'avons vu, furent les premiers à le saluer du surnom de Θεός, avant qu'il ait eu l'idée d'organiser lui-même le culte qui était dû à son auguste personne et à celle de la reine. Tant

(1) Appien, *Syr.*, 56 ; Holm, *Griechische Geschichte*, IV (1894), p. 108, note 8, et 166.

(2) E. R. Bevan, *A Note on Antiochos Epiphanes*, dans le *Journ. of hellen. Studies*, XX (1900), p. 27 et 28.

(3) CIG., 4458, l. 10 suiv. Cf. *Revue de Philologie*, XXIV (1900), p. 329.

(4) *Die Inschriften von Magnesia am Maeander*, n° 61, l. 2 suiv.

(5) E. Babelon, *Les Rois de Syrie*, p. LVI signale un tétradrachme qui donne à l'effigie d'Antiochus II une couronne de rayons (n° 209). C'est la première fois, ajoute-t-il, que la couronne radiée, emblème de l'apothéose, fait son apparition sur les monnaies des Séleucides. On la retrouvera sur les monnaies d'Antiochus IV.

de majesté ne convenait ni à Antiochus Soter ni à Séleucus Nicator, tout entiers à la fondation et à l'organisation du royaume.

Le troisième motif de la bienveillance royale est la reconnaissance même du peuple milésien. Nos inscriptions de Didymes nous permettent d'en citer quelques témoignages.

Plusieurs années avant la bataille de Koroupédion, qui lui livra l'Asie Mineure, Séleucus s'était assuré la reconnaissance de Milet en lui restituant la vieille statue de Kanachos (295/4 avant J.-Ch.). Nous avons admis que dans les considérants du décret de Démodamas il était fait allusion à ce bienfait. De quels honneurs fut-il payé par les Milésiens? nous l'ignorons. Du même décret nous avons seulement conclu que Séleucus n'avait reçu ni la προμαντεία, ni la proédrie dans les jeux de Milet [1].

En 294, avant même qu'il soit associé à la royauté, Antiochus, fils de Séleucus, construit à Milet un portique dont les revenus seront employés aux travaux de Didymes. Les Milésiens lui décernent un éloge et une statue équestre, sans omettre les honneurs et avantages ordinaires qui sont également accordés à ses descendants : proédrie dans les jeux, nourriture au prytanée, immunité, sécurité, προμαντεία [2].

Vers 259/8 (?) Antiochus II délivre Milet du tyran Timarchos. Ici encore on peut supposer sans témérité que quelque beau décret exprima la gratitude de la cité, remise en possession de sa démocratie et de son autonomie. Notons encore qu'en 253 Antiochus reconnaît l'importance du sanctuaire de Didymes, puisqu'il ordonne d'y déposer un exemplaire de l'acte de vente conclu par Laodice et lui [3]. Le Didymeion n'est nommé qu'au quatrième rang, l'avant-dernier, mais ce n'en était pas moins un hommage et les Milésiens y furent d'autant plus sensibles que, nous le verrons bientôt, ces marques de déférence étaient rares.

(1) Voy. plus haut, p. 43 et 48.
(2) *Ibid.*, p. 48.
(3) *Ibid.*, p. 77, l. 27, et p. 80.

***

Séleucus II se montra disposé à suivre l'exemple de ses ancêtres et de son père, et ce sont encore des textes épigraphiques qui nous fourniront le plus de renseignements sur sa conduite.

Pour Didymes, nous citerons d'abord la lettre retrouvée dans les fouilles de Didymes. Elle nous apprend que, dès le début de son règne, Séleucus avait témoigné sa générosité à l'Apollon Didyméen. Puisque la lettre a été exposée au Didymeion, c'est évidemment que le nouveau roi y accordait ou confirmait quelque privilège au sanctuaire. Nous savions déjà par une autre lettre royale, dont il a été parlé dans un chapitre précédent, que Séleucus II et son frère Antiochus s'étaient associés pour envoyer de riches offrandes au Didymeion. La lettre est écrite par « le roi Séleucus » (II) au Conseil et au peuple de Milet et elle accompagne des offrandes faites par « les rois Séleucus et Antiochus[1]. » Le roi en a joint l'inventaire à sa lettre[2]. On n'est pas d'accord sur la date de cette lettre. Niebuhr, Droysen et M. Koepp la placent en 246, c'est à dire au début du règne de Séleucus II[3]. La famille royale n'est pas encore désunie et il n'est pas surprenant que Séleucus soit seul à écrire la lettre, ni que le titre de roi soit donné à Antiochus. Séleucus est le successeur de son père : c'est à Séleucus seul, nous l'avons vu plus haut, que Milet a rendu hommage. Pour le titre de roi, il est également donné à Antiochus dans un décret, malheureusement très mutilé, d'Ilion, qui date certainement du commencement du règne de Séleucus II[4]. Nous n'avons conservé du décret qu'un fragment de la fin. On y voit que la ville décidait de faire graver sur deux stèles une lettre de « la reine »[5]. Venaient les dispositions relatives à la proclamation de la couronne décernée

(1) Voy. plus haut, p. 49.

(2) On trouvera plus loin, au chapitre X, le texte de la lettre.

(3) Voy. Bouché-Leclercq, *mémoire cité*, p. 10, 12, 14.

(4) H. Schliemann, *Bericht über die Ausgrabungen in Troja im Jahre 1890*, p. 26.

(5) Lire aux l. 6-7 : τὴν παρὰ τῆς βασιλ[ίσσης ἐπιστολὴν εἰς στήλας λιθίνας δύο
κ]αὶ θεῖναι μίαν μὲν πρὸς [τῶι βωμῶι τῶν βασιλέων...

Pour la restitution de la l. 7, voy. Ch. Michel, nº 486, l. 41.

à l'envoyé(?) de la reine et les pénalités encourues par quiconque, particulier ou fonctionnaire, porterait atteinte au décret et manquerait « à la reine et aux rois ». Bien que Laodice ne soit pas nommée dans le fragment conservé, il ne peut être question que d'elle et de ses deux fils; il n'est pas moins certain que la lettre date du commencement du règne de Séleucus, d'une des années où Laodice tient le premier rôle.

Mais d'autres savants préfèrent pour la lettre de Séleucus II une autre date : MM. Beloch et Bouché-Leclercq se prononcent pour l'année 237 (1). Ils supposent que « l'offrande a été faite en un temps où Antiochus était réellement « roi », mais subordonné à son frère qui parle au nom des deux » (2). Les deux frères ont fait la paix en 237 (3) et ont régné ensemble un an environ; ils se sont empressés de notifier au public leur entente en faisant, à frais communs, des offrandes à l'Apollon de Milet.

Il est fort difficile de prendre parti entre ces deux solutions, présentées l'une et l'autre avant la découverte du décret d'Ilion et de la nouvelle lettre de Didymes. Pourtant il me semble que le décret d'Ilion où les deux frères portent en 246 le titre de rois fournit un argument en faveur de la date la plus ancienne et, provisoirement, je l'adopterai.

Généreux envers le dieu de Didymes, Séleucus II se montra plein de déférence envers le dieu de Delphes. Le décret de Delphes déjà cité (4) loue le roi des services qu'il a rendus à Smyrne, de sa piété et de son respect pour l'oracle du dieu. Rappelons les faits. La ville de Smyrne, désirant faire reconnaître le caractère sacré et l'inviolabilité de la cité et de son sanctuaire d'Aphrodite Stratonikis, s'était adressée au dieu de Delphes, tout comme le feront à la génération suivante Magnésie du Méandre et Téos. Smyrne, pas plus que Magnésie, n'avait eu l'idée de consulter le dieu de Didymes. Le dieu de Delphes avait plus d'autorité, plus de crédit, plus de prestige. Smyrne en obtint un avis favo-

(1) Bouché-Leclercq, *ibid.*, p. 16 et 50.
(2) *Ibid.*, p. 46, note 1.
(3) La date de 237 est proposée par M. Beloch, *article cité*, p. 505. Il l'a obtenue en corrigeant trop audacieusement dans Justin, XXVII, 2, 9 : *in annos X* en *post annos X*.
(4) Voy. plus haut, p. 122.

rable qu'elle s'empressa de communiquer à Séleucus II, de qui elle relevait. Le roi, « obéissant à l'oracle du dieu » (1), fut le premier à reconnaître le caractère sacré et l'inviolabilité de la ville et du sanctuaire d'Aphrodite; allant plus loin, il prit en main la cause de Smyrne et c'est par ses soins que des lettres furent écrites aux rois, aux dynastes, aux cités et aux confédérations. Nous ne possédons qu'une réponse, celle qui fut votée par Delphes. Mais encore une fois ce n'était pas le roi qui avait consulté l'oracle ; nous ignorons s'il entra jamais directement en relations avec Delphes.

Parmi les cités de l'Asie Mineure, Smyrne et Milet ne furent pas les seules à tirer profit des bonnes dispositions de Séleucus II, et il ne sera pas inutile de dresser la très courte liste des villes grecques dont les relations avec le roi nous sont connues.

Ilion. — Décret cité p. 129. On lit, de plus, dans la vie de l'empereur Claude (25) : *Iliensibus, quasi romanae gentis auctoribus, tribula in perpetuum remisit, recitata vetere epistola graeca senatus populique romani Seleuco regi amicitiam et societatem ita demum pollicentis, si consanguineos suos Ilienses ab omni onere immunes praestitisset*. Tacite (2) nous apprend d'autre part que la cause d'Ilion fut plaidée devant le Sénat par Néron : celui-ci était alors âgé de seize ans et la mémorable séance fut tenue au commencement de l'année 53. Le dernier historien des successeurs d'Alexandre, M. B. Niese, ne s'arrête pas longtemps à considérer cette lettre de Rome à Séleucus : pour lui, elle n'est pas authentique, c'est une invention d'un historien romain postérieur (3). Qu'on ne lui dise pas qu'Eutrope (4) rapporte en l'année 237 une ambassade chargée par Rome d'offrir des secours à Ptolémée dans sa lutte contre Antiochus (?) ; qu'on n'insiste pas sur cette double démarche de Rome alors délivrée de la première guerre punique. Eutrope ne mérite pas à ses yeux plus de créance que Suétone : l'ambassade n'est pas plus authentique que la lettre. — Certes les historiens romains sont,

(1) L. 6 : Πεπεισμένος τῶι τοῦ θεοῦ χρησμῶι.
(2) *Annales*, XII, 58.
(3) B. Niese, *ouv. cité*, p. 153, note 4.
(4) III, 1.

comme tous, sujets à erreur, et pour ne citer qu'un exemple frappant, Tacite se trompe quand il parle du très ancien et obscur oracle d'Apollon qui proclamait l'inviolabilité du sanctuaire d'Aphrodite Stratonikis(1) : l'oracle date en effet du troisième siècle avant notre ère, ainsi que nous venons de le voir. Mais il est trop aisé d'écarter ainsi d'un mot deux textes embarrassants. Pour ma part je serais disposé à les garder : l'un me donne confiance en l'autre et j'admettrai que Séleucus II a reçu de Rome une lettre relative à Ilion. La date en reste incertaine, mais on doit la chercher aussitôt après la conclusion de la paix entre les rois d'Égypte et de Syrie(2).

Milet. — Lettres de Séleucus II à Milet (ci-dessus et Ch. MICHEL, n° 39. Cf. Chapitre X, n° 1).

Smyrne. — Séleucus II confirme l'autonomie et la démocratie de Smyrne (Ch. MICHEL, n° 19, l. 10-11). Il lui accorde la liberté, l'exempte du tribut, lui confirme la possession de son territoire et s'engage à lui restituer le territoire qu'elle possédait anciennement (*Ibid.*, n° 258, l. 6-9). Il reconnaît le caractère sacré et l'inviolabilité de la ville et du sanctuaire d'Aphrodite Stratonikis et prend l'initiative de les faire reconnaître par le monde grec (*Ibid.*, n° 19, l. 11 suiv., et n° 258, l. 2 suiv.).

Magnésie du Sipyle. — La colonie militaire de Magnésie du Sipyle reçoit du roi des avantages qui contribuent à la maintenir dans l'obéissance. Dans le serment qui garantit le traité d'amitié conclu avec Smyrne, les colons invoquent, après « tous les dieux et déesses », la Fortune du roi Séleucus (Ch. MICHEL, n° 19, l. 61). Un exemplaire du traite est exposé à Magnésie, sur l'agora, près de l'autel de Dionysos et des statues des rois (l. 84 et 85). Ces statues des rois sont ou celles d'Antiochus Soter, le fondateur de la colonie, et d'Antiochus Théos, ou celles d'Antiochus Théos et de Stratonice, qui dans la ville voisine de Smyrne avaient reçu des honneurs particuliers.

Pour Magnésie du Méandre, où l'une des tribus portait le nom de Σελευκίς, nous avons vu que Smyrne y exposa un exemplaire

(1) *Annales*, III, 63.

(2) Voy. HAUBOLD, *De rebus Iliensium*, p. 24 et 51. Cf. J. BELOCH, *Historische Zeitschrift*, XXIV (1888), p. 504.

du traité conclu avec Magnésie du Sipyle. Quelle que fût la raison de ce choix, dicté très probablement par l'origine commune des Magnètes du Méandre et des Magnètes du Sipyle, il n'en résulte pas moins que la ville était alors fidèle à Séleucus.

Devons-nous ajouter à cette liste le nom de Priène? Parmi les inscriptions de Priène conservées au Musée britannique, il en est deux qu'il convient de mentionner ici. Je laisse de côté une troisième qui nous apprend seulement que les rois Séleucus (I) et Antiochus (I) avaient leur statue à Priène (1). Les deux autres (nos 412 et 414) sont relatives à une contestation entre Priène et Milet. Le n° 412 contient des fragments de deux lettres ; de la première, il ne reste que la fin :

7. . . . . . . . . . . . ὑπογέ]γραπφα τὴν ἐπιστολὴν (2)
8. . . . . . . . . . . . . ἐν ἡμέρ]αις ἐκατὸν εἴκοσι. Ἔρρωσθε.

« Je vous ai transcrit ci-dessous la lettre [de ... *ou* du ... enjoignant de terminer l'affaire] en cent vingt jours. Adieu. » A la l. 9 commence la seconde lettre, où des commissaires reçoivent l'ordre de placer des bornes entre les territoires de Milet et de Priène, conformément à la décision prise par le peuple de Smyrne (3). Pour savoir de qui émane l'ordre, il faudrait d'abord fixer la date de l'inscription et des événements qu'elle nous fait connaître : contestation entre Milet et Priène, arbitrage de Smyrne. Le personnage qui donne l'ordre est, selon toute probabilité, le même qui a désigné la ville de Smyrne aux deux parties. Mais les savants qui ont étudié notre texte ne sont pas d'accord sur son nom. Pour l'éditeur anglais, M. Hicks, c'est peut-être Ptolémée Évergète et l'inscription se placerait entre 247 et 222. Pour MM. Wilamowitz et Sonne, c'est un proconsul ; il leur semble, en effet, que la forme de certaines lettres, notam-

(1) *Anc. gr. Inscr. in the Brit. Museum*, n° 415, l. 1-2 = Ch. MICHEL, n° 481.

(2) Pour la restitution ὑπογέ]γραπφα, cf. Ch. MICHEL, n° 35 (lettre du satrape Méléagros à Ilion), l. 3-4 ; n° 39 (lettre de Séleucus II à Milet), l. 27.

(3) Au commencement de la l. 9, il faut sans doute lire : [Παρὰ N. ou Παρὰ βασιλέως N.]. Je préférerais également δικα]σ[ταί à ὁρι]σ[ταί. Cf. Ch. MICHEL, n° 20. A la l. 10 ἔκρινεν me semble aussi meilleur que διώρισεν.

ment du pi, est l'indice d'une époque moins ancienne (1). M. Lenschau, émettant des doutes sur la valeur de ce critérium, inclinerait à nommer Séleucus II : chargé par les deux parties de désigner un arbitre, le roi a tout naturellement nommé Smyrne, avec laquelle il entretenait les relations d'amitié que l'on sait; l'inscription se placerait alors aux environs de 240 (2). Si je m'en rapporte aux estampages que je dois à l'extrême obligeance de M. G. F. Hill, je crois qu'il faut écarter les noms et dates proposés par MM. Lenschau et Hicks. Sans m'arrêter à la forme du pi qui n'est pas un indice suffisant, et bien que la barre horizontale de l'alpha ne soit pas brisée, les caractères grêles et ornés d'*apices* me donnent l'impression d'une écriture moins ancienne, et cette impression me semble confirmée par l'étude comparée des inscriptions analogues de Magnésie du Méandre et de Didymes. Le mieux est encore, pour trancher ce différend, de s'adresser à un arbitre, et celui-ci est désigné d'avance : c'est le savant qui prépare la publication des inscriptions de Priène.

* * *

Nous ne savons pas combien de temps Milet et l'Ionie restèrent sous la domination de Séleucus II. L'inscription d'Adulis met l'Ionie au nombre des contrées conquises par Ptolémée III, et il n'y a pas lieu de récuser ce témoignage que confirment d'autres textes. On y lit aux l. 13 suiv. : κυριεύσας δὲ τῆς τε ἐντὸς Εὐφράτου χώρας πάσης καὶ Κιλικίας καὶ Παμφυλίας καὶ Ἰωνίας καὶ τοῦ Ἑλλησπόντου καὶ Θράικης (Ch. Michel, n° 1239).

Si nous laissons de côté l'Euphrate où Ptolémée III ne se maintint pas, nous avons à faire les rapprochements suivants :

Cilicie (et Pamphylie). — Cf. *Papyrus de Gourob;* St Jérôme, *Comment. in Danielem*, cap. XI, vers. 7-9 (Patrologie latine, éd. Migne, tome XXV, p. 586) : Ciliciam... amico suo Antiocho gubernandam tradidit.

(1) L'avis de Wilamowitz nous est connu par Sonne, *De arbitris externis...*, Göttingen, 1888, p. 19.

(2) Lenschau, *De rebus Prienensium*, dans les *Leipziger Studien*, XII (1890), p. 207.

Hellespont et Thrace. — Cf. Ch. MICHEL, n° 351. Décret de Samothrace en l'honneur du Lacédémonien Hippomédon, fils d'Agésilas ὁ κατασταθεὶς ὑπὸ τοῦ βασιλέως Πτολεμαίου σ[τρ]ατ[η]γὸς ἐπὶ τοῦ Ἑλ]λησπόντου καὶ τῶν ἐπὶ Θρᾴκης τόπων.

Pour l'Ionie nous n'avons malheureusement pas de textes aussi précis et nous devons nous contenter de deux lignes de Porphyre-Eusèbe et d'une ligne d'une inscription de Priène. Rappelons d'abord que Ptolémée III n'a pas eu à conquérir les îles de la côte ionienne : Chios et Samos appartenaient déjà à Ptolémée Philadelphe(1). Samos était un des ports militaires égyptiens et les Lagides s'y maintinrent jusqu'en 201 (2). La flotte égyptienne de Samos menaçait à la fois Éphèse et la basse vallée du Méandre, dont les villes les plus considérables étaient Milet et Magnésie. Si l'on considère et la situation d'Éphèse, d'où partait une route vers Sardes et l'intérieur de la Lydie, et l'importance politique de la cité dont Laodice avait fait sa capitale, on admettra sans peine que les Égyptiens ont d'abord tourné leurs efforts contre elle. Un texte d'Eusèbe nous apprend que la ville était en leur pouvoir, au temps où commença la guerre entre les deux frères Séleucus Callinicus et Antiochus Hiérax, vers 235, si nous acceptons les dates proposées par M. Beloch (3). L'occupation remontait sans doute à quelques années auparavant ; elle était probablement antérieure au temps où fut conclue la paix entre Séleucus et Ptolémée III, à 237 (?). Les Égyptiens y entretenaient une forte garnison, contre laquelle échoua Séleucus après 235. Ils y auront encore une armée considérable au commencement du règne de Ptolémée IV (221)(4).

Maîtres de Samos et d'Éphèse, les Égyptiens étaient au cœur de l'Ionie et la dominaient. Un autre passage d'Eusèbe nous

(1) Pour Chios, voy. M. L. STRACK, *die Dynastie der Ptolemäer*, p. 222, n° 19. Pour Samos, cf. plus haut p. 68, note 4.

(2) Cf. POLYBE, V, 35, 11. En 201 Philippe V s'empare de Samos, APPIEN, *Macedon.*, 4.

(3) EUSÈBE, éd. A. Schoene I, p. 251 : in Lidiorum terra Seleukus vicit; sed neque Sardes, neque Ephesum cepit, Ptlomaeus enim urbem tenebat.

(4) POLYBE, V, 35, 11.

apprend que leurs armées opéraient librement dans la basse vallée du Méandre. Quand Antiochus Hiérax, après la bataille d'Ancyre, est poursuivi jusqu'à Magnésie par ses mercenaires gaulois, il est obligé de leur livrer combat et doit surtout sa victoire aux troupes de Ptolémée(1). Nous n'en conclurons pas, avec Droysen, que ces troupes étaient empruntées à la garnison égyptienne de Magnésie(2). Nous retiendrons seulement que les armées de Ptolémée, appuyées par sa flotte, avaient libre accès dans la basse vallée du Méandre, comme dans la basse vallée du Caystre. Milet, comme Éphèse, appartenait alors à Ptolémée III.

Une inscription de Priène achèvera de nous le prouver. Dans le long différend entre Samos et Priène intervint un gouverneur égyptien du nom d'[An]tiochus : 'Αν]τίοχον τὸν ὑπὸ βασιλέως Πτολεμαίου τεταγμένον(3). Il ne peut s'agir ici que de Ptolémée III. Puisque son gouverneur intervient comme arbitre entre les deux parties, c'est que toutes deux reconnaissent l'autorité souveraine du roi leur maître. Mentionnons en terminant la très plausible conjecture de M. Lenschau, qui propose d'identifier ce gouverneur avec « l'ami » qui a reçu de Ptolémée le gouvernement de la Cilicie(4). Ptolémée III a ajouté à la Cilicie l'Ionie. Deux stratèges égyptiens suffisent à administrer la longue et étroite bande de terre que Ptolémée III a conquise sur les côtes de l'Asie Mineure et de la Thrace : l'un, Antiochus, est le stratège de la Cilicie, (Pamphylie), et Ionie; l'autre, Hippomédon, est le stratège de l'Hellespont et de la Thrace. Dans la première de ces provinces sont compris Milet et Didymes. Entre les deux s'étend le royaume de Pergame.

(1) Eusèbe I, p. 251 : ...cum paucis se eripiens Magnesiam proficiscebatur et sequenti die aciem instruebat, atque inter alios milites etiam auxiliares a Ptolomaeo accipiens vicit.

(2) Voy. J. Beloch, *art. cité*, p. 509, note 2. Cf. Bouché-Leclercq, p. 51-52. M. Beloch a raison d'écarter le texte de Polyen, *Strategem.*, II, 27, 1-2, relatant la prise de Magnésie par un certain Callicratidas de Cyrène ; nous ne savons, dit-il très justement, ni à la solde de qui était Callicratidas, ni quand il vivait. O. Kern (*Die Inschr. von Magnesia am Maeander*, p. xii, n° XLVII) le rejette également, mais pour une autre raison : le texte ne peut s'appliquer à Magnésie du Méandre, parce que la ville ne possède pas d'ἄκρα.

(3) *Anc. gr. Inscr. in the Brit. Museum*, n° 403, l. 156.

(4) Lenschau, *mémoire cité*, p. 204-205. J'ai cité plus haut, p. 131, le texte de saint Jérôme. Cf. B. Niese, *ouv. cité*, p. 148, note 6.

CHAPITRE VIII

# MILET SOUS SÉLEUCUS III & ANTIOCHUS III [226-190]

Le Milésien Lichas, fils d'Hermophantos, et l'alliance de Milet avec Rhodes, Athènes et la Crète (201). — Les cités grecques d'Asie Mineure a la fin du troisième siècle : Magnésie du Méandre et le temple d'Artémis Leucophryéné (221-201). — Fin de la domination des Ptolémées, puis des Séleucides a Milet (197-190).

La longue lutte de Séleucus Callinicus et d'Antiochus Hiérax n'avait pu atteindre Milet, que le roi d'Égypte avait replacée sous sa domination. La ville n'eut pas non plus à souffrir d'Attale I ni d'Achæos. On sait comment, à la faveur de la guerre entre les deux frères, Attale avait su se rendre maître de la plus grande partie de l'Asie occidentale (1). Quand, après le règne très court de Séleucus III, Achæos eut reconquis l'Asie en deçà du Taurus et ceint le bandeau royal, il fit durement sentir son autorité à ses sujets (2) : Milet n'avait pas à le redouter ; Ptolémée Philopator venait de la recueillir dans l'importante succession d'Évergète (221).

Si différent que le nouveau roi d'Égypte fût de ses prédécesseurs, si peu attentif à la politique extérieure qu'il dût se montrer, son influence n'en était pas moins considérable et sa situation prépondérante, au moins au début de son règne, dans l'Asie Mineure (3). D'abord il n'avait pas de rival à craindre ; les rois qui venaient de monter sur les trônes de Syrie et de Macédoine étaient de tout jeunes hommes : Antiochus III était alors âgé de vingt ans ; Philippe V, de dix-sept (4). Puis son père avait soli-

(1) Polybe, IV, 48, 7. Σέλευκος γὰρ ὁ νέος ὡς θᾶττον παρέλαβε τὴν βασιλείαν, πυνθανόμενος Ἄτταλον πᾶσαν ἤδη τὴν ἐπὶ τάδε τοῦ Ταύρου δυναστείαν ὑφ' αὑτὸν πεποιῆσθαι...

(2) Polybe, IV, 48, 12. Cf. V, 77, 1.

(3) Polybe, V, 34.

(4) Cf. pour Philippe, Polybe, IV, 5, 3 ; pour Antiochus, IV, 2, 7 et XX, 8, 1.

dement assis sa domination sur la côte d'Ionie, à Samos où stationnait une importante flotte égyptienne, à Éphèse où campait une forte armée (1). Les choses ne changèrent probablement pour Milet qu'en 197, quand Antiochus III se fut emparé d'Éphèse, les Rhodiens de Samos.

Pour nous renseigner sur cette période de près de trente ans, qu'on peut appeler la seconde période ptolémaïque de l'histoire de Milet, nous ne disposions avant ces dernières années que d'un très petit nombre de textes. Polybe et Appien nous fournissaient seulement quelques faits et quelques dates : une précieuse inscription de Milet, découverte en 1900, nous permet de les compléter, en même temps que les inscriptions de Magnésie du Méandre, publiées la même année, nous donnent une idée de la vie qui animait alors ce coin de la basse vallée du Méandre.

* * *

Le règne d'Achæos (220-213) (2) modifia d'autant moins la situation de Milet que l'usurpateur rechercha et obtint l'alliance de Ptolémée Philopator (3). La défaite de leur ennemi commun, Antiochus, à Raphia (217) ne fut pas non plus sans ajouter au crédit et au renom du roi d'Égypte (4). Quelques années plus tard, en 213, Ptolémée fut impuissant à sauver Achæos, traîtreusement livré à Antiochus III ; celui-ci s'empara de Sardes (5) et commença à rétablir sur l'Asie Mineure la domination des Séleucides. On invoque d'ordinaire, pour marquer les conséquences de la victoire d'Antiochus, un texte assez embarrassant de Polybe. Dans le XI$^e$ livre, après avoir raconté la longue campagne d'Antiochus dans les hautes satrapies et dans l'Inde (212-205), Polybe ajoute : τὸ μὲν οὖν πέρας τῆς εἰς τοὺς ἄνω τόπους στρατείας Ἀντιόχου τοιαύτην ἔλαβε τὴν συντέλειαν, δι' ἧς οὐ μόνον τοὺς ἄνω σατράπας ὑπηκόους

(1) Polybe, V, 35, 11. Καὶ γὰρ ναῦς ἐν τοῖς κατὰ Σάμον ἦσαν τόποις οὐκ ὀλίγαι καὶ στρατιωτῶν πλῆθος ἐν τοῖς κατ' Ἔφεσον.

(2) Sur la première de ces dates, voy. B. Niese, *Gesch. der griech. und makedon. Staaten*, II, p. 383.

(3) Polybe, V, 57, 2 ; V, 67, 12.

(4) Id., V, 86, 7 suiv.

(5) Id., VII, 15 suiv. ; VIII, 17 suiv.

ἐποιήσατο τῆς ἰδίας ἀρχῆς, ἀλλὰ καὶ τὰς ἐπιθαλαττίους πόλεις καὶ τοὺς ἐπὶ τάδε τοῦ Ταύρου δυνάστας, καὶ συλλήβδην ἠσφαλίσατο τὴν βασιλείαν, καταπληξάμενος τῇ τόλμῃ καὶ φιλοπονίᾳ πάντας τοὺς ὑποταττομένους(1). L'historien est manifestement préoccupé de montrer comment Antiochus a consolidé sa royauté, non seulement dans les contrées où il vient de faire un si long et si utile séjour, mais encore dans la région en deçà du Taurus. Les « villes de la côte » sont à n'en pas douter les villes de la côte de l'Asie Mineure, mais il ne saurait être question de *toutes* les villes. Nous en pouvons nommer au moins quatre qui ne sont pas retombées à cette date sous la domination du roi de Syrie :

Érythrées, qui en 201 appartient à Attale (2) ;

Lébédos, qui porte alors le nom de Ptolémaiis et ne le garda probablement que pendant la période ptolémaïque (3) ;

Éphèse, que les Égyptiens ne perdront qu'en 197 (4) ;

Milet.— Pour Milet, nous ne pouvions jusqu'à présent invoquer qu'un texte de Polybe, qui se rapportait à une époque postérieure, mais n'en était pas moins probant. En l'année 201, sous le règne de Ptolémée V Épiphane qui, tout enfant, était monté sur le trône en 205/4 (5), le roi de Macédoine Philippe V avait porté la guerre en Asie. Fort de l'alliance d'Antiochus III, qui était entré le premier en campagne (6), Philippe se proposait d'y conquérir les possessions du roi d'Égypte et fut assez heureux pour s'emparer de Samos, sans grande difficulté, semble-t-il (7). Contre lui s'étaient unis les Rhodiens, le roi de Pergame Attale I et plusieurs cités grecques dont nous n'avons pas la liste (8).

(1) Polybe, XI, 34, 14.

(2) Voy. ci-dessous et Polybe, XVI, 6, 5 et 8.

(3) Voy. ci-dessous et *Die Inschr. von Magnesia am Maeander*, n° 53, l, 79.

(4) Voy. Polybe, XVIII, 41 a, 2 (Ed. Büttner-Wobst), où les raisons de l'importance d'Éphèse sont très bien exposées, et St Jérôme, *Comment. in Danielem*, cap. XI, vers. 15, 16, p. 590 du vol. XXV de la Patrologie latine, éd. Migne. Cf. B. Niese, *ouv. cité*, II, p. 641.

(5) Sur la date de son avènement, voy. M. L. Strack, *Die Dynastie der Ptolemäer*, p. 182. Sur son âge, Justin, XXX, 2, 5-6; St Jérôme, *Comment. in Danielem*, cap. XI, vers. 13, 14, p. 588 du vol. XXV de la Patrologie latine, éd. Migne.

(6) Sur cette guerre, voy. B. Niese, *ouv. cite*, II, p. 580 suiv.

(7) Appien, *Macedon.*, 4.

(8) Sur cette guerre et en particulier sur le rôle de Rhodes, voy. H. van Gelder, *Geschichte der alten Rhodier*, 1900, p. 122 suiv.

Une première bataille navale, engagée par les Rhodiens et Attale dans le détroit de Chios, fut défavorable aux Macédoniens, encore qu'Attale ait dû abandonner la galère royale et se réfugier à Érythrées(1). Une seconde bataille, livrée en avant de l'île de Ladé, tourna au contraire à l'avantage de Philippe. Elle eut lieu dans les eaux milésiennes. Les Rhodiens qui la livrèrent s'appuyaient contre l'île de Ladé, où ils avaient établi un camp (2) ; les Macédoniens, contre l'île de Samos dont ils étaient les maîtres. Cette disposition même suffirait à nous prouver que les ports de Milet n'étaient pas occupés par les adversaires des Rhodiens. Ce qui le montre mieux encore, c'est l'attitude des Milésiens, lorsqu'ils se rendirent compte de la victoire de Philippe et qu'ils virent l'île de Ladé occupée par ses troupes : effrayés, ils se tournèrent du côté du vainqueur et s'empressèrent de décerner des couronnes non seulement au roi Philippe, mais à l'amiral Héracleidès, quand ils firent leur entrée dans la ville(3). Ce récit et les conclusions que nous en avons tirées ont été confirmés par une importante inscription milésienne. Au nord des propylées du Bouleutérion, dans leur seconde campagne de fouilles (septembre-décembre 1900), les savants allemands ont mis au jour une base ronde en marbre, où se lit encore l'inscription suivante, très bien conservée :

Ὁ δῆμος ὁ Μιλησίων
Λίχαντα Ἑρμοφάντου
ἀρετῆς ἕνεκεν καὶ εὐνοίας
τῆς εἰς αὑτὸν.
Κρήτη μὲν στεφάνωι σε, Λίχα, καὶ Θησέος ἄστη
πάτρια νησαίη τ' ἔστεφε δῖα Ῥόδος.
Συνῇδε Νηλείδαισιν ὁμαιχμία· πρῶτος Ἰώνων
ἔστησας Κρητῶν φῦλ' ἀναλεξάμενος,
Μίλητος δέ σε πατρίς, ἐπεὶ βουλῆι τε καὶ ἔργοις

(1) Sur cette bataille, voy. Polybe, XVI, 3-10.

(2) Polybe, XVI, 15, 4.

(3) Id., XVI, 15, 6. Ἔτι δὲ τοὺς Μιλησίους, καταπλαγέντας τὸ γεγονός, οὐ μόνον τὸν Φίλιππον, ἀλλὰ καὶ τὸν Ἡρακλείδην στεφανῶσαι διὰ τὴν ἔφοδον.

ἔκρινεν πάσης ἡγεμόνα πτόλιος
πρέσβεά τ' εἰς βασιλείας ἀθώπευτον καὶ ἀμεμφῆ,
ἔκτισε βουλαίου τῶιδε παρὰ προπύλωι.
Οὐ νέμεσις· πατέρες γὰρ ἀριστεύοντες Ἰώνων
ἔστειλαν Λυδῶν τὴν ὑπέραυχον ὕβριν,
ὧν οἱ μὲν μητρώιου ἀφ' αἵματος, οἱ δὲ καὶ ἀνδρῶν
δέδμηνται πάσηι κόσμος Ἰαονίηι(1).

Le Milésien Lichas, fils d'Hermophantos, nous était déjà connu par une autre inscription de Milet(2), que j'aurai l'occasion de citer au chapitre X. Nous apprenons aujourd'hui qu'il faut joindre son nom à ceux d'Aristodémos, d'Hippostratos et de Démodamas, diplomates et généraux, qui tous ont fait honneur à leur patrie. Lichas, semble-t-il, n'était au service d'aucun des rois d'alors. Homme d'État milésien, il dirigea Milet dans des temps difficiles et ne mit pas toute son habileté à ménager les uns et les autres. Déshabituée de l'action, Milet sortit de son isolement et se rangea du côté des Rhodiens, défenseurs de la liberté des cités grecques(3). Par l'entremise de Lichas, les Néléides conclurent une alliance avec « l'île divine », Rhodes, avec « la cité qui a donné le jour à Thésée(4) » et avec la Crète. Si nous joignons ces précieux renseignements, qui nous sont fournis par les premiers vers de la dédicace, à ceux que nous tenons de Polybe, nous voyons que la condition de Milet, dans cette seconde période ptolémaïque, n'était nullement désavantageuse. D'abord la ville n'avait pas de garnison égyptienne : Philippe y entra sans difficulté. Puis la cité avait gardé son gouvernement démocratique; elle concluait des alliances, elle s'engageait dans une guerre, qui était en vérité dirigée contre les ennemis de Ptolémée.

Il nous importerait fort de savoir quelle part les Milésiens prirent à cette guerre, et quel contingent d'hommes et de vais-

(1) L'inscription a été publiée par M. Th. Wiegand, dans les *Sitzungsber. der Akad. zu Berlin*, 1901, p. 905.
(2) Ch. Michel, n° 480.
(3) Voy. B. Niese, *ouv. cité*, II, p. 571. Cf. H. van Gelder, *ouv. cité*, p. 121 suiv.
(4) Sur l'alliance d'Athènes avec Rhodes et la Crète, voy. Pausanias, I, 36, 5; Tite Live, XXXI, 14, 11.

seaux ils fournirent en réalité. L'inscription mentionne bien une alliance militaire (ὁμαιχμία) conclue par Milet; il y est fait allusion à ses actes (ἔργα opposés à βουλή), mais elle dit plutôt le rôle joué par Lichas, surtout en Crète, ses ambassades auprès des rois, les couronnes qui lui ont été décernées par les plus importants des alliés(1). Milet ne craint pas de s'identifier avec son glorieux fils; elle prend en quelque sorte à son compte la belle conduite de Lichas et les honneurs dont il a été comblé, mais rien ne nous prouve qu'elle-même ait fait grande figure dans la lutte. Les titres qu'elle invoque dans la dernière partie de la dédicace sont surtout ceux de ses ancêtres : elle remonte aux Ioniens, aux Lydiens, au bon vieux temps où les Milésiens étaient vaillants. Sans le vouloir, le poète officiel nous remet en mémoire le proverbial reproche : Πάλαι ποτ' ἦσαν ἄλκιμοι Μιλήσιοι(2).

Nous aurons à rechercher plus loin les suites de la victoire de Ladé.

***

Arrivé à ce point de l'histoire d'une ville voisine, Magnésie du Méandre, Olivier Rayet fait les réflexions suivantes : « Ces perpétuels changements de maîtres, ces guerres incessantes, à brusques revirements et à complications inextricables, auraient dû, ce

(1) M. Wiegand (*mémoire cité*, p. 906) nous apprend qu'on a découvert, non loin de la base de la statue de Lichas, la partie supérieure d'une stèle portant les noms des villes crétoises de Gortyne, Oaxos et Éleutherna. La stèle, ajoute-t-il, est contemporaine de l'inscription de Lichas. J'ajouterai que sur une autre inscription de Milet, rapportée par O. Rayet au Musée du Louvre, on lit les ethniques Ἐλευθερναίωι, [Πολυ]ρρηνίωι. Ces deux Crétois, dont le nom nous manque, avaient reçu de Milet quelque honneur et probablement le droit de cité, puisqu'à droite de leurs noms on lit encore une liste de nouveaux citoyens. Cette liste a été donnée par Ch. Michel, *Recueil...*, n° 665 et Dittenberger, *SIG.*², n° 469, mais ni l'un ni l'autre n'ont reproduit les lignes mutilées auxquelles je renvoie le lecteur : on les trouvera dans O. Rayet, *Revue archéologique*, 1874, II, p. 108. Il est fort possible que ce texte soit contemporain de l'inscription de Lichas.

(2) Sur ce proverbe, voy. les textes réunis par R. Hendess, *Oracula graeca quae apud scriptores graecos romanosque exstant*, dans les *Dissertationes philologicae Halenses*, IV (1880), p. 5, et J. R. Pomtow, *Quaestionum de oraculis caput selectum. De oraculis quae exstant graecis trimetro iambico compositis*, diss. inaug., Berlin, 1881, p. 11.

semble, réduire Magnésie à la plus misérable condition. Chose étrange, il n'en est rien, et l'intervalle de 133 ans qui s'étend entre la mort d'Alexandre et la fin de la domination des Séleucides est au contraire pour elle, comme pour la plupart des villes d'Asie Mineure, une période de prospérité matérielle et d'activité littéraire et artistique » (1). Les fouilles récentes de Magnésie du Méandre nous ont fourni les preuves de cette activité remarquable, dont Rayet s'était si nettement rendu compte. L'exemple de Magnésie est d'autant plus intéressant pour nous qu'elle a choisi la fin de cette période, en apparence si défavorable, pour s'engager dans la construction d'un temple et dans la fondation de grands jeux. Milet avait sur elle une avance considérable, ayant commencé ses travaux un siècle auparavant, mais elle marquait le pas pour ainsi dire ; Magnésie arrivera la première au but (2). Nous n'avons pas à raconter cette entreprise heureuse ; de la longue série d'inscriptions qui nous permettent d'en retracer l'histoire, nous détacherons seulement celles qui peuvent nous éclairer sur la vie politique de la région, sur les relations des cités entre elles et avec les différents souverains qui les ont tenues successivement sous leur domination.

C'est en 221/0, à la suite d'une ἐπιφάνεια d'Artémis, que les Magnètes tentèrent d'instituer le concours des Leucophryéna, ou plus exactement de le restaurer sous la forme d'un ἀγὼν στεφανίτης (3). La tentative échoua. La ville était alors sous la domination des Séleucides : Achæos venait de l'enlever à Attale, qui l'avait possédée pendant plusieurs années et rappellera plus tard les bienfaits qu'il avait conférés au peuple. Mais Antiochus était sans autorité ; Achæos se fit reconnaître comme roi et sa main s'appesantit durement sur les cités sujettes. Le

(1) *Milet et le golfe Latmique*, I, p. 172.

(2) Je dirai plus loin, dans la Conclusion, avec quelle précipitation les travaux furent poussés, vers la fin, à Magnésie.

(3) O. Kern, *Die Inschr. von Magnesia am Maeander*, n° 16. Le même savant a repris et commenté cette importante inscription dans la première série de ses *Magnetische Studien*, publiée dans l'*Hermes*, XXXVI (1901), p. 491 suiv. On lira toujours avec profit le remarquable exposé de Wilamowitz-Moellendorff dans les *Götting. gel. Anzeigen*, 1900, p. 574 suiv.

temps n'était donc pas favorable à l'institution de grands jeux et de plus il n'est pas téméraire de supposer que, parmi les cités ioniennes, Milet, jalouse de l'attachement des Magnètes au dieu de Delphes et inquiète d'une entreprise rivale, témoigna peu d'empressement et de zèle. Magnésie ne se découragea pas et commença la construction de son temple. Quand elle reprit ses négociations en 206, les circonstances étaient toutes différentes : Antiochus III, vainqueur d'Achæos, avait depuis plusieurs années reconquis Sardes et consolidé sa royauté. La paix semblait d'autant plus assurée que le roi d'Égypte se désintéressait de la politique extérieure.

Des ambassades furent donc envoyées de toutes parts aux rois, cités et confédérations (1). Parmi les nombreuses réponses qui ont été retrouvées, celles des trois rois Antiochus, Attale et Ptolémée sont particulièrement intéressantes ; la lettre de Ptolémée IV est malheureusement très incomplète, celle de Philippe V, illisible (2). Également affirmatives, elles ont plus d'un trait commun, mais le ton en est différent. La plus personnelle est sans contredit celle d'Attale I : tandis qu'Antiochus rappelle, en un langage banal, l'attitude favorable que les Magnètes ont toujours gardée vis-à-vis de lui « en toute circonstance » et les bonnes dispositions dont il est lui-même animé, Attale considère surtout les bienfaits qu'il a rendus à la cité, qui s'en est montrée reconnaissante. Les termes de l'acceptation même sont notablement différents. A l'un comme à l'autre Magnésie avait demandé non seulement de reconnaître les jeux qu'elle fondait, mais encore de donner des ordres pour que les cités sujettes ou vassales suivissent l'exemple du roi : ἠξίουν δὲ καὶ τὰς ὑπ' ἐμὲ πόλει[ς] ἀποδέξασθαι ὁμοίως (3). Voici, l'une en regard de l'autre, les réponses royales :

(1) N° 16, l. 30 suiv. : Τῶμ βασιλέων [κ]αὶ τῶν ἄλλ[ων Ἑλλήνων ἁπάν]τωμ πρὸς οὓς ἐπρέσβευσαν, κατὰ ἔθνη καὶ πό[λεις ἀποδεξα[μ]ένων...

(2) Lettre d'Antiochus III, n° 18. Cf. la lettre de son fils Antiochus, n° 19. — Lettre d'Attale I, n° 22. — Lettre de Ptolémée IV, n° 23. — Lettre de Philippe V, n° 24. On peut se faire une idée de la lettre de Philippe en lisant le décret rendu par Chalcis à la demande du roi, n° 47.

(3) Lettre d'Attale I, n° 22, l. 12-13.

**Attale.** — Τόν τε ἀγῶνα ὥσπερ παρα[καλεῖ]τε ἀποδέχομαι καὶ ἀπαρχὴν ἐγ[ὼ προσέτα]ξα δοῦναι, καὶ αἱ πόλεις δὲ αἱ π[ειθόμε]ναι ἐμοὶ ποιήσουσιν ὁμοίως· [ἔγραψα] γὰρ αὐταῖς παρακαλῶν..

**Antiochus.** — Ἀποδεχόμεθα τὰς ἐψηφισμένας ὑφ' ὑμῶν τ[ι]μὰς τῆι θεᾶι......., γεγράφαμεν δὲ καὶ τοῖς ἐπὶ τῶν πραγμάτων τεταγμένοις ὅπως καὶ αἱ πόλεις ἀκολούθως ἀποδέξωνται.

La partie correspondante de la lettre de Ptolémée est perdue. Entre les deux lettres conservées la différence de ton est sensible. Il n'y faut sans doute pas attacher trop grande importance, car les cités qu'Antiochus désigne simplement sous le titre de αἱ πόλεις et celles dont Attale dit plus énergiquement αἱ ὑπ' ἐμὲ πόλεις, αἱ πόλεις αἱ πειθόμεναι ἐμοί étaient peut-être soumises au même régime et traitées de même façon, mais l'apparente modération d'Antiochus avait son prix aux yeux des cités grecques, surtout des cités démocratiques, et les ménager ainsi c'était les gagner.

Directement invitées par Magnésie (1), engagées par le roi de Syrie ou par le roi d'Égypte à faire bon accueil à l'invitation de leur voisine (2), les cités de l'Ionie se gardèrent de la refuser. Une seule des inscriptions découvertes à Magnésie se rapporte à elles. C'est un long décret qu'on ne sait malheureusement à quelle cité attribuer ; il est suivi d'une liste de villes qui ont donné la même réponse affirmative (3). L'éditeur du décret propose avec hésitation de l'attribuer à Clazomènes, la seule ville ionienne où se soit rencontré jusqu'à présent le nom d'Ἑρμησίλοχος, qui est porté par le théore désigné. De fait, si l'on élimine les onze cités nommées dans la liste, on ne peut guère hésiter qu'entre Clazomènes et Milet. Bien des raisons s'opposent au choix de Milet : ni les fonctionnaires nommés dans le décret (polémarques qui font avec les stratèges la proposition à l'assemblée et veillent, de concert avec le trésorier, à l'envoi des présents d'hospitalité

(1) Trois Magnètes étaient chargés des villes d'Ionie, n° 53. Cf. O. Kern, *Magnetische Studien*, p. 502, XI.

(2) Les inscriptions découvertes à Téos, que je citerai plus loin, nous montrent bien comment les rois appuyaient la demande des cités. Voy. par exemple Ch. Michel, n° 53 (Décret de Rhaukos) ; n° 57 (Décret d'Éleutherna), etc. Les envoyés des rois prenaient la parole après les envoyés des cités.

(3) *Die Inschr. von Magnesia am Maeander*, n° 53.

offerts aux théores(1), — ἐξετασταί qui sont chargés de la gravure du décret(2), ni surtout les considérations sur les bons rapports des deux cités et sur l'exemple des ancêtres, ni le ton déférent(3), ni le style singulièrement confus et embarrassé(4) ne conviennent à Milet. Ce long décret, verbeux et vague, sied mieux à une petite ville : les grandes phrases y tiennent lieu des grandes actions ou des titres sérieux qu'il lui serait difficile d'invoquer. La liste contient des noms de cités plus fameuses et plus puissantes et M. Kern s'est demandé comment Clazomènes avait pu prendre le pas sur elles. En voyant ainsi groupées toutes les cités qui faisaient partie du κοινόν des Ioniens, j'avais d'abord pensé que les trois ambassadeurs magnètes avaient commencé leur voyage par Clazomènes : peut-être Magnésie et Clazomènes entretenaient-elles de bons rapports, pour des raisons que nous ignorons. De fait, le décret nous apprend que les ambassadeurs se présentèrent à l'assemblée de la ville. Puis je supposais que Clazomènes avait pris l'initiative de les introduire à l'assemblée du κοινόν, où successivement les villes énoncées dans la liste avaient donné leur assentiment. Mais cette solution compliquée repose sur une hypothèse : nous ignorons si le κοινόν des Ioniens subsistait encore. N'avait-il pas bien plutôt disparu dans ces temps troublés où les cités qui le composaient reconnaissaient des maîtres différents? Admettons donc que les trois ambassadeurs se présentèrent ensemble à l'assemblée de chacune des villes ioniennes et que chacune de ces assemblées rendit un décret. Si Magnésie fit à celui de Clazomènes l'honneur de le graver sur les murs de son agora, c'est peut-être qu'il fut le premier rendu. Puis l'acceptation des autres cités avait peut-être revêtu une forme moins élogieuse, plus sèche, moins digne d'être exposée aux regards.

La liste comprend les onze noms suivants, répartis sur deux colonnes :

(1) Nous connaissons des stratèges milésiens (LE BAS-WADDINGTON, *Inscr. d'Asie Mineure*, n° 222 = B. HAUSSOULLIER, *Mélanges Weil*, p. 151), mais je ne connais pas de polémarques.

(2) L. 71-72. On trouve des ἐξετασταί à Érythrées, par exemple. Ch. MICHEL, n° 504, l. 1.

(3) L. 62-67.

(4) Par exemple, aux l. 47-54.

Colophon l'ancienne (Κολοφώνιο[ι οἱ τὴν] ἀρχαίαν πόλ[ιν οἰκ]οῦντες).

Colophon sur mer (Κολοφώνιοι ἀ[πὸ] θαλάσσης) ou Notion.

Éphèse ('Εφέσιοι).

Priène (Πριηνεῖς).

Samos (Σάμιοι).

Un nom manque à la fin de la première colonne. A la seconde figurent :

Téos (Τήιοι).

Chios (Χῖοι).

Érythrées ('Ερυθραῖοι).

Phocée (Φωκαιεῖς).

Ptolémaiis (Πτολεμαιεῖς οἱ πρότερον καλούμενοι Λεβέδιοι), l'ancienne Lébédos.

Smyrne (Σμ]υρναῖοι).

Un nom manque à la fin de la colonne.

Le nom de Milet ne pouvait manquer à la liste. Quelque jalousie que pût lui causer le succès de Magnésie, il lui était impossible de s'abstenir quand les autres cités qui relevaient du roi d'Égypte, Éphèse, Samos et Ptolémaiis donnaient une réponse affirmative : nous ajouterons donc son nom à la fin de la première colonne, au-dessous de celui de Samos.

Pour la date du décret, nous pouvons, semble-t-il, la fixer, à quelques années près. Il est nécessairement postérieur à la lettre d'Antiochus III et aux ordres donnés par le roi. Or la lettre a été écrite en l'année 205, à Antioche de Perse(1). D'autre part le décret est vraisemblablement antérieur à l'année 201, aux batailles de Chios et de Ladé. En cette année commence une courte période de troubles peu favorable aux ambassades. Le décret a donc été rendu entre 205/4 et 201/0.

Vers le même temps, l'une des villes ioniennes nommées dans la liste que je viens de transcrire, Téos, encouragée sans doute par le succès des démarches de Magnésie, entreprenait dans le monde grec cette longue campagne d'ambassades, qui nous est depuis longtemps connue par une précieuse série d'inscrip-

(1) Sur la date de la lettre d'Antiochus, voy. O. Kern, *Die Inschr. von Magnesia am Maeander*, ad n° 18.

tions[1]. Elle consacrait à Dionysos tout son territoire et demandait aux Grecs d'en reconnaître l'inviolabilité[2]. Si je rappelle ces négociations engagées par une ville voisine de Milet, c'est que les Téiens avaient fait au dieu de Didymes l'honneur, devenu rare, de le consulter et se recommandaient de ses oracles. Plus généreux que les Magnètes qui s'étaient seulement tournés vers Delphes[3], les gens de Téos avaient par surcroît interrogé l'Apollon Didyméen; encore n'est-il fait allusion aux réponses du dieu de Didymes que dans le décret d'une toute petite ville crétoise, sans que nous puissions découvrir le motif de cette mention inattendue[4].

* * *

La victoire de Philippe V à Ladé ne changea rien à la condition de Milet. La ville, qui s'était empressée de saluer le vain-

(1) Sur la date des inscriptions relatives à l'asile de Téos, voy. Ad. Wilhelm, *Götting. gel. Anzeigen*. 1898, p. 219.

(2) Dans un remarquable article que j'ai déjà cité, M. H. Usener a montré comment l'ἀσυλία pouvait seule — au moins en théorie — garantir la neutralité d'une cité : « Erst mit dem Institut der Asylie war völlige Neutralisierung eines Stadtgebiets geschaffen » (*Rheinisches Museum*, XXIX (1874), p. 39). Si les Séleucides, ajoute-t-il, se sont montrés si favorables aux demandes des cités de l'Asie, Smyrne (voy. plus haut, p. 130), Téos (plus haut, p. 145, note 2), c'était pour les mieux défendre contre les invasions des Ptolémées. A ces deux noms nous pouvons joindre ceux de Magnésie du Méandre et d'Alabanda (Ch. Michel, *Recueil*..., nº 252), mais l'exemple même de Magnésie qui s'adresse à quatre rois nous prouve que l'initiative de ces demandes appartenait d'ordinaire aux cités. Les rois étaient tout disposés à les appuyer, d'abord pour mériter la reconnaissance des intéressés, puis pour témoigner de leur *hellénisme*, si je puis dire. La recommandation qu'ils donnaient à la cité leur valait parfois des éloges de la part de Delphes (Ch. Michel, nº 258) ou des Amphictions (nº 252), et ils n'y étaient pas insensibles.

En fait, l'ἀσυλία, si solennellement reconnue qu'elle fût, ne garantissait nullement la neutralité d'une cité. Rome, par exemple, avait en 193 reconnu le caractère sacré du territoire de Téos (Ch. Michel, *Recueil*..., nº 51); en 190, le préteur L. Æmilius ravage les environs immédiats de la ville (Tite Live, XXXVII, 27, 9 et 28, 1). Il est vrai que les Téiens, rompant eux-mêmes leur neutralité, avaient approvisionné la flotte d'Antiochus (*Ibid.*, 28, 2).

(3) Et qui en furent récompensés, puisqu'ils obtinrent une voix au conseil amphictionique (Décret des Étoliens découvert à Thermon en 1897 et publié par O. Kern, *Die Inschr. von Magnesia am Maeander*, p. XIV, LIV a, l. 17-18).

(4) Décret de Palla, Le Bas-Waddington, *Inscr. d'Asie Mineure*, nº 78, l. 8-9 : διά τε τῶν χρησμῶν [τῶν ἐγδεδομένων ἐν] Δελφοῖς καὶ ἐν Διδύμοις.

queur d'un décret honorifique, ne reçut pas de garnison macédonienne et quand plus tard Philippe dut mener en Carie « la vie du loup[1] », Milet n'est pas nommée parmi les cités qui, de force ou de gré, fournirent des vivres aux troupes royales affamées : Magnésie du Méandre s'attira tout particulièrement la reconnaissance de Philippe, qui la paya d'une fourniture de figues en lui faisant présent de la ville de Myonte[2]. Milet resta sous la domination des Ptolémées, qui n'eut guère à souffrir en Ionie de la campagne avortée de Philippe V. Éphèse n'avait pas cessé d'appartenir au roi d'Égypte, qui remit la main sur Samos, peu de temps après qu'elle lui avait été enlevée[3]. Vers le même temps Milet élevait une statue de bronze à Lichas[4].

Les choses changèrent en 197, quand Antiochus et Rhodes se furent partagé les possessions égyptiennes en Carie et en Ionie. Antiochus reconquit Éphèse[5], Rhodes s'assura de Samos[6]; selon toute probabilité, Milet fit, à la même époque, retour aux Séleucides. Sa condition ne fut pas modifiée. La liberté des cités grecques était de nouveau à l'ordre du jour et des inscriptions antérieures nous montrent que précédemment Antiochus III s'était efforcé, plus ou moins sincèrement, de garantir l'auto-

(1) Polybe, XVI, 24, 4.

(2) Id., XVI, 24 fin. On a des Philippes d'or frappés à Magnésie (Barclay V. Head, *Catalogue of the greek Coins of Caria, Cos, Rhodes*, etc., 1897, p. cviii), mais M. Head les attribue à la période comprise entre 189 et 166. Il ne lui semble pas douteux qu'ils soient postérieurs au règne de Philippe V.

(3) La date exacte n'est pas connue. On sait seulement que ni en 198, ni en 196 Samos n'est au nombre des villes encore occupées par Philippe. Polybe, XVIII, 2, 3 suiv.; 44, 4. Bien que les Rhodiens, après avoir nommé Iasos, Bargylia, Euromos, demandent à Titus d'exiger que Philippe ...παραχωρεῖν... τῶν ἐμπορίων καὶ λιμένων τῶν κατὰ τὴν Ἀσίαν ἁπάντων, il est peu probable qu'ils aient passé sous silence une place de l'importance de Samos. Tite Live nous apprend d'autre part (XXXIII, 20, 12) que Samos appartenait aux Égyptiens, quand les Rhodiens lui rendirent sa liberté.

(4) Voy. l'inscription citée plus haut et *Sitzungsber. der Akad. zu Berlin*, 1901, p. 905.

(5) Voy. les textes cités plus haut, p. 139, note 4.

(6) Tite Live, XXXIII, 20, 12. Les Rhodiens rendent la liberté à Samos, mais l'île devient le centre de leurs opérations dans la région. Voy. Tite Live, XXXVII, 10, 6; 11, 1, 14; 12-15; 17, 10; 18, 10; 22, 1, 3; 24, 13; 26-28.

nomie et la démocratie de deux cités voisines, Iasos et Alabanda[1]. La même politique s'imposait alors au roi[2].

Sa domination, d'ailleurs mal établie, ne devait pas offrir grande résistance à la politique et aux armées des Romains. Je n'ai pas à rappeler comment la solennelle proclamation de la liberté des Grecs tant d'Asie que d'Europe (196)[3], puis les négociations de Rome et d'Antiochus au sujet des anciennes possessions asiatiques de Ptolémée[4] contribuèrent à préparer les victoires de Rome, non moins que les fautes du roi. Milet se détacha sans peine de ce dernier, peut-être au lendemain de la

(1) Pour Iasos, voy. le fragment de décret rendu par Iasos en l'honneur d'Antiochus III (Ch. MICHEL, *Recueil...*, n° 467). Les considérants nous intéressent d'autant plus qu'il y est fait allusion à un oracle rendu à la demande du roi. On lit :

..... τὴν δημοκρ]α[τ]ίαν καὶ αὐτονομίαν διαφυλάσσειν, γέγ[ρα-
φε] πλεονάκις τῶι δήμωι περὶ τούτων, ἀκόλουθα πράσσων
τῆι διὰ πατέρων ὑπαρχούσηι αὐτῶι πρὸς Ἕλληνας
εὐεργεσίαι, ὅ τε θεὸς ὁ ἀρχηγέτης τοῦ γένους τῶμ
βασιλέων συνεγμεμαρτύρηκεν τῶι βασιλεῖ παρακαλῶν μεθ' ὁμονοίας πολιτεύεσθαι...

Je n'oserais affirmer que cet oracle a été rendu par l'Apollon de Didymes, comme le croit M. HICKS (*Journ. of. hellen. Studies*, VIII (1887), p. 97). Cela est probable, mais il est possible aussi que le roi ait consulté le dieu de Delphes, comme le faisait vers le même temps la ville d'Alabanda.

Pour Alabanda, voy. un décret des Amphictions de Delphes (Ch. MICHEL, n° 252 = COLLITZ-BAUNACK, *Griech. Dialekt-Inschr.*, II, n° 2529). Le décret est rendu avant 201, mais dans l'une des dernières années du troisième siècle (M. HOLLEAUX, *Revue des Études grecques*, XII (1899), p. 348), à la requête de la ville d'Antioche des Chrysaoriens. M. W. R. PATON (*Classical Review*, 1899, p. 319-321) a montré que cette ville n'était autre qu'Alabanda, et M. Holleaux (*article cité*, p. 349 suiv.), est arrivé aux mêmes conclusions. Les Amphictions reconnaissent l'inviolabilité de la ville et du territoire d'Antioche consacrés à Zeus Chrysaoreus et à Apollon Isotimos, et décernent un éloge et une statue au peuple d'Antioche et au roi Antiochus. L'envoyé d'Antioche n'avait pas manqué de faire valoir les bienfaits du roi, l. 18 suiv. :

... ὁμοίως δὲ καὶ περὶ βασιλέος
'Αντιόχου τοῦ εὐεργέτα 'Αντιοχέων εὐλόγηκε εὐχαριστῶν
αὐτῶι διότι τὰν δαμοκρατίαν καὶ τὰν εἰράναν τοῖς 'Αντιοχεῦσιν
διαφυλάσσει καττὰν τῶν προγόνων ὑφάγησιν...

(2) Plus tard, il n'hésitera pas à mettre une garnison dans Iasos. TITE LIVE, XXXVII, 17, 3 (en 190). Voy. HICKS, *article cité*, p. 96-97.

(3) POLYBE, XVIII, 46, 15 : ... Διὰ κηρύγματος ἑνὸς ἅπαντας καὶ τοὺς τὴν 'Ασίαν κατοικοῦντας Ἕλληνας καὶ τοὺς τὴν Εὐρώπην ἐλευθέρους, ἀφρουρήτους, ἀφορολογήτους γενέσθαι, νόμοις χρωμένους τοῖς ἰδίοις.

(4) POLYBE, XVIII, 47, 1-2. TITE LIVE, XXXIII, 34, 3-4.

victoire navale remportée par Gaius Livius non loin de Chios (191/0) (1). En tout cas quand Livius, parti de Samos, longea la côte pour gagner la Lycie (190), Milet fit bon accueil à la flotte romaine (2). Une fois de plus elle saluait un nouveau maître. La victoire de Magnésie du Sipyle (190) ne tarda pas à lui donner raison.

(1) Voy. B. Niese, *ouvr. cité,* II, p. 720.

(2) Tite Live, XXXVII, 16, 2 : Civitates, quas praetervectus est, Miletus, Myndus, Halicarnassus, Cnidus, Cous, imperata enixe fecerunt. — La même année, L. Aemilius, suivant la même route, reçut le même accueil, XXXVII, 17, 3 : Miletum et ceteram oram sociorum praetervecti in Bargylietico sinu escensionem ad Iasum fecerunt.

TROISIÈME PARTIE

# LES ROMAINS

---

## CHAPITRE IX

## DIDYMES AU IIe SIÈCLE AVANT J.-CHR.

De Milet a Didymes : la route de mer, la Voie Sacrée de Panormos a Didymes. — Travaux entrepris a la porte du temple, dans la première moitié du deuxième siècle avant J.-Chr. — État d'avancement des travaux du Didymeion dans cette période.

La défaite d'Antiochus III par les Romains en l'année 190 et le traité qui fut imposé au roi marquent une ère nouvelle dans l'histoire de l'Asie Mineure. Milet avait su ne pas se compromettre dans la guerre qui aboutit pour les Séleucides à la perte de l'Asie cis-taurique : elle avait passé à temps du côté du vainqueur et fut bien traitée par lui(1). Les dix légats romains chargés de régler, conformément aux instructions données par le Sénat, la condition des cités autonomes(2), maintinrent à Milet la liberté et l'autonomie : Milet fut, ou plutôt demeura, exempte

(1) Elle ne manqua certainement pas d'envoyer une ambassade à Rome, dans l'été de 189, après la défaite d'Antiochus. Polybe, XXII, 1, 1-2, cite seulement l'ambassade des Rhodiens, après celles d'Eumène et d'Antiochus, mais il ajoute : ὁμοίως δὲ καὶ παρὰ τῶν ἄλλων· σχεδὸν γὰρ ἅπαντες οἱ κατὰ τὴν Ἀσίαν εὐθέως μετὰ τὸ γενέσθαι τὴν μάχην ἔπεμπον πρεσβευτὰς εἰς τὴν Ῥώμην, διὰ τὸ πᾶσι τότε καὶ πάσας τὰς ὑπὲρ τοῦ μέλλοντος ἐλπίδας ἐν τῇ συγκλήτῳ κεῖσθαι.

(2) Polybe, XXII, 7, 4-10.

de tout tribut(1). Elle fut de plus remise en possession de ce qu'elle appelait « le territoire sacré(2) ».

La paix romaine nous ramène à Didymes. L'histoire de Milet a presque rempli les longs chapitres qui précèdent : du Didymeion il n'a été question qu'à de rares intervalles et, parvenus au commencement du deuxième siècle, nous ne sommes pas encore renseignés sur l'état d'avancement des travaux. Des inscriptions, sensiblement postérieures aux décisions des commissaires romains, vont enfin nous permettre un regard en arrière sur notre sanctuaire toujours inachevé. Dans les chapitres qui suivent, Didymes sera en quelque sorte notre centre de rayonnement, comme Milet l'a été dans ceux qui précèdent.

***

Tout d'abord, par quelle voie les Milésiens se rendaient-ils à Didymes? Dans sa grande carte de la Grèce antique, M. Kiepert a tracé sur le continent carien, entre Milet et Didymes, une *Via Sacra*, dont l'existence ne saurait être contestée puisqu'une inscription récemment publiée marque exactement, du côté de Milet, le point de départ de cette route. Mais j'ajoute aussitôt que la même inscription nous fournit la date de l'inauguration de cette voie : elle eut lieu sous le règne de Trajan, l'année 100 ap. J.-Chr., ainsi qu'il résulte du texte suivant :

*Imp. Caes. divi Nervae f.*
*Nerva Traianus Aug. Germ.*
*pontifex max. trib. pot. cos.*
*I]II p. p. viam necessariam*

(1) Polybe, XXII, 24, 5. Tite Live, XXXVIII, 39, 9-10. Cf. la lettre de Cn. Manlius au Conseil et au peuple d'Héraclée du Latmos, que j'ai republiée dans la *Revue de Philologie*, XXIII (1899), p. 277 suiv. On y lit l. 10 suiv. : συγχωροῦμεν... ὑμῖν τήν τε ἐλευθερίαν καθότι καὶ [ταῖς ἄ]λλαις πόλεσιν, ὅσαι ἡμῖν τὴν ἐπιτροπὴν ἔδωκαν, ἔχουσιν ὑ[φ' αὐτοῖς πά]ντα τὰ αὐτῶμ πολιτεύεσθαι κατὰ τοὺς ὑμετέρους νόμους.

(2) Polybe, XXII, 24, 5 : Μιλησίοις δὲ τὴν ἱερὰν χώραν ἀποκατέστησαν, ἧς διὰ τοὺς πολέμους πρότερον ἐξεχώρησαν. Cf. Tite Live, XXXVIII, 39, 9. Nous ignorons absolument dans quelle région du territoire milésien se trouvait cette ἱερὰ χώρα et à la suite de quelles guerres Milet l'avait perdue.

*s]acris Apollinis Didymei*
*int]uitus et in hoc quoq.*
*util]itates Milesiorum exci-*
*sis c]ollibus conpletis*
*val]libus instituit con-*
*sum]mavit dedicavit per*
*Q. Iuli]um Balbum procos.*
*cura]m agente L. Passerio*
*Romu]lo legato pro pr.* (1)

Faut-il entendre seulement, comme y semble disposé le premier éditeur de l'inscription (2), qu'il s'agit de travaux de réfection, qu'il existait par conséquent avant Trajan une Voie Sacrée que les Milésiens auraient négligé d'entretenir et qui serait, au cours des siècles, tombée en ruines? Je ne le crois pas. Les termes mêmes de l'inscription me semblent se rapporter à une entreprise nouvelle et originale. S'il n'avait été besoin que de refaire une voie, L. Passerius n'aurait pas eu de collines à abattre, de vallées à combler. L'œuvre était considérable et le choix des trois verbes *instituit*, *consummavit*, *dedicavit* ne manque pas d'une certaine solennité qui répond à la grandeur du bienfait impérial. Nous verrons dans la suite comment cette voie était devenue nécessaire (3).

Donc jusqu'en l'année 100 ap. J.-Chr., les Milésiens se sont rendus à Didymes surtout par la voie de mer. Longeant la côte milésienne, ils abordaient au petit port de Panormos, au N.-W. de la presqu'île de Didymes. Panormos (ὁ Πάνορμος, plus rarement ἡ Πανορμίς, était le port principal de Didymes, celui — nous le verrons tout à l'heure — où de lourds vaisseaux de charge déposaient le marbre qui s'engouffrait dans l'énorme temple, celui où débarquaient les pèlerins de Milet (4). De Panormos au sanctuaire montait en pente douce un chemin long d'environ 4 kilomètres, la Voie Sacrée, que rejoindra au deuxième siècle

(1) *Sitzungsber. der Akad. zu Berlin*, 1900, p. 106.
(2) M. Kekule von Stradonitz, p. 107 du rapport cité dans la note précédente.
(3) Voy. plus loin, chapitre XII.
(4) Voy. *Témoignages*, nos IV-VIII.

de notre ère la route ouverte par Trajan. La dernière partie de la Voie Sacrée, aux abords du temple, était décorée de statues et de monuments : bon nombre de ces statues sont restées en place jusqu'en 1858, elles sont depuis lors conservées au Musée Britannique [1]. Toute la Voie était soigneusement entretenue. Je publierai, dans le second volume, une série de comptes où revient constamment, au titre des dépenses, le chapitre de l'ὁδοποΐα ou ὁδοποΐα ἡ ἱερά. Il y est surtout question des chemins d'exploitation des carrières, mais les frais d'entretien de la Voie Sacrée y étaient également compris.

Parvenue à Didymes, la Voie Sacrée longeait le long côté N. du temple et, tournant à droite, débouchait devant la façade principale.

Avant de citer les deux inscriptions qui vont nous donner en quelque sorte l'accès du chantier, je crois utile de reproduire, pour l'intelligence des explications qui vont suivre, le plan restauré du Didymeion, que j'emprunte à l'ouvrage de Rayet et Thomas [2]. Ce plan n'est plus complètement exact aujourd'hui, mais les seules corrections que nous aient fournies nos fouilles et nos inscriptions ne portent que sur des détails. On les trouvera sommairement indiquées dans un article de la *Revue de l'Art ancien et moderne* [3], plus complètement dans l'ouvrage que nous préparons, M. Pontremoli et moi. Il serait inutile de les énumérer ici : l'ensemble reste excellent.

(1) Voy. C. T. Newton, *A History of Discoveries at Halicarnassus, Cnidus and Branchidæ*, vol. II, 1863, Chapt. XXIII : *Expedition to Branchidæ*. On trouvera, aux p. 528-529, 538-547, le récit des fouilles faites par Newton sur la Voie Sacrée dans l'été de 1858. Cf. le plan et la vue de la Voie Sacrée, pl. LXXVI. Il n'est pas inutile de rappeler que Newton n'a décrit et fouillé que la dernière partie de la Voie.

(2) *Milet et le golfe Latmique*, pl. 35.

(3) I (1897), p. 391-404.

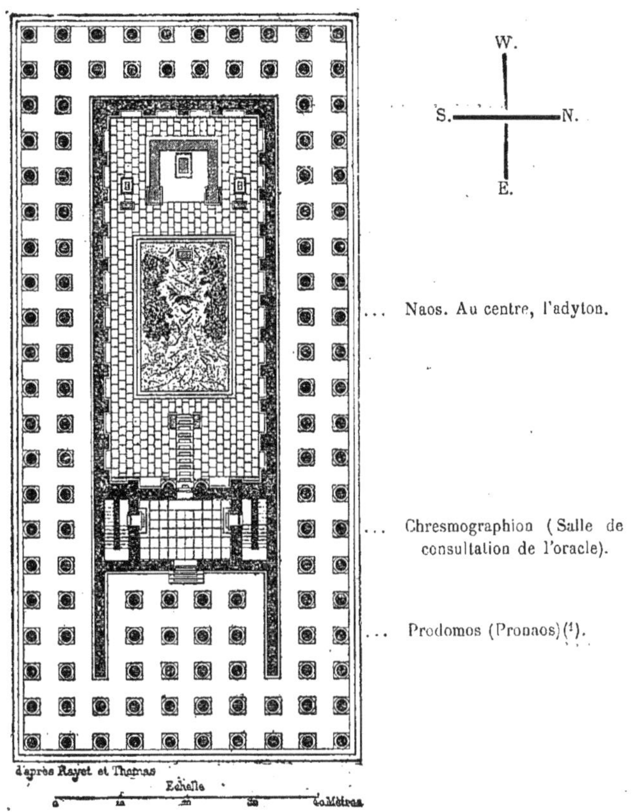


(1) J'adresse tous mes remercîments à la Maison Hachette qui a bien voulu mettre à ma disposition la réduction ci-jointe du plan de M. A. Thomas; elle a paru dans l'*Histoire des Grecs* de V. Duruy, III, p. 81.

* * *

N° 1. — *Revue de Philologie*, XXII (1898), p. 41. La stèle est complète à droite et à gauche.

..... .......... ............
[τοῦ δεινὸς ἐπιστατήσαντος τῆς οἰκοδο[μίας τοῦ ναοῦ τοῦ 'Απόλλωνος
τοῦ Διδυμέω[ς, ἀπολογισμὸς τῶν ἔργων τῶν συντελ[εσθέντων ὑπὸ τῶν
τοῦ θεοῦ παίδων· εἰσήχ[θη μὲν ἀπὸ τοῦ
χρησμογραφίου εἰς τὸν πρόδομον
τοῦ ναοῦ τὰ σταθμὰ καὶ ἀνήχθη
τὸ ὑπέρθυρον ἐκ Πανόρμου εἰς τὸ
ἱερόν· ἀπηργάσθη δὲ καὶ ἡ ἐφέδρα
τοῦ ὀδοῦ καὶ τὰ σκεπάρνια καὶ τὰ σταθμὰ
καὶ τὸ ὑπέρθυρον, καὶ ἐπεκόπη τοῦ δό-
μου τὰ μέρη τὰ πρὸς τοῖς σταθμοῖ[ς
καὶ ἐστάθη τὰ σταθμά. *Vac.*

(*Vient, après un blanc de 0m,277, le commencement d'un autre compte.*)

TRADUCTION.

« .....un tel étant épistate de la construction du temple d'Apollon Didyméen, compte rendu des travaux accomplis par les esclaves du dieu.

§ 1. — On a introduit de la salle de consultation de l'oracle dans le prodomos du temple les montants (de la porte).

§ 2. — On a monté le linteau de Panormos au sanctuaire.

§ 3. — On a travaillé au soubassement du seuil, aux pieds-droits, aux montants et au linteau.

§ 4. — On a taillé les parties des assises contiguës aux montants et on a posé les montants. »

La restitution des premières lignes ne présente aucune difficulté. De l'intitulé du compte nous n'avons que la fin ; il manque 1° le nom du stéphanéphore éponyme, 2° celui du prophète, 3° ceux des deux trésoriers de service, 4° celui de l'architecte, 5° celui de l'épistate. Nous avons donc le commencement de notre compte. Nous en avons également la fin, puisqu'au-dessous de la ligne 12, la dernière, s'étend un vide de près de 0m,30. Donc le compte est complet. L'énoncé de tous les travaux de l'année tient en neuf lignes et ces travaux, nous allons le voir, n'ont été ni bien importants, ni bien coûteux.

On a travaillé à une porte, celle qui du prodomos donnait accès dans la salle de consultation de l'oracle. Les assises que l'on a dû entailler pour poser les montants sont les assises des murs de refend qui fermaient à l'W. le prodomos. Il ne saurait y avoir de doute sur ces points.

L'année d'avant ou même plusieurs années auparavant, car les travaux n'avançaient guère en cette période, on avait transporté de Panormos au sanctuaire les montants de la porte. J'ai dit plus haut où était situé le port de Panormos. On y débarquait le marbre taillé dans les carrières des îles Korseæ : aujourd'hui encore, à l'embouchure du ru qui se jette dans la baie de Kouvella, l'ancien Panormos, et sur le rivage de la baie, on voit d'énormes blocs et plusieurs tambours de marbre, formant une espèce de môle.

Transportés au sanctuaire, les montants avaient été déposés dans le χρησμογράφιον. Ce mot se rencontre ici pour la première fois. A ne consulter que l'étymologie, il désigne le lieu où l'on écrit les oracles. Ainsi traduit, le terme nouveau n'a pas encore toute la précision désirable ; il ne manquera pas de l'acquérir quand nous aurons déterminé l'emplacement de la salle qu'il désigne. C'est, à n'en pas douter, la salle intermédiaire entre le prodomos et le naos ou μαντεῖον proprement dit. Rayet, qui l'a découverte, sans pouvoir — il est vrai — la déblayer ni même l'explorer tout entière, en a parfaitement reconnu la destination (1) ; un texte de Plutarque relatif au temple de Delphes, c'est à dire au temple-oracle par excellence (2), lui en fournit l'exacte définition, ὁ... οἶκος ἐν ᾧ τοὺς χρωμένους τῷ θεῷ καθίζουσιν, « la salle dans laquelle on fait prendre place à ceux qui viennent consulter le dieu. » C'est à cette salle que les Milésiens ont donné le nom de χρησμογράφιον. Entendons maintenant que ceux qui consultent

(1) *Milet et le golfe Latmique*, II, p. 57.
(2) *De def. orac.*. L.

l'oracle, non seulement s'y tiennent, pendant que leur demande est transmise à la prophétesse, mais encore qu'ils y attendent et y reçoivent la réponse du dieu, dont une copie leur est remise. L'oracle était rendu par la prophétesse, du fond de l'adyton, à 20 ou 30 mètres de la salle où se tenaient les fidèles et ceux-ci, malgré leur attention religieuse et tout leur bon vouloir, étaient dans l'impossibilité de percevoir la réponse, au moins d'en saisir le sens : moins troublé, plus sûr de lui-même et mieux placé aussi, le prophète entendait et comprenait pour eux. L'audience achevée il rédigeait le texte authentique de la consultation divine et le remettait au client. Je ne vois pas d'autre explication du mot χρησμογράφιον qui réponde mieux à l'étymologie et à l'emplacement de la salle. Faut-il écarter l'idée d'une copie remise à ceux qui consultaient le dieu et entendre simplement : la salle où l'on transcrit les oracles — pour les garder dans les archives du temple? Mais il y a, semble-t-il, d'autant moins de raisons d'accepter cette restriction que dans un autre sanctuaire d'Apollon, celui d'Apollon Koropæos, sur le territoire de la confédération des Magnètes, une réponse écrite était également remise aux fidèles(1).

Moins vaste que le prodomos, le chresmographion était encore une salle de 8m,80 de long sur 14m,60 de large(2). Tout le temps que durèrent les travaux dans cette partie du temple, il servit de dépôt de marbres : on y déposa les montants et, nous le verrons tout à l'heure, le linteau de la porte. Ces grandes pièces monolithes y étaient, mieux que dans le prodomos ou sur tout autre point du chantier, à l'abri des accidents. Le prodomos était ouvert, on y montait, déplaçait, démontait des machines, celles qui servaient par exemple à élever les tambours des colonnes; le chresmographion était évidemment fermé par une barrière ou par une porte provisoire.

Nous arrivons enfin aux travaux de l'année, qui, nous l'avons

(1) Voy. l'inscription publiée par Lolling dans les *Ath. Mitth.*, VII (1882), p. 72, l. 45-49.

(2) Rayet et Thomas, *op. loc. cit.* — Le chresmographion séparant le naos du pronaos, on comprend maintenant pourquoi les Milésiens emploient le mot πρόδομος, et non le mot πρόναος, qui n'eût pas été juste.

dit, se rapportent tous à la porte du prodomos. On a transporté, recoupé, posé les pièces suivantes.

On a transporté (εἰσήχθη) du chresmographion dans le prodomos les montants : la distance était courte et le chemin facile! On a monté (ἀνήχθη) de Panormos au sanctuaire le linteau (ὑπέρθυρον) : la distance était longue et le chemin pénible. Des inscriptions que je publierai plus tard nous renseignent sur le mode et le prix du transport ; elles prendront place dans mon second volume. Le linteau a été porté au sanctuaire (εἰς τὸ ἱερόν) : entendez, dans le prodomos qui sert de chantier, de même que le chresmographion sert de dépôt.

Dans ce chantier, on a travaillé (ἀπηργάσθη) d'une part aux montants et au linteau. Le travail (ἐργασία) n'est pas spécifié : il a certainement consisté en une recoupe. Les blocs arrivaient dégrossis, ébauchés, de la carrière où les carriers (λατόμοι) ne faisaient que tailler et qu'ébaucher[1]. D'autre part, on a travaillé au soubassement du seuil et aux σκεπάρνια. Il ne pouvait être question de poser le seuil même (ὀδός) : trop de matériaux avaient encore à passer par le chresmographion, trop d'accidents étaient à craindre pour qu'on ne remît pas ce travail à plus tard. Mais puisqu'on voulait poser les montants de la porte et faire les pieds-droits, il importait d'aplanir le soubassement ou lit (ἐφέδρα) du seuil. Ce soubassement était sans doute en pierre (λίθος πέτρινος), non en marbre (λίθος λευκός).

Nous avons traduit σκεπάρνια par pieds-droits. Le mot se rencontre ici pour la première fois avec cette acception, mais elle n'est pas douteuse. Elle ressort avec évidence d'abord de la place que le mot occupe dans l'énumération des différentes parties de la porte : seuil, σκεπάρνια, montants, linteau. De plus, le soubassement du mur auquel s'appuyaient les montants étant décoré d'une moulure, il était de toute nécessité que cette moulure continuât sur les trois faces des montants, et les pieds-droits la continuent. Il en allait de même à l'autre porte du chresmographion, celle qui ouvrait directement sur le naos : Rayet et Thomas, qui l'ont entrevue dans leurs fouilles, ont découvert de

(1) Cf. plus loin n° 2, l. 18 : ἐτμήθησαν καὶ ἐπελεκήθησαν. Ces deux verbes reviennent souvent dans nos inscriptions.

chaque côté de la porte (N. et S.) « les deux pieds-droits qui formaient à n'en pas douter, les deux jambages de la porte[1] ». Ils étaient ornés d'une moulure extrêmement simple. Enfin le sens donné à σκεπάρνιον semble d'accord avec la signification déjà connue du mot qui désigne une hache à double tranchant[2] : la moulure qui décore le pied-droit est de même double puisqu'elle décore les deux faces opposées du jambage. Ce sens de décoration double apparaît plus clairement encore dans l'adjectif ἀμφισκέπαρνος, qui revient plusieurs fois dans les comptes de Didymes. Je n'y ai pas retrouvé le mot σκεπάρνιον; par contre ἀμφισκέπαρνος (λίθος) est souvent employé pour désigner des pierres posées à l'intérieur du naos, sur la παραστάς, c'est à dire sur les murs décorés de pilastres qui fermaient la cella de trois côtés. Les λίθοι ἀμφισκέπαρνοι sont très vraisemblablement des pierres, taillées sur deux faces, qui font partie du pilastre même.

Enfin on a posé les montants. Ceux-ci étaient monolithes et devaient s'araser à l'affleurement même du mur. Il fallut d'abord retailler (ἐπεκόπη) les parements des assises (δόμος) sur lesquelles venaient s'appliquer lesdits montants, avant de procéder à la pose. On remarquera la précision du terme employé pour désigner ici la pose : ἐστάθη, on a dressé, et non ἐτέθη.

Les montants seuls furent mis en place : le linteau fut, ainsi que nous le pouvons conclure de l'inscription suivante, déposé dans le chresmographion.

N. 2. — *Revue de Philologie*, XXII (1898), p. 45. La stèle n'est pas rectangulaire, mais va s'élargissant légèrement du haut vers le bas.

[.... Ἀπολογισμὸς τῶν ἔργων]
[τῶν συντελεσθέντων ὑπὸ τῶν τοῦ]
1. θεοῦ π]αίδων· (3) ἐτέ[θησαμ μὲν ἐν τῶι
ναῶι? ἐν τ]αῖς ἀποχαράξεσιν ταῖς....
.... λί]θοι λευκοὶ ὀκτώ, πέτρινοι δὲ λίθοι
τέσσε]ρες, ὧμ μέτρημα στερεοὶ πόδες

(1) *Ouv. cité*, II, p. 46.

(2) Voy. Hésychius, s. v. Il en donne la définition suivante : Σκέπαρνον· τὸν πέλεκυν ἀμφίστομον.

(3) Entre παίδων et le mot suivant, il y a un blanc d'une lettre de largeur.

διακό]σιοι ἑπτά, δῶρον· εἰσήχθη δὲ καὶ τὸ ὑπέρθ]υρον ἀπὸ τοῦ χρησμογραφίου εἰς τὸν πρό]δομον τοῦ ναοῦ, κατασκευασθείσης δὲ] μηχανῆς τετρακώλου(1) καὶ σταθείσης], καὶ ἄλλης δικώλου σταθείσης, ἤρθη τὸ] ὑπέρθυρον καὶ ἡδράσθη ἐπὶ τῶν σταθμ]ῶν· ἀνήχθη δὲ καὶ ἐκ τῆς Πανορμίδος ε]ἰς τὸ ἱερὸν ὅ τε κοσμοφόρος καὶ τὸ ἀντίθεμα, καὶ τὸ μὲν ἀντίθεμα ἀπηργάσθη καὶ ἤρθη καὶ ἡδράσθη, ὁ δὲ κοσμοφόρος καὶ ἀπεγλύφη καὶ ἀρθεὶς ἐτέθη, ὧμ μέτρημα στερεοὶ(2) π[όδες χίλιοι διακόσιοι ἑπτὰ ἥμυσυ· κατεξέσθη δὲ καὶ τὸ ὑπέρθυρον καὶ ἀπειδοπο[ιήθη. Ἐτμήθησαν(3) δὲ καὶ ἐπελεκήθησαν λίθων πετρίνων πόδες χίλιοι πεντακόσιοι. Ἐτέθησαν δὲ καὶ ἐν τῶι οἰκήματι τῶι πρυτανικῶι λίθων λευκῶν καὶ πετρίνω[μ πόδες χίλιοι τριακόσιοι ἑξήκοντα. *Vac.*

(*Vient, après un blanc de 0m,087, le commencement d'un inventaire.*)

TRADUCTION.

« Compte rendu des travaux accomplis par les esclaves du dieu.

§ 1. — On a posé dans le naos(?), dans les...., huit moellons de marbre, quatre moellons de pierre, mesurant ensemble : pieds cubes 207, 1 palme.

§ 2. — On a introduit aussi, de la salle de consultation de l'oracle dans le prodomos du temple, le linteau, et après avoir construit et dressé une machine à quatre pieds, dressé une autre machine à deux pieds, on a élevé le linteau et on l'a posé sur les montants.

(1) Entre μηχανῆς et τετρακώλου il y a un vide de deux lettres. Le lapicide avait deux fois gravé les lettres TE et a effacé les deux lettres inutiles.

(2) Les lettres PE ont été deux fois gravées. Le lapicide a effacé les deux lettres inutiles.

(3) Entre ἐτμήθησαν et la fin du mot qui précède il y a un blanc de deux lettres.

§ 3. — On a monté aussi du port de Panormis au sanctuaire la frise et la contre-frise; on a travaillé à la contre-frise, on l'a élevée et posée; on a sculpté la frise, on l'a élevée et mise en place. Total des pieds cubes : 1 207 1/2.

§ 4. — On a procédé aussi au ravalement du linteau et on l'a fait conforme au modèle.

§ 5. — On a taillé et ébauché 1 500 pieds de pierre.

§ 6. — On a posé dans la Chambre des prytanes 1 360 pieds de marbre et de pierre. »

La stèle est exactement mutilée aux mêmes parties que notre n° 1, dans le haut et dans le bas. La lacune est donc la même dans nos deux inscriptions : il nous manque, dans l'une comme dans l'autre, l'intitulé. Nous n'en avons ici que le dernier mot π]αίδων, mais il suffit à justifier les restitutions proposées, d'autant mieux qu'un blanc d'une lettre après παίδων indique nettement le commencement d'un §. La restitution du § 1 est plus incertaine, mais nous nous efforcerons de la justifier et de l'expliquer plus loin. Le § 6 est le dernier du compte qui est certainement complet.

Cette année-là, on a travaillé davantage sans avancer beaucoup encore, puisqu'on n'en a pas fini avec la porte. On a d'abord procédé à la pose du linteau. Il avait été déposé dans le chresmographion; on l'a transporté dans le prodomos, et il a fallu deux machines pour le mettre en place.

Ces deux machines sont évidemment en bois. La première, qu'on a dû construire (κατασκευασθείσης), est appelée μηχανὴ τετράκωλος. Ce n'était pas, à vrai dire, une machine, mais une simple plateforme d'échafaudage, à quatre pieds, et le mot τράπεζα qu'emploient les Attiques est plus juste(1). La machine qui a servi à élever le linteau sur la plateforme est appelée μηχανὴ δίκωλος, machine à deux pieds, soit bigue(2). On remarquera qu'elle n'a pas été construite pour la circonstance; il y avait évidemment, dans un chantier comme celui de Didymes, plu-

(1) CIA., I, p. 164, n° 319, l. 6-20.

(2) Voy. H. Blümner, *Technologie und Terminologie der Gewerbe und Künste bei Griechen und Römern*, III (1884), p. 111 suiv., fig. 8 et 9.

Dans le compte athénien cité plus haut, les ouvriers se sont servis de plans inclinés (κλίμακες) pour porter leurs marbres sur la plateforme.

sieurs bigues de force différente et l'on n'a eu qu'à dresser et mettre en état celle qui convenait au travail projeté. De même à Délos, il y a dans les magasins du temple au moins une bigue que l'on dresse et remet en état les jours où l'on en a besoin, pour quelque réparation par exemple(1).

Le linteau une fois posé ne reçut pas aussitôt le dernier fini, mais seulement après la pose de la frise qui le surmontait.

La frise se composait de deux blocs (κοσμοφόρος et ἀντίθεμα), qui, au début de l'année, se trouvaient encore au port de Panormos. On les transporta au sanctuaire, on y travailla, on les posa. Le mot κοσμοφόρος, qui désigne la frise, est nouveau et de formation aussi régulière que le mot ζῳφόρος, qui n'eût pas convenu ici. Ζῳφόρος, c'est une frise décorée d'animaux ou plus exactement de figures vivantes, humaines ou autres ; κοσμοφόρος, c'est une frise décorée de simples ornements (κόσμος), tels que rinceaux, fleurons, palmettes, etc. Cette décoration est la seule qui convienne au-dessus d'une porte et le mot a été très heureusement choisi. Le mot ἀντίθεμα s'est plus d'une fois rencontré dans des inscriptions attiques du v^e siècle, dans les comptes de la construction de l'Érechtheion, et M. Choisy en a donné l'explication la plus satisfaisante : il désigne une pierre faisant contre-parement(2). L'assise de notre frise est donc, comme l'assise de la frise de l'Érechtheion, constituée par deux cours de pierres, dont un fait parement à l'extérieur et l'autre contre-parement à l'intérieur. La seule différence est que le parement et le contre-parement de la frise de notre porte sont formés l'un et l'autre d'un bloc monolithe. Le total des pieds cubes des deux blocs monte à 1 207 et demi(3).

On a d'abord travaillé au bloc faisant contre-parement : on l'a recoupé, puis mis en place. On s'est évidemment servi, pour le mettre en place, des deux machines mentionnées plus haut, bigue et plateforme.

(1) Cf. les comptes et inventaires des temples déliens de l'année 279 (*Bull. de Corr. hellén.*, XIV (1890), p. 395 et 474, I, l. 68-72.

(2) A. Choisy, *Études épigraphiques sur l'architecture grecque*, Paris, 1884, p. 100.

(3) De ce total unique on peut tirer la conclusion que l'ἀντίθεμα, comme le κοσμοφόρος, était en marbre et non en pierre. S'il avait été en pierre, on eût certainement donné à part le total des pieds cubes de pierre, comme au § 5 et ailleurs.

On travaillait en même temps à la sculpture de la frise. La frise ne fut mise en place qu'après la contre-frise.

La frise une fois posée, on a procédé au ravalement (κατεξέσθη) du linteau, qui fut définitivement achevé, conformément au modèle (ἀπειδοποιήθη). Le verbe ἀπειδοποιέω se rencontre ici, comme tant d'autres termes, pour la première fois.

Cette année-là on ne poussa pas plus loin les travaux de la porte. Elle n'était pourtant pas achevée, puisqu'il y manquait la corniche (en attique γεῖσον) (1), qui devait faire saillie sur la frise et le linteau. On en remit sans doute l'exécution à plus tard, au jour où les deux murs du prodomos seraient plus avancés.

***

Les comptes nos 1 et 2, où sont relatés des travaux entrepris à la porte du Didymeion, ne sont ni l'un ni l'autre datés : les deux stèles sont brisées à la partie supérieure et l'intitulé, qui nous eût fait connaître le nom du stéphanéphore, manque à l'un comme à l'autre. Fort heureusement pour nous, chacune des deux stèles contient, à la suite, une seconde inscription dont nous avons le commencement, c'est à dire l'intitulé. Un double problème se pose donc pour nous : sommes-nous autorisé à établir un rapport chronologique entre les deux inscriptions de chaque stèle et pouvons-nous fixer la date des inscriptions ainsi rapprochées? Une solution affirmative nous fournira la date des travaux entrepris à la porte.

No 1 *b*. Gravé au-dessous du no 1, après un vide de 0m,277. — *Revue de Philologie*, XXII (1898), p. 113.

Ἐπὶ στεφανηφόρου Μηνοδώρου
τοῦ Ἀρτεμιδώρου,
προφητεύοντος Ἀρχέλα τοῦ Ἀρχέλα,
ταμιευόντων δὲ καὶ παρεδρευόντ[ων

(1) Notamment dans le devis de la skeuothèque de Philon, CIA., II, 2, p. 481, no 1054, l. 34.

ἐν τῶι ἱερῶι Χαριδήμου τοῦ Ἀθηναίου, Μίλωνος τοῦ Διοτίμου, ἀρχιτεκτονοῦντος Μαια[νδρ]ίου τοῦ Θράσωνος, //////////[1] τ...... η Δίων[ος[2] το]ῦ Σάμου ἐπιστατήσαντος τ]ῆς οἰκ[οδομί]ας τοῦ ναοῦ τοῦ Ἀπόλλωνος] τοῦ [Διδυμέ]ως, ἀπολογισμὸς τῶν ἔργων] τῶν [συντελ]εσθέντων ὑπὸ τ[ῶν τοῦ θεοῦ παίδων· ἐτέθη]σαν ἐμ μὲν τῶ[ι προδόμωι?[3] λίθοι λευκοὶ.... κον]τα τ[ρεῖς *vel* τ[έσ]σερες....................

*(Brisé à la partie inférieure.)*

TRADUCTION.

« Sous le stéphanéphorat de Ménodoros fils d'Artémidoros, étant prophète Archélas fils d'Archélas, étant trésoriers et de service dans le temple Charidémos fils d'Athénæos, Milon fils de Diotimos, étant architecte Mæandrios fils de Thrason, — Dion fils de Samos étant épistate de la construction du temple d'Apollon Didyméen, compte rendu des travaux accomplis par les esclaves du dieu.

On a posé dans le prodomos ... carreaux de marbre... »

N° 2 *b*. Gravé au-dessous du n° 2, après un vide de 0m,087. — *Revue de Philologie*, XXII (1898), p. 114.

Ἐ]πὶ στεφανηφόρου τοῦ θεοῦ τοῦ τετά[ρτ]ου τοῦ μετὰ Μηνόδωρον, προφητεύον[τος δ]ὲ Ταυρίσκου τοῦ Νειλοστράτου, ταμ[ιε-

(1) Le nom de l'architecte se retrouve dans un compte de l'année suivante et a pu être restitué en toute certitude. Après Θράσωνος le lapicide avait gravé le mot ἀπολογισμός, sautant le nom de l'épistate des travaux. Pour réparer son omission, il a effacé le mot, mais d'une main si légère qu'on le lit encore distinctement sous la rature.

(2) La pierre est brisée entre le T qui commence la ligne et l'H (?) qui précède Δίωνος. Il semble que l'H ne soit qu'un N raturé. Le lapicide avait donc gravé τ[ῶν ἔργω]ν au commencement de la ligne (ἀπολογισμὸς τῶν ἔργων), ne s'étant pas encore aperçu de son omission.

(3) J'ai restitué προδόμωι parce que ναῶι serait trop court.

υό]ντων δὲ καὶ παρεδρευόντων ἐν τῶι ἱ[ερῶι Χ]αιριμένου τοῦ Βίωνος, Μενεκλείου]ς τοῦ Μ]ενεκλείους, τάδε ἀνετέθη · βασιλέω]ς Παιρισ]άδου φιάλη χρυσῆ, ἧς ὁλκὴ χρυσοῖ δια[κόσιοι · Χί]ων φιάλη, ἧς ὁλκὴ Ἀλεξάνδρειαι ἑ[κατόν · Ἀλ]αβανδέων φιάλη, ἧς ὁλκὴ Ἀλεξ[άνδρειαι ἑ]κατόν · Κυζικηνῶν φιάλη ἧς ὁλκ[ὴ Ἀλεξάνδρει]αι ἑκατόν · τοῦ δήμου τοῦ Ἰασ[έων φιάλη ἐ]πιγραφὴν ἔχουσα, Ῥοδίας μὲν [ὀγδοήκοντα, Ἀλεξαν]δρε[ί]ας δὲ ἑξήκοντα δύο · . . . . . . . . φιάλη, ἧς] ὁλκὴ Ἀ[λε]ξ[άνδρειαι (1). . .

*(Brisé à la partie inférieure.)*

Les stèles qui, comme les deux que je viens de citer, portent sur la même face plusieurs documents administratifs, inventaires et comptes, ne sont pas rares à Didymes, et cela tient à des raisons que laissent deviner nos deux comptes n$^{os}$ 1 et 2 : dans l'un les travaux de l'année tiennent en neuf lignes, si bien que l'intitulé seul était au moins aussi long que le compte même ! Il arrivait donc, dans les mauvaises années, que les comptes étaient très courts, et les mauvaises années revenaient souvent. Les inventaires aussi étaient parfois d'une brièveté lamentable : en voici un (CIG., 2858) qui ne contient que deux phiales, en voici deux (2856 et 2857) qui ne contiennent rien du tout ! Le lapicide, comptant sur des offrandes qui ne sont pas venues, a gravé l'intitulé d'avance : peine et place perdues ! Puisqu'il en allait ainsi, n'était-il pas tout simple, pour remplir ces belles pages de marbre, d'y graver, à la suite, plusieurs comptes ou inventaires? Les Didyméens n'y ont pas manqué et l'exemple le plus remarquable nous sera fourni par notre n° 3, qui contient sur la même face les comptes de deux années qui se suivent, la première et la seconde après le stéphanéphorat de Ménodoros.

On m'accordera sans peine que ce dernier exemple m'au-

(1) Pour la justification des restitutions, je renvoie au chapitre X, où seront cités tous les inventaires de Didymes.

torise à rapprocher les nos 1 et 1 *b*. Bien mieux, le no 3 suit immédiatement le no 1 et nous formons la série de comptes suivante :

No 1 . — Année avant le stéphanéphorat de Ménodoros.
No 1 *b*. — Année de Ménodoros.
No 3 . — Première année après Ménodoros.
No 3 *b*. — Deuxième année après Ménodoros.

De la troisième année après Ménodoros, nous avons l'inventaire (CIG., 2855) Reste à placer notre compte no 2. Il est gravé sur la même stèle qu'un inventaire daté de la quatrième année après Ménodoros et la supposition la plus vraisemblable consiste à l'attribuer à la même année. Comme il est peu probable qu'on n'ait pas travaillé au temple pendant la troisième année après Ménodoros, nous admettrons que les comptes de cette troisième année ont été soit gravés seuls sur une stèle, soit gravés en tête de la stèle no 2, dont la partie supérieure manque. En tout cas, ils n'ont pas été gravés sur la stèle no 3, dont nous avons la fin. Nous ajouterons donc à notre série :

No 2. — Quatrième année après Ménodoros.

L'inscription qui nous permettra de dater tous ces textes est depuis longtemps connue : c'est un inventaire daté lui-même de la troisième année après Ménodoros, qui a été publié en 1728 par Chishull, d'après les papiers de Sherard. Boeckh l'a inséré dans le *Corpus* sous le no 2855 et on en trouvera le texte plus loin, dans notre chapitre X.

Les premières offrandes inscrites (l. 10-16) sont dues à la générosité du roi Prusias : en deux envois, il avait fait don d'abord d'une hydrie pesant 1490 drachmes d'Alexandre et d'une somme d'argent (ἀπαρχή), sur laquelle les Milésiens avaient prélevé 300 drachmes pour en faire une phiale, — puis de trois vases, dont deux prusiades d'argent et un encensoir en or avec bec d'argent (l. 22-29).

Chishull a donné, de cette partie de l'inscription, un excellent commentaire. Identifiant le roi Prusias avec Prusias II le Chasseur (180-149), il cite les vers où le Pseudo-Skymnos vante la dévotion de son patron Nicomède III à Apollon Didyméen, dévotion qui était de tradition dans la famille royale et qu'avait pratiquée Nicomède II, fils de Prusias II(1). Cherchant ensuite à quelle occasion Prusias s'était montré si généreux envers le dieu de Didymes, Chishull émet l'hypothèse que cette double offrande suivit la victoire remportée sur Attale II, la prise et le pillage de Pergame. On sait comment se conduisit Prusias et d'où venait l'argent qu'il amassa dans cette campagne : il se conduisit en pirate, il pilla et incendia des temples d'Asclépios, d'Artémis, d'Apollon même(2). La défaite d'Attale et la prise de Pergame sont de l'année 156 avant J.-Chr. ; c'est de l'année 156 que daterait l'inventaire n° 2855 du *Corpus*.

L'hypothèse de Chishull ne me paraît plus aussi facilement acceptable aujourd'hui que précédemment. Elle repose presque entièrement sur l'interprétation d'un mot, dont la signification spéciale est aujourd'hui mieux connue qu'au temps de Chishull, le mot ἀπαρχή. On lit aux l. 13 suiv. : φιάλη Ἀπόλλωνος Διδυμέως ἐκ τῆς ἀποσταλείσης ἀπαρχῆς ὑπὸ βασιλέως Προυσίου. Chishull entendait : « primitiae... ab eo missae ex spoliis forsitan Attalicis(3) ». Prusias aurait ainsi prélevé sur le butin de Pergame la part d'Apollon. Mais dans les inscriptions, récemment publiées, de Magnésie du Méandre, le mot ἀπαρχή revient fréquemment avec un sens très précis qui convient à merveille à notre inscription. Les cités invitées par Magnésie à reconnaître et accepter les jeux Leucophryéna décident de « donner à la déesse à titre d'ἀπαρχή pour le sacrifice » une somme qui varie selon la richesse ou la générosité de la ville, 150 drachmes, 100 drachmes, 2 statères, 15 drachmes. L'ἀπαρχή est donc en réalité la contribution des cités de bonne volonté à la fête et au sacrifice des Leucophryéna(4). C'est une somme d'argent que le caissier public remet aux théores, à la fois messagers et quêteurs. Cette contribution se renouvelle aussi souvent que les jeux et les tournées des théores : pour les cités comme pour les rois, c'est

(1) Pseudo-Skymnos, v. 55 et suiv. (*Témoignages*, n° XXXV). Sur les relations du Pseudo-Skymnos avec le roi Nicomède III Évergète et sur ce roi même, voy. Th. Reinach, *Revue de Numismatique*, 1897, p. 241-260.

(2) Voy. surtout Polybe, XXXII, 25 où le caractère de Prusias est si remarquablement dépeint et flétri.

(3) E. Chishull, *Antiquitates asiaticae*, p. 94.

(4) Voy. plus loin, chapitre X.

une dépense prévue et, dans nombre de cités, le montant en était fixé par la loi.

Nous écarterons donc du commentaire de Chishull toute idée de « prémices » et de part prélevée sur un butin ; renonçant du même coup aux dates précises que nous fournissait une interprétation erronée, nous nous en tiendrons aux résultats suivants :

La troisième année après Ménodoros est une année où furent célébrés les Didymeia ;

Elle tombe dans le règne de Prusias II (180-149) et d'un Pærisadès, époux de Camasaryé.

Les travaux relatés plus haut ont donc été accomplis dans la première moitié du second siècle.

Il nous est impossible actuellement d'atteindre à plus de précision (1).

***

Nous n'avons retenu, des comptes précédemment publiés, que les travaux entrepris à la porte du prodomos. C'étaient les plus importants, parfois les seuls (2), d'alors. Les mêmes comptes relatent pourtant des travaux aux ἀποχαράξεις et à la Chambre des prytanes. Avant de reprendre ces paragraphes que j'ai laissés sans explication, je donnerai le texte d'un double compte, contemporain des précédents, qui nous permettra — sinon de dresser l'état complet des travaux à cette époque — du moins de nous en faire quelque idée.

N° 3 *a* et *b*. — *Revue de Philologie*, XXIII (1899), p. 2 suiv. La pierre, brisée en quatre morceaux, est complète de partout, sauf à gauche. A peine manque-t-il, à la droite de quelques lignes, une ou deux lettres, mais la pierre a beaucoup souffert de l'humidité et la lecture est par endroits très difficile.

(1) Le décret de Delphes en l'honneur du roi Pærisadès et de Camasaryé (*Bull. de Corr. hellén.*, XXIII (1899), p. 96), qui sont très probablement les roi et reine nommés dans nos inscriptions, n'est malheureusement pas daté : l'intitulé manque.

(2) Dans le compte n° 1, par exemple.

*a* Ἐπὶ στεφα]νηφόρου τοῦ *Vac.* θεοῦ τοῦ μ]ετὰ Μηνόδωρον, προφητεύον]τος δὲ Πελληνέως τοῦ .....]υ, ταμιευόντων δὲ καὶ παρεδρευόν]των ἐν τῶι ἱερῶι Νικομάχου τοῦ Ἀπολ]λοδότου, Διονυσίου τοῦ Ἱέρωνος, ἀρχι]τεκτονοῦντος δὲ Μαιανδρίου τοῦ Θρά]σωνος, *Vac.* ......ς τοῦ Διονυσίου ἐπιστατήσαντος τῆς οἰκο]δομίας τοῦ ναοῦ τοῦ Ἀπόλλωνος τοῦ Διδ]υμέως ἀπὸ τοῦ μηνὸς τοῦ Πανήμου ἕως] τοῦ μηνὸς τοῦ Ἀρτεμισιῶνος, ἀπολογισμὸ]ς τῶν ἔργων τῶν συντελεσθέντων ὑπὸ τ]ῶν τοῦ θεοῦ παίδων· ἐτέθησαν ἐμ μὲν τῶ]ι ναῶι? λί[θοι?] παρωτίδες κατὰ τὰ σταθμὰ κ]αὶ τὰ ..ΙΛΟΙΙ... [τῶν θ]υρῶν, καὶ ἐν ταῖς ὄπισθεν καὶ ἐ]ν ταῖ[ς] κατὰ τὸ [θ]ύρωμα, καὶ ἐν τῶι πέμπτ]ωι κα[ὶ εἰκοσ]τῶι δόμωι λίθοι λευκοὶ διακόσιοι....]ήκοντα ἐν[ν]έα, ὧν γωνιαῖοι κατὰ τὸν πρ]όδ[ο]μον δ[ύο], διάτοιχοι δεκατρεῖς, β]ασμιαῖοι δύο, ὧν μέτρημα στερεοὶ πόδες τ]ετρακισχίλι[ο]ι διακόσιοι ἐνενήκοντα...... ·ἐ]τέθησαν δὲ καὶ πέτρινοι λίθοι .... κο]ντα ὀκτώ, ὧν μέτρημα στερεοὶ πόδες χίλιο]ι διακόσιοι· ἐτμήθησαν δὲ καὶ πετρίνων λίθ]ων π[ό]δε[ς ...]ισχίλιοι τριακόσιοι πεντήκοντα]· ἐ[τέθησ]αν δὲ καὶ ἐν τῶι οἰκήματι τ[ῶι πρυτανικῶι λ]ίθων λευκῶν καὶ πετρίνων πόδες χίλιοι ...]κόσιοι δεκάπεντε. *Vac.*

*b* Ἐπὶ] στεφανηφόρου τοῦ θεοῦ τοῦ δε]υτέρου τοῦ μετὰ Μηνόδωρον, προφητεύ]οντος δὲ Σωπόλιος τοῦ Φαίδωνος, ταμιευόντ]ων δὲ καὶ παρεδρευόντων ἐν τῶι ἱερῶι ..... ου τοῦ Χρυσίππου, Δημολέοντος τοῦ Ἀθηνίωνος, ἀρχι]τεκτονοῦντος Κρατίνου τοῦ Μιννίωνος, ..... τ]οῦ Σάμωνος ἐπιστατήσαντος τῆς οἰκοδομίας το]ῦ ναοῦ τοῦ Ἀπόλλωνος τοῦ Διδυμέως, ἀπολογ]ισμὸς τῶν ἔργων τῶν συντελεσθέντων ὑπὸ] τῶν τοῦ θεοῦ παίδων· ἐτέθησαμ μὲν ἐν τῶι ναῶι], ἐν τῶι πέμπτωι καὶ εἰκοστῶι δόμω[ι καὶ ἐν τῶι ἕκτωι] καὶ εἰκοστῶι δόμωι καὶ ἐν τῶι ἑβδόμωι καὶ] εἰκοστῶι δόμωι λίθοι λευκοὶ διακ[όσιοι ....] Τ.... Μ......[, ὧν] διάτοιχοι ἐνν[έα, ........., ἡμικύκλια τέσσαρα, βασμιαῖοι δύ[ο, ..... ΛΕ. ΙΣΗ ἐπὶ τὸ θύρωμα τρία, ὑπερτείνο[ντα ἐπὶ] τὸν ἀμ[β]α[θ]μὸν δύο, καλύμ[μ]ατα ἐπὶ τὴν πλ]ίνθον πέντε. *Vac.* ['Ετέ]θησαν *Vac.* δὲ καὶ ἐν τῶ]ι προδόμωι ἐν τῶι κιονίσκωι κατὰ τὸ νότιομ *vel* βόρειομ μ]έρος σφόνδυλοι δύο. *Vac.* Ὁμοῦ τῶν λίθων τῶ]ν ἐν τῶι ναῶι στερεοὶ πόδες ἑπτα[κισχίλιοι...] *Vac.* Πέτρινοι δὲ λίθοι κεῖνται ἐνενήκοντα ἑπτ]ὰ, ὧμ πόδες στερεοὶ δισχίλιοι εἴκοσι πέν]τε. *Vac.* Ἐτμήθησαν δὲ καὶ πετρίνων λίθων πόδες ...ισ]χίλιοι ὀκτακόσιοι ὀγδοήκοντα.....] *Vac.*

*Vac.*

L. 7. Le nom de cet architecte s'est déjà rencontré dans le n° 1 *b*, l. 19.

L'intitulé est complet comme dans le n° 1 *b*, dans le n° 2855 du *Corpus* et dans le n° 2 *b*. Nous avons donc, pour une période de cinq années consécutives, les noms des principaux fonctionnaires de Milet et il ne sera pas sans intérêt de les rassembler dans le tableau ci-joint :

| Année. | Stéphanéphore. | Prophète. | Trésoriers de service a Didymes. |
|---|---|---|---|
| I | Ménodoros, fils d'Artémidoros. | Archélas, fils d'Archélas. | Charidémos, fils d'Athénæos, Milon, fils de Diotimos. |
| II | Apollon I. | Pelléneus, fils de ..... | Nicomachos, fils d'Apollodotos, Dionysios, fils de Hiéron. |

| Année. | Stéphanéphore. | Prophète. | Trésoriers de service a Didymes. |
|---|---|---|---|
| III | Apollon II. | Sopolis, fils de Phædon. | ........., fils de Chrysippos, Démoléon, fils d'Athénion. |
| IV | Apollon III. | Antipatros, fils de Ménestratos, fils adoptif de Ménandros, fils de Mæon (1). | Démétrios, fils de Pasion, Hécatæos, fils d'Artémon. |
| V | Apollon IV. | Tauriscos, fils de Neilostratos, | Chærimėnès, fils de Bion, Ménéclès, fils de Ménéclès. |

L. 9. Peut-être faut-il restituer 'Ιέρωνο]ς τοῦ Διονυσίου. L'épistate serait le fils d'un des trésoriers.

L. 11-12. 'Ἀπὸ τοῦ μηνὸς τοῦ Πα[νήμου] ἕως τοῦ μηνὸς τοῦ 'Αρτεμισιῶνος. Le nom du mois de Πάνημος s'est rencontré dans un décret de Milet (*Ath. Mitth.*, XXV (1900), p. 101, l. 25).

Une même formule se restitue dans un compte inédit : [ἀπὸ τοῦ μηνὸς τοῦ] Ταυρεῶνος ἕως τοῦ [μηνὸς τοῦ Καλαμαιῶν]ος, et je suppose que la durée de la période ainsi désignée était d'un semestre.

En tout cas, il est certain que dans l'année II on a travaillé au temple moins de douze mois, six seulement selon toute probabilité. Il est impossible en effet que les comptes de l'autre semestre, si semestre il y a, aient été inscrits sur une autre stèle : notre même stèle porte, gravés à la suite des premiers, d'autres comptes qui ne sont pas ceux du semestre suivant, mais bien ceux de l'année suivante.

Les l. 15-17 sont, avec les l. 43-47, les plus mal conservées de l'inscription, et comme en ces deux passages se trouvaient des termes techniques, peut-être des termes nouveaux, on comprend que la restitution en soit malaisée.

L. 15-16. Le mot παρωτίδες est le seul dont la lecture soit certaine ; il suffit d'ailleurs à nous apprendre qu'on travaille à la porte qui, du prodomos, donne accès dans le chresmographion.

(1) Peut-être faut-il, dans la copie de Sherard, corriger ΜΑΙΩΝΟΣ en ΜΙΛΩΝΟΣ.

Tout le reste est incertain. Ἐμ μὲν τῶι ναῶι, si la lecture est exacte, doit s'entendre de l'ensemble du temple et s'oppose ici aux l. 27 suiv. : ἐτέθησαν δὲ καὶ ἐν τῶι οἰκήματι τῶι πρυτανικῶι. Le mot λί[θοι] est douteux, mais il est impossible de lire λε[ῖαι, des consoles lisses, qui ne sont pas encore sculptées. J'ai restitué τὰ σταθμά, les consoles couronnant les montants de la porte. Je ne puis rien tirer du mot qui suit, peut-être τὰ [ἐπί]λοιπα.

L. 16-17. Avec les mots καὶ ἐν ταῖς ο... commence un nouveau paragraphe ; la préposition n'est plus la même, ἐν au lieu de κατά, et les pierres posées en ces endroits ne sont plus des παρωτίδες, mais de simples moellons de marbre (λίθοι λευκοί). Je justifierai, dans le commentaire, la restitution proposée pour les l. 16-17 : ἐν ταῖς ὄπισθεν. Le substantif sous-entendu deux fois avec l'article féminin pluriel est, très probablement, πλευραῖς.

L. 18. Τῶι πέμπτ]ωι καὶ εἰκοστῶι δόμωι. La restitution πέμπτωι m'est fournie par la l. 40.

L. 19-21. (Λίθοι) γωνιαῖοι, διάτοιχοι, βασμιαῖοι. De ces termes techniques, le premier seul était connu, les deux autres se rencontrent pour la première fois. Il ne saurait y avoir de doute sur le sens de l'adjectif διάτοιχος, qui désigne un parpaing, c'est à dire une pierre faisant l'épaisseur d'un mur (1). Il n'en est pas de même pour βασμιαῖος. Le mot βασμός, d'où il est formé, se lit une fois dans un de nos comptes inédits où il est simplement employé pour βασμιαῖος λίθος ; il s'était déjà rencontré dans une inscription de Skepsis, où il désigne les pierres formant les gradins d'un théâtre (2) et dans une inscription de Cyzique, colonie milésienne (3). On lit à la fin de ce dernier texte, qui est un contrat pour la construction d'une tour, l. 7. et suiv. : ἐμισ[θώ]σατο Τεῦκρος Διοδότου τὸμ πύργον [καὶ τὸμ] βασμὸν οἰκοδομῆσαι στατήρων τετρακοσίων [τ]εσσεράκοντα. Le premier éditeur, M. G. Perrot, qui n'a pas manqué de renvoyer à la glose de Mœris (Βασμὸς Ἀττικοί, βαθμός Ἕλ-

(1) Cf. dans le devis des murs d'Athènes, CIA. II, 167, l. 63 : καὶ διοικοδομήσας ἐπὶ τοῦ τοίχου... que M. Choisy (*Études épigraphiques sur l'architecture grecque*, p. 54) traduit très exactement : « et ayant établi au-dessus du mur [une maçonnerie] qui en franchira toute la largeur. »

(2) *Jahresh. des oesterr. arch. Institutes*, III (1900), p. 55, l. 13 et 15 (Ad. Wilhelm).

(3) Ch. Michel, nº 596.

ληνες), émet l'avis que βασμός désigne « peut-être une banquette intérieure qui s'élevait jusqu'à la hauteur de la courtine et en continuait le chemin de ronde (1) ». L'explication est très ingénieuse et très plausible, mais il est aussi simple de donner au mot βασμός le sens de base, socle. Ὁ βασμός, dans l'inscription de Cyzique, serait en quelque sorte le socle de la tour même, et s'il est mentionné dans le contrat, c'est qu'il était construit en matériaux différents, plus épais et plus résistants (2). Βασμιαῖος λίθος serait ainsi une pierre-socle.

L 27-28. La restitution est certaine : ἐν τῶι οἰκήματι τῶι πρυτανικῶι. Cf. n° 2, l. 20 et suiv., où les mêmes travaux au même endroit sont également relatés à la fin du compte.

L. 46-47. M. H. Diels me propose ἀμ[β]α[θ]μόν, qui me semble convenir au sens (3). Par contre il est impossible de lire un π au commencement de la l. 47 et de restituer ἐπὶ τὸμ πνόον, par exemple. Πλ]ίνθον est la restitution la plus probable. Le mot revient plusieurs fois dans les comptes de la construction du temple d'Épidaure, dans les passages relatifs à la grande porte, mais on n'en connaît pas le sens (4).

## TRADUCTION.

*a.* — « N. fils de Dionysios étant épistate de la construction du temple d'Apollon Didyméen depuis le mois de Panémos jusqu'au mois d'Artémision, compte rendu des travaux accomplis par les esclaves du dieu.

§ 1. — On a posé dans le temple, aux montants et aux... des portes, des pierres faisant partie des consoles.

(1) *Revue archéologique*, 1875, II, p. 96, note 1. Le mot est signalé, mais n'est pas expliqué dans les recueils d'inscriptions dialectales (F. BECHTEL, *Die Inschriften des ionischen Dialekts*, 1887, n° 111. O. HOFFMANN, *Die griechischen Dialekte*, III (1898), p. 62, n° 136 et p. 566, § 5).

(2) Sur ce système de construction, voy. G. FOUGÈRES, *Mantinée et l'Arcadie orientale*, 1898, p. 145 et suiv.

(3) Ἀμβαθμόν = ἀναβαθμόν. Pour l'apocope, très fréquente dans Hérodote, très rare dans les inscriptions ioniques, voy. Herbert Weir SMYTH, *The Sounds and Inflections of the greek Dialects. Ionic*, Oxford, 1894, p. 278. — Ἀναβαθμός = ἀναβασμός et cette dernière forme s'est rencontrée dans des inscriptions attiques : CIA., IV, 2, p. 197, n° 830 *e*, l. 4; p. 201, n° 834 *b*, II, l. 96 (ἀναβαζμούς).

(4) Voy. J. BAUNACK, *Aus Epidauros*, p. 79.

§ 2. — On a posé à la face postérieure (des murs de refend) et du côté de la porte — et dans la vingt-cinquième assise, deux cent... neuf moellons de marbre, dont deux pierres d'angle dans le prodomos, treize parpaings, deux pierres-socles, mesurant ensemble : pieds cubes, quatre mille deux cent quatre-vingt-dix...

§ 3. — On a posé aussi... huit moellons de pierre mesurant ensemble : pieds cubes, 1200.

§ 4. — On a taillé aussi... mille trois cent cinquante pieds de pierre.

§ 5. — On a posé aussi dans la Chambre des prytanes mille deux cent (ou trois cent) quinze pieds de marbre et de pierre.

*b.* — N. fils de Samon étant épistate de la construction du temple d'Apollon Didyméen, compte rendu des travaux accomplis par les esclaves du dieu.

§ 6. — On a posé dans le temple, dans la vingt-cinquième, la vingt-sixième, la vingt-septième assises deux cent... moellons de marbre, dont neuf parpaings, quatre pierres demi-circulaires, deux pierres-socles, trois [faisant saillie] sur la porte, deux formant linteau sur les degrés, cinq καλύμματα....

§ 7. — On a posé aussi dans le prodomos, dans la petite colonne du côté Nord (ou Sud), deux tambours.

§ 8. — Total des pieds cubes de marbre posés dans le temple : sept mille...

§ 9. — On a posé aussi quatre-vingt-dix-sept moellons de pierre, mesurant : pieds cubes, 2025.

§ 10. — On a taillé aussi deux (ou trois) mille huit cent quatre-vingt... pieds de pierre. »

Avant de réunir dans un tableau d'ensemble les renseignements que nous fournissent tous les comptes précédents sur l'état des travaux dans la première moitié du second siècle avant J.-Chr., je dois tirer de la dernière inscription tout ce qui a trait aux travaux entrepris à la porte du prodomos : ce sont en effet les seuls que nous puissions suivre pendant une assez longue période et nous complèterons de la sorte les explications données plus haut.

Les deux passages de l'inscription où il est parlé de la porte du prodomos sont également mal conservés et de lecture également difficile. La restitution et l'interprétation sont donc incertaines par endroits.

Le seul fait bien établi est le suivant : en l'année II, on a commencé à poser des consoles à la porte. Le mot παρωτίδες se lit nettement à la première ligne du compte et la signification n'en saurait être douteuse. Vitruve, qui a été bien renseigné sur l'architecture ionique en Asie Mineure, l'emploie dans le chapitre consacré aux portes et dans le paragraphe où il traite des portes ioniques (1). Παρωτίς à Milet, οὖς à Athènes (2) désignent une console.

Nous savons exactement où en étaient les travaux de la porte quand on a commencé à poser les consoles. Deux ans auparavant, en l'année avant Ménodoros, on avait mis les montants en place. Ni le linteau, ni, à plus forte raison, la frise ne sont posés ; le linteau a été apporté de Panormos au sanctuaire en l'année avant Ménodoros et ne sera posé sur les montants qu'en l'année V. Il est peu probable qu'on ait travaillé à la porte en l'année I ; des comptes de cette année nous n'avons guère, il est vrai, que l'intitulé, mais je ne vois pas à quelle partie de la porte on aurait pu mettre la main.

« Console, est-il dit dans le *Dictionnaire d'architecture* de Viollet Le Duc, support incrusté dans un parement et portant un membre d'architecture en encorbellement. » Entre autres exemples de consoles antiques encore en place, je citerai celles de la porte Nord de l'Érechtheion et celles de la porte du grand temple de Baalbek ; les deux portes dont elles font partie, sont, sans conteste, les plus ornées et les plus riches qui nous aient été conservées (3).

Les consoles de Didymes sont en marbre et se composent de

(1) Vitruve, IV, 6, 4, p. 96 de l'édition V. Rose (1899).

(2) CIA., I, p. 167, nº 322 *a*, col. *b*, l. 93 (= Ch. Michel, nº 571) : οὖς τῶι ὑπερθύρωι τῶι πρὸς ἕω. Cf. Choisy, *Études épigraphiques*, p. 97.

(3) On trouvera une excellente reproduction photographique de la porte de l'Érechtheion dans le *Journ. of hellen. Studies*, XII (1891), planche I. Comme exemple de belles consoles grecques, M. A. Choisy me signale encore celles du temple de Sardes, sur lesquelles il appelle l'attention des archéologues.

plusieurs pièces. Les pièces posées en l'année II à la hauteur des montants (κατὰ τὰ σταθμά) appartiennent évidemment à la partie inférieure de la console, à celle qui revêtait ordinairement la forme d'une feuille, ainsi que nous l'apprend Vitruve (1). Il ne pouvait être question de poser encore la console tout entière, puisque la lourde masse du linteau n'était pas encore en place. Le linteau ne sera posé qu'en l'an V : alors seulement on pourra, sans danger, poser la pièce principale de la console. On n'a posé en l'an II que la partie inférieure des deux consoles : d'où l'expression λίθοι παρωτίδες, pierres faisant partie des consoles, et non παρωτίδες, consoles. Il est évident aussi que ces pièces ne sont qu'ébauchées ; il n'eût pas été prudent de les décorer et de les achever avant la pose de masses aussi lourdes que le linteau, la frise et la contre-frise. De même, la console, que les commissaires de l'Érechtheion trouvent sur les chantiers au moment de la reprise des travaux, n'est qu'ébauchée (2) ; elle ne devait être achevée qu'une fois mise en place.

L'année suivante, année III, il ne semble pas qu'on ait travaillé à la porte. On travaille à l'entour de la porte, on pose trois pierres, dont le nom n'est malheureusement pas lisible, ἐπὶ τὸ θύρωμα, c'est à dire faisant saillie sur la porte ; on en pose deux qui forment linteau [sur les degrés(3)], mais en somme on ne travaille à aucun des membres de la porte, et il en sera ainsi jusqu'en l'année V.

Si nous réunissons maintenant tous les éléments de restauration qui nous sont fournis par nos inscriptions, pour essayer de retracer le plan et de retrouver, autant que faire se peut, l'aspect de la porte du Didymeion, voici les résultats auxquels ont abouti nos recherches.

Le plan se reconstitue aisément ; il ne diffère pas de celui des autres portes monumentales. Sur le seuil qui ne sera posé que plus tard (il ne l'est pas encore en l'année V), se dressent les

(1) IV, 6, 4.

(2) Ἡμίεργον. L'inscription a été citée plus haut, p. 178, note 2.

(3) L. 45-46 : ὑπερτείνο[ντα ἐπὶ] τὸν ἀμ[β]α[θ]μὸν δύο. Le mot ὑπερτόναιον, dans des inscriptions attiques du IVe siècle, désigne le linteau (Devis de la skeuothèque de Philon, CIA., II, 2, nº 1054, p. 481, l. 31 et Comptes d'Éleusis, CIA., II, 2, nº 834 *b*, p. 525, col. II, l. 28).

jambages dont la partie inférieure est caractérisée par des pieds-droits, qui correspondent à la moulure du soubassement des murs(1) ; à la partie supérieure est accolée une console.

Sur les montants mêmes est posé le linteau, sur les consoles, la frise. Une corniche qui n'est pas encore en place en l'année V, couronne l'ensemble. C'est en somme le dessin de la porte ionique ou corinthienne classique, avec une frise sculptée, et je prie le lecteur désireux d'une vue d'ensemble, de se reporter à des photographies de la porte Nord de l'Érechtheion ou de la porte principale du grand temple de Baalbek(2).

Sur les proportions de la porte, sur sa largeur et sa hauteur, nos inscriptions ne nous apprennent rien. Ce sont des décomptes ; ce ne sont pas des devis descriptifs qui nous permettraient une restauration complète, comme a pu l'être celle de la porte de la skeuothèque de Philon(3) ou celle de la porte de l'enclos de Pouzzoles(4). Il ne nous sert de rien de connaître la largeur de la porte correspondante du chresmographion, celle qui mettait en communication le chresmographion et le naos : Rayet et Thomas l'ont dégagée, ont constaté sa largeur, reconnu les profils des chambranles(5), mais encore une fois cela ne nous est d'aucun secours, et pour la restauration de la porte principale, M. Thomas a dû s'en fier aux règles rapportées par Vitruve(6).

Reste la décoration. S'il a bien voulu suivre, dans la *Revue de l'Art ancien et moderne*(7), le récit des dernières fouilles de Didymes, le lecteur admettra sans peine que la porte principale d'un sanctuaire aussi magnifiquement orné que le Didymeion,

(1) Rayet et Thomas, *Milet et le golfe Latmique*, II, p. 56.

(2) La porte Nord de l'Érechtheion est d'autant plus intéressante pour nous que toutes ses parties ne sont pas aussi anciennes qu'on serait tenté de le croire : elle a subi dans l'antiquité d'importantes modifications sur lesquelles R. W. Schultz a eu le mérite d'appeler l'attention (*Journ. of hellen. Studies*, XII (1891), p. 1-13). D'après M. Schultz, le linteau actuel ne serait pas antérieur au deuxième siècle av. J.-Chr. (*Ibid.*, p. 9).

(3) Choisy, *Études épigraphiques*, p. 1 et s.

(4) Th. Wiegand, *Die puteolanische Bauinschrift sachlich erläutert*, 1894, p. 715 suiv. (Tirage à part du XX Spplbd des *Jahrbücher für Philologie*, p. 661-778 et 2 pl.).

(5) *Ouv. cité*, II, p. 45 et s.

(6) *Ouv. cité*, II, p. 56-57.

(7) I (1897), p. 391 et suiv.

devait avoir sa bonne part de sculptures décoratives. L'architecte, qui avait donné tant de soins à la façade, ne pouvait négliger la porte à laquelle aboutissait celle-ci, et que franchissaient tous les visiteurs, curieux ou clients. De fait, l'existence, attestée par nos inscriptions, de consoles et d'une frise sculptée nous prouve que toutes les autres parties de l'encadrement devaient, à l'heure opportune, être rehaussées de sculptures, embellies peut-être de peintures et de dorures. L'heure n'était pas venue en l'année V; peut-être ne vint-elle jamais. En tout cas, les modèles ne manqueraient pas pour un essai de restauration; aux ornements bien connus des portes de l'Érechtheion et de Baalbek, il faudrait joindre aujourd'hui un fragment, retrouvé à Épidaure, du chambranle de la porte de la Tholos; il a été reproduit pour la première fois dans l'ouvrage de MM. Defrasse et Lechat(1).

Pour en finir avec la porte du Didymeion, il me reste à citer une dernière inscription où il en est parlé(2). C'est une liste de prophètes, découverte à Didymes et gravée à la fin du premier siècle avant J.-Ch. On y rappelle les titres d'un de ces prophètes, le fils de Sopolis, à la reconnaissance des Milésiens, ses ambassades à Rome et à Alexandrie. De cette dernière ville il a rapporté de riches présents pour le temple. On lit à la l. 7 et suiv. :

πρεσβεύσας] δὲ καὶ εἰς 'Αλεξάνδρηαν τὴν πρὸς
Αἰγύπτωι πρ]ὸς βασιλέα Πτολεμαῖον βασιλέως
Πτολεμαίου] θεοῦ νέου Διονύσου καὶ καταγαγὼν
.....μέγα θύρωμα ἐλέφαντος τάλαν-
τα δεκατέσ]σερα μνᾶς εἴκοσι.

Le roi Ptolémée, fils de Ptolémée Néos Dionysos, est Ptolémée XIV, frère de la célèbre Cléopâtre; il régna de 51 à 47(3). L'ambassade de notre prophète se place très probablement entre 51 et 48, avant l'arrivée de Jules César à Alexandrie(4). Que sut-

(1) *Épidaure*, p. 112 et 114. On notera que les deux rosaces conservées sur ce morceau de chambranle sont d'un modèle différent.

(2) *Anc. gr. Inscr. in the Brit. Museum.*, n° 921 *a*. Ce fascicule a été publié par G. Hirschfeld.

(3) M. L. Strack, *Die Dynastie der Ptolemäer*, p. 211.

(4) Cf. M. L. Strack, *Archiv für Papyrusforschung*, I (1901), p. 208, n° 22.

il obtenir du jeune roi? Newton et G. Hirschfeld restituent au commencement de la l. 10 παρ' αὐτοῦ] et mettent une virgule après θύρωμα. Ptolémée aurait ainsi fait don aux Milésiens d'une grande porte destinée au temple de Didymes, et de quatorze talents vingt mines d'ivoire pour la décoration de ladite porte. Mais la restitution proposée me semble incorrecte. Si notre prophète avait rapporté à Didymes une porte, c'est à dire des vantaux, on n'eût pas manqué d'employer le pluriel τὰς θύρας. Le singulier τὸ θύρωμα désigne l'endroit même où était percée la porte, l'ensemble de l'encadrement, montants et chambranle, mais il ne fait jamais double emploi avec αἱ θύραι. Je restitue donc καταγαγὼν [εἰς τὸ] μέγα θύρωμα ἐλέφαντος κτλ., « ayant rapporté pour la grande porte quatorze talents .. d'ivoire ». L'expression τὸ μέγα θύρωμα s'entendait sans peine à Didymes, surtout dans une liste de prophètes; de même à Épidaure, dans les comptes de la construction du temple, elle désignait la porte principale de l'Asclépieion, — de même à Delphes, dans les actes d'affranchissement, la grande porte du temple(1).

Ainsi au milieu du premier siècle avant notre ère on travaille encore à décorer la porte qui a été commencée dans la première moitié du second siècle. Des vantaux ont-ils été posés une première fois entre l'année V et 70, c'est à dire entre l'année où les comptes nous font défaut et celle où commencent probablement les incursions des pirates qui dévastèrent le Didymeion? Nous l'ignorons. En tout cas, nous pouvons tirer de notre liste de prophètes un dernier renseignement sur la porte du Didymeion : elle était en bois puisqu'on se proposait de la décorer d'incrustations en ivoire. Telle était la porte de l'Asclépieion d'Épidaure, pour laquelle il fut dépensé 1 070 drachmes d'ivoire(2). Sans savoir à quel poids correspondait cette somme, nous pouvons affirmer que le présent de Ptolémée XIV avait une valeur beaucoup plus considérable.

Que les chantiers du Didymeion et les carrières des îles Korseæ fussent peu animés vers le milieu du deuxième siècle avant

(1) A Épidaure, Ch. Michel, n° 584, l. 72, 74-75, 79, 93, 110. Cf. J. Baunack, *Aus Epidauros*, p. 79-81. — A Delphes, *Griech. Dialekt-Inschr.*, II, n° 1953, l. 5.
(2) Ch. Michel, n° 584, l. 64-65.

notre ère, qu'il y eût peu d'argent dans le trésor d'Apollon ou mieux dans les caisses de Milet, que, par conséquent, la construction de notre temple avançât lentement, c'est ce qui ressort avec évidence du rapprochement des comptes que nous venons d'étudier. Il suffirait, à vrai dire, de jeter les yeux sur la liste, dressée plus haut, des stéphanéphores ou fonctionnaires éponymes de Milet qui se sont succédé dans ces cinq années, pour en conclure que le nombre des mauvaises années l'emportait alors sur celui des bonnes : pendant quatre ans de suite, pas un Milésien de bonne volonté ne s'est présenté pour remplir la charge de stéphanéphore ; il a fallu, pendant quatre ans de suite, l'offrir à celui qui ne la refusait ni la briguait jamais, au dieu lui-même, à Apollon (1), Aussi bien, dans la première année de cette période malheureuse, on n'a même pas travaillé pendant douze mois : on n'a ouvert les chantiers que pour un semestre.

L'étude des comptes mêmes confirme les indications que nous fournissent les seuls intitulés. Voici, résumés dans un tableau d'ensemble, les différents travaux accomplis soit dans le temple même, soit dans les chantiers, pendant les années auxquelles se rapportent nos comptes.

| Année. | N° de l'inscription. | Architecte. | Travaux. |
|---|---|---|---|
| Avant Ménodoros. | 1 | N. | On travaille [à la Grande Porte], au soubassement du seuil, aux pieds-droits, montants et linteau.<br>On pose les montants. |
| I | 1 *b* | Mæandrios, fils de Thrason. | On pose dans le prodomos moins de 100 carreaux de marbre.<br>(*Le compte est incomplet.*) |

(1) Cf. la liste de stéphanéphores retrouvée à Antandros (Ch. Michel, n° 668) : Apollon y figure jusqu'à trois années de suite, mais jamais quatre. L'inscription est du premier siècle av. J.-Chr. A Téos on trouve jusqu'à quatre années de suite sans éponyme, ἄναρχα τέσσερα. *Ibid.*, n° 666, l. 18.

| Année. | N° de l'inscription. | Architecte. | Travaux. |
|---|---|---|---|
| II | 3 *a* | Mæandrios, fils de Thrason. | On travaille pendant six mois.<br>On commence à poser les consoles de la porte.<br>On pose [dans les murs de la porte], dans la 25e assise moins de 300 ou de 400 carreaux de marbre, en tout : pieds cubes, 4290.<br>On pose moins de 100 moellons de pierre, en tout : pieds cubes, 1200.<br>On taille, en moellons de pierre, pieds cubes : 2350 ou 3350.<br>On pose, dans la Chambre des prytanes, en moellons de marbre et de pierre, pieds cubes : 1215 ou 1315. |
| III | 3 *b* | Kratinos, fils de Minnion. | On pose aux 25e, 26e, 27e assises moins de 300 moellons de marbre.<br>On pose dans le prodomos, dans la petite colonne N. (ou S.), 2 tambours.<br>En tout : pieds cubes, plus de 7000.<br>On pose 97 moellons de pierre, en tout : pieds cubes, 2025.<br>On taille en moellons de pierre : pieds cubes, plus de 2880 ou 3880. |

| ANNÉE. | N° DE L'INSCRIPTION. | ARCHITECTE. | TRAVAUX. |
| --- | --- | --- | --- |
| V | 2 | N. | On pose, dans les ἀποχαράξεις, en 12 moellons de marbre et de pierre, pieds cubes : 207, 1 palme. |
| | | | On pose le linteau et on le ravale. |
| | | | On travaille aux frise et contre-frise, qui sont posées. Pieds cubes : 1207 1/2. |
| | | | On taille et ébauche, en moellons de pierre, pieds cubes : 1500. |
| | | | On pose dans la Chambre des prytanes, en moellons de marbre et de pierre, pieds cubes : 1360. |

En somme, pour ne parler que du temple, on a travaillé : dans le prodomos, à la porte et à l'un des κιονίσκοι — aux 25e, 26e et 27e assises — à la Chambre des prytanes — aux ἀποχαράξεις.

Dans le prodomos, on a surtout travaillé à la porte. De ces travaux il a été longuement parlé et nos inscriptions, très détaillées, nous ont suffisamment éclairés sur la construction de cette partie de l'édifice. Il n'en est pas de même pour le κιονίσκος auquel on a travaillé en l'année III. La lecture est certaine et le seul mot restitué n'est d'aucune importance, puisqu'on ne peut hésiter qu'entre deux adjectifs, νότιον ou βόρειον (μέρος). On lit : ἐτέθησαν δὲ καὶ ἐν τῶι προδόμωι ἐν τῶι κιονίσκωι κατὰ τὸ νότιομ (*vel* βόρειομ) μέρος σφόνδυλοι δύο [1]. J'ai traduit plus haut comme si le texte portait ἐν τῶι κιονίσκωι τῶι κατά... Il me semble en effet que s'il n'y avait eu qu'un κιονίσκος dans le prodomos, la phrase eût été construite autrement et qu'on eût dit ἐν τῶι βορείωι *vel* νοτίωι μέρει τοῦ κιονίσκου. Cette seconde tournure se rencontre dans des

(1) La tournure κατὰ τὸ νότιομ *vel* βόρειομ μέρος revient constamment dans les comptes de Didymes.

comptes inédits. J'admets donc qu'il y a dans le prodomos deux κιονίσκοι, l'un dans la partie Nord, l'autre dans la partie Sud. Que faut-il entendre par ce mot? Il ne peut désigner une demi-colonne, semblable aux demi-colonnes engagées qui flanquent des deux côtés la petite porte du chresmographion. Sans compter que le diminutif κιονίσκος conviendrait difficilement à une demi-colonne de l'importance de celle qui flanquerait la grande porte, la présence de consoles à ladite porte suffit à faire écarter cette hypothèse. Cherchant une autre signification pour le mot, un autre emplacement pour la chose, je m'étais arrêté au sens d'édicule, niche, chapelle; le prodomos en aurait renfermé deux, adossées l'une au long mur Nord, l'autre au long mur Sud. Mais il me semble aujourd'hui plus difficile d'interpréter ainsi le mot κιονίσκος, et, plus prudent, je m'abstiens.

On a travaillé aussi dans les années II et III aux « 25°, 26° et 27° assises », ce qui revient à dire qu'on a travaillé aux murs du temple, particulièrement aux murs du prodomos (1), entendez le mur de refend dans lequel était percée la grande porte et la partie des murs latéraux qui fermaient le prodomos au Nord et au Sud. On y a posé des pierres d'angle, des parpaings, des pierres-socles, etc. Malheureusement toute cette partie du compte de l'an III est très mal conservée et le sens de plus d'un article nous échappe complètement. Sur le système de construction des murs du Didymeion, une longue série de comptes inédits nous fournira de précieux renseignements.

On a travaillé encore dans les années II et V à la Chambre des prytanes ; on y a posé une fois 1215 pieds cubes de marbre et de pierre, une autre, 1360. Où faut-il placer cet οἴκημα ? C'est bien évidemment dans le temple même qu'il faut en chercher l'emplacement. Les comptes où il est nommé sont ceux de la construction du temple. Le Milésien qui les rend est l'épistate de la construction du temple ; tous les travaux qu'il surveille sont faits dans le temple. Il n'est pas jusqu'à la taille et à l'ébauchage des carreaux de marbre ou de pierre qui ne puissent avoir lieu dans le temple, converti en un immense chantier : n'avons-nous pas vu plus haut que le chresmographion servait

(1) N° 3 *a* et *b*, l. 16, 20, 45.

de dépôt de marbres, le prodomos, d'atelier ? Pour les moellons on a pu les tailler à pied d'œuvre. Donc, toute porte, toute chambre, tout mur auxquels ont travaillé, sous la surveillance directe de l'épistate, les esclaves du dieu, doivent être placés dans le temple. Aussi bien le choix du mot οἴκημα suffirait à nous prouver qu'il s'agit d'une simple pièce, d'une chambre et non d'un édifice spécial. Or, il n'y a dans tout le Didymeion qu'un emplacement possible pour cette chambre : c'est l'étage supérieur. Et comme le Didymeion est un temple hypèthre et sans opisthodome (1), il n'y a qu'un emplacement pour l'étage supérieur : c'est au-dessus du chresmographion. Deux escaliers, dont la cage ouvrait sur le chresmographion, y donnaient accès ; il en est souvent parlé dans nos comptes et Rayet a dégagé tout ce qui reste de l'un d'eux, l'escalier Nord (2). J'admets sans hésitation que ces deux escaliers, ou peut-être un seul — car nous verrons plus loin qu'il y avait peut-être plus d'une chambre à l'étage supérieur — conduisaient à la Chambre des prytanes. Il n'y a pas lieu de s'étonner alors qu'on travaille à la Chambre des prytanes en même temps qu'au prodomos : tous ces travaux se poursuivent dans une même région du temple. Nous aurons seulement à rechercher plus tard pourquoi les prytanes ont une salle dans le Didymeion et quelle part ils prennent à l'administration du grand temple milésien.

On a travaillé enfin aux ἀποχαράξεις. En l'an V on a posé huit moellons de marbre et quatre moellons de pierre ἐν ταῖς ἀποχαράξεσιν ταῖς... Le mot, peut-être l'adverbe, qui manque à la suite de l'article, servait évidemment à préciser l'emplacement. Que faut-il entendre par les ἀποχαράξεις ? Nous savons qu'il faut les chercher dans le temple, et des travaux qu'on y fait (on y pose des moellons de marbre et de pierre) nous pouvons conclure qu'il s'agit d'un mur dont les moellons de marbre forment les parements, les moellons de pierre le contre-parement. Le mot ἀποχάραξις s'est rencontré plusieurs fois dans les auteurs, avec

(1) Texier (*Description de l'Asie Mineure*, pl. 137 *bis*), et Durm qui reproduit le plan de Texier (*Die Baustile. I Die Baukunst der Griechen*, 1881, p. 189), admettaient l'existence d'un opisthodome. La restauration de M. Thomas, définitive sur ce point, leur donne tort.

(2) *Milet et le golfe Latmique*, II, p. 45 et suiv.

le sens d'empreinte, trace, incision (1). D'autre part, dans une inscription d'Asie Mineure, Περιχάραξις est le nom d'une ville qui n'était à l'origine qu'une forteresse et qui a fini par former une cité (2). 'Αποχάραξις peut désigner de même, sinon un mur de circonvallation, au moins une clôture; les deux mots sont formés de la même manière et ne désignent, pas plus l'un que l'autre, l'action d'élever un mur ou une palissade, mais bien ce mur même. Je ne vois pas d'argument décisif en faveur de l'une ou de l'autre de ces explications, « empreinte ou clôture ». Faut-il entendre quelque empreinte analogue à celle du trident de Poseidon dans l'Érechtheion, quelque fissure ou χάσμα? C'est alors dans le naos même, dans la dépression où croissent (nous le verrons plus loin) les lauriers sacrés, qu'on aura posé les huit carreaux de marbre et les quatre moellons de pierre. Faut-il entendre une clôture? C'est encore dans le naos qu'il la faudra placer, car il n'est pas possible d'admettre dans le prodomos un mur aussi épais, aussi encombrant, que le mur triple dont il est parlé dans les comptes de l'an V (3).

Nous venons d'énumérer les travaux qui, vers le milieu du

(1) Voir le *Thesaurus* Estienne-Hase, s. v.

(2) L'inscription a été découverte à Maden dans le vilayet de Brousse. *Arch.-epigr. Mitth. aus Œsterreich-Ungarn*, XVIII (1895), p. 229. On lit à la l. 2 : ἡ]βουλὴ καὶ ὁ δῆμος τῆς Περιχαράξεως. — De nombreuses villes portaient le nom de Χάραξ. Voy. SUIDAS, s. v.

(3) Dans le prodomos, on se contentait d'ordinaire d'une simple barrière en bois, comme dans ce temple de Mylasa auquel se rapporte l'inscription publiée par M. Paton (*Journ. of hellen. Studies*, XVI (1896), p. 231, n° 33). C'est un décret rendu par une confrérie et ordonnant les travaux suivants :

. . . . . . . . . . . . . . . . . . . . . . . . . . . . [βά-
1. σιν ἐν τῶι ναῶι ἐφ' οὗ σταθήσεται τὸ συντελεσθὲν ἄγαλμα·
κατασκευάσαι δὲ καὶ τράπεζαν λιθίνην· ποιῆσαι δὲ καὶ θύρωμα
καὶ τρύφακτον τῶι προδόμωι τοῦ ναοῦ καὶ βωμόν.

La chapelle de Mylasa était restée jusqu'à présent ouverte; maintenant qu'on y place une statue, on décide d'y construire une porte et en même temps de fermer le prodomos, où s'élèvera un autel, par une barrière en bois.

Il est vrai que le mot δρύφακτος peut également désigner une balustrade en pierre ou marbre. Dans l'inscription célèbre de Jérusalem, découverte et si bien commentée par M. Clermont-Ganneau (*Revue archéologique*, XXIII (1872), 1, p. 220), τρύφακτος est employé pour désigner la balustrade qui entourait l'esplanade du temple; or, nous savons par Josèphe (*Bell. Iudaïc.*, V, 5, 2 <Naber, § 193 et 194>, et *Ant. Iud.*, XV, 11, 5 <§ 417>) que cette balustrade était en pierre, haute de trois coudées et fort élégamment travaillée.

deuxième siècle avant notre ère, étaient en cours d'exécution. Pouvons-nous maintenant prendre une vue d'ensemble du temple? Nous éloignant de la porte principale et du prodomos, où nous avons été longtemps retenus, franchissant le péristyle et descendant les treize degrés, pouvons-nous découvrir ce que voyait, entre les années 180 et 150, le passant ou le pèlerin arrêté devant la façade principale du Didymeion? Qu'il fût tout d'abord frappé des dimensions colossales de l'édifice et surtout du nombre des colonnes, je n'en doute pas, mais nous n'étudions pas ses états d'âme et nous voulons simplement savoir ce qu'il avait sous les yeux. Ici nous ne nous en rapporterons plus seulement au témoignage des inscriptions, et nous tiendrons compte de ce qu'ont découvert et vu Rayet et Thomas dans leurs fouilles de 1873, de ce que nous avons découvert et vu nous-mêmes, M. Pontremoli et moi, dans celles de 1895 et 1896. Le lecteur me permettra de le renvoyer une fois de plus à l'article de la *Revue de l'Art*, où sont exposés les principaux résultats de nos deux campagnes.

Notre pèlerin voyait que ni les sept degrés, ni les treize degrés de l'escalier central fermé par les deux pylônes qui sont dans le prolongement des murs de la cella, n'avaient reçu la dernière main, ni même été ravalés. Tous les blocs dont sont formés les degrés et les pylônes, tous sans exception, portaient et portent encore des marques de chantier. Sur la plateforme des pylônes ne se dressait aucune statue, aucun groupe de sculpture. Le dallage du péristyle n'avait pas été posé.

Pour les colonnes elles n'étaient pas toutes en place. La colonnade étant la partie la plus en vue d'un temple, on s'empressait généralement de l'élever. C'est ainsi que plusieurs siècles auparavant, s'il faut en croire un architecte d'une rare compétence, les Ségestains avaient commencé par la colonnade extérieure l'exécution de leur temple (1). Au Didymeion au contraire,

(1) A. Choisy, *Études épigraphiques sur l'architecture grecque*, p. 27, note 1. « On sent à cette manière de procéder l'impatience qu'éprouvaient les Grecs de jouir de l'aspect de leur œuvre. » Cf. l'*Histoire de l'architecture*, du même auteur, I (1899), p. 283. « Le temple inachevé de Ségeste se réduisait, au moment où les chantiers furent arrêtés, à sa colonnade extérieure ». MM. R. Koldewey et O. Puchstein admettent au contraire que la cella a été complètement détruite, *Griechische Tempel in Unteritalien und Sicilien*, I (1899), p. 133.

il s'en fallait de beaucoup que les colonnes fussent toutes posées. Nous avons la preuve qu'on en posait encore à l'époque romaine, au moins sur les longs côtés. Sur un des tenons de bronze qui reliaient entre eux deux tambours, on lit l'inscription Ποπλίου qui date peut-être du règne de Caligula (37-41 ap. J.-Ch.) (1). Les colonnes n'étaient même pas achevées sur la façade principale, où toutes celles de la rangée extérieure (à l'exception des colonnes d'angle) devaient recevoir à la base et au chapiteau une décoration si riche et si variée. J'admets qu'au milieu du second siècle avant notre ère toutes les bases de la rangée extérieure étaient dans l'état où nous les avons retrouvées : deux d'entre elles sont simplement dégrossies, la décoration d'une troisième est restée inachevée, comme interrompue, et pourtant celle-ci se trouve dans la partie la plus en vue de la façade, au haut de l'escalier central. J'admets également que tous les chapiteaux de la façade sont posés. Toutes les sculptures des bases et des chapiteaux à bustes de dieux seraient donc antérieures au milieu du second siècle. Par contre il me semble que la frise et les denticules leur sont postérieures d'un grand nombre d'années. Il se peut que l'architrave fût déjà en place, mais la frise ne l'était pas (2).

De retour dans le prodomos, qui n'a pas été fouillé, nous n'avons plus pour nous guider dans cet essai de restauration que nos inscriptions. Elles nous apprennent qu'on travaillait alors aux 25e, 26e et 27e assises des murs. Or l'un des murs du péristyle est en partie dégagé à la façade latérale Nord, où il subsiste encore sur une hauteur de huit assises, et chacune de ces assises parfaitement réglées mesure 0m,59 de haut (3).

25 assises de 0m,59 correspondent à une hauteur de 14 mèt. 75,
26 — — 15 mèt. 34,
27 — — 15 mèt. 93.

(1) Le tenon a été rapporté en France par Rayet et Thomas. Il est maintenant exposé au Louvre dans la salle de Milet-Didymes, dans la vitrine.

(2) Les monnaies de Milet ne nous fournissent aucune indication. Le Didymeion n'y figure, grossièrement représenté par un temple hexastyle, qu'à l'époque impériale, sous Caligula (Barclay V. Head, *Catalogue of the greek Coins of Ionia*, 1892, p. 198). Nous aurons à rechercher la raison de cette représentation sur les monnaies du temps de Caligula.

(3) Rayet et Thomas, *Milet et le golfe Latmique*, II, p. 79.

De quel mur s'agit-il? J'ai reconnu plus haut qu'il ne pouvait être question que des murs du prodomos et je renvoie le lecteur à la pl. 37 de l'ouvrage de Rayet et Thomas (Coupe longitudinale restaurée). Il s'y rendra compte de la hauteur relative qu'avait alors atteinte le mur dans cette partie de l'édifice. Il y verra comment le mur, ou plutôt cette partie du mur, n'avait pas encore la hauteur des colonnes, qui (base et chapiteau compris) est de 19 mèt. 40. Encore est-il nécessaire d'admettre que tous les murs du prodomos n'étaient pas également avancés. Par exemple, le mur dans lequel est percée la porte principale n'en était certainement pas à la 25e assise, au moins à l'endroit de la porte; il est impossible en effet que le linteau qu'on vient de poser corresponde à la 25e assise. Ce serait donner à la porte une hauteur beaucoup trop considérable. Quand même nous n'aurions pas sous la main cet exemple significatif, nous ne pourrions oublier que la construction est conduite par tronçons et que nécessairement les murs n'ont pas partout, à même époque, même hauteur. Retenons donc qu'en certaines parties du prodomos, vers l'année 150, les murs n'ont pas atteint 16 mèt. de haut et qu'il leur manque au moins trois assises d'appareil courant. Cette indication, si précise, est tout à fait remarquable.

Si, franchissant la grande porte, qui n'a pas encore reçu de corniche, nous pénétrons dans le chresmographion, nous y trouverons, je crois, les travaux plus avancés. Puisqu'on pose des pierres dans la Chambre des prytanes, que nous avons placée à l'étage supérieur, c'est que les escaliers qui y mènent et dont la cage ouvre sur le chresmographion sont achevés.

Du chresmographion, on passait dans le naos par une petite porte que Rayet et Thomas ont pu dégager en 1873. Nul doute qu'elle ne fût construite au milieu du deuxième siècle avant notre ère [1]. Si nous étions réduits aux auteurs et aux inscriptions, tout ce que nous saurions du naos tiendrait en quelques lignes. Vers 295, Séleucus I a rendu aux Milésiens le célèbre Apollon de Kanachos, qui a pris place dans le nouveau Didymeion [2].

(1) Je ne veux pas dire par là qu'on y avait mis la dernière main, car les bases des deux demi-colonnes qui la décoraient à l'extérieur, du côté du naos, n'étaient pas encore achevées : les moulures n'avaient pas reçu et ne reçurent jamais le dernier polissage. Rayet et Thomas, *ouv. cité*, II, p. 46.

(2) Voy. plus haut, p. 43.

En 246, Séleucus II reçoit du peuple de Milet une couronne sacrée cueillie dans l'adyton ; l'adyton est, à n'en pas douter, celui du Didymeion, où l'arbre d'Apollon reverdit depuis plus d'un demi-siècle [1]. En somme, nous n'avons pour nous renseigner sur le degré d'achèvement du naos au deuxième siècle avant notre ère qu'un moyen d'information : c'est l'étude des sculptures qui décoraient les chapiteaux des pilastres et la frise. Les Dilettanti, Texier, Rayet et Thomas en ont publié nombre de fragments [2] et le Musée du Louvre en possède d'importants. Pour ma part, je suis convaincu que la construction du naos était, sinon achevée, du moins très avancée au deuxième siècle, et que, d'assez bonne heure aussi, on s'était attaqué à la décoration. Le beau demi-chapiteau corinthien de la porte intérieure a malheureusement disparu et nous ne le connaissons que par le dessin des Dilettanti [3] ; mais c'était un morceau remarquable de conception et, autant qu'il est possible d'en juger, d'exécution. De fait, il était en place quand on commençait à travailler à l'étage supérieur du chresmographion et à la Chambre des prytanes. Pour les pilastres et la frise, l'exécution est très inégale et nombre de pièces sont seulement dégrossies ; on se tromperait donc certainement en attribuant toutes ces sculptures à une même époque, on ne se trompera pas en affirmant qu'elles se rapprochent plus des sculptures des bases que de la frise et des denticules de la façade principale.

En résumé, ni le naos, ni la colonnade, ni la façade principale n'étaient achevés au milieu du second siècle avant notre ère. Ils ne le furent jamais, et c'est au milieu d'un dépôt plus ou moins encombré, d'un chantier plus ou moins actif que, pendant des siècles, on vint consulter l'oracle d'Apollon Didyméen : pendant plus de quatre ans, par exemple, de l'année avant Ménodoros à l'an V, le linteau de la grande porte resta déposé dans le chresmographion ! Les pèlerins n'en venaient pas moins et il y a lieu de se demander où l'on déposait et gardait les offrandes qu'apportaient les uns, qu'envoyaient les autres. L'étude de cette question trouvera sa place dans le chapitre suivant.

(1) Voy. plus haut, p. 115.
(2) Voy. la bibliographie donnée par Rayet et Thomas, *ouv. cité*, II, p. 34 et suiv.
(3) *Ionian Antiquities*, I (1re édition, 1769 ; 2e édition, 1821), planche X, 2.

CHAPITRE X

# LES CLIENTS DE DIDYMES AUX IIe ET Ier SIÈCLES AVANT J.-CHR. — LES INVENTAIRES

TEXTE DES INVENTAIRES ET CLASSEMENT CHRONOLOGIQUE. — LE DEUXIÈME SIÈCLE AVANT NOTRE ÈRE. — LES CLIENTS : ROIS ET CITÉS, THÉORES ET COMMISSAIRES. — LES OFFRANDES : OÙ ELLES ÉTAIENT DÉPOSÉES.

Le Didymeion resta pendant de longs siècles un vaste chantier, plus ou moins actif suivant les bonnes ou les mauvaises années. Mais si les travaux furent plus d'une fois suspendus, la vie du sanctuaire ne subit, semble-t-il, aucune interruption. Depuis 331, le dieu de Didymes ne cessa de rendre des oracles (1) et de recevoir des offrandes, faisant toujours bon accueil aux trop rares pèlerins ou clients qui venaient le consulter ou témoignaient généreusement de leur dévotion et de leur reconnaissance.

J'ai déjà eu l'occasion, dans le chapitre précédent, de citer quelques inventaires du Didymeion. Je me propose de les reprendre et d'y ajouter tous les inventaires ou fragments d'inventaires, inédits ou déjà publiés, qui ont été découverts à Didymes. La série n'est malheureusement pas longue ; elle nous fournira néanmoins des renseignements intéressants sur la clientèle de Didymes, surtout au deuxième et au premier siècles avant notre ère.

Je donnerai d'abord les textes en commençant par le plus ancien. Puis, comme plusieurs textes d'époques très différentes sont gravés sur une même pierre, je classerai l'ensemble dans l'ordre chronologique. J'étudierai ensuite les clients, les offrandes et je chercherai à savoir où celles-ci étaient conservées.

(1) Voy. plus haut, p. 4.

N° 1. — CIG., n°s 2852-2858.

La stèle a été vue pour la première fois à Didymes par Cyriaque d'Ancône (1442-1447), qui n'a copié que les vingt premières lignes du n° 2852. Voy. O. Riemann, *Bull. de Corr. hellén.*, I (1877), p. 288, n° 66 et E. Ziebarth, *Ath. Mitth.*, XXII (1897), p. 411. Elle a été vue ensuite en 1709 et 1716 par Sherard, dont les copies ont été en partie publiées par Chishull, *Antiquitates asiaticae*, 1728, p. 66 et suiv.; cf. p. 90. Mais, soit que les notes prises par Sherard fussent confuses, soit que Chishull les ait brouillées dans son commentaire, il est malaisé de se reconnaître au milieu de toutes ces inscriptions et de savoir dans quel ordre elles se suivaient. Tel était déjà l'avis de Boeckh qui avait fait collationner les papiers de Sherard et y avait recueilli des textes inédits.

Voici exactement l'état de la pierre et l'ordre des inscriptions. La stèle est un grand bloc de marbre blanc, qui était complet du temps de Sherard ; il est aujourd'hui brisé à la partie supérieure, mais encore complet à la partie inférieure, sous laquelle on voit deux trous de scellement. Il portait des inscriptions sur les quatre faces.

Face A (face principale). — CIG., n°s 2852 et 2853. Du n° 2852, il manque actuellement les 23 premières lignes; la l. 24 est très mutilée.

Face B (à gauche de la face principale). — CIG., n°s 2854, 2855, 2856, 2857, 2858. Actuellement il manque le n° 2854 en entier et les 14 premières lignes du n° 2855.

Face C (à droite de la face principale). — Entièrement inédite. Il reste la fin d'un long inventaire et deux inventaires plus courts, en tout 44 lignes que n'a pas copiées Sherard.

Face D (opposée à la face principale). — L'inscription est entièrement effacée et illisible.

La pierre est à Hiéronda, dans la cour de l'église, où mes notes et estampages ont été pris au mois d'avril 1897. A ma demande, mon ami W. R. Paton a bien voulu, en janvier 1898, faire de toutes ces inscriptions une copie très soignée que j'ai sous les yeux.

**Face A.** — N° 2852 = Dittenberger, *SIG.*[1], n° 170 = Ch. Michel, *Recueil*, n° 39. Hicks, dans la première édition de son *Manual* *of greek historical Inscriptions*, n'a publié que la lettre de Séleucus (n° 175). Cf. *Revue de Philologie*, XXII (1898), p. 121 suiv.

Ἐπὶ στεφανηφόρου Ποσειδίππου, ταμιευόντων τῶν ἱερῶν χρημάτων Τιμέα τοῦ Φύρσωνος, Ἀρισταγόρα τοῦ Φιλήμονος, Κλεομήδους τοῦ Κρείσσονος, Φιλίππου τοῦ Σωσιστράτου, Ἀλεξάνδρου τοῦ Λοχήγου, Πολυξένου τοῦ Βαβίωνο[ς, τάδε ἀνέθηκαν βασιλεῖς Σέλευκος καὶ Ἀντίοχος τὰ ἐν τῆι ἐπιστολῆι γεγραμμένα.

Βασιλεὺς Σέλευκος Μιλησίων τῆι βουλῆι καὶ τῶι δήμωι χαίρειν. Ἀφεσ[σ]τάλκαμεν εἰς τὸ ἱερὸν τοῦ Ἀπόλλωνος τοῦ ἐν Διδύμοις τήν τε λυχνίαν τὴν μεγάλην καὶ ποτήρια χρυσᾶ καὶ ἀργυρᾶ εἰς ἀνάθεσιν τοῖς Θεοῖς τοῖς Σωτῆρσι κομίζοντα Πολιάνθην, ἐπιγραφὰς ἔχοντα. Ὑμεῖς οὖν, ὅταν παραγένηται, λαβόντες αὐτὰ ἀγαθῆι τύχηι [ἀφ]εσ[σ]ταλμένα, ἀπόδοτε εἰς τὸ ἱερὸν, ἵνα ἔχητε σπένδειν καὶ χρᾶσθαι, ὑγιαινόντων ἡμῶν καὶ εὐτυχούντων καὶ τῆς πόλεως διαμενούσης ὡς ἐγὼ βούλομαι καὶ ὑμεῖς· εἰσδέχε(σθ)ε δὲ Πολιάνθη[ν] καὶ τὴν ἀνάθεσιν ποιούμενοι τῶν ἀ[φ]εσ[σ]ταλμένων, συντελέσατε τὴν θυσίαν ἣν συντε]τάχαμε[ν αὐτῶι· συνεπιμελήθ[ητε οὖν ἵνα γέ]ν[η]ται κατὰ τρόπον· τῶν δὲ ἀφ[εσσταλμέ]νων χρυσωμάτων καὶ ἀργυρω[μάτων εἰς τ]ὸ ἱερὸν ὑπογέγραφα ὑμῖν τὴν γρα[φὴν, ἵνα εἰ]δῆτε καὶ τὰ γένη καὶ τὸν στα[θμὸν ἑκάστ]ου· ἔρρωσθε.

Γραφὴ] χρυσωμάτων τῶν ἀφεσσταλμένων· φιάλη] καρυωτὴ Ἀγαθῆς Τύχης μία, ὁλκ[ὴ δραχ]μαὶ διακ[όσιαι] τεσσεράκοντα ἑπ[τά· ἄλ]λη καρυωτὴ Ὀσ[ίρ]ιδος μία, ὁλκὴ δραχ[μαὶ ἑκατ]ὸν ἐνενήκοντα· ἄλλη καρυωτὴ Λ[ητοῦς μί]α, ὁλκὴ δραχμ[αὶ] ἑ[κα]τὸν [ἐνε]νήκοντα ὀ[κτὼ, τρ]εῖς ὀβολοί· ἄλλ[η] ἀκτινωτὴ Ἑκάτης μία, ὁ[λκὴ δρ]αχμαὶ ἑκατὸν δεκατρεῖς· παλιμπότω[ν κ]αὶ ἐλάφων προτομῶν ἐπιγεγραμμένω[ν Ἀ]πόλλωνος ζεῦγος ἕν, ὁλκὴ δραχμαὶ τρι[ακόσι]αι δεκαοκτώ, τρεῖς ὀβολοί· ἄλλο παλίμπο[τον κ]αὶ ἐλάφου προτομὴ ἐπιγεγραμμένην (*sic*) Ἀρ]τέμιδος ἕν, ὁλκὴ δραχμαὶ ἑκατὸν ἑξήκο[ντ]α μία· κέρας ἐπιγεγραμμένον Διὶ Σωτῆρι ἕ[ν, ὁλκὴ δραχμαὶ ἑκατὸν ἑβδομήκοντα τρεῖς, τρεῖς ὀβολοί· οἰνοχόα Θεῶν Σωτήρων μία, ὁλκὴ δραχμαὶ τριακόσιαι ὀγδοήκοντα ἔχξ (*sic*)· ψυκτὴρ βαρβαρικὸς λιθόκολλος ἐπιγεγραμμένος Σωτείρας εἷς, ἔχων ἀποπεπτωκότα κάρυα ἑπτά, ὁλκὴ δραχμαὶ τριακόσιαι ἑβδ[ομήκοντα δύο· μαζόνομον χρυσοῦν, ὁλκὴ δραχμαὶ χίλιαι ὀγδοήκοντα ὀκτώ· εἰς τὸ α[ὐτό· χρυσωμάτων δραχμαὶ τρισχίλιαι διακόσιαι τεσσεράκοντα ὀκτώ, ὀβολοὶ τρεῖς. Σκύφος ἀργυροῦς τορευτὸς ζωιωτὸς ἔχων σχοινίδα εἷς, ὁλκὴ δραχμαὶ τριακόσι[αι ὀγδοήκοντα· ψυκτὴρ ἀργυροῦς μέγας δίωτος, ὁλκὴ δραχμαὶ ἐνακισχίλιαι. Λιβανωτοῦ τάλαντα δέκα, σμύρνης τάλαντον ἕν, κασίας μναῖ δύο, κινναμώμου μναῖ δύο, κόστου μναῖ δύο. Λυχνί[α χαλκῆ μεγάλη [1]. Προσήγαγεν δὲ καὶ θυσίαν τῶι θεῶι ἱερεῖα χίλια καὶ βο[ῦς] δώδεκα.

L. 11, 17 et 23. J'ai redoublé le sigma et remplacé le pi par un phi dans ἀφεσστάλκαμεν, ἀφεσσταλμένα, ἀφεσσταλμένων en me reportant aux l. 25 et 30. Cf. l. 29 ἔρρωσσθε, 46 ἔχξ.

L. 15. Dittenberger a reconnu dans Polianthès (*sic* Sherard, Πολυάνθης Cyriaque) l'envoyé de Séleucus [2].

(1) Suit un signe d'interponction que je ne puis reproduire et qui a la forme d'un grand epsilon très étroit.

(2) Πολιάνθης est un nom connu. Voy. par exemple *Bull. de Corr. hellén.*, III (1879), p. 470; IV, p. 212. Cyriaque lisait de même à la l. 3 Φρύσωνος au lieu de Φύρσωνος. Le nom de Φύρσων est connu à Érythrées, Ch. Michel, n° 503, l. 5 et 26; à Colophon, Μουσεῖον καὶ βιβλιοθήκη τῆς εὐαγγελικῆς σχολῆς, 1880, p. 221, n° 395.

L. 17. J'ai transporté à la fin de la l. 17 le mot ἀφεσσταλμένα (ἐπεσταλμένα Sherard), que Sherard avait commencé à copier à la l. 20 (ἐγὼ ΕΠ) et qu'il avait reporté à la fin de la l. 21, où il ne me semble pas davantage à sa place.

L. 21. Sherard : ΕΙΣΔΕΧΕΤΕΕΠΕΣΤΑΛΜΕΝΑ.

L. 23. Sherard : ΘΕΟΣΙΡΙΔΟΣ, que Chishull a corrigé en Θέμιδος. Sherard avait d'abord lu ΘΕ, puis, poursuivant sa copie ΙΡΙΔΟΣ qui l'amena à lire 'Οσίριδος. Il a seulement oublié d'effacer les deux premières lettres mal lues. Nos copies donnent ΟΣ que confirme mon estampage.

L. 34 fin. Le Λ seul est certain. Paton : ΛΙΞ *vel* ΛΙΣ.

L. 35. Sherard : ἑξήκοντα. Chishull avait été amené par des calculs sur lesquels je reviens plus loin à corriger en ἐνενήκοντα.

L. 51-52. Sherard : εἰς τὸ πᾶν. Paton : εἰς τὸ Α/ | τὸ χρυσωμάτων. Ma copie porte εἰς τὸ Α., mais je crois retrouver sur l'estampage le trait oblique copié par Paton. Je n'en propose pas moins : εἰς τὸ αὐτό = ensemble pour les vaisseaux d'or, 3248 drachmes, 3 oboles. Il est remarquable que, seul de tous les éditeurs, Chishull ait eu l'idée de refaire l'addition dont le total est transcrit aux l. 52-53. La somme des chiffres copiés par Sherard donnait seulement 3217 dr. 3 ob., soit une différence de 31 dr. en moins. Chishull se crut autorisé à faire deux corrections, l'une à la l. 35 où, changeant ἑξήκοντα en ἐνενήκοντα, il gagna 30 dr., — l'autre à la l. 46 où ἕξξ (*sic* Sherard), corrigé en ἑπτά, lui donna l'unité qui lui manquait encore. De ces deux corrections la première seule est juste. Nos chiffres nous donnent seulement 3247 dr. 3 ob., soit 1 dr. en moins. Cette drachme représente peut-être le poids des sept dattes (κάρυα) détachées du vase à rafraîchir (l. 48). Quand on a pesé ce vase, on n'a pas mis ces dattes dans la balance ; on les y a mises au contraire quand on a pesé tout le lot des vaisseaux en or.

L. 61-62. Sherard : Ε προσήγαγεν. La première lettre, qui dépasse les autres, est un signe d'interponction, ainsi que l'a reconnu Boeckh.

N° 2853, à la suite de 2852, sans aucun blanc dans l'intervalle. Cf. *Revue de Philologie*, XXII (1898), p. 125.

'Επὶ στεφανηφόρ[ου. . . . . καὶ ταμ]ιῶν τῶ[ν
ἱερῶν χ̣ρημ̣άτων *Vac.*
Εὐπόλιδος τοῦ Ποσειδίππου, Λυκό[φ]ρονος τ[οῦ
Εὐδήμου, Βαττάρου τοῦ Μητροδώρου, 'Εχ̣εβούλ[ου
τοῦ Λίχ̣α, 'Εκαταίου τοῦ Λ[υ]κο[μ]ήδους, 'Αντιπάτρ[ου
τοῦ 'Αγίνου. *Vac.*

Le texte donné par Boeckh diffère sensiblement du nôtre et pourtant la copie de Sherard n'était pas aussi défectueuse qu'on pourrait le supposer.

L. 1. Du nom du stéphanéphore, on ne distingue plus que la partie supérieure de quelques lettres.

L. 4. Sherard : PATTAPOY pour Βαττάρου. Chishull (ou peut-être Sherard lui-même), ne reconnaissant pas un nom grec, l'a corrigé en KPATEPOY et a mis ce dernier en marge de la ligne; de la marge Boeckh l'a fait passer dans le texte.

L. 5. Sherard : TOY MAΛEKATAIOY.

L. 6. Sherard : 'Αγίμου. La quatrième lettre est douteuse et j'ai longtemps hésité. Paton : 'Αγίνου.

Entre la l. 6 et le bas de la stèle s'étend un vide de 0m,055. De l'inventaire, nous n'avons sur cette face que l'intitulé. Bien qu'il soit moins complet que celui du n° 2852 (il y manque le nom du prophète), cet intitulé n'en diffère pas moins des autres; seul, avec celui du n° 2852, il renferme les noms des six Milésiens qui formaient le collège annuel des ταμίαι τῶν ἱερῶν χρημάτων. Dans tous les autres inventaires, à l'exception d'un, ne figurent que deux trésoriers; un seul est nommé dans le n° 2858. La raison de cette différence vaut la peine d'être cherchée et je la donnerai plus loin.

**Face C.** — N° 2853 (*suite?*), d'une autre main que le n° 2853 de la Face A. Cf. *Revue de Philologie*, XXII (1898), p. 126.

L'inscription est mal conservée, mais on y reconnaît du premier coup un inventaire. Ce qui le caractérise, c'est qu'on n'y lit pas un nom propre; on y voit seulement des offrandes, suivies de la mention du poids. D'où je conclus que toutes ces offrandes sont dues à la générosité d'un seul personnage, très probablement d'un roi et d'un roi Séleucide. De ce personnage nous savons seulement que ses offrandes ont été faites antérieurement à la mort de Prusias II, puisque l'inventaire n° 2853 *ter*, gravé sur la même face de la stèle, contient une phiale offerte par ce dernier roi.

....... ΛΕΣΤ . . . . . . . . . . .
... ὁλκὴ Ἀλεξάνδρεια]ι τετρακόσιαι δεκα...
...... δύο ....]οι, δλκὴ Ἀλεξάνδρειαι τ[ῆς
μὲν διακόσ]ιαι εἴκοσιν ὀκτώ, τῆ[ς δ]ὲ δια[κό-
σιαι] εἴκο[σ]ι · κι...ια δύο, ὁλκὴ Ἀλεξάν[δρ-
ειαι] τοῦ [μὲν] ἑ[κ]ατὸν τριάκοντα πέντε, τ[οῦ
δὲ ἑκ]ατὸν [τρι]άκ[ο]ντα · μονόκρουνα δύο, ὁλ[κὴ
Ἀλεξ]άνδρεαι (*sic*) το[ῦ] μὲν διακόσιαι δεκα[τέσ]σα-
ρες, τοῦ δ]ὲ διακόσ[ια]ι δεκάπεντε · ὑδρία πανά[ργυ-
ρος καὶ δ]ίκρουνον, [ὁλκὴ Ἀ]λεξάνδρειαι ἑξακό[σι-
αι] ...... ΛΙ.ΣΥ ......α δύο, ὁλκὴ Ἀλεξάνδ[ρ-
ειαι ἑκατὸν] τε[σσαράκοντα ἐν]νέα · δ..διον (*vel* δρον) ἀν[ε-
πίγραφον] ὁλκῆ[ς καὶ νομίσμ]ατος · χύτρος αὐ[γ..
..., ὁλκὴ Ἀλ[εξάνδρει]αι χίλιαι ἑκατὸν ... ·
φιά]λαι δύ[ο .........]σαι, ὁλκὴ Ἀλεξάν[δρ-
ειαι] τῆς μὲν ἑ[κατὸν τριάκον]τα ὀκτώ, τῆς δὲ [ἑκ-
ατὸν] τεσσαρ[άκοντα ... · κα]νοῦν, οὗ ὁλκὴ [Ἀλε-
ξάν]δρειαι [.............]ήκοντα τέσσ[α-
ρε]ς · φιάλ[η ........... ὁλ]κὴ Ἀλεξάνδρε[ι-
αι δι]ακόσ[ιαι] ὀγ[δοήκοντα .... ·]δίφρος ἀνε[πί-
γραφο]ς · .........ν οὗ ὁλ[κὴ] Ἀλεξάνδρε[ι-
αι ἑκ]ατὸν ἑξήκοντα. *Vac.*

L. 5. Les traces de lettres ne me semblent pas concorder avec le mot κιβώτια qu'on serait tenté de restituer.

L. 8-10. De ὑδρία πανάργυρος καὶ δίκρουνον, rapprocher n° 2852, l. 40-41 : παλίμποτον καὶ ἐλάφου προτομή. L'hydrie a la forme d'un δίκρουνον.

L. 11-20. Il y a un trou au milieu de la pierre.

N° 2853 *bis*. — Il est gravé à la suite de l'inscription précédente, dont il est séparé par un blanc de 0m,035. Les caractères sont différents, plus petits, plus grêles, moins réguliers. L'inscription est mal conservée. Cf. *Revue de Philologie*, XXII (1898), p. 127.

'Επὶ στεφανηφόρο]υ τοῦ θεοῦ τοῦ μετὰ Μιννί[ω-
να], προφητεύοντος [δὲ 'Α]θηναίου τοῦ Ἡρακλε.
.., ταμιευόντων δὲ καὶ παρεδρευόντων ἐν [τ-
ῶι ἰ]ερῶι 'Αντιγένου τοῦ Μέλανος, Φιλτ[....
τ]οῦ Λεωκράτου, τάδε ἀνετέθηι τῶι 'Απόλλων[ι·
στ]έφα[ν]ος χρυσοῦς, ὁ ἀνατεθεὶς ὑπὸ Νέων[ος
τοῦ 'Απολλωνίου, ὁλκὴν ἄγων χρυσοῦς δ[εκα-
τρεῖς· Κυ(ζ)ικηνῶν φιάλη, ὁλκὴν ἄγουσα δραχμὰς 'Αλεξανδρείας ἑκατόν· Καλλιάνακτο[ς
τ]οῦ Σωστράτου φιάλη [β]οη[γ]ίαι νικήσαντος, φι[άλη
.....ΔΟ., ὁλ[κὴν] ἄ[γου]σ[α] δραχ[μὰς
ἐνενήκοντα· .........] ης τῆς Γλαυκίππου φιά[λη
ἀ]νεπίγραφος ὁλκῆς καὶ νομίσματος. *Vac.*

L. 2. Je ne vois guère d'autre nom à restituer qu''Αθηναίου et pourtant entre le sigma de προφητεύοντος et le thêta, il semble qu'il y ait place pour plus de trois lettres.

L. 8. Le lapicide a gravé par erreur un ξ au lieu d'un ζ.

L. 10. Le mot φιάλη semble avoir été deux fois répété. D'ordinaire, l'apposition βοηγίαι νικήσαντος suit immédiatement le nom propre, et le mot φιάλη ne vient qu'après, avec ou sans la mention du poids.

L. 11. Je ne peux pas déchiffrer le commencement de la ligne, et la restitution de la fin est incertaine.

N° 2853 *ter*. — Il est gravé à la suite du n° 2853 *bis*, dont il est séparé par un blanc de 0m,055. Cf. *Revue de Philologie*, XXII (1898), p. 128.

'Ε]πὶ στεφανηφόρου Λυσῆους τοῦ.....
.ου, προφητεύον τος δ[ὲ] Θρασυ...
τ]οῦ 'Αρκεσιλάου, ταμιευόντων δὲ καὶ [παρε-
δ]ρευόντων ἐν τῶι ἱερῶι Κρίθυος τοῦ.....
.ου, Αὐτοφῶντος τοῦ Ἡρῴδου, τάδε ἀ[νετέ-
θη] τῷ 'Απόλλωνι· φιάλη ἐμ πλινθείωι βα[σιλέ-
ω]ς Προυσίου, ἀνεπίγραφος ὁλκῆς καὶ ν[ομίσ-
μ]ατος· Πολυδώρου τοῦ Μενεκρίτου [βοηγίαι
νικ]ήσαντος φιάλη. *Vac.*

L. 2. Sautant un défaut de la pierre, le lapicide a coupé ainsi le mot προφητεύοντος.

Entre la dernière ligne et l'extrémité inférieure de la stèle s'étend un vide de 0m,33.

**Face B** (à gauche de la Face A).— C'est la plus mutilée, surtout à la partie supérieure, dont tout le milieu manque.

No 2854. — Publié pour la première fois par Boeckh d'après les papiers de Sherard et de Chishull.

'Επὶ στεφανηφόρου 'Επιγόνου τοῦ...
λέω(ς), προφητεύοντος δὲ Πυθίω[νος
τοῦ Ποσειδωνίου, ταμιευόντων [δὲ
ἐ]ν τῶι ἱερῶι ΜΟΛΠΑ τοῦ ΣΤΗΡΙΟΣ, Διο[γέν-
ου τοῦ 'Απολλωνίου· βασιλέ(ω)ς ?..
. . . . . . . . . . .

L. 1. On connaît un stéphanéphore milésien du nom d'Épigonos (*Revue archéologique*, 1874, II, p. 108), mais le nom du père manque dans cette inscription, qui est une liste de chorèges vainqueurs, et, à en juger par le nom du joueur de flûte, cette liste doit être attribuée à la première partie du troisième siècle avant notre ère. Voy. Edward Capps, *Studies in greek agonistic Inscriptions* dans les *Transactions of the American philological Association*, XXI (1900), p. 128, note 2.

L. 2. Sherard : λεωυ.

L. 4. Je ne cherche pas à corriger la copie, évidemment fautive, de Sherard. Μολπα[γόρου] est très probable.

L. 5. Sherard : βασιλεύς, qu'il faut peut-être conserver.

No 2855. — Publié pour la première fois par Chishull (*Antiquitates asiaticae*, p. 90). Ch. Michel, no 856. Cf. *Revue de Philologie*, XXII (1898), p. 128 suiv.

'Επὶ στεφανηφόρου τοῦ θεοῦ
τοῦ τρίτου τοῦ μετὰ Μηνόδωρο[ν,
προφητε[ύ]οντος δὲ 'Αντιπάτρου
τοῦ Μεν[ε]στράτου κατὰ
ποίησιν δὲ Μένανδρου τοῦ Μαίω-
νος, ταμιευόντων δὲ καὶ παρεδρευόντων ἐν τῶι ἱερῶι Δημ[ητρί-
ο]υ τοῦ Πασίωνος, 'Εκαταίου τοῦ

Ἀρτέμωνος, τάδε ἀνετέθη τῶι Ἀπόλλωνι· Ὑδρία ἐφ' ἧς ἐπιγραφὴ Ἀπόλλωνος Διδυμέως, ὁλκὴν ἄγουσα Ἀλεξα[ν]δρείας χιλίας τετρακοσίας ἐνενήκοντα· φιάλη Ἀπόλλωνος Διδυμέως ἐκ τῆς ἀποσταλείσης ἀπαρ[χ]ῆς ὑπὸ βασιλέως Προυσίου, ὁλκὴ[ν ἄγουσα Ἀλεξανδρείας τριακοσίας· Κυζικη[νῶν φιάλη, ὁλκὴν ἄγουσα Ἀλεξανδρ[είας ἑκατόν· Κρατέ(ρ)ου τοῦ Κρατέρου] φιάλ[η, ὁλκὴν ἄγουσα Μιλησίας ἐν]ενήκ[οντα· κανοῦν φυ]λῆ[ς τῆς Ἀσωπ]ίδος, [ὁλκὴν ἄγον Ἀλεξ]ανδρε[ίας πεντακ]οσίας· [βασιλέως Προ]υσίου π[ρουσιάδες δύο, [ὁ]λ[κὴν ἄγουσαι ἡ μ]ὲν Ἀλε[ξανδρείας ὀκτακοσίας τριάκοντα (?), ἡ δὲ] ὀκτακοσ[ίας τριάκοντα ἕξ· *Vac.* λιβανω]τὶς χ[ρυσῆ Ἀπόλλω[νος καὶ Ἀρτέμιδος ὁλ]κὴν [ἄγουσα χρυσοῦς [ἑκατόν, τὸ δὲ ἔμβ]ολον [αὐτῆς ἀργυροῦν ἄ[γον δραχμὰς τεσσ]αράκ]οντα τρεῖς, ὀβο]λόν· [βασιλίσσης Καμασα]ρύη[ς...... χρυ]σοῦς, [ὁλκὴν ἄγων χρυσοῦ]ς ἑκατ[ὸν ὀγδοήκον]τα ἑ[πτά, ἡμίχρυσον·] Ἀρτέ[μωνος, Ἀντιγόνου],...... α Ὑπο[μηλίδα, φιάλη] ὁλκῆς χρυσ[ῶν ἑκατό]ν, φιάλι[ον ὁλκῆς Ῥοδίων [εἴκοσι]. *Vacat.*

Il ne reste plus rien sur la pierre des 14 premières lignes.

L. 20-21. Sherard : Ἀσωτίδος. Voy. *Revue de Philologie*, XXI (1897), p. 41.

L. 24. Sherard : ὀκτακοσίας καὶ ΕΚ. Boeckh : ὀκτακοσίας καὶ δέκα. Mais, ainsi que le fait remarquer Boeckh lui-même, l'emploi de *καί* est contraire à l'usage didyméen.

L. 32. Sherard : ΑΝΤΙ.ΝΟΥΔΡΟ.ΟΡΗΣΑΣΑΥΠΟΜΗΑΙΔ. Boeckh : ἀνγεῖον ὃ ὑδροφορήσασα ὑπόμνημα | ἀνέθηκεν. La copie de Sherard est fautive, mais je crois reconnaître dans les huit dernières lettres un nom propre que je rencontre deux fois dans l'inventaire n° 4 (ci-dessous) : Ὑπομηλίδας. Dans le n° 4, le nom du fils qui précède le nom du père n'est pas relié à ce dernier par l'article τοῦ et je crois que ces noms sont portés par des Rhodiens qui consacrent des phiales d'un statère d'or; or, dans le n° 2855, les fils d'Hypomélidas consacrent, en outre d'une phiale du poids de cent statères d'or, une petite phiale de vingt drachmes rhodiennes.

N° 2856. — Gravé à la suite du n° 2855, après un vide de 0m,02. Publié pour la première fois par Boeckh, d'après les papiers de Sherard. Cf. *Revue de Philologie*, XXII (1898), p. 129.

Ἐπὶ στεφανηφόρο]υ Πασικλέους τοῦ Φ[ιλοδ....,
προφητεύ]οντος δὲ Ἀρτεμιδώρου τοῦ Δημ[ητρίου,
ταμιευόντων] δὲ ἐν [τῶι ἱε]ρῶι Δημητρίου τοῦ Πα[ρμένω-
νος, Ἀντιπά]τρου τ[οῦ Μη]τροδώρου, τάδε ἀνε[τέθη.
*Vac.*

N° 2857. — Gravé à la suite du n° 2856, après un vide de 0m,03. Caractères plus grands et plus irréguliers. Publié pour la première fois par Boeckh, d'après les papiers de Sherard. Cf. *Revue de Philologie*, XXII (1898), p. 130.

Ἐπὶ στεφανη[φόρου Π]ανφίλου τοῦ Α[ὐτοκ-
λείους, προφ[ητε]ύοντος δὲ Πα[σικ-
λείους τοῦ Ἀ[ντιπ]άτρου, ταμι[ευό-
ν]τ[ων] δὲ ἐν τῷ[ι ἱερῷ]ι Σωσιστράτ[ου
τοῦ Ἱ]πποστ[ρά]του, Σκειπίωνος
τοῦ Τιμουχ[ίδ]ου. *Vac.*

N° 2858. — Gravé à la suite du n° 2857, après un vide de 0m,025. Publié pour la première fois par Chishull, à la suite du n° 2855. Ch. Michel, n° 838. Cf. *Revue de Philologie*, XXII (1898), p. 130.

Ἐπὶ στεφανηφόρ[ου] Μενεκράτου, προφητε[ύ-
οντος Βάβωνος [τοῦ] Ἀπημάντου, ταμιε[ύ-
οντος δὲ καὶ πα[ρεδρ]εύοντος ἐν τῶι ἱερῶ[ι Κ-
αλλικράτου τ[οῦ Ἀπ]ολλωνίου, τάδε ἀ[νε-
τ]έθη τῶι Ἀπόλ[λωνι· Ἀ]θηναίου τοῦ Τ[ηρέ-
ως φιάλη βοηγ[ίαι νική]σαντος, ἐφ' ἧς ἐ[πι-
γραφή, ἐπιχώρ[ιαι ἐνεν]ήκοντα· Κυζικηνῶν φιάλη, ἐφ' [ἧς ἐπι]γραφή, ὁλκὴ Ἀλεξ[άν-
δρειαι ἑκατόν. *Vac.*

Entre la dernière ligne et l'extrémité inférieure de la stèle s'étend un vide de 0m, 25.

N° 2. — CIG., n° 2859. Publié pour la première fois par Boeckh, d'après les papiers de Sherard. « In alio lapide », dit Boeckh. Mais il y a tant de confusion — Boeckh le reconnaît lui-même, — dans les notes de Sherard, qu'il se pourrait que le n° 2859 ait été gravé sur la Face D de notre n° 1.

'Επὶ στεφανηφόρου Εὐκράτου τοῦ.....
.., προφητεύοντος δὲ 'Αντή[νορος
τοῦ Εὐανδρίδου, ταμιευόντων [δὲ καὶ
παρεδρευόντων ἐν τῶι ἱερῶι Λεωδάμ[αντο-
ς τοῦ Δάμιδος, 'Ιάσονος τοῦ Μυωνίδου,
τάδε ἀνετέθη τῶι 'Απόλλωνι· ἐσχαρὶς χρυσ-
ῆ, ὁλκὴν ἄγουσα χρυσοῦς πεντακοσίους, ἡ προσενεχθεῖσα ὑπὸ τῶν ἀνδρῶν τῶν αἱρεθέντων ἐπὶ τὰς κατασ[κευὰς τῶν......

L. 2. Sherard : ANTHP. J'ai restitué le nom du prophète d'après un décret d'Iasos, rendu en l'honneur du Milésien 'Αντήνωρ Εὐανδρίδου, que j'ai publié dans le *Bull. de Corr. hellén.*, VIII (1884), p. 455. Cf. *Journ. of hellen. Studies*, VIII (1887), p. 101.

L. 9. J'ai transcrit la restitution de Boeckh. On pourrait aussi restituer : τὰς κατασ[κευὰς τὰς ἐν τῶι Διδυμείωι ou τὰ <ς> κατασ[κευάσματα τὰ ἐν.. Cf. plus haut, p. 45 et 46.

N° 3. — Inédit, découvert à Didymes par O. Rayet.

Bloc de marbre blanc, complet dans le haut et à droite où il manque seulement par endroits une ou deux lettres ; brisé à la partie inférieure, retaillé à gauche. J'ai eu entre les mains la copie et l'estampage de Rayet, ma copie et mon estampage. Je mets un point sous les lettres que Rayet lisait encore et qui ont disparu aujourd'hui.

'Επὶ στεφανηφόρου......τοῦ......, ταμιευ]όντων [τ]ῶν [ἱε-
ρῶν χρημάτων καὶ παρεδρευόντων ἐν τῶι ἱερ]ῶι 'Αρισταγόρο[υ
τοῦ........,...........τοῦ......]ος, τάδε ἀνετέθ[η
τῶι 'Απόλλωνι· φιάλη λεία, ὀμφαλωτή, στα]θμὸν ἄγουσα δραχμὰς .......................· ἄλλη] λεία, ὀμφαλωτ[ή,
ἧς ὁλκὴ....................· ἄλλη ἐ]πιγραφὴν ἔχουσ[α,
ἧς ὁλκὴ.......................]· ἄλλη λεία ὀμφα-

λωτή,....................,ἧς ὁλκὴ] δραχμαὶ τριακόσιαι....................· ἄλλη λεία, ὀ]μφαλωτή, χρυσῆ, ἀνάθεμα................, ἧς] ὁλκὴ χρυσοῖ τεσσεράκοντα...........· τάδε ἀνετέθη] τῆι Ἀρτέμιδι· φιά[λη
χρυσῆ, ἀνάθεμα.............., τοῦ] Ἀριστοφῶντος, [ἧς
ὁλκὴ χρυσοῖ......................] Ταῦτά τε καὶ ὅ-
σα παρελάβομεν παρὰ τῶν ταμιῶν τῶν ἐπὶ] Λαμπίτου παρεδώκαμεν τοῖς ταμίαις τοῖς ἐπὶ.......... τ]έως. *Vac.*

*(Entre les deux inscriptions s'étend un vide de 0m,044.)*

Ἐπὶ στεφανηφόρου........ τέως τοῦ..... ί]νου. *Vac.*
ταμιευόντων τῶν ἱερῶν χρημάτων καὶ πα]ρεδρευ[όν-
των ἐν τῶι ἱερῶι....................] υττου
...................................ΙΚ...
............................, ἀνάθε]μα Γο..
.............................·ἄλλ]η λ[εία,
.............................. ὁ[λκή ?

La restitution des l. 2 et 14 est certaine et nous fait connaître la longueur des lignes, qui sont d'ailleurs inégales.

Je n'ai pas ajouté, aux l. 14 et 15, le mot στεφανηφόρου, qui nous donnerait des lignes beaucoup trop longues.

N° 4. — Inédit. Trois fragments d'une plaque de marbre blanchâtre, découverts les 18 et 30 juillet 1896 en avant du temple de Didymes. Complet à droite seulement. Copie, estampage.

...................................\
.................................. στα-
θμὸν ἄγουσαν (?) δραχμὰς Ἀλε]ξανδρείας ὀγδοήκοντα... ... ... ... ]ς κλεῖδα ἣν ἀνέθη-
κεν]. ... ... ... τ[ῆς Ἀρ]τέμιδος κεχρυσω-
μένην.......... προτ]ο[μὴν] λέοντος, ἣν ἀνήνεν-
χαν ... ... .. ΕΔι.., Ἀθηναγόρας Ἀλεξάνδρου,
... .... ιος Χάρη[το]ς, Ὀνασιγένης Ἀντικλεῦς,
.... φ]ιάλην, ὁλκὴ Ἀλεξάνδρειαι ἑκατόν· *Vac.*
φιάλ]η Κρέοντος Ὑπομηλίδα, ὁλκὴ χρυσοῦς·
....]ς Ἀκεστορίδου Ὑπομηλίδα, ὁλκὴ χρυσοῦς.
Ταῦτά] τε καὶ ὅσα παρελάβομεν παρὰ τῶν ταμιῶν π]αρεδώκαμεν τοῖς ταμ[ί]αις τοῖς ἐπὶ στε-

φανηφό]ρου Αἰσχυλίνου τοῦ Αὐτοφ[ῶ]ντος, Δημένη
Ἐπιγόν]ου, Μιλτιάδη Θεοδώρου. *Vac.*

(*Entre les deux inscriptions s'étend un vide de* 0m,03.)

Ἐπὶ στεφ]ανηφόρου Αἰσχυλίνου τοῦ Αὐτοφῶντος, ταμιευόντων τῶ]ν ἱερῶν χημάτων καὶ παρεδρευόντων ἐν τῶι
ἱερῶι Δημένου]ους τοῦ Ἐπιγόνου, Μιλτιάδου τοῦ Θεοδώρου, τάδε ἀνε]τέθη τῶι Ἀπόλλωνι· φιά[λ]η χρυσῆ, ἀνάθεμα
... ... ... ..... τοῦ Ἀχαιοῦ, ὁλκὴ χ[ρυσ]οῖ πεντήκοντα... ... ... ικου φιάλη ν.....................
.. ... ... .....ων φιάλη.....................
.. ... ... ...... ΑΙ......................

L'inscription est bien conservée.

L. 9. L'accusatif φιάλην est régi par le même verbe que κλεῖδα (l.4), et ce verbe a disparu avec la partie supérieure de l'inscription.

L. 21-22... ικου est très probablement la fin d'un nom propre, mais pas d'un nom de ville. S'il s'agissait d'une offrande de Cyzique par exemple, on trouverait Κυζικηνῶν. Le génitif, dont nous avons la fin à la l. 22 est sans doute un ethnique.

N° 5. — Gravé au-dessous d'un compte (voy. plus haut, p. 167). A été publié pour la première fois dans la *Revue de Philologie*, XXII (1898), p. 114.

Ἐ]πὶ στεφανηφόρου τοῦ θεοῦ τοῦ τετά[ρ-
τ]ου τοῦ μετὰ Μηνόδωρον, προφητεύον[το-
ς δ]ὲ Ταυρίσκου τοῦ Νειλοστράτου, ταμ[ιε-
υό]ντων δὲ καὶ παρεδρευόντων ἐν τῶι ἱ[ε-
ρῶι Χ]αιριμένου τοῦ Βίωνος, Μενεκλείου[ς
τοῦ Μ]ενεκλείους τάδε ἀνετέθη· βασιλέως
Παιρισ]άδου φιάλη χρυσῆ, ἧς ὁλκὴ χρυσοῖ διακ[ό-
σιοι· Χί]ων φιάλη ἧς ὁλκὴ Ἀλεξάνδρειαι ἑ[κ-
ατόν· Ἀλ]αβανδέων φιάλη ἧς ὁλκὴ Ἀλεξ[άνδρ-
ειαι ἑ]κατόν· Κυζικηνῶν φιάλη ἧς ὁλκ[ὴ Ἀλεξ-
άνδρει]αι ἑκατόν· τοῦ δήμου τοῦ Ἰασ[έων φιάλη ἐ]πιγραφὴν ἔχουσα, Ῥοδίας μὲν [ὀγδοήκοντα,
Ἀλεξαν]δρε[ί]ας δὲ ἐξήκοντα δύο· . . . . . .
... φιάλη, ἧς] ὁλκὴ Ἀ[λ]εξ[άνδρειαι . . . .

(*Brisé à la partie inférieure.*)

L. 7. Le nom de Pærisadès est le seul qui me semble convenir. D'abord entre l'alpha conservé et le commencement de la ligne, il ne peut manquer que 0m,09 ou 0m,092, soit la place de six ou sept lettres. De plus, dans l'inventaire n° 2855, qui est antérieur d'une année à celui-ci, nous avons rencontré la reine Camasaryé qui est, à n'en pas douter, une reine de Bosporos et l'épouse d'un Pærisadès (1). Enfin un décret récemment découvert à Delphes et rendu en l'honneur de Pærisadès et de Camasaryé, les roi et reine de nos inscriptions, achève de prouver les bonnes relations que les rois de Bosporos entretenaient avec les grands sanctuaires grecs (2).

L. 8. J'ai préféré Χί]ων à Κώιων. Les deux noms se retrouvent dans notre n° 10 (ci-dessous), et j'ai donné la préférence au plus court.

N° 6. — *Revue de Philologie*, XXIII (1899), p. 27.

[ἄλλαι... ἀγωνοθετῶν Ν. τοῦ Ν......................
........... υρρίου το[ῦ...........................
......... ἀ]πὸ τῶν ἀποσταλ[έντων χρημάτων ὑπὸ βασιλέως
Ἀντιόχου ?, ὁλ]κῆς Ἀλεξανδρείων *Vac.*
..· ἄλλαι.. βασι]λίσσης Κλεοπάτρας αἱ ἐνέχο[υσαι......·
ἄλλ]αι Μελάντα τοῦ Μητροδώρου, ὁλκ[ῆς Ἀλεξανδρείων..· ἄλλη Ἡρ]ώιδου τοῦ Αὐτοφῶντος βοηγίαι ν[ικήσαν-
τος, ὁλκῆς Μι]λησίων ϙ· ·*Vac.*
*Vac.*

L. 1-2. Pour la restitution cf n° 10, l. 22 suiv.

L. 2-3. Sur la restitution βασιλέως Ἀντιόχου, qui est incertaine, voy. plus loin p. 213.

L. 6. La restitution Ἡρώιδου est certaine. Cf. l'inventaire n° 2853 *ter*, l. 5.

N° 7. — Inédit. Découvert à Didymes le 6 août 1896 en avant du temple.

(1) B. Latyschev, *Inscript. antiquae orae septentrionalis Ponti Euxini*, II (1890), p. xxviii, note 1, et p. xxxii.

(2) Th. Homolle, *Bull. de Corr. hellén.*, XXIII (1899), p. 96.

Fragment de marbre bleuâtre, complet à gauche seulement. Dans la partie supérieure, il ne manque à droite que quelques lettres. Copie, estampage.

... ... ....ς ἀνέθηκεν Φιλόμηλος Λ[υ-
σίου ζεύγη ἡμιονικὰ πέντε καὶ τοὺς ἐσ[ταλ-
μένους ἐπὶ τῆς τούτων θεραπείας *Vac.*
ἄνδρας τὸν ἀριθμὸν πέντε. *Vac.*

(*Blanc de 0m,054.*)

Ἐπὶ στεφανηφόρου..................
προφητεύ[οντος δὲ..................
τοῦ Ἀν.........................

L. 1. Il ne reste que l'extrémité inférieure des lettres, mais la restitution est certaine. Il est moins certain que ce fragment fasse partie d'un inventaire ; il se peut que la mention de cette offrande ait pris place dans un compte.

N° 8. — *Journ. of hellen. Studies*, VI (1885), p. 351, n° 100.

Le fragment d'inventaire suivant a été publié par M. E. A. Gardner, d'après les notes de C. R. Cockerell, qui voyageait en Grèce et en Asie au commencement du XIXe siècle (1810-1814). Je reproduis la copie de Cockerell.

ΗΟΥΣ..ΥΑΠΟΛΛΩΝΙΟΥ
ΝΙΟΥΤΟΥ+ΑΙΔΩΚΟΣ
ΔΡΕΥΟΝΤΩΝ
ΥΤΟΥΚΡΑΤΙΝΟΥΘΕΟΤΙΜΙ
ΔΕΑΝΕΤΕΘΗΤΩΙΑΠΟΛ
\ΗΟΛΚΗΝΑΤΟΥΣΑΛΛΕ

La restitution suivante diffère sensiblement de celle de M. Gardner.

Ἐπὶ στεφανηφόρου ....]ήους [το]ῦ Ἀπολλωνίου,
προφητεύοντος δὲ ......]νίου τοῦ (Φ)αίδω(ν)ος,
ταμιευόντων δὲ καὶ παρε]δρευόντων
ἐν τῶι ἱερῶι ......]υ τοῦ Κρατίνου, Θεοτιμί[δου
τοῦ ........., τά]δε ἀνετέθη τῶι Ἀπόλ[λωνι·...
......... φιά]λη ὁλκὴν ἄ(γ)ουσα Ἀλε[ξανδρείας..

N° 9. — Inédit. Découvert à Didymes le 14 août 1896 en avant du temple.

Trois fragments d'une plaque de marbre blanchâtre, brisée de toutes parts. Copie, estampage.

... πρ]ο[φητεύοντος δὲ .......
... τοῦ Φαν[ίου, φ]ύσε(ι) δὲ ....
. είους, ταμι[ευ]όντων δὲ κα[ὶ παρεδρευόντων [ἐν] τῶι ἱερῶι Νε.....
. τοῦ Νέωνος, Θεοκρίνου το[ῦ
..., τάδε ἀνε[τέ]θη τῶι 'Απόλ[λωνι.

(*Vide de* $0^m$,*38*.)

L. 1. Le lapicide a gravé par erreur φ]ύσετ δὲ.
L. 4. Peut-être Νέ[ωνος] τοῦ Νέωνος.

N° 10. — Inédit. Découvert à Didymes le 28 août 1896.

Grande stèle en marbre blanc, qui va s'élargissant de haut en bas (largeur à la l. 2. : $0^m$,50 ; à la l. 42 : $0^m$,58). Copie, estampage.

'Επὶ στεφανηφόρου 'Αριστάν]ορος τοῦ
'Αριστάνορος, προφητεύοντος δὲ
Λυκίνου τοῦ Μολοσσοῦ, ταμιευόντων
δὲ καὶ παρεδρευόντων ἐν τῷ ἱερῷ *Vac.*
Φανίου τοῦ 'Αριστέου, Καλλιγένου
τοῦ Σωκράτου, φύσει δὲ Διονυσίου, τάδε ἀνετέθη τῷ 'Απόλλωνι ἀργυρᾶ· φιάλ[η
Κώιων, ὁλκῆς 'Αλεξανδρείων ρ· ἄλλη
'Ερυθραίων ὁλκῆς 'Αλεξανδρείων ρ·
ἄλλ[η] Μυλασέων, ὁλκῆς 'Αλεξανδρείων π· ἄλλη Χίων, ὁλκῆς 'Αλεξαν(δρείων) ξ·
ἄ]λλη 'Ιλιείων ὁλκῆς 'Αλεξανδρείων ο·
ἄλλη Μυριναίω(ν) ὁλκῆς 'Αλεξανδρείων
ξ· ἄλλη Χαλκιδέων ὁλκῆς 'Αλεξανδρείων ν· ἄλλη Μεγαλοπολιτῶν, ὁλκῆ-
ς 'Αλεξανδρείων ξ· ἄλλη 'Αλινδήων,
ὁλκῆς 'Αλεξανδρείων ρ· ἄλλη Κυζικηνῶν, ὁλκῆς 'Αλεξανδρείων ρ· *Vac.*
ἄλλη 'Ιασήων ὁλκῆς 'Αλεξανδρείων ν·

ἄλλη Σμυρναίων ὁλκῆς Ἀλεξανδρείων
οδ· ἄλλη Καλχαδονίων, ὁλκῆς Ἀλεξανδρείων ρ· ἀγωνοθετῶν Μέλανος τοῦ
Ταυρέου, Σωσιστράτου τοῦ Ἱπποθῶντος,
Εὐκράτου τοῦ Ἀντιγόνου, Ἀριστέου τοῦ Λ[ε-
οντέως, Πώλου τοῦ Πώλου φύσει δὲ
Φιλίσκου φιάλαι β ἀπὸ τῶν δοθέντων
χρημάτων ὑπὸ Εἰρηνίου τοῦ Ἀρτέμωνος
τμε, καὶ ἄλλη ⟨ν⟩ ἀπὸ δραχμῶν Ἀλεξανδρε[ί-
ων ψξα· ἄλ(λ)η ἀγωνοθετῶν τῶν αὐτῶν
ἀπὸ τῆς δοθείσης δωρεᾶς ὑπὸ βασιλέω-
ς Ἀντιόχου ἀπὸ δραχμῶν Ἀλεξανδρείων
σ· ἄλλη Ροδίων ὁλκῆς Ἀλεξανδρείων
τοβ· ἄλλαι τέσσαρες βασιλέως Πτολεμαίου τοῦ πρεσβυτάτου υἱοῦ, ὁλκῆς Ἀλεξανδρείων τκη· ἄλλαι δύο ἐπιγραφὴν ἔχουσαι· Βρογίταρος Δηιοτάρου Γαλατῶν Τροκμῶν τετράρχης καὶ ἡ ἀδελφὴ αὐτοῦ Ἀβαδογιώνα Ἀπόλλωνι
Διδυμεῖ πατρώιωι χαριστήριον ἐμέ,
καὶ ἄλλη ⟨ν⟩, ἀπὸ δραχμῶν Ἀλεξανδρείων
*Vac.* ἑξακισχιλίων· *Vac.*
ἄλλη Κλαζομενίων ὁλκῆς Ἀλεξανδρε-
ί]ων ξ. *Vac.*

*(Vide de plus de $0^m,55$.)*

L. 11. Ἀλεξαν en abrégé pour Ἀλεξανδρείων. Sur l'estampage, je crois distinguer, après le chiffre ξ, un trait vertical qui aurait fait partie d'un second chiffre ; sur ma copie je n'ai rien noté.

L. 13. Le nu final de Μυριναίων a été omis par le lapicide.

L. 22. Le lapicide avait gravé, à la fin de la ligne, les deux premières lettres de Ταυρέου ; il les a effacées.

L. 28. Le chiffre T, au commencement de la ligne, n'est pas certain. On ne peut d'ailleurs hésiter qu'entre T (300) et le signe employé à Milet pour 900 : le premier chiffre est plus probable. — Ἄλλην pour Ἄλλη, cf. l. 40, où le lapicide a fait la même faute.

L. 29. Le lapicide a omis le second lambda d'ἄλλη.

L. 38. J'ai soigneusement revu sur la pierre, avec mon ami W. R. Paton, le nom de la sœur de Brogitaros. La septième lettre, seule, est douteuse. On peut hésiter entre un β, un ε et un ι. J'ai choisi l'iota, qui me paraît plus probable et qui est d'ailleurs confirmé par une inscription de Lesbos, *Inscr. gr. insul.*, II, n° 516 : 'Α[δ]οβογιώναν Δηιοτάρω et par Strabon (XIII, 625) : 'Αδοβογιώνης. Sur ce passage de Strabon, voy. G. Hirschfeld, *Hermes*, XIV (1879), p. 474. 'Αδοβογιωνίδος dans l'édition de Meineke est une conjecture ; les manuscrits donnent αδοβογιων ος que G. Hirschfeld corrige en 'Αδοβογιών[η]ς.

***

Le classement chronologique de tous ces textes est rendu possible par la présence de quelques noms de rois, qui nous fournissent des points de repère et nous permettent de dresser le tableau suivant.

**IIIe Siècle.** — *246 av. J.-Chr.* N° 2852. Offrandes des rois Séleucus II et Antiochus Hiérax. (Voy. plus haut, p. 49 et 129.

*Fin du IIIe Siècle ou commencement du deuxième.* N° 2853. La mention des six trésoriers qui, comme nous le verrons plus bas, prouve que les offrandes ont été envoyées à Milet même et reçues par le collège tout entier, — l'importance des offrandes, — la place même réservée à l'inscription, dont l'intitulé est gravé au-dessous du n° 2852, me font admettre que ce donateur est un roi et supposer que ce roi n'est autre qu'Antiochus III.

**IIe Siècle.** — *Première moitié.*

Nos 3 et 4. Les formules de tradition (ταῦτά τε καὶ ὅσα παρελάβομεν παρὰ τῶν ταμιῶν τῶν ἐπὶ Ν. παρεδώκαμεν τοῖς ταμίαις τοῖς ἐπὶ Ν.) ne se rencontrent dans aucun autre inventaire didyméen ; dans la suite, on se contentera de la formule plus courte : τάδε ἀνετέθη, et l'on passera sous silence les offrandes

des années antérieures [1]. Nos n^os 3 et 4 appartiennent, semble-t-il, à une période de réorganisation du trésor didyméen, très probablement au premier quart du deuxième siècle. Les noms propres ne nous fournissent aucun indice suffisamment net. Je note seulement les rapprochements suivants. N° 3, l. 14 : ἐπὶ Λαμπίτου (στεφανηφόρου). Cf. Ch. Michel, *Recueil*, n° 480, l. 9 : Lampitos est le père d'un des Milésiens envoyés à Didymes avec Lichas fils d'Hermophantos pour consulter l'oracle, à la fin du troisième siècle, Λάμπις Λαμπίτου [2]. — N° 3, l. 16 : le nom du stéphanéphore Αἰσχυλῖνος se lit sur des monnaies de Milet (*Inventaire sommaire de la collection Waddington*, n° 1851). — N° 4, l. 11 : le nom du rhodien Ὑπομηλίδας se retrouve dans l'inventaire n° 2855 (l. 32), qui date certainement de la première moitié du siècle, très probablement du premier quart.

N° 5, où se lit le nom du roi Pærisadès (III), l. 6-7. Cf. le n° 2855 où se lit l. 29 le nom de sa femme, la reine Camasaryé. M. Homolle croit que le décret delphique rendu en l'honneur du roi Pærisadès et de la reine Camasaryé est antérieur à 160 av. J.-Chr. (*Bull. de Corr. hellén.*, XXIII (1899), p. 96). Je ne crois pas que notre inventaire où figure une offrande du « peuple d'Iasos » puisse être antérieur à 168 ; en cette année Iasos recouvra sa liberté et son autonomie, sa démocratie en un mot [3].

N^os 2853 *bis* et 2853 *ter*. Les deux inventaires se suivent sur la même Face C de la pierre n° 1 et le nom du roi Prusias (II) se lit dans le n° 2853 *ter* :

(1) Les offrandes des années antérieures ne sont d'ailleurs mentionnées qu'en bloc dans les n^os 3 et 4 : ὅσα παρελάβομεν. Le mot ταῦτα désigne les offrandes qui viennent d'être énumérées, c'est à dire celles de l'année.

(2) Le nom de Λάμπις se lit également sur une monnaie de Milet (*Inventaire sommaire de la collection Waddington*, n° 1810).

(3) Polybe, XXX, 5, 12 et Tite Live, XLIV, 15, 1. Cf. Polybe, XXXI, 7, 4. Voy. plus loin, p. 226.

or il a régné de 180 à 149 av. J.-Chr. Nous noterons dans le nº 2853 *bis* la première mention du concours de βοηγία.

Nos 2854 et 2855. Les deux inventaires se suivent sur la même Face B de la pierre nº 1 et les noms du roi Prusias (II) et de la reine Camasaryé se lisent dans le nº 2855.

Nº 2 (= 2859). Le prophète nommé dans l'intitulé, Anténor fils d'Euandridès, est également connu par un décret d'Iasos rendu en son honneur, et le décret est postérieur à 168 av. J.-Chr. (Cf. *Journ. of hellen. Studies*, VIII (1887), p. 100-101 et ci-dessous, p. 226).

*Deuxième moitié et fin.*

Nº 6, où sont nommés la reine Cléopâtre et le Milésien Hérodès fils d'Autophon. La forme des caractères et l'emploi de l'iota adscrit empêchent d'abaisser jusqu'au premier siècle la date de cet inventaire, où se rencontrent pour la première fois des chiffres, au lieu de noms de nombre. D'autre part il est probable qu'Hérodès fils d'Autophon est le fils d'Autophon fils d'Hérodès nommé dans le nº 2853 *ter* et contemporain de Prusias II. Je suppose donc que la reine Cléopâtre est la fille aînée de Ptolémée VI Philométor, Cléopâtre Théa, mariée en 150 à Alexandre Balas, puis à Démétrius II et à Antiochus VII (138-129) (1). Si ma restitution est exacte, [le roi Antiochus] et la reine de Syrie Cléopâtre font séparément deux offrandes.

Nos 7, 8, 9.

? Nos 2856, 2857, 2858.

**Ier Siècle**. — *Entre 88 et 83, probablement après 84*. Nº 10. Parmi les donateurs figurent trois personnages historiques, un roi de Syrie (βασιλέως 'Αντιόχου, l.

(1) Voy. M. L. Strack, *Die Dynastie der Ptolemäer*, p. 184. Cf. Pauly-Wissowa, *Real-Encycl.*, I (1894), s. v. Alexandros I Balas, p. 1427; Antiochos VII, p. 2478 (U. Wilcken) et IV (1901), s. v. Demetrios II, p. 2798 (Willrich).

30-31), un roi d'Égypte (βασιλέως Πτολεμαίου τοῦ πρεσβυτάτου υἱοῦ, l. 33-34), un tétrarque des Trocmes (Βρογίταρος Δηιοτάρου Γαλατῶν Τροκμῶν τετράρχης, l. 37-38). La désignation jointe au nom du roi d'Égypte nous permet seule de dater notre inventaire, encore qu'elle soit incomplète. Elle est complète dans une inscription de Délos, où sont ajoutés les titres du roi et ceux de son père : ὑπὲρ βασιλέως Πτολεμαίου Σωτῆρος, τοῦ πρεσβυτάτου υἱοῦ βασιλέως Πτολεμαίου τοῦ δευτέρου Εὐεργέτου (1). L'identification n'est pas douteuse : notre Ptolémée est Ptolémée X Soter II, qui a régné de 115 à 81 (2). Mais Ptolémée X ne s'est pas maintenu si longtemps sur le trône : de fait il a régné de 115 à 109 et de 88 à 81. Pour choisir entre ces deux périodes, il nous suffira de considérer l'un des autres personnages historiques nommés dans l'inscription. S'il ne s'agissait que d'identifier le roi Antiochus, nous pourrions hésiter entre Antiochus VIII Grypus (121-96), Antiochus IX Cyzicenus (113-95) et Antiochus X fils de ce dernier (95-83), mais le seul nom de Brogitaros nous détermine à choisir la deuxième période du règne de Ptolémée X et Antiochus X. Le gendre et fils adoptif de Déjotaros est un personnage bien connu (3). Nous savons positivement qu'en 63 ou 62 Pompée le maintint ou le remit en possession de la tétrarchie des Trocmes (4), qu'en 58 le tribun

(1) L'inscription est citée dans l'ouvrage de Strack, p. 263, n° 134.

(2) M. L. Strack, *ouvr. cité*, p. 185-186 et *Archiv für Papyrusforschung*, I (1901), p. 207.

(3) Sur Brogitaros, voy. l'article de Klebs, P.-W., *Real-Encycl.*, III (1897), p. 887. Sur Déjotaros, B. Niese, *Ibid.*, IV (1901), p. 2401. Voy. aussi deux articles de Th. Reinach, *Revue numismatique*, 1891, p. 381-392 et *Revue Celtique*, 1901, p. 3. M. Th. Reinach, que j'ai consulté, a bien voulu ajouter à ses articles des indications qui m'ont été d'un grand secours. Je lui en exprime mes remercîments.

(4) Strabon, XII, 541. Appien, *Mithrid.*, 114. Cf. *Revue numismatique*, 1891, p. 383. Brogitaros n'est nommé ni dans le texte de Strabon, ni dans celui d'Appien, mais comme nous le trouvons plus tard en possession de la tétrarchie des Trocmes, il est évident qu'elle lui a été donnée ou maintenue par Pompée quand il organisa l'Asie.

Clodius lui vendit à beaux deniers le sacerdoce de la *Magna Mater* de Pessinonte et le titre de roi (1), enfin que Déjotaros le fit disparaître ou tout au moins l'évinça peu d'années après, avant 47 certainement (2). Si nous plaçions notre inventaire dans la première période du règne de Ptolémée X, nous admettrions du même coup que Brogitaros était gendre de Déjotaros et tétrarque des Trocmes dès la fin du second siècle avant notre ère, ce qui est absolument impossible, puisque Déjotaros lui-même est né, selon toute vraisemblance, dans le dernier tiers du second siècle (3) : aussi je choisis la deuxième période.

En résumé, le roi Ptolémée de notre inscription est Ptolémée X, le roi Antiochus, Antiochus X ; puisque Brogitaros y est nommé, elle tombe dans la seconde période du règne de Ptolémée X, avant 83, date de la mort d'Antiochus X. On sait que cette période (88-83) est une des plus malheureuses qu'ait traversées la province d'Asie : c'est le temps de la première guerre de Mithridate, que Sylla termine en 84. Or comme des jeux ont été célébrés à Didymes en l'année où notre inventaire a été rédigé, il est infiniment probable que jeux et inventaires sont postérieurs à 84. La liste des villes qui

(1) Cicéron, *pro Sestio*, 26,56 ; *de haruspicum responso*, 13, 28-29. C'est dans ce dernier paragraphe que nous apprenons le mariage de Brogitaros avec une fille de Déjotaros. *Ibid.*, 27, 59.

(2) Brogitaros est mentionné pour la dernière fois en 55, Cicéron, *ad Quintum fratrem*, II, 7, 2. Il a disparu très peu d'années après. Il régnait encore en 53, puisqu'on possède un tétradrachme daté de la sixième année de son règne. (Barclay V. Head, *Historia numorum*, p. 628) mais en 47 Déjotaros était depuis quelques années déjà en possession de la tétrarchie des Trocmes (*De bello Alexandrino*, 78,3). Cf. Th. Reinach, *Revue numismatique*, 1891, p. 385 et 391.

(3) Nous ignorons la date de la naissance de Déjotaros. Nous savons seulement qu'il est mort en 41 (Dion Cassius, XLVIII, 33, 5) dans un âge très avancé, puisqu'en 43 il est qualifié de ὑπέργηρως (Id., XLVII, 24, 3) et qu'en 48, à la bataille de Pharsale, il se faisait hisser à cheval (Cicéron, *pro Dejotaro*, 10, 28). Il est donc fort possible, comme l'admet Th. Reinach (*Revue numismatique*, 1891, p. 381), qu'il soit né vers 130.

ont pris part à ces jeux n'en sera que plus intéressante.

L. 3. Le nom du père du prophète Μολοσσός se retrouve sur des monnaies de Milet (*Inventaire sommaire de la collection Waddington*, n° 1840.— Barclay V. Head, *Catalogue of the greek Coins of Ionia*, p. 195, n° 117 ; 196, n° 123).

A jeter un regard d'ensemble sur ce tableau, il est manifeste que le deuxième siècle avant notre ère a été pour le Didymeion et pour Milet une période de relèvement et de prospérité. La dédicace en l'honneur de Lichas, citée dans un chapitre précédent, nous le laissait déjà prévoir. Nous avons vu comment Milet, entraînée par Lichas, « son chef dans les conseils et à la guerre », était sortie de l'isolement et, se rangeant du côté d'Athènes, de Rhodes et de la Crète contre Philippe, avait pris part à la guerre (1). Ce retour à l'action, le succès et bientôt la victoire de Rome eurent leur contre-coup sur la vie religieuse de la cité qui se ranima, sur le Didymeion et sur son trésor qui s'enrichirent. Le témoignage des inventaires que j'ai réunis plus haut se trouve confirmé par plusieurs inscriptions, dont quelques unes sont depuis longtemps connues. La première est un fragment de décret milésien, qu'on attribuait généralement au IV<sup>e</sup> siècle, sur la foi de Rayet, d'après la forme des caractères (2). Lichas, fils d'Hermophantos, y étant nommé, le décret n'a pu être rendu que vers la fin du III<sup>e</sup> siècle ou au commencement du II<sup>e</sup> : peut-être nous sera-t-il permis plus loin de nous prononcer entre ces deux périodes. Donc, au temps de Lichas, un des γένη milésiens, les Σκιρίδαι, qui étaient attachés au culte de la grande déesse de Milet Artémis Βουληφόρος Σκιρίς (3) et jouissaient à ce titre de

(1) Voy. plus haut, p. 141.

(2) Ch. Michel, n° 480 = Dittenberger, *SIG.*², n° 660.

(3) Artémis Βουληφόρος Σκιρίς ou Βουλαία (inscription de l'époque impériale, copiée à Milet par Cyriaque d'Ancône, *Bull. de Corr. hellén.*, I (1877), p. 288, n° 64) était la grande déesse de Milet. L'image de la déesse figure sur des monnaies milésiennes (Barclay V. Head, *Catalogue of the greek Coins of Ionia*, p. 198, n° 149, et planche XXII, 11). A Didymes, les Milésiens adoraient Artémis Πυθείη et la prêtresse portait le titre d'ὑδροφόρος (Voy. plus haut, p. 73). La prêtresse d'Artémis à Milet est qualifiée de ἱέρεια (inscription copiée par Cyriaque d'Ancône

droits et privilèges déterminés, présentèrent à l'assemblée du peuple une demande, à l'effet d'introduire certaines modifications dans les ἀγέρσεις, c'est à dire dans les quêtes que la tradition et la loi les autorisaient à faire. Le peuple ne prit pas la responsabilité d'agréer ou de rejeter leur proposition. Il décida de s'en remettre au dieu, c'est à dire au dieu de Didymes, formula la question qui devait lui être adressée et nomma quatre délégués, chargés de la porter à Didymes : Pheidippos, fils de Poseidonios; Automédès, fils d'Elpénor; Lampis, fils de Lampitos; Lichas, fils d'Hermophantos. Ce dernier nom suffit à nous prouver que ses collègues étaient, comme lui, des personnages considérables. D'autre part, comme Lichas a été élu le dernier, je serais disposé à croire que notre décret est antérieur à la dédicace précédemment citée : au temps où ses concitoyens lui font l'honneur de l'envoyer à Didymes, Lichas n'est pas encore le général qui a reçu des couronnes d'Athènes et de Rhodes, une statue de Milet. Je placerais donc le décret dans les dernières années du IIIe siècle.

La démarche des Σκιρίδαι ne fut évidemment pas un fait isolé; le culte d'Artémis ne fut pas le seul à bénéficier de cette activité nouvelle de la cité plus prospère. Je crois que vers le même temps les fêtes de Zeus reprirent plus d'éclat. J'ai noté dans l'inventaire n° 2853 *bis*, qui date certainement de la première partie du IIe siècle, la mention de la βοηγία, l'une des cérémonies caractéristiques du culte de Zeus à Milet. Or une inscription de Didymes, depuis longtemps connue, que je me suis efforcé de restituer et d'expliquer dans les *Mélanges Weil*(1), traite tout entière du rétablissement de la βοηγία et d'une liste de βοηγοί à exposer dans le sanctuaire de Didymes. Je suis tenté d'admettre que ce décret est contemporain de l'inventaire n° 2853 *bis* et que nous avons un témoignage de plus du renouveau de la vie religieuse à Milet et à Didymes.

et décret du commencement du quatrième siècle avant notre ère publié par Th. Wiegand dans les *Sitzungsber. der Akad. zu Berlin*, 1901, p. 914). A l'époque impériale, la même femme pouvait remplir les deux sacerdoces, ainsi que nous l'apprend l'inscription de Cyriaque. La mère de Sex. Caelius Hermoclès et de Sex. Caelius Antipatros est en même temps ὑδροφόρος τῆς Πυθίης Ἀρτέμιδος et ἱέρεια διὰ βίου τῆς Βουλαίας Ἀρτέμιδος.

(1) 1898, p. 147-158.

La générosité des particuliers venait, comme toujours, en aide à la cité. Si mutilée qu'elle soit, l'inscription suivante qui n'est pourtant qu'une épitaphe métrique, nous fournit sur les fêtes milésiennes des renseignements d'autant plus précieux, qu'elle a été gravée — ce semble — en l'honneur d'une fille de Lichas, qu'elle est contemporaine par conséquent des textes que nous étudions.

Didymes. — Inédit. Neuf fragments d'une stèle en marbre blanc découverts en 1895 sous les ruines d'une maison, à l'W. du temple. Les trois distiques que je publie aujourd'hui sont gravés sur six fragments complets dans le bas ; ce sont les derniers vers de l'inscription, dont la partie supérieure est beaucoup plus maltraitée. Copie, estampage.

. . . . . . . . . . . . . . . . . . . .

Πρῶ[τ]αι δ' ἐκ φυλ[ῶν δυ]οκαίδεκα παῖδες ἀν[εῖλον
    Φοίβω[ι], τῆι μεγ[άληι πρ]ῶτ' ἐπὶ βουθυσίηι (1)·
Πάντα γὰρ ὅσσ[α γυνα]ιξὶ πόλις θέτο τίμια Νειλέ[ως (2)
    ἄνερος εὐόλβο[υ δρέψ]εν ἀπὸ κτεάνων.
Χαῖρε, γύναι· σὲ δ' [ἄρ' ὧ]δε διάκριτα πάντα λαχοῦσαν
    εὔτεκνον ἐξ ἀ[γαθῶ]ν φῦσε Λίχας τοκέων (3).

*Vac.*

Des fêtes plus brillantes et — nous le verrons tout à l'heure — des offrandes plus nombreuses sont des signes évidents de la prospérité de Didymes. Mais Milet ne se contenta pas de mettre à contribution la bonne volonté de ses nationaux ou des étrangers, rois, cités ou particuliers, que nous nommerons plus loin. Elle fit plus : elle essaya de rentrer dans le grand courant de la vie hellénique, après s'en être tenue si longtemps à l'écart ; elle se montra dans les cités ou les sanctuaires les plus fameux

(1) Les premiers vers, très mutilés, contiennent l'énumération des largesses de la défunte. Elle avait, semble-t-il, fait les frais d'un chœur de douze jeunes filles, une par tribu. Nous savions déjà le nombre des tribus milésiennes (*Revue de Philologie*, XXI (1897), p. 46). Les jeunes filles ont consacré au dieu la couronne qu'elles ont obtenue (ἀνεῖλον).

(2) Νειλέως compte pour deux syllabes avec la synérèse usuelle. Nous avons déjà rencontré la forme Νειλεῖδαι dans une inscription de Didymes (*Revue de Philologie*, XXI (1897), p. 38).

(3) Nous entendons : Λίχας (ὢν) ἐξ ἀγαθῶν τοκέων.

de la Grèce. Le seul acte que nous puissions citer est singulièrement intéressant, puisqu'il s'agit de théores milésiens envoyés dans la ville qui représentait le plus brillamment l'hellénisme, je veux dire Athènes. Un décret athénien, que M. Köhler a très justement rangé parmi les décrets du IIe siècle (1) et que nous réussirons peut-être à dater plus exactement, est rendu en l'honneur d'un archithéore et de cinq théores milésiens, venus, semble-t-il, pour assister aux Éleusinia. Nos Milésiens se sont acquittés de leur tâche à la satisfaction de tous, dieux, prêtres et peuple athéniens. Ils ont sacrifié un bœuf à Déméter et à Koré, ils ont soigneusement remis aux prêtres leur part, enfin les sacrifices qu'ils ont accomplis pour le salut et la santé des peuples athénien et milésien ont été favorables. Le peuple athénien reconnaissant leur décerne un éloge et une couronne. Il s'en faut malheureusement que nous ayons conservé en entier les noms de ces six personnages : voici ce qu'il en reste.

Archithéore : Εὐ . . . . . . . . .
Théores : Δημήτριος 'Α . . . . .
. . . . 'Α]πατουρίου .
Κράτης 'Ηλι . . . . .
. . . . . . χαντος
Δῖος Εὐ . . . . . .

Les noms de l'archithéore et du quatrième théore sont particulièrement mutilés. Les noms dont le génitif se termine en χαντος étant rares, M. Köhler restitue : Κάλ]χαντος. Je lirais plutôt Λί]χαντος et je suppose que le père de notre théore n'est autre que Lichas, fils d'Hermophantos, plus d'une fois nommé dans ces pages. N'est-il pas naturel que les Milésiens aient choisi, pour l'envoyer à Athènes, le fils du général que les Athéniens avaient honoré d'une couronne (2) ? Si la supposition est juste, nous placerons le décret athénien dans la première moitié du

(1) CIA., II, n° 442.

(2) Je mentionne en passant un décret milésien découvert à Athènes (CIA., IV, II, p. 133, n° 546 *b*, et *Revue de Philologie*, XXIV (1900), p. 247). Il date probablement de la fin du quatrième siècle avant notre ère, mais est trop mutilé pour qu'on en puisse tirer parti. Les Milésiens, semble-t-il, rappelaient dans les considérants la bienveillance que leur avaient témoignée les Athéniens.

IIe siècle. Vers la fin du même siècle se place peut-être la victoire du Milésien Nicophon à Olympie, dans le concours de pugilat[1].

L'étude de nos inventaires nous ramène sur un terrain plus solide.

***

Au premier rang des clients il faut nommer les rois et d'abord les SÉLEUCIDES. Sur les rapports des Séleucides avec Didymes, je me bornerai à renvoyer le lecteur aux chapitres précédents :

Séleucus I, chapitre IV, p. 33.

Antiochus I, chapitre V, p. 57.

Antiochus II, chapitre VI, p. 72.

Séleucus II et Antiochus Hiérax, chapitre VII, p. 113 et chapitre X, p. 195.

Antiochus III, chapitre X, p. 211.

Antiochus VII et la reine Cléopâtre, chapitre X, p. 213.

Antiochus X, chapitre X, p. 213 suiv.

Les relations des PTOLÉMÉES avec Didymes sont également anciennes, puisqu'elles remontent à Ptolémée II.

Sous Ptolémée II Philadelphe (283-246), les Milésiens élèvent, à Didymes, une statue à la reine Philotéra, sœur du roi, p. 67. — Le culte d'Osiris est introduit à Didymes, p. 68, et p. 195, n° 2852, l. 33.

Sous Ptolémée VIII Évergète, en 169, deux ambassadeurs milésiens dont Polybe nous a conservé les noms, Eudémos et Hikésios, se trouvent à la cour d'Égypte. Polybe ne nous apprend malheureusement pas l'objet de l'ambassade. Étaient-ce des théores chargés d'annoncer au roi le retour des Didymeia et de solliciter plus ou moins discrètement quelque généreuse offrande? Nous l'ignorons. Les circonstances voulurent que, comme les ambassadeurs achéens et athéniens, ils fussent mêlés

(1) Le poète Antipatros de Sidon célèbre dans une épigramme (*Anthologia graeca*, ed. H. STADTMUELLER, I, p. 366, n° 256 = *Anth. Plan.*, VI, 256) la victoire de Nicophon, très probablement son contemporain. Voy. Hugo FOERSTER, *Die Sieger in den Olympischen Spielen*, II, Zwickau, 1892, p. 11, n° 533.

aux négociations que les conseillers du roi d'Égypte engageaient indirectement avec Antiochus IV ; mais c'est à l'instigation de ces conseillers, Comanos et Kinéas, qu'ils se rendirent dans les environs de Naucratis auprès du roi de Syrie. Le Milésien Eudémos parla le troisième, après les Achéens et l'Athénien Dématos (1).

Ptolémée X offre quatre phiales au Didymeion (nº 10, l. 33), dans la dernière partie de son règne (88-83), p. 213 suiv.

Sous Ptolémée XIV, nouvelle ambassade de Milet à la cour d'Égypte, entre 51 et 48. L'ambassadeur, qui a été aussi prophète d'Apollon Didyméen, obtient du roi quatorze talents et vingt mines d'ivoire pour la décoration de la grande porte du sanctuaire, p. 181.

Notons enfin qu'un des gymnases de Didymes s'appelait le gymnase de Ptolémée (*Anc. gr. Inscr. in the Brit. Museum*, nº 925 *b*, l. 40), sans que nous puissions savoir à quel prince il faut en faire honneur.

Bien qu'ils ne figurent dans aucun de nos inventaires, les deux inscriptions suivantes, découvertes à Didymes, nous donnent le droit de nommer les Attalides.

*Revue de Philologie*, XXIII (1899), p. 25.

Βασιλῆ Ἄτταλον
βασιλέως Ἀττάλου
ὁ δῆμος ὁ Μιλησίων.

(1) Sur ces événements, voy. Polybe, XXVIII, 16 et 17. Cf. U. Wilcken, P.-W., *Real-Encycl.*, I, p. 2472 et 2473, s. v. Antiochos IV, et Mahaffy, *The Empire of the Ptolemies*, p. 334. Les ambassadeurs milésiens sont nommés par Polybe, XXVIII, 16, 5 et 17, 3.

Il n'y avait pas moins de trois ambassades athéniennes à Alexandrie (*Ibid.*, 16, 4) : deux étaient formées de théores envoyés pour annoncer la célébration prochaine des Panathénées et des Mystères ; la troisième est qualifiée par Polybe de πρεσβεία περὶ δωρεᾶς. Il n'est pas exact de dire, comme le fait J. Kirchner (*Prosopographia attica*, I (1901), p. 519, nº 7819 et p. 576, nº 8622) que ces ambassades étaient envoyées par les Athéniens à Antiochus Épiphane. Le roi de Syrie se trouvait en 169 en Égypte, où il s'était fait couronner roi l'année d'avant, mais nos ambassadeurs étaient à Alexandrie auprès du roi d'Égypte, qui était alors Ptolémée VIII Évergète II, frère de Ptolémée VI Philométor, et c'est sur l'initiative de Comanos et de Kinéas qu'ils furent envoyés auprès d'Antiochus κοινολογησομένους ὑπὲρ διαλύσεως (Polybe, XXVIII, 16, 1-2).

Il s'agit ici du frère d'Eumène II, Attale II, monté sur le trône en 159.

*Revue de Philologie*, *ibid.*, p. 26.

'Αθήναιον
βασιλέως 'Αττάλου
ὁ δῆμος ὁ Μιλησίων.

Il s'agit d'Athénæos, frère d'Eumène II et d'Attale II.

Les deux dalles ont mêmes dimensions ; elles ont été certainement taillées et gravées en même temps, et exposées au même endroit. Elles sont trop étroites (0m,29) pour avoir pu servir de base à une statue, et la partie supérieure ne porte aucun trou de scellement. Peut-être étaient-elles engagées dans quelque édifice ; peut-être aussi, après avoir décrété l'érection d'une statue, le peuple s'était-il borné à cette simple dédicace honorifique. Le cas devait se présenter plus d'une fois, où l'on s'en tenait au décret et à la dédicace.

Rois de Bithynie. — Prusias II (180-149) a été l'un des plus fidèles clients du dieu de Didymes. Son nom revient trois fois dans nos inventaires : n° 2853 *ter*, l. 6-7 ; n° 2855, l. 15 et 17 et p. 212.

Nous savons par le Pseudo-Skymnos (v. 55 et suiv. = *Témoignages*, n° XXXV) que Nicomède II son fils et Nicomède III suivirent l'exemple donné par Prusias II.

Rois de Bosporos. — Pærisadès III : n° 5, l. 6-7. La reine Camasaryé, son épouse, n° 2855, l. 29.

Sur les rapports des rois de Bosporos avec les sanctuaires apolliniens de Delphes et de Délos, voy. Homolle, *Bull. de Corr. hellén.*, XXIII (1899), p. 96.

Tétrarque de Galatie. — Brogitaros, gendre et fils adoptif de Déjotaros, tétrarque des Trocmes, n° 10, l. 36-37. Abadogiona, épouse de Brogitaros, n° 10, l. 37-38.

Des observations faites plus haut, il résulte que Brogitaros était tétrarque des Trocmes au moins dès 83 av. J.-Chr. Une inscription d'Ægæ, depuis longtemps publiée, nous avait appris qu'il s'était également attiré la reconnaissance de cette ville (1). Abadogiona avait sa statue à Méthymna, dans l'île de Lesbos (2).

Après les rois, les cités. La première à nommer est une colonie de Milet, dont la fidélité ne semble pas s'être démentie dans le cours des siècles, la très loyale *Cyzique*. Son nom figure dans cinq de nos inventaires : nos 2853 *bis*, l. 8 ; 2855, l. 17 ; 2858, l. 7 ; 5, l. 10 ; 10, l. 17. Il est vrai qu'elle s'adresse au dieu de Delphes, dans la seconde moitié du IIIe ou au commencement du IIe siècle, pour en obtenir la même recommandation que Magnésie du Méandre en faveur de ses fêtes de Koré et de son ἀσυλία (CIG. *Septent.*, I, no 16 et Addenda, p. 742. Cf. *Revue des Études grecques*, XI (1898), p. 270 suiv.) (3). Beaucoup plus tard, au Ier siècle de notre ère, elle consulte l'oracle d'Apollon Didyméen, ainsi que nous l'apprend une inscription conservée au Musée de Constantinople : sur la pierre, aujourd'hui brisée, était gravé un oracle que le dieu de Didymes avait rendu aux stéphanéphores de Cyzique (*Bull. de Corr. hellén.*, XIII (1889), p. 518).

(1) Elle a été publiée pour la première fois en 1873 par G. Hirschfeld (*Bullettino dell' Instituto di Corrispondenza archeologica*, 1873, p. 227), puis en 1875 dans le Μουσεῖον καὶ βιβλιοθήκη τῆς εὐαγγελικῆς σχολῆς, 1875, p. 125, no 36, enfin elle a été citée en 1879 dans l'*Hermes*, XIV, p. 474 (G. Hirschfeld). On y lit :

Ὁ δῆμος
Βρογίταρον Δηιοτάρου
Γαλατῶν Τροκμῶν τετράρχην
ἀρετ]ῆς ἕνεκεν καὶ εὐνοίας
τῆς εἰς ἑαυτόν.

L'inscription se place entre les années 63 ou 62, où Pompée reconnaît Brogitaros comme tétrarque des Trocmes, et 58 où Brogitaros prend le titre de roi. J'ai cité plus haut un tétradrachme daté de la sixième année de son règne : il y porte les titres de βασιλέως Βρογιτάρου φιλορωμαίου.

(2) *Inscr. gr. insul.*, II, no 516. Le peuple de Méthymna rappelle, dans sa dédicace, les nombreux et grands bienfaits d'Adobogiona (εὐεργετήκοισαν τὰν πόλιν πόλλα καὶ μέγαλα). L'inscription de Méthymna est contemporaine de celle d'Ægæ.

(3) Les Cyzicéniens avaient obtenu des Déliens l'autorisation d'exposer l'oracle à Délos et M. Homolle a retrouvé sur deux fragments d'une stèle presque complète l'oracle et la plus grande partie du décret délien. Il attribue ces documents à la fin du troisième ou au commencement du deuxième siècle avant notre ère (*Bull. de Corr. hellén.*, IV (1880), p. 471 suiv.)

Cyzique méritait une mention spéciale. Je classerai les autres cités suivant l'ordre géographique.

Asie Mineure. — *Calchédon*, n° 10, l. 21. La ville était alors comprise dans le royaume de Bithynie, qui sera légué aux Romains quelques années plus tard, en 74 av. J.-Chr., et dont les rois entretenaient de bonnes relations avec Didymes. Le type d'Apollon figure sur ses monnaies (Barclay V. Head, *Historia numorum*, p. 438-439).

*Ilion*, n° 10, l. 12. Cruellement maltraitée par Fimbria en 85, Ilion avait, l'année suivante, reçu la liberté de Sylla et le titre d'amie du peuple romain (1). Nous ne savons rien des relations de Milet avec Ilion; l'une et l'autre possédaient un des sanctuaires les plus fameux de l'Asie Mineure, l'une et l'autre célébraient de grands jeux, Panathénaia (2) et Didymeia, l'une et l'autre s'envoyaient certainement des théores.

*Myrina*, n° 10, l. 13. Ainsi que l'ont remarqué ses derniers historiens, MM. E. Pottier et S. Reinach, le nom de Myrina se rencontre très rarement dans les textes ou les inscriptions (3). A en juger pourtant par les produits de sa céramique et par ses beaux tétradrachmes d'argent, « elle semble avoir atteint, vers le commencement du second siècle, une prospérité matérielle considérable (4). » Sur son territoire se trouvait le temple-oracle de Grynéon, consacré à Apollon, dont le type figure sur nombre de monnaies de Myrina (5). La ville entretenait d'ailleurs des relations avec le sanctuaire de Delphes : à une époque inconnue, elle avait, de concert avec Apollonia, consacré des gerbes d'or à l'Apollon Delphique (6), et dans la liste des θεαροδόκοι ou personnages chargés de recevoir les théores de Delphes figure un

(1) Je renvoie au mémoire de P. Haubold, *De rebus Iliensium*, p. 39, où se trouvent cités tous les textes. Le plus important est celui de Strabon, XIII, 594. Cf. Appien, *Mithrid.*, 61 :... Ἰλιέας μὲν καὶ Χίους καὶ Λυκίους καὶ Ροδίους καὶ Μαγνησίαν καί τινας ἄλλους, ἢ συμμαχίας ἀμειβόμενος, ἢ ὧν διὰ προθυμίαν ἐπεπόνθεσαν οὗ ἕνεκα, ἐλευθέρους ἠφίει καὶ Ρωμαίων ἀνέγραφε φίλους.

(2) Voy. Ch. Michel, n° 731.

(3) *La nécropole de Myrina*, p. 49.

(4) *Ibid.*, p. 48.

(5) Sur l'oracle de Grynéon, voy. Strabon, XIII, 622. Pour les monnaies, voy. Barclay V. Head, *Historia numorum*, p. 481.

(6) Plutarque, *De Pythiae oraculis*, 16.

Myrinéen (Collitz-Baunack, *Griech. Dialekt-Inschr.*, n° 2580, l. 141). La liste date de la première partie du IIe siècle avant notre ère (1). Nous apprenons par notre inventaire que l'Apollon de Grynéon était également en bons termes avec l'Apollon de Didymes.

Les villes ioniennes sont au nombre de quatre : *Smyrne*, n° 10, l. 20. A la fin du IIIe siècle, Smyrne, comme Clazomènes, Érythrées et Chios, avait fait bon accueil aux demandes de Magnésie du Méandre et reconnu, avec les jeux Leucophryéna fondés en l'honneur d'Artémis, l'inviolabilité du sanctuaire de la déesse et du territoire de la cité (*Die Inschr. von Magnesia am Maeander*, n° 53 et ci-dessus, p. 147). Apollon figure sur un certain nombre de monnaies de Smyrne, du IIe siècle avant notre ère (Barclay V. Head, *Historia numorum*, p. 509).

*Clazomènes*, n° 10, l. 42. La ville qui s'était déclarée pour Mithridate fut durement châtiée par Sylla (2). Les monnaies de Clazomènes au type d'Apollon sont toutes, semble-t-il, antérieures au IIIe siècle (*Historia numorum*, p. 491).

*Érythrées*, n° 10, l. 9. Le type d'Apollon ne se retrouve pas sur les monnaies d'Érythrées.

*Chios* fait deux offrandes au dieu de Didymes, l'une dans la première partie du IIe siècle avant notre ère (n° 5, l. 8), l'autre entre 88 et 83 (n° 10, l. 11). Fidèle aux Romains dans la guerre contre Mithridate, comme elle l'avait été dans la guerre contre Antiochus, Chios avait été deux fois récompensée de son dévouement : en 188, elle avait reçu des dix légats un accroissement de territoire; en 84, Sylla lui avait donné la liberté et le titre d'amie du peuple romain (3).

(1) Déjà, dans une liste de vainqueurs aux jeux Sotéria de Delphes, antérieure d'un siècle, on relève le nom d'un Myrinéen vainqueur au concours de cithare (*Griech. Dialekt-Inschr.*, n° 2563, l. 12).

Dans une inscription d'Iasos (Le Bas-Waddington, *Inscr. d'Asie Mineure*, n° 293), on trouve le nom d'un Myrinéen domicilié à Iasos. L'inscription date de la première partie du deuxième siècle avant notre ère. Cf. E. L. Hicks, *Journ. of hellen. Studies*, VIII (1887), p. 101.

(2) Appien, *Mithrid.*, 63 : Ἰασσός γέ τοι καὶ Σάμος καὶ Κλαζομεναὶ καὶ Σαμοθράκη Σύλλα παρόντος ἐλήφθησαν.

(3) En 188, voy. Polybe, XXII, 24, 6 : Χίους δὲ καὶ Σμυρναίους, ἔτι δ' Ἐρυθραίους, ἔν τε τοῖς ἄλλοις προῆγον καὶ χώραν προσένειμαν, ἧς ἕκαστοι κατὰ τὸ παρὸν ἐπεθύμουν καὶ σφίσι καθήκειν ὑπελάμβανον, ἐντρεπόμενοι τὴν εὔνοιαν καὶ σπουδὴν, ἣν

Les villes cariennes sont au nombre de cinq : *Iasos* a fait, comme Chios, deux offrandes au Didymeion, l'une dans la première partie du IIe siècle avant notre ère (no 5, l. 11), l'autre entre 88 et 83 (no 10, l. 19). Iasos entretenait de bons rapports avec Milet et Didymes. Un décret d'Iasos, rendu tout à la fin du troisième siècle, nous apprend que la ville, sans doute à l'instigation d'Antiochus III, avait consulté le dieu de Didymes : Apollon, complaisant, avait conseillé aux Iasiens la concorde et le dévouement au roi (1). Cédée par Rome aux Rhodiens en 188, Iasos recouvra sa liberté vingt ans plus tard, en 168 (2). De la période de prospérité, qui commence alors pour la cité, datent le décret rendu en l'honneur du Milésien Anténor, fils d'Euandridès (3) et l'offrande faite à Didymes par « le peuple d'Iasos » (no 5, l. 11). Ces mots étaient gravés sur la phiale et j'y vois une allusion à la liberté et à la démocratie reconquises. Moins d'un siècle plus tard, Iasos se déclarait pour Mithridate : elle fut, elle aussi, sévèrement châtiée par Sylla en 84 (4). Après 81, elle reconnut l'inviolabilité du sanctuaire d'Hécate sur le territoire de Stratonicée ; la demande des Stratonicéens était fondée sur un sénatusconsulte rendu en 81, pendant la dictature de Sylla (*Bull. de Corr. hellén.*, IX (1885), p. 451). Ajoutons que le type d'Apollon est fréquent sur les monnaies d'Iasos (*Historia numorum*, p. 528).

*Alabanda* fait une offrande au dieu de Didymes dans la première partie du IIe siècle avant notre ère (no 5, l. 9). Quelques années auparavant, vers la fin du IIIe siècle, les Alabandiens,

παρέσχηντο κατὰ τὸν πόλεμον αὐτοῖς. Cf. Tite Live, XXXVIII, 39, 11. Pendant la guerre contre Antiochus, Chios avait été le grenier des Romains (Tite Live, XXXVII, 27, 1). En 84, voy. Appien, *Mithrid.*, 61 (le texte a été cité plus haut, p. 224, note 1) et CIG., 2222 = P. Viereck, *Sermo graecus*..., p. 49, no 27. Un sénatusconsulte rendu en l'an 80 avait confirmé les décisions de Sylla, touchant Chios.

(1) J'ai cité plus haut quelques lignes de ce décret (Ch. Michel, no 467) et j'ai en même temps exprimé des doutes sur l'attribution de l'oracle au dieu de Didymes (p. 150, note 1). L'attribution est très probable, mais non certaine.

(2) Sur l'histoire d'Iasos, voy. l'article de E. L. Hicks plusieurs fois cité (*Journ. of hellen. Studies*, VIII (1887), p. 96 suiv.). En 188, voy. Polybe, XXII, 24, 8 et Tite Live, XXXVIII, 39, 13. Appien, *Syr.*, 44. En 168, Polybe, XXX, 5, 12. Cf. Id., XXXI, 7, 4 et Tite Live, XLIV, 15, 1.

(3) Voy. plus haut, p. 204, ad no 2.

(4) Appien, *Mithrid.*, 63. Le texte a été cité plus haut, p. 225, note 2.

suivant l'exemple de Magnésie du Méandre, s'étaient adressés au dieu de Delphes et en avaient obtenu un oracle favorable à leurs projets : ils se proposaient en effet de consacrer leur ville èt leur territoire à Zeus Chrysaoreus. Le conseil des Amphictions fut le premier à reconnaître le caractère sacré de la ville et du territoire d'Alabanda et l'on a retrouvé à Delphes le très intéressant décret qu'il rendit peu avant 201 (1). Maltraitée par Philippe V (2), Alabanda subit le même sort qu'Iasos : comprise dans la partie de la Carie cédée aux Rhodiens, elle ne recouvra sa complète indépendance qu'en 168 (3). A la différence d'Iasos, elle se déclara contre Mithridate et fut récompensée par Rome, ainsi que nous l'apprend un important décret d'Alabanda, dont la date ne saurait être mise en doute (4). Le culte d'Apollon à Alabanda est attesté par les monnaies (*Historia numorum*, p. 519).

*Mylasa*, no 10, l. 10. Après 81, elle reconnaît l'inviolabilité du sanctuaire d'Hécate (*Bull. de Corr. hellén.*, IX (1885), p. 450).

*Alinda*, no 10, l. 16. A la fin du IIIe siècle, Alinda avait reconnu l'inviolabilité du sanctuaire d'Artémis Leucophryéné et de la ville de Magnésie (*Die Inschr. von Magnesia am Maeander*, no 59 *b*, l. 28) ; au commencement du Ier siècle, après 81, elle reconnaît l'inviolabilité du sanctuaire d'Hécate (*Bull. de Corr. hellén.*, IX (1885), p. 450).

(1) Ch. Michel, no 252 = Collitz-Baunack, *Griech. Dialekt-Inschr.*, II, no 2529 = M. Holleaux, *Revue des Études grecques*, XII (1899), p. 345.

(2) En 201/0, Polybe, XVI, 24, 8. Sur l'occupation de la ville par les troupes macédoniennes (201-197), voy. M. Holleaux, *article cité*, p. 353, note 2.

(3) Qu'Alabanda vécût en mauvais termes avec les Rhodiens, c'est ce dont on ne saurait douter (voy. Polybe, XXX, 5, 15. Cf. M. Holleaux, *Revue des Études grecques*, XI (1898), p. 264, note 3). Il faut admettre de plus qu'elle leur payait tribut, comme les autres cités de la Carie (Polybe, XXXI, 7, 4 et 7).

(4) *Bull. de Corr. hellén.*, X (1886), p. 299 suiv. et H. Willrich, *Hermes*, XXXIV (1899), p. 305-311 (*Alabanda und Rom zur Zeit des ersten Krieges gegen Mithradates*). C'est à M. Willrich que revient le mérite d'avoir fixé la date du décret rendu en l'honneur de l'Alabandien Pyrrha[kos] : entre autres services rendus, Pyrrhakos s'est chargé d'ambassades à Rome et « auprès du roi » : à Rome, il a demandé et obtenu l'ἀφορολογησία, c'est à dire l'exemption des impôts que les Romains avaient établis après la guerre de Mithridate (Appien, *Bell. civ.*, I, 102 fin) ; le roi n'est autre que Mithridate et Pyrrhakos était probablement chargé de lui réclamer les captifs qu'il gardait encore en 80. Le sénatusconsulte de Stratonicée nous apprend de même qu'en 81/80 Mithridate n'avait pas rendu les Stratonicéens captifs (P. Viereck, *Sermo graecus...*, p. 30, l. 115 suiv.)

*Cos*, n° 10, l. 8. Fidèle à Rome en 88, Cos dut néanmoins ouvrir ses portes à Mithridate qui y fit un immense butin, prélevé presque exclusivement sur les trésors de Cléopâtre et les caisses des banquiers juifs (1). La ville même ne semble pas avoir souffert. En 82 elle fournit des vaisseaux à Muréna pour la flotte commandée par le légat Aulus Térentius Varron (2) : Milet, nous le verrons plus loin, en fournit dix pour sa part. Nous ne savons rien des relations de Didymes avec Cos. Peut-être les Milésiens avaient-ils emprunté à Cos le concours de βοηγία dont il sera parlé plus loin. En tout cas il faut attribuer à Calymna, et non à Cos, la dédicace découverte à Cos et gravée sur la base d'une offrande à Apollon Dalios Καλύμνας μεδέων. L'offrande a été faite conformément à un oracle d'Apollon Didyméen, peut-être au Ier siècle avant notre ère (Collitz-Müllensiefen-Bechtel, *Griech. Dialekt-Inschr.*, n° 3597, l. 2).

Je nommerai à part la ville de *Rhodes* qui offre au Didymeion, entre 88 et 83, une phiale du poids de 372 drachmes d'Alexandre (n° 10, l. 32). Nous avons vu qu'au temps de Lichas, vers 200, Rhodes entretenait de bonnes relations avec Milet : les deux cités faisaient partie de la coalition contre Philippe, et Rhodes avait décerné une couronne au Milésien Lichas (3). Je citerai plus loin des offrandes faites par des Rhodiens entre 200 et 88 avant notre ère.

(1) Pour l'histoire de Cos, voy. E. L. Hicks dans l'Introduction du recueil intitulé *The Inscriptions of Cos* (1891), p. XXXVI suiv. En 88, Cos avait offert un abri aux citoyens Romains dans le temple d'Asclépios (Tacite, *Annales*, IV, 14). Pour le butin fait à Cos par Mithridate, voy. Appien, *Mithrid.* 23 fin, Strabon, fragm. 5 (*Fragm. historic. graec.*, III, p. 492) = Josèphe, *Antiq. iud.*, XIV, 7, 2, < Naber, § 112 > et Th. Reinach, *Mithridate et les Juifs*, dans la *Revue des Études juives*, 1888, p. 204 suiv.

(2) Voy. la dédicace faite par les officiers et soldats de marine d'une tétrère de Cos. Elle est datée des noms du légat romain qui commandait en chef la flotte, Aulus Térentius Varron, et de l'amiral qui commandait les vaisseaux de Cos. Viennent les noms du commandant de la tétrère et des officiers ; suivent les soldats de marine. L'inscription, aujourd'hui conservée à Constantinople, a été publiée par E. Kalinka ; *Jahresh. des oesterr. arch. Institutes*, I (1898), p. 31 ; Hiller von Gaertringen a très ingénieusement montré qu'elle provenait très probablement de Samothrace (*Ibid.*, *Beiblatt*, I (1898), p. 89 suiv.). Le légat Térentius Varron était déjà nommé dans deux inscriptions de Délos (*Bull. de Corr. hellén.*, I (1876), p. 284 = CIL., III, Supplem. n° 7240) et de Rhodes (*Inscr. gr. ins.*, I, n° 48, l. 9).

(3) Voy. plus haut, p. 141.

Grèce. — La Grèce n'est représentée que par deux cités dans nos inventaires, *Chalcis* et *Mégalopolis* (n° 10, l. 14 et 15). Toutes deux avaient, à la fin du IIIe siècle, reconnu l'inviolabilité du sanctuaire d'Artémis Leucophryéné (1). Je rappellerai encore qu'au milieu du IIe siècle le Sénat romain avait choisi Milet pour arbitre entre deux villes du Péloponnèse, Lacédémone et Messène (2).

La mention de Mégalopolis dans notre inventaire est particulièrement intéressante. Très appauvrie, à demi ruinée, la Grande Ville se souvenait peut-être que, près de trois siècles auparavant, en 370, les Milésiens avaient, comme les Magnètes, contribué à sa fondation. Le fait est attesté pour Magnésie du Méandre, qui avait envoyé trois cents dariques (3) : est-il permis de supposer que Milet s'était de même attiré la reconnaissance de Mégalopolis ? La Grande Ville ne cessa d'ailleurs de se tourner vers l'Orient : vers 175 Antiochus IV Épiphane lui fit présent d'une somme importante pour la réfection de ses murs (4). Ils étaient encore en ruines, quand, vers 83, elle faisait don au dieu de Didymes d'une coupe très modique et quand, après 81, elle reconnaissait l'inviolabilité du sanctuaire d'Hécate (5).

En abordant, après la courte liste des cités et des rois, la liste plus courte encore des fonctionnaires, commissaires, groupes de citoyens et particuliers qui ont fait des offrandes au dieu de Didymes, nous apprendrons à quelle occasion ces offrandes ont été consacrées et, si je ne me trompe, toutes sèches qu'elles soient, nos listes gagneront en intérêt (6).

(1) *Die Inschr. von Magnesia am Maeander* : Chalcis, n° 47; Mégalopolis, n° 38.

(2) Ch. Michel, n° 31 = Dittenberger, *SIG²*., n° 314.

(3) *Die Inschr. von Magnesia am Maeander*, n° 38, l. 22 suiv.

(4) Voy. une esquisse de l'histoire de Mégalopolis dans les *Supplementary Papers* de la *Society for the Promotion of hellen. Studies*, n° I (1892) *Excavations at Megalopolis*, Historical Sketch, by W. J. Woodhouse, p. 5. Sur la libéralité d'Antiochus IV, voy. Tite Live, XLI, 20, 6 : Megalopolitanis in Arcadia murum se circumdaturum urbi est pollicitus, maioremque partem pecuniae dedit. Cf. W. Loring, *Supplementary Papers*, I, p. 115 et P. Herthum, *De Megalopolitarum rebus gestis*.., p. 101 du vol. V (1894) des *Commentationes philologicae Ienenses*.

(5) *Bull. de Corr. hellén.*, IX (1885), p. 450.

(6) Est-il besoin de renvoyer le lecteur aux remarquables études de M. Th. Homolle sur les inventaires déliens (*Bull. de Corr. hellén.*, VI (1882), p. 85 suiv.) ? Il y aura toujours profit à rapprocher des pages qui suivent le § VI de M. Homolle : *Occasion de la dédicace*, p. 142 suiv.

Les premiers fonctionnaires, ou plus exactement les premiers commissaires, que je nommerai sont les agonothètes et, bien qu'il soit le dernier en date, je commencerai par l'inventaire n° 10, le seul complet de cette série. La même année, la commission des agonothètes a offert quatre phiales d'argent à Apollon, en deux fois : 1° trois phiales ἀπὸ τῶν δοθέντων χρημάτων ὑπὸ Εἰρηνίου τοῦ 'Αρτέμωνος, 2° une phiale ἀπὸ τῆς δοθείσης δωρεᾶς ὑπό βασιλέως 'Αντιόχου.

Pour le n° 2855, où se lit une formule analogue, ἐκ τῆς ἀποσταλείσης ἀπαρχῆς ὑπὸ βασιλέως Προυσίου, il est beaucoup plus probable que l'offrande a été faite par les trésoriers (ταμίαι).

Enfin nous ne savons pas le titre exact des commissaires qui offrent dans l'année d'Eucratès (n° 2) un autel à feu en or : ἐσχαρὶς χρυσῆ... ἡ προσενεχθεῖσα ὑπὸ τῶν ἀνδρῶν τῶν αἱρεθέντων ἐπὶ τὰς κατασ[κευὰς τὰς ἐν.. J'ai déjà exprimé des doutes sur la restitution du dernier mot. Pour le participe προσενεχθεῖσα, j'entends que l'objet a été offert, apporté, et non : offert *en outre*. Je donne au verbe προσφέρω le même sens qu'a le verbe ἀναφέρω dans le n° 4, l. 6, mais les commissaires mentionnés dans le n° 2 sont à coup sûr des citoyens milésiens ; les personnages qui ont apporté les offrandes énumérées dans les premières lignes du n° 4 sont des étrangers, très probablement des Rhodiens.

En résumé, agonothètes, trésoriers et commissaires ont prélevé la part du temple sur les fonds donnés par des rois ou par de riches particuliers. Ils l'ont fait évidemment avec l'autorisation de la ville et pour se conformer à l'usage : la phiale qu'ils faisaient fabriquer était en quelque sorte le témoin durable de la libéralité, dont l'inventaire gardait en même temps le souvenir. La somme prélevée était, semble-t-il, proportionnée à la valeur de la donation.

Sur les intentions du donateur, il ne saurait y avoir de doute. La donation était faite en faveur d'une fête et d'un concours qui se célébraient à Didymes. La double mention des agonothètes dans notre n° 10, non moins que les termes employés (δοθέντων χρημάτων, δοθείσης δωρεᾶς) le prouvent surabondamment pour cette année. Sollicités par des théores ou par des ambassadeurs spéciaux, Antiochus X et Ptolémée X ont fait don au dieu ou à Milet — peu importe, car c'était la même main qui se tendait pour recevoir — d'une somme d'argent qui a été remise aux commissaires de la fête. En deux autres années (n^os 6 et 2855), les intentions du donateur sont encore les mêmes. Pour le n° 6, le doute est d'autant moins permis que l'inventaire mentionne une offrande faite à l'occasion d'un concours sur lequel nous reviendrons plus loin. Pour le n° 2855, nous rencontrons, au lieu des mots χρημάτων ou δωρεᾶς, un terme dont les inscriptions de Magnésie du Méandre ont fixé le sens, ἀπαρχή. Recherchant plus haut la date de cet inventaire (1), nous avons montré qu'il fallait entendre par ἀπαρχή la contribution des rois ou cités de bonne volonté à la fête et spécialement au sacrifice, auxquels ils étaient conviés par les théores. Cette contribution, dont le montant, très variable, était d'ordinaire fixé par la loi, était remise aux théores, à la fois messagers et quêteurs (2) ; c'est aux théores qu'en la troisième année après le stéphanéphorat de Ménodoros, Prusias a remis l'ἀπαρχή, et c'est avec la somme prélevée qu'ont été fabriquées une hydrie et une phiale (3). En résumé, peu importe le mot, ἀπαρχή ou δωρεά (4). Les intentions du donateur

(1) P. 169 suiv.

(2) *Die Inschr. von Magnesia am Maeander* : n° 47 (Chalcis), l. 26 suiv. δίδο[σ]θ[αι] δ[ὲ] τὴν ἀπαρχὴν τοῖς ἀποστελλομένοις θεωροῖς παρὰ [Μ]αγνήτων τὴν ἐκ τοῦ νόμου. — N° 30 (Ville de la Grèce du Nord), l. 1 : δόμεν ἐ]ν ἀπαρχὰς τὸ ἐκ [τοῦ] νόμου, στατῆρας δύο. — N° 53 (Clazomènes ?), l. 39 suiv. : δ[ίδοσ]θαι δὲ καὶ τοῖς θεω[ρ]οῖς τοῖς ἑκάστοτε πορευομένοις ἐπὶ τὰς [ἐπα]γγελίας τὰς ἀπαρ[χ]ὰς καὶ τὰ ξένια καθάπερ καὶ τοῖς τὰ Πύθ[ια ἐ]παγγέλλουσιν δί[δ]οται. — N° 59 a (Laodicée du Lycos), l. 6 suiv. : διδόν]αι δὲ καὶ εἰς [ἀπ]αρχὴν τῆι [θεᾶι...ὅσο]ν ἂν ὁ δῆμος τάξηι.

Le montant de l'ἀπαρχή est fixé à 150 drachmes par le κοινὸν des Acarnaniens (n° 31, l. 34 suiv. : δόμεν δὲ Ἵππαρχον τὸν ταμίαν εἰς ἀπαρχὰν τᾶι θεῶι εἰς τὰν θυσίαν ἀργυρίω δραχμὰς ἑκατὸν πεντήκοντα) ; à 100 drachmes par une ville inconnue du royaume des Séleucides (n° 60, l. 23 suiv.), par une ville inconnue du royaume de Pergame (n° 87, l. 19 suiv.), par Tralles (n° 85, l. 21 suiv. Voy. ci-dessous) ; à 20 dr. d'Alexandre par une ville inconnue (n° 82, l. 9 suiv.) ; à 15 dr. en monnaie du pays par Ithaque (n° 36, l. 19 suiv.).

(3) Rien n'empêchait rois ou cités d'ajouter des offrandes à l'ἀπαρχή. La même année, le roi Prusias offre, en outre de l'ἀπαρχὴ, deux prusiades qui furent sans doute remises aux théores (CIG., n° 2855, l. 22 suiv.).

Il est clair que s'il plaisait au roi de confier ses offrandes à quelque envoyé spécial, celui-ci était le bienvenu : il était d'autant mieux accueilli qu'il était d'ordinaire chargé d'accomplir quelque brillant sacrifice (CIG., n° 2852 l. 61).

(4) Il semble pourtant que le sens n'est pas exactement le même : ἀπαρχή désigne plutôt l'offrande régulière, ordinaire, et δωρεά l'offrande extraordinaire. Cf. POLYBE, XXVIII, 16, 4 : πρεσβεία περὶ δωρεᾶς. Voy. plus haut, p. 221, note 1.

Une intéressante monnaie d'argent de Chios porte au droit : Φησῖ[νος, au revers :

sont les mêmes, il veut contribuer aux dépenses d'une fête solennelle. En va-t-il de même pour le n° 2 ? Le titre des commissaires qui font une importante offrande n'est malheureusement pas conservé en entier, mais, que l'on maintienne la restitution proposée par Boeckh ou que l'on adopte celle que j'ai moi-même indiquée plus haut, il semble nécessaire d'ajouter à la suite : ἀπὸ τῶν δοθέντων ou ἀποσταλέντων χρημάτων ὑπό.. Il est impossible en effet qu'une offrande du poids de cinq cents pièces d'or soit due à la générosité des commissaires milésiens. Elle a été prélevée sur une donation et l'emploi du mot κατασκευάσματα ou κατασκευάς nous autorise à croire qu'il s'agit, comme dans l'inscription citée plus haut [1], de constructions ou d'aménagements faits en vue d'une fête.

En somme, il résulte de toutes ces observations que nos inventaires n°s 10, 6, 2855, 2, datent tous les quatre de quatre années où des jeux ont été célébrés à Didymes. Il en est de même des trois suivants : 2853 *bis*, 2853 *ter*, 2858, puisque j'y relève la mention d'offrandes faites par le vainqueur au concours de βοηγία. Le lecteur me permettra de le renvoyer à l'article que j'ai publié en 1898 dans les *Mélanges Weil* sur le culte de Zeus à Didymes et sur la βοηγία [2]. Je le compléterai en citant un texte de Téos, qui m'avait échappé : c'est un décret incomplet, conférant, on ne sait à quelle communauté, l'exemption d'impôts et de liturgies déterminés, entre autres... καὶ βοηγιῶν καὶ λαμπαδαρχιῶν καὶ ἐπιγρα[φῆς... κτλ. [3]. A Milet, comme à Téos, la βοηγία était

βασιλέως Ἀντιόχου δῶρον (*Inventaire sommaire de la collection Waddington*, n° 2008). A l'occasion d'une fête, le roi Antiochus, probablement Antiochus II Théos ou peut-être même Antiochus IV Epiphane, a fait don à Chios d'une certaine quantité d'argent ; la cité reconnaissante frappa des monnaies avec l'inscription citée plus haut. Le nom de Phésinos est bien connu à Chios. Voy. DITTENBERGER, *SIG*², n° 206, note 19.

(1) Ch. MICHEL, n° 522, l. 4 ; 38 et plus haut, p. 46.

(2) P. 147 suiv.

(3) *Ath. Mitth.*, XVI (1891), p. 292, l. 3 (W. JUDEICH). Pour la date de cette intéressante inscription, qui remonte au quatrième siècle, voy. J. TOEPFFER, *ibid.*, p. 421, note, WACKERNAGEL, XVII (1892), p. 146 et JUDEICH, *Sitzungsber. der Akad. zu Berlin*, 1898, p. 545, note 1. Ad. WILHELM (*Arch.-epigr. Mitth. aus Œsterreich-Ungarn*, XVII (1894), p. 41 et 42) et Judeich, dans le second de ses articles, ont corrigé et amélioré le texte en quelques endroits. A la l. 14, il est question des laines de Milet : l'exemption des droits d'importation est accordée, semble-t-il, à ceux qui fabriqueront des vêtements de luxe avec des laines de Milet.

une liturgie. Il en résulte que les noms de vainqueurs cités dans nos nos 2853 *bis*, 2853 *ter*, 2858 sont portés par des Milésiens; nous verrons plus loin que l'absence de tout ethnique ne suffisait pas à nous renseigner sur la patrie de ces donateurs, puisque, dans nos inventaires, aucun nom de donateur n'est distingué par un ethnique. Ajoutons que, selon toute probabilité, le Milésien vainqueur au concours de βοηγία était tenu d'offrir une phiale à Apollon (1). Nous rappellerons à ce propos le décret rendu vers la fin du IIe siècle avant notre ère par une tribu de Mylasa (2) : elle décide qu'à l'avenir tout membre de la tribu qui aura été honoré par la tribu (entendez simplement : qui aura été l'objet d'un décret honorifique) sera tenu de consacrer à Zeus, dans un délai de six mois, une phiale ou une coupe du poids de cent drachmes d'Alexandre. Pareillement, tout membre de la tribu qui aura été honoré par une autre tribu sera tenu, dans le même délai, de consacrer au même dieu trois coupes ou phiales pesant ensemble trois cents drachmes d'Alexandre. Nos Mylasiens s'étaient ingéniés : les offrandes se faisant rares, ils avaient imaginé ce tarif qui, bon an mal an, devait enrichir de quelques phiales le trésor de leur Zeus; d'une main ils donnaient quelques éloges, quelques mots, de l'autre ils recevaient une phiale, en réalité un poids d'argent. Je crois encore une fois que les Milésiens levaient cette même taxe sur le vainqueur au concours de βοηγία (3).

C'est donc en des années de fêtes célébrées à Didymes qu'ont été consacrées les offrandes énumérées dans les sept inventaires dont il vient d'être parlé : nos 10, 6, 2855, 2, 2853 *bis*, 2853 *ter*, 2858. A cette première série nous ajouterons le no 5, à raison des noms de cités que nous y avons relevés, et peut-être le no 4, où se lisaient probablement aussi des noms de cités (voy. l. 22 et la note). Toutes ces cités ont donc pris part à la fête didy-

(1) Voy. plus bas, p. 237. La phiale était d'une valeur de 90 drachmes milésiennes; aussi je suppose que Cratéros qui offre une phiale de cette valeur (no 2855, l. 18 suiv.) a été vainqueur au concours de βοηγία, bien que sa victoire ne soit pas mentionnée dans l'inventaire.

(2) Ch. Michel, no 725.

(3) Peut-être la tribu 'Ασωπίς qui fait une importante offrande (no 2855, l. 20) la consacre-t-elle à l'occasion d'une victoire remportée dans des jeux.

méenne. Elles y ont été représentées par des théores qui ont apporté, sinon l'ἀπαρχή que recueillaient les théores milésiens, du moins la phiale qu'eux-mêmes devaient offrir au dieu. Un décret de Tralles, réglant la participation de la cité aux jeux Leucophryéna, nous fournit sur cette offrande des renseignements très précis. On y lit aux l. 23 suiv. : κατασκευασθῆναι δὲ καὶ φ[ιάλην | ἀπὸ δραχμῶν τρι] *vel* δι]ακοσίων ἢγ καὶ ἀναθέτωσαν οἱ ἀποσταλησόμενοι ὑπὸ τ[ῆ]ς πόλεως θεωροί (1). Il était d'usage, à Milet comme à Magnésie, que les théores venus pour assister au sacrifice — c'était en effet l'objet de leur mission — consacrassent une phiale au dieu, pour laisser un souvenir de leur présence, nous pourrions presque dire de leur communion (2). Les inventaires didyméens de cette première série offrent donc un intérêt particulier, le n° 10 surtout qui nous apprend que les Didymeia ont été célébrés au lendemain de la réorganisation de l'Asie par Sylla, et qui nous fait connaître les noms des cités représentées à ces jeux.

Une autre série comprend les nos 2852 et 2853, où sont relatés deux envois extraordinaires de vaisseaux d'or et d'argent : le premier fait en 246 par les rois Séleucus II et Antiochus Hiérax; le second, dû peut-être à la générosité d'Antiochus III. Il n'y a aucun lien entre les fêtes de Didymes et ces offrandes exceptionnelles.

Dans une troisième série, je classe les nos 3 et 4 qui, comme je l'ai noté plus haut, renferment des formules différentes.

Tous les autres sont trop mutilés pour qu'il soit possible de les classer.

Parmi les particuliers dont les noms figurent dans ces différents inventaires, je citerai seulement les Rhodiens et deux Milésiens. Les Rhodiens sont : 1° des fils d'Hypomélidas, Arté-

(1) *Die Inschr. von Magnesia am Maeander*, n° 85. Cf. n° 87 (décret d'une ville du royaume de Pergame), l. 17 suiv. : πέμπε[ιν δ]ὲ καὶ τὸν δῆμο[ν] καθ' ἑκάστην πενταετηρίδα θεωροὺς τοὺς συντελέσ[οντ]ας [τὴν θυσίαν καὶ τὰ] ἄλλα τὰ νομιζόμενα πάντα. Dans les obligations consacrées par l'usage (τὰ ἄλλα τὰ νομιζόμενα πάντα) est comprise l'offrande d'une phiale.

(2) Sur les différentes significations du mot θεωρός, voy. une note assez incomplète de Clarence P. Bill dans les *Transactions and Proceedings of the American philological Association*, 1901 (XXXII), p. 196-204.

mon, Antigonos et ....as (no 2855, l. 31-32), Créon et Akestoridès (no 4, l. 10-11); 2o Onasigénès, fils d'Anticlès (no 4, l. 8). J'ai supposé que ce personnage était Rhodien, à cause de la forme du génitif Ἀντικλεῦς et aussi parce que les noms des fils d'Hypomélidas se lisent aussitôt après le sien. Les noms formés du même radical qu'Onasigénès sont d'ailleurs nombreux à Rhodes (1). Il est plus difficile de savoir à quel titre intervient Onasigénès. De concert avec trois autres personnages qui sont nommés avant lui et qui sont très probablement des Rhodiens, il a apporté (ἀνήνενκαν) des offrandes sans que nous puissions savoir quel est le donateur ni même exactement quelles sont les offrandes. Le donateur est-il le peuple de Rhodes?

Les deux Milésiens que je veux nommer sont : Hérodès, fils d'Autophon (no 6, l. 6). Il appartenait à une famille considérable de Milet. Son père, semble-t-il, fut trésorier sous le stéphanéphorat de Lysès (no 2853 *ter*, l. 5), et aussi prophète (inscription inédite). Lui-même fut vainqueur au concours de βοηγία, l'une des liturgies les plus onéreuses. — Eirénias, fils d'Artémon (no 10, l. 27) donne, au commencement du Ier siècle avant notre ère, des sommes considérables pour la célébration des Didymeia. Sa famille nous est connue par d'autres inscriptions et j'aurai à en dresser le tableau dans le chapitre XI.

* * *

Les offrandes mêmes ne nous retiendront pas longtemps. Si nous laissons de côté les envois des premiers rois Séleucides, dont l'exemple ne fut pas suivi (2), ces offrandes sont singulièrement banales et pauvres : c'est d'ordinaire une phiale d'argent, très mince, lisse, aussi simple que possible (3). Les vases ou objets en or sont très rares (4); il en est de minuscules (5).

(1) Voy. Hiller von Gaertringen, *Inscr. gr. ins.*, I, Indices, s. v. Les noms de Créon et d'Akestoridès ne sont pas plus rares à Rhodes.

(2) Nos 2852, 2853 *suite*.

(3) No 3, φιάλη λεία ὀμφαλωτή, l. 5, 7, 9. — No 2853 *ter*, φιάλη ἐμ πλινθείωι, l. 6.

(4) No 2853 *bis*, l. 6 : couronne. — No 2855, l. 32 : phiale. — No 2, l. 6 : ἐσχαρίς. — No 4, l. 19 : phiale. Je ne cite pas les vases en or offerts par les rois et reines, Prusias, Camasaryé (no 2855), Pærisadès (no 5).

(5) Du poids d'un statère d'or ou de vingt drachmes, nos 2855, l. 33, φιάλιον et 4, l. 10 suiv.

Pour les phiales d'argent le poids ordinaire est de 100 drachmes d'Alexandre[1] ; il en est de 50, de 372, de 2000[2]. J'ai dit plus haut quelle était la signification ordinaire de ces phiales banales, offertes par les théores des cités représentées aux jeux de Didymes et comment l'inventaire des années de fête se bornait en quelque sorte à la liste de ces cités.

D'ordinaire toutes ces phiales et même toutes les offrandes en métal précieux portaient une triple inscription gravée par le donateur : I le nom du donateur, II et III la mention du poids et de l'unité de poids, statère d'or (χρυσοῦς) ou drachmes pour les objets en or, drachmes d'Alexandre ou de Rhodes ou de Milet pour les objets en argent[3]. Deux décrets que nous avons déjà cités nous montrent que tel était l'usage au IIe siècle avant notre ère à Mylasa et à Tralles. La tribu mylasienne des Ὑαρβεσύται, après avoir décidé que tout membre de la tribu qu'elle aura honoré d'un décret sera tenu de consacrer une phiale, ajoute : ἐπιγραφὴν [π]ο[ιησαμέ]ν[ου] τοῦ κατασκευαζομένου τοῦ τε ὀνόματος τοῦ τεχ[ν]ημένου καὶ ὅτι [τ]ιμηθεὶς ἀνέθηκεν Διὶ Ὑαρβεσυτῶν [κ]α[ὶ] τῆς ὁλκῆς, « celui qui fera fabriquer la phiale y fera graver son nom ; l'inscription dira aussi qu'il a consacré l'offrande après avoir été honoré (par la tribu) et donnera le poids[4]. » Le décret de Tralles formule de même l'inscription qui sera gravée sur la phiale qu'offriront les théores à la déesse des Magnètes : « ὁ δῆμος ὁ Τραλλιανῶν Ἀρτέμιδι Λευκοφρυ[ηνῆι χαριστήριον »[5].

I. — Le nom du donateur ne manquait, semble-t-il, sur aucune offrande. Il faut pourtant faire une exception pour le lot considérable de vaisseaux d'or et d'argent donnés par Séleucus II et Antiochus III (nos 2852 et 2853). L'envoi de Séleucus et celui d'Antiochus furent sans aucun doute inventoriés et conservés à part. L'offrande royale était trop importante pour être confondue avec les piles de phiales communes, et les seules

(1) La fidèle Cyzique n'en offre pas d'autres. Voy. plus haut, p. 223.

(2) No 10. Les trois phiales offertes par Brogitaros pèsent ensemble 6000 drachmes.

(3) Pour les inscriptions gravées sur les offrandes déliennes, voy. le mémoire déjà cité de M. Th. Homolle, *Bull. de Corr. hellén.*, VI (1882), p. 140, 147, 149 (V *Noms des dieux à qui les offrandes sont faites.* VII *Date des offrandes.* VIII *Nom et nationalité du donateur*).

(4) Ch. Michel, no 725, l. 11 suiv.

(5) *Die Inschr. von Magnesia am Maeander*, no 85, l. 25.

inscriptions gravées sur ces riches vases, par ordre du roi, étaient le nom du dieu auquel il les destinait; ce nom est au génitif (1). Par contre, le nom du donateur se lisait sur toutes les autres offrandes. Il était le plus souvent au génitif : βασιλέως Προυσίου, par exemple (n° 2855, l. 22) ou 'Απόλλωνος Διδυμέως ἐκ τῆς ἀποσταλείσης ἀπαρχῆς ὑπὸ βασιλέως Προυσίου (*Ibid.*, l. 13 suiv.), ou ἀγωνοθετῶν N. N... ἀπὸ τῶν δοθέντων χρημάτων ὑπὸ N. (n° 10, l. 22 suiv.). Les cités sont désignées par l'ethnique au génitif pluriel : Καλχαδονίων, par exemple. Une fois les mots τοῦ δήμου précèdent l'ethnique, τοῦ δήμου τοῦ 'Ιασέων (n° 5, l. 11) et nous avons dit plus haut la signification de cette addition. Le nom du donateur n'est jamais accompagné d'un ethnique : si nous avons reconnu des Rhodiens, c'est surtout à des formes dialectales et à la désignation du poids de leurs offrandes que nous le devons. Le motif de l'offrande est très rarement indiqué : il ne manque pas, semble-t-il, quand l'offrande est consacrée à la suite d'une victoire remportée dans le concours de βοηγία (2). Nous en avons conclu que l'offrande était obligatoire pour le vainqueur : ajoutons, en nous reportant au décret de Mylasa, que l'inscription l'était également; elle se joignait au nom du donateur, τοῦ δεινὸς βοηγίαι νικήσαντος. Citons enfin la seule inscription détaillée, en style direct, que nous fassent connaître nos inventaires; elle était gravée sur deux phiales offertes par le tétrarque Brogitaros et sa sœur : Βρογίταρος Δηιοτάρου Γαλατῶν Τροκμῶν τετράρχης καὶ ἡ ἀδελφὴ αὐτοῦ 'Αβαδογιώνα 'Απόλλωνι Διδυμεῖ πατρώιωι

(1) N° 2852, l. 31 suiv. Cf. n° 2855, l. 11, 13, 24. Peut-être faut-il restituer : 'Αρτέμι]δο[ς, à la l. 11 du n° 2853 *bis*. Ces vases devaient en effet servir au culte. Le roi Séleucus le dit expressément dans sa lettre, n° 2852, l. 18 suiv. Il en était de même dans tous les sanctuaires. Prêtre, prêtresse ou hiéropes empruntaient au trésor sacré les objets dont ils avaient besoin pour le culte, vases pour les libations, couronnes ou autres objets pour la décoration des autels et des statues, etc. Dans les inventaires bien tenus, comme les inventaires déliens, on notait la rentrée de ces objets : Inventaire de Sosisthénès, l. 91 : ἡδυποτίδιον ὃ ἀποκατέστησαν οἱ ἐπὶ Καλοδίκου ἱεροποιήσαντες. Ailleurs : .. ὃν ἔρασαν ἀποκατασταθῆναι (*Bull. de Corr. hellén.*, VI (1882), p. 92, notes 2 et 4). Il ne s'agit ni de réparations, ni de pesées, mais d'une restitution. Le prêtre d'Amphiaraos à Oropos se servait pour les libations d'une phiale en or, qui était évidemment une offrande (CIG. *Septent.*, I, n° 303, l. 9-10). De même dans un inventaire de l'Héraion de Samos, on note comme manquant une σκάφη χαλκῆ qui a été empruntée par les thesmothètes (ταύτην [ἔ]φ[α]σαν θεσμοθέτας ἔχειν. Ch. MICHEL, n° 832, l. 40).

(2) Voy. pourtant n° 2855, l. 18 et plus haut, p. 233 note 1.

χαριστήριον ἐμέ (N° 10, l. 36 suiv.). Le verbe est sous-entendu comme dans nombre de ces dédicaces.

II. — Ὁλκὴ καὶ νόμισμα. A la suite de trois offrandes on lit la mention suivante, qui, je crois, ne s'est pas encore rencontrée : ἀνεπίγραφος ὁλκῆς καὶ νομίσματος, c'est à dire « (objet), sur lequel ne sont inscrits ni le poids, ni l'unité de poids » (nos 2853 *suite*, l. 12 suiv. ; 2853 *bis*, l. 13 ; 2853 *ter*, l. 7) (1). Ces trois phiales faisaient donc exception, et il était de règle, au moins au IIe siècle, que toute offrande portât la double indication du poids et de l'unité de poids, gravée par le donateur même. Les fonctionnaires qui rédigeaient les inventaires se bornaient donc à transcrire les renseignements que leur fournissait l'offrande même, sans les contrôler par une pesée. S'ils avaient procédé à la pesée des offrandes, ils eussent pris la peine de noter le poids des trois phiales que j'ai citées plus haut et sur lesquelles ils ne lisaient que le nom du donateur (2). En dehors de ces trois phiales, il n'y en a qu'une dont le poids nous manque, sans que nous rencontrions pourtant la mention ἀνεπίγραφος ὁλκῆς καὶ νομίσματος (3), mais elle a été offerte par un vainqueur au concours de βοηγία et il suffisait de rappeler cette victoire, puisque le vainqueur était tenu de consacrer une phiale de 90 drachmes milésiennes.

L'unité de poids, pour les objets en or, est le statère ou χρυσοῦς ou bien la drachme (4). Pour les objets en argent, l'unité courante est la drachme d'Alexandre ; on se sert aussi de la drachme rhodienne. Sur une phiale consacrée par le peuple d'Iasos dans la première partie du IIe siècle était gravée une double indication de poids, en drachmes rhodiennes et en drachmes d'Alexandre. La pierre est malheureusement brisée en cet endroit et, des deux chiffres, le premier manque, le deuxième est peut-être incomplet (n° 5, l. 11 suiv.) : [φι]άλη ἐ]πι-

(1) On trouve ἀνεπίγραφος seul, n° 2853 *suite*, l. 20, mais il s'agit d'un siège : δίφρος ἀνεπίγραφος.

(2) Une de ces phiales doit être mise à part : celle qui faisait partie du lot envoyé par Antiochus III, n° 2853 *suite* ; en effet tout le lot fut sans doute groupé ensemble et il n'est pas nécessaire d'admettre que chaque objet portait le nom du roi.

(3) N° 2853 *ter*, l. 9.

(4) Le χρυσοῦς : nos 2853 *bis*, l. 27, 30, 33 ; 2855, l. 30, 33 ; 2859, l. 7 ; n° 3, l. 10, 13 ; n° 4, l. 10, 19 ; n° 5, l. 7. La drachme (d'Alexandre) : n° 2852.

γραφὴν ἔχουσα Ροδίας μὲν .........., | [Ἀλεξαν]δρε[ί]ας δὲ ἑξήκοντα δύο. Peut-être faut-il ajouter quelques oboles ou fractions d'obole aux drachmes d'Alexandre. J'ai restitué Ροδίας μὲν [ὀγδοήκοντα] et voici comment je justifie ce chiffre. Le Musée Britannique possède un très grand nombre de monnaies de Rhodes et le catalogue publié par M. Barclay V. Head donne, pour la période comprise entre 304 et 166, les plus hauts poids suivants(1) :

| | | |
|---|---|---|
| Pour le tétradrachme : | 13.478 | grammes. |
| — le didrachme : | 6.804 | — |
| — la drachme : | 2.825 | — |
| — l'hémidrachme : | 1.335 | — |

A en juger par le didrachme, le poids normal de la drachme rhodienne devait atteindre environ 3.40 grammes et il n'ést pas douteux que l'évaluation du poids de notre phiale ne soit conforme au poids normal. Si nous admettons d'autre part que le poids normal de la drachme d'Alexandre est de 4.36 grammes (poids normal de la drachme attique), nous obtenons les équations suivantes :

$$4.36 \times 62 = 270.32$$
$$\frac{270.32}{3.40} = 79.50$$

Donc 62 drachmes d'Alexandre correspondent à 79 drachmes 1/2 de Rhodes. Il n'y a pas de place pour un nombre aussi long dans notre inscription et j'ai restitué celui qui s'en rapproche le plus et comble le plus exactement la lacune(2).

(1) Barclay V. Head, *Catalogue of the greek Coins of Caria, Cos, Rhodes, etc.*, 1897, p. 240 suiv.

(2) J'ai soumis mes résultats et mes doutes à deux numismates doublement compétents puisqu'ils sont en même temps épigraphistes, MM. G. F. Hill, du Musée Britannique, et Th. Reinach. M. Hill, dont le petit Manuel m'a déjà rendu tant de services, a bien voulu étudier pour moi la riche série des monnaies rhodiennes du Musée Britannique : il croit le chiffre de 80 drachmes rhodiennes aussi probable que possible. M. Reinach arrive par une autre voie à un résultat un peu différent. D'un texte de Festus (p. 359, 21 Müller), d'après lequel 1 talent rhodien = 4500 deniers, soit vraisemblablement 4500 dr. attiques, il conclut que le poids légal de la mine rhodienne était les 3/4 de la mine attique ou d'Alexandre. D'où il résulte qu'une phiale pesant 62 dr. d'Alexandre devait peser 62×4/3 dr. rhodiennes, soit 82 dr. 4 oboles rhodiennes. D'autre part une inscription de Ténos du IIe siècle (CIG., 2334, l. 4 suiv.) atteste l'identité de poids des drachmes de Ténos et de

L'unité de poids, pour les objets en argent, est parfois la drachme milésienne : (δραχμαὶ) μιλήσιαι (n° 2855, l. 19 ; n° 6, l. 7), ou ἐπιχώριαι (n° 2858, l. 7). Les trois phiales dont le poids est indiqué en drachmes milésiennes sont de même poids, 90 drachmes. Elles ont été offertes toutes les trois par des vainqueurs au concours de βοηγία. Il n'y a pas de doute pour les n°s 6 et 2858 où se lisent les mots : N. βοηγίαι νικήσαντος ; ces mots manquent dans le n° 2855, mais nous sommes autorisé à les suppléer, puisque l'offrande est également une phiale de 90 drachmes milésiennes. Nos trois textes se rapportent au IIe siècle, par conséquent à une époque où les drachmes rhodiennes et surtout les drachmes d'Alexandre étaient fort répandues dans l'Asie Mineure. Ils nous permettent d'affirmer que les drachmes milésiennes ne se confondaient ni avec les unes ni avec les autres : les mots μιλήσιαι, ἐπιχώριαι prouvent suffisamment que nous avons affaire à un système local. Quel était-il ? En dehors du système rhodien et du système d'Alexandre, seul le système perse peut être en usage à Milet. Dans son *Historia numorum* (p. 504), M. B. V. Head note, à Milet, pour la période de 300 à 250 environ, des drachmes de système perse, pesant 5.184 grammes. Dans son Catalogue du Musée Britannique, paru cinq ans plus tard, je relève, pour la période de 250 à 190 environ des drachmes pesant 5.6 grammes (1). Ce sont, à n'en pas douter, des drachmes de système perse et M. Fr. Hultsch a raison de fixer à 5.6 grammes le poids normal de la drachme milésienne (2). Nous modifierons seulement les dates proposées par M. Head, puisque nos inventaires nous apprennent que dans la deuxième partie du IIe siècle le système « milésien » était encore en usage à Milet. M. Hill, qui est d'accord avec M. Hultsch, me fait très justement observer qu'à cette époque le système perse n'avait cours nulle part ailleurs en Ionie et que par conséquent

Rhodes ; or la drachme de Ténos pèse 3 gr. 40 (Barclay V. Head, *Historia numorum*, p. 420-421), c'est à dire exactement le poids auquel conduit l'examen des monnaies rhodiennes de plein poids. Je me fais un devoir et un plaisir de remercier MM. Hill et Reinach. J'exprime en même temps l'espoir que M. Hill nous donnera quelque jour le recueil des inscriptions numismatiques grecques dont je l'ai entretenu il y a plusieurs années.

(1) Barclay V. Head, *Catalogue of the greek Coins of Ionia*, 1892, p. 192 et 193.

(2) *Griechische und Roemische Metrologie*, 2e éd., p. 580.

les Milésiens, qui lui restaient seuls fidèles, avaient le droit de lui donner leur nom.

En dehors des phiales et autres vaisseaux d'or et d'argent, je ne vois qu'un très petit nombre d'offrandes à signaler : d'abord, dans l'envoi de Séleucus II, une grande lampe en bronze et toute une provision de parfums, 10 talents d'encens, 1 talent de myrrhe, 2 mines de casse ou fausse cannelle, 2 mines de cinname, 2 mines de costus (1). Les offrandes destinées, non plus au trésor ou aux fêtes du dieu, mais aux travaux mêmes du temple, sont très rares. J'ai cité plus haut l'envoi fait par Ptolémée XIV de 14 talents et 20 mines d'ivoire destinés à la grande porte du temple (2) ; je ne puis ajouter à cet exemple que celui de Philomélos fils de Lysias qui offrit au dieu cinq paires de mulets et les cinq valets qui les accompagnaient (3). Le verbe ἀνέθηκεν suffirait à nous prouver que Philodémos a réellement fait don de dix mulets et de cinq esclaves, si nous ne savions d'ailleurs, par des inscriptions inédites, que le dieu de Didymes avait ses écuries et ses esclaves ou ἱεροὶ παῖδες. C'est donc une véritable offrande (ἀνάθεμα) et non une simple contribution (ἐπίδοσις). Quand nous lisons, dans un décret athénien rendu sur la proposition de Lycurgue (4), que le Platéen Eudémos [ἐπ]ι[δέδ]ω-[κεν] εἰς τὴν ποίησιν τοῦ σταδίου καὶ τοῦ θεάτρου τοῦ Παναθη[ναϊ]κοῦ χίλια ζεύγη, nous entendons qu'il a fait les frais de mille chariots, c'est à dire qu'il a payé mille journées de charroi. Eudémos s'est entendu avec un entrepreneur pour fournir par jour aux épistates des travaux un nombre déterminé de chariots attelés de deux mules : s'il en a commandé vingt par jour, par exemple, les mille journées de charroi se sont trouvées remplies et la promesse accomplie au bout de cinquante jours de travail (5). Tout autre est la libéralité de Philodémos : il a aug-

(1) N° 2852, l. 58-61.

(2) Voy. plus haut, p. 181.

(3) N° 7.

(4) Ch. Michel, n° 109 = Dittenberger, *SIG.*², n° 151, l. 15 suiv.

(5) Le décret en l'honneur d'Eudémos me fournit l'occasion de citer un texte peu connu auquel M. W. Judeich a renvoyé le lecteur des *Ath. Mitth.*, XVI (1891), p. 293, en donnant une explication, d'ailleurs inexacte, du mot βοηγία. Un auteur cité par le médecin-vétérinaire Hiéroclès, Tarantinos, rapporte que pour la construction du temple de Zeus, situé près de la fontaine Ennéakrounos (il s'agit de

menté de dix unités l'effectif de la cavalerie du dieu, de cinq hommes la troupe des esclaves sacrés [1].

Toutes les offrandes destinées au trésor de Didymes faisaient partie des richesses sacrées qu'administraient, ainsi que leur nom l'indique, les trésoriers des richesses sacrées, ταμίαι τῶν ἱερῶν χρημάτων. Dans l'intitulé de tous nos inventaires sans exception, sont nommés soit les six trésoriers, c'est à dire le collège tout entier, soit une partie du collège, deux ou plus rarement un trésorier. Le collège tout entier n'est nommé que dans deux inventaires, n° 2852 et n° 2853 qui est incomplet. Le n° 2852, on s'en souvient, est consacré tout entier à l'envoi de Séleucus II et d'Antiochus Hiérax. On y apprend que ces riches offrandes, destinées au temple de Didymes, ont été envoyées par les rois à Milet même. C'est à la ville que Séleucus adresse sa lettre et c'est la ville qu'il charge de faire parvenir les offrandes au temple. Les trésoriers des richesses sacrées en prirent livraison à Milet et il était naturel que le collège tout entier fût nommé dans l'intitulé. L'inventaire a d'ailleurs été dressé par les soins de Séleucus. Pour les offrandes courantes et les ex-voto de moindre importance, pour ces phiales qui étaient l'ordinaire du dieu, les choses se passaient plus simplement, et les inventaires étaient rédigés à Didymes par les soins du prophète

l'Olympieion), les Athéniens reçurent (sans doute de Pisistrate) l'ordre d'amener à Athènes tous leurs attelages. En attendant l'édition que prépare M. E. Oder pour la collection Teubner, je cite le texte d'après l'édition de J. Ruel (*Veterinariae medicinae libri duo* a Ioanne Ruellio, Bâle, 1537, in-4°), p. 4 : Ταραντῖνος .. ἱστορεῖ τὸν τοῦ Διὸς νεὼν κατασκευάζοντας Ἀθηναίους Ἐννεακρούνου πλησίον, εἰσελαθῆναι ψηφίσασθαι τὰ ἐκ τῆς Ἀττικῆς εἰς τὸ ἄστυ ζεύγη σύμπαντα. Φόβῳ δὲ τοῦ ψηφίσματος τινὰ τῶν γεωργῶν ἡμίονον ἀγαγεῖν γηραιὸν, ἄγοντα ἔτος ὀγδοηκοστόν.. Laissant de côté l'anecdote et le mulet vieux de 80 ans (?) et les soins dont l'entourent les Athéniens, nous retiendrons le fait historique de la corvée imposée par le tyran aux Athéniens.

(1) J'aurai à m'occuper longuement dans mon second volume des ἱεροὶ παῖδες de Didymes. Je me bornerai aujourd'hui à rapprocher de la libéralité de Philodémos les dons magnifiques faits par Ptolémée III à la ville de Rhodes, après le tremblement de terre qui renversa le célèbre colosse d'Hélios en 224. (Sur la date, voy. H. van Gelder, *Geschichte der alten Rhodier*, p. 114). Ptolémée envoie ou promet d'envoyer aux Rhodiens : εἰς τὴν τοῦ κολοσσοῦ κατασκευὴν τάλαντα τρισχίλια, οἰκοδόμους ἑκατόν, ὑπουργοὺς τριακοσίους καὶ πεντήκοντα, καὶ τούτοις καθ' ἕκαστον ἔτος εἰς ὀψώνιον τάλαντα δεκατέτταρα (Polybe, V, 89,3). Ptolémée fait don à Rhodes de 100 ouvriers charpentiers ou maçons et de 350 aides ; il prend de plus à sa charge les frais de nourriture et d'entretien de ces δημόσιοι.

et des deux trésoriers de service (1). Ceux-ci sont d'ordinaire désignés dans les inscriptions de cette classe par un double verbe : ταμιευόντων καὶ παρεδρευόντων ἐν τῶι ἱερῶι, « étant trésoriers et de service dans le temple N. et N. » (2). J'entends par là que chaque année deux membres du collège des trésoriers milésiens sont délégués et détachés à Didymes, où ils assistent et surveillent le prophète. L'année où Ménécratès fut stéphanéphore (n° 2858), il n'y avait qu'un trésorier de service à Didymes, au moment où fut rédigé l'inventaire. Ces trésoriers étaient détachés pour un an, c'est à dire pour toute la durée de leurs fonctions; nous voyons de même, parmi les fonctionnaires athéniens, cinq astynomes, cinq agoranomes, cinq métronomes, cinq sitophylaques siéger au Pirée, pendant que leurs collègues restent à Athènes (3). Plus tard, comme il y avait moins à faire au Didymeion, où les offrandes devenaient de plus en plus rares, on n'y détacha plus qu'un trésorier; plus tard encore, on coupa l'année en deux, et les deux trésoriers désignés pour l'année n'y restèrent chacun que pendant un semestre. Au trésorier de service fut alors adjoint un ὑποταμίας (4).

* * *

Pour clore ce long chapitre, il nous reste à rechercher où étaient conservées toutes les offrandes adressées ou déposées à Didymes. Nous noterons d'abord qu'il n'y avait qu'un trésor à Didymes, celui d'Apollon, et qu'il recevait les offrandes destinées aux autres dieux. Apollon en avait évidemment la meilleure part : dans nos inventaires, la formule τάδε ἀνετέθη τῶι Ἀπόλλωνι est de beaucoup la plus fréquente (n[os] 2853 *bis* ; 2853 *ter* ; 2855 ; 2858 ; 2859 ; 3 ; 4 ; 8 ; 9 ; 10); trois fois seulement il est dit, τάδε ἀνέθηκαν βασιλεῖς (n° 2852) ou τάδε ἀνετέθη (n[os] 2856 ; 5). Mais, dans

(1) Il y a deux trésoriers dans les n[os] 2853 *bis* ; 2853 *ter* ; 2854 ; 2855 ; 2856 ; 2857 ; 2859 ; 3 ; 4 ; 5 ; 8 ; 9 ; 10.

(2) Dans les n[os] 2854, 2856, 2857, on lit seulement : ταμιευόντων δὲ ἐν τῶι ἱερῶι.

(3) Aristote, Πολιτεία Ἀθηναίων, 50 et 51.

(4) Voy. la liste de trésoriers du premier siècle de notre ère, publiée dans la *Revue de Philologie*, XXVI (1902), p. 132 suiv.

l'un de ces inventaires (n° 3), on a inscrit, à la suite des offrandes faites à Apollon, les offrandes à Artémis (τάδε ἀνετέθη τῆι Ἀρτέμιδι). Bien que la déesse ait un temple à Didymes [1], elle n'a pas d'inventaire spécial parce qu'elle n'a pas de trésor particulier. Pareillement, c'est au temple d'Apollon Didyméen que Séleucus II envoie les nombreux vaisseaux d'or et d'argent qu'il destine pourtant à des divinités différentes : Agathé Tyché, Osiris, Léto, Hécate, Apollon, Artémis, Zeus Soter, les Dieux Sauveurs, Soteira. Tous ces vases sont conservés dans le trésor d'Apollon. Puisque le roi veut qu'ils servent au culte, on les empruntera le jour où le calendrier ramènera quelque sacrifice ou quelque libation en l'honneur de ces divinités ; le sacrifice achevé, on les restituera aux trésoriers de service.

Où ce trésor unique était-il situé ? Il est inadmissible que les premiers architectes du Didymeion n'aient pas réservé, sur le plan de leur immense édifice, l'emplacement d'une salle du trésor. Le temple n'ayant pas d'opisthodome, cette salle ne pouvait trouver place qu'à un étage supérieur, au-dessus du chresmographion. Le lecteur me permettra de le renvoyer à la restauration du Didymeion que nous préparons, M. Pontremoli et moi, notamment à la planche portant la coupe longitudinale restaurée. Ici, je me bornerai à rappeler que le chresmographion, au-dessus duquel s'élevait la salle du trésor, mesure 8m,80 de long sur 14m,60 de large. C'était beaucoup plus qu'il n'en fallait pour loger tout le trésor d'Apollon et des autres dieux. Aussi, j'admettrai volontiers que cet étage supérieur était divisé en deux chambres, l'une réservée au trésor, l'autre aux prytanes (τὸ οἴκημα τὸ πρυτανικόν) [2]. Deux escaliers, à droite et à gauche du chresmographion, conduisaient à ces deux pièces [3] ; au-dessus s'élevaient les combles, qui pouvaient être utilisés aussi en cas d'encombrement. Les prytanes avaient les clefs de l'une : ils y gardaient les archives.

(1) Voy. l'inscription CIG., n° 2885 *d* = LEBAS-WADDINGTON, *Inscr. d'Asie Mineure*, n° 228, avec les restitutions que j'ai proposées dans la *Revue de Philologie*, XXII (1898), p. 50 suiv. Cf. CIG., n° 2885 *b* avec la restitution proposée pour la l. 12 par WADDINGTON, *Inscr. d'Asie Mineure*, n° 225.

(2) Voy. plus haut, p. 180.

(3) Un de ces deux escaliers a été fouillé par RAYET et THOMAS, *Milet et le golfe Latmique*, II, p. 47-49. Cf. p. 59. A la p. 48, on trouvera une Vue longitudinale de l'escalier, avec la porte ouvrant sur le chresmographion.

Les trésoriers avaient les clefs de l'autre : ils y gardaient les offrandes. Mais ce beau plan ne fut jamais exécuté : les combles ne furent jamais terminés, et, selon toute probabilité, la salle du trésor ne reçut jamais les offrandes dont les inventaires nous ont conservé le souvenir. Elles furent provisoirement déposées dans quelque édifice sacré (ἱερὸς οἶκος) (1) et ce régime provisoire dura sans doute aussi longtemps que le culte d'Apollon. C'est là que, très peu d'années après la rédaction de notre dernier inventaire (no 10), les pirates les découvrirent et s'en emparèrent.

(1) Il en était, semble-t-il, de même à Samos. Ch. Michel, no 832 (Inventaire du temple d'Héra), l. 44-45 : τῶνδ' ἐνελίμπανεν ἐν τῶι οἴκωι. M. Köhler (*Ath. Mitth.*, VII (1882), p. 374) entend par ces derniers mots « das Gebaüde, in welchem ein Theil der heiligen Gegenstände der Hera niedergelegt war ». Pour cette signification du mot οἶκος, voy. les exemples réunis par M. Fraenkel, *Rheinisches Museum*, LVII (1902), p. 153.

## CHAPITRE XI

# DIDYMES AU PREMIER SIÈCLE AVANT NOTRE ÈRE

### DE LA CONDITION DE MILET ET DES TRAVAUX DU DIDYMEION

Milet a cessé d'être libre entre 146-135 et 78. Verrès a Milet. — Travaux au Didymeion : Sopolis fils d'Antigonos et sa famille. — Rome rend a Milet son assemblée et ses lois.

Le dernier des inventaires didyméens publiés dans le chapitre précédent nous a conduits jusqu'aux environs de l'année 83 avant J.-Chr. Nos textes épigraphiques se font plus rares et nous aurons plus de peine encore à nous renseigner sur les travaux du Didymeion. Aussi deviendrons-nous moins ambitieux : dans le chapitre consacré au IIe siècle nous avons pu nous demander où en étaient les travaux; dans celui-ci nous chercherons simplement si l'on a travaillé pendant le Ier siècle avant notre ère.

***

Il importe tout d'abord d'être fixé sur la condition de Milet, qui supportait seule les frais de la colossale entreprise. La condition de la cité, libre ou sujette, n'était pas sans influer sur l'état de ses finances, et le régime politique, sans doute différent dans les deux cas, pouvait singulièrement modifier les bonnes dispositions des gouvernants. Pour l'achèvement de sa demeure, le dieu de Didymes avait plus à compter sur la démocratie milésienne que sur tout autre régime. Or une inscription de Didymes, conservée au Musée Britannique, nous apprend que vers le milieu du Ier siècle, à la suite d'une ambassade envoyée à Rome, Milet recouvra « son assemblée du peuple et ses lois » (1). Donc

(1) *Anc. gr. Inscr. in the Brit. Museum*, n° 921 a, l. 4-6. Le texte est cité plus bas, D, p. 253.

le régime politique de la cité, antérieurement à cette ambassade, n'était pas la démocratie ; s'il en gardait le nom, cette démocratie mutilée par les Romains n'avait rien de commun avec la πάτριος πολιτεία. Donc Milet n'était pas une cité libre.

A quelle époque avait-elle perdu la liberté que les Romains lui avaient garantie en 188 ? Nous l'ignorons absolument. L'éditeur des inscriptions didyméennes du Musée Britannique a pu supposer que la déchéance de Milet datait de 84 : les Milésiens ayant pris parti pour Mithridate, Sylla les en aurait punis (1). Mais c'est une simple hypothèse (2), et si Milet s'était réellement déclarée pour Mithridate, si elle avait pris aux massacres ou à la guerre une part active, il serait surprenant qu'Appien n'eût pas prononcé le nom de cette importante cité. De plus, la date que nous avons attribuée à notre dernier inventaire (n° 10) et la célébration des Didymeia à une époque si voisine de 84 semblent autant d'arguments contre cette hypothèse de M. Hirschfeld. En somme la date de la déchéance de Milet doit être cherchée entre les deux termes suivants, dont le second seul est fixe : 146-135 et 78.

Entre 146 et 135 le Sénat choisit Milet pour arbitre entre Sparte et Messène (3). Donc la ville est libre. De fait l'assemblée du peuple de Milet se réunit au théâtre, se constitue en cour d'arbitrage (κριτήριον) et rend une sentence.

En 78, Milet n'est plus libre. Nous possédons un sénatus-consulte rendu cette année en l'honneur de trois capitaines de vaisseau grecs, un Clazoménien, un Carystien et un Milésien (4). Le Sénat leur accorde l'immunité de la dîme et autres impôts (5) :

(1) G. Hirschfeld, ad n° 921.

(2) Elle avait déjà été proposée par H. Gelzer, *De Branchidis*, 1869, p. 23.

(3) Ch. Michel, *Recueil...*, n° 31 = Dittenberger, *SIG.*², n° 314. La sentence, rendue sous le stéphanéphorat d'Eirénias, fils d'Asclépiadès, ne peut être datée qu'approximativement. Il y est fait mention d'une lettre du préteur Q. Calpurnius Q. f., (l. 42 suiv.) : or Q. Calpurnius a été consul en 135. Sa préture se place donc quelques années auparavant, entre 146 et 140 environ.

(4) CIL., I, n° 203 = *Inscr. gr. Siciliae et Italiae*, n° 951 = P. Viereck, *Sermo graecus...*, n° XVII, p. 31.

(5) L. 12.. : Τὴν σύνκλητον κρίνειν ὅπως οὗτοι τέκνα ἔκγονοί τε αὐτῶν ἐν ταῖς ἑαυτῶν πατρίσιν ἀλειτούργητοι πάντων τῶν πραγμάτων καὶ ἀνε[ίσ]φοροι ὦσιν. Cf. l. 23.

M. Brandis (Pauly-Wissowa, *Real-Encycl.* ii, p. 1541, s. v. Asia) arrive à la

donc les trois villes de Clazomènes, Carystos et Milet n'étaient pas exemptes de la dîme et des impôts, donc elles n'étaient pas libres.

Cité sujette et ville maritime, Milet a fourni des vaisseaux à Rome. La première fourniture qui soit attestée par un texte se place sous le gouvernement de Muréna (84-82). Je ne crois pas en effet que les capitaines de vaisseau milésien et clazoménien, dont il vient d'être parlé, aient commandé les contingents de Milet et de Clazomènes dans la guerre sociale [1]. Ce sont des particuliers qui sont venus dans les eaux romaines au commencement de la guerre sociale : ils ont offert à Rome leurs services et leur vaisseau, Rome n'a eu qu'à s'en louer et les a récompensés largement. Muréna, qui luttait à la fois contre Mithridate et contre les pirates, avait imposé aux cités de l'Asie la construction d'un certain nombre de vaisseaux de guerre. Milet, pour sa part, n'en fournit pas moins de dix. Ces vaisseaux construits aux frais de Milet, commandés par des officiers milésiens, montés par des équipages et des soldats milésiens, faisaient partie de la flotte romaine : ils se rangèrent, comme les vaisseaux de Cos, sous le commandement du légat Aulus Térentius Varron [2]. L'escadre milésienne est d'ailleurs mentionnée dans plusieurs textes qu'il ne sera pas inutile de réunir.

84-82 av. J.-Chr. — Cicéron, *Verrines*, II, I, 89. *Decem enim naves iussu L. Murenae populus Milesius ex pecunia vectigali populo romano fecerat, sicut pro sua quaeque parte Asiae caeterae civitates.*

même conclusion que nous en se fondant également sur ce même passage du sénatusconsulte. Il invoque aussi un autre passage qui me semble moins probant. Prévoyant le cas de revendications, notamment en matière de successions, le sénatusconsulte accorde à nos trois personnages le droit de choisir entre trois partis : ou ils se feront juger dans leur patrie selon les lois de celle-ci, — ou ils se présenteront devant les magistrats romains de la province ou devant des juges italiens, — ou enfin ils recourront à l'arbitrage d'une ville libre (l. 18 suiv.). Les tribunaux de Milet et de Clazomènes, dit M. Brandis, sont opposés aux tribunaux des villes libres : donc Milet et Clazomènes ne sont pas libres. Le raisonnement ne me semble pas juste. Il n'y a pas à proprement parler d'opposition entre des tribunaux de condition différente : il est simplement dit que si nos Grecs veulent recourir à l'arbitrage d'une tierce ville, il leur faudra choisir une ville libre. Comment conclure de là que leur patrie ne l'est pas ?

(1) Comme l'admet Th. Reinach, *Mithradates Eupator*, p. 105.

(2) Pour Térentius Varron, voy. plus haut, p. 228.

80. — *Ibid.*, 86 suiv. Verrès, légat et proquesteur de Dolabella qui gouvernait la Cilicie et dirigeait alors la guerre contre les pirates, fit escale à Milet. Il s'y montra tel que partout ailleurs et nous reviendrons plus loin sur ses déprédations. Comme il se rendait à Myndos, il requit un vaisseau pour l'escorter et le protéger ; la précaution n'était pas inutile, puisque quelques années plus tard, dans les mêmes parages, par le travers de l'île de Pharmacoussa, Jules César fut fait prisonnier par les pirates (hiver de 74 (1). Les Milésiens firent droit à sa demande : Verrès n'était-il pas le légat du proconsul chargé de la guerre contre les pirates ? Ils lui donnèrent un de leurs meilleurs vaisseaux, un de ceux qui étaient spécialement affectés à la chasse des pirates, mais arrivé à Myndos, Verrès débarqua l'état-major, les troupes et les équipages milésiens qu'il renvoya dans leurs foyers par la voie de terre; pour le navire, il le vendit ! L'escadre milésienne, dont l'effectif avait été fixé par Muréna, se trouvait ainsi réduite d'une unité et il importait à la cité de justifier la perte de son navire, qui n'était due ni à la tempête, ni aux pirates. Aussi le capitaine, de retour à Milet, fit-il une déclaration (*renuntiatio*) qui fut insérée dans les archives municipales et que Dolabella s'efforça vainement de faire détruire.

72-71. — *Bull. de Corr. hellén.*, XI (1887), p. 265. Dédicace découverte à Délos.

Γαίωι Οὐαλερίωι Γαίου
υἱῶι Τριαρίωι πρεσβευ-
τῆι οἱ συστρατευσά-
μενοι Μιλησίων ἐν νηὶ
δικρότωι, ἧι ἐπιγραφὴι
Παρθένος ἐποίησαν.

J'admets, avec le premier éditeur M. Fougères, que C. Triarius n'est autre que le légat de Lucullus. En 73, il commandait la flotte formée des contingents asiatiques ; en 69, il répara Délos ravagée par le pirate Athénodoros et la fortifia. La dédicace de

(1) Voy. Suétone, *J. César*, 4. Plutarque, *César*, 1. Valère Maxime, VI, 9, 15. — Polyen, VIII, 23 rapporte que César fut fait prisonnier près du cap Malée et de là conduit à Milet. Sa rançon lui fut avancée par les Milésiens. Pour la date, cf. Waddington, *Fastes des provinces asiatiques*, p. 48.

nos Milésiens date très probablement de la période intermédiaire (1).

Une fourniture de dix vaisseaux de guerre est bien faite pour nous donner une haute idée de la prospérité de Milet, encore que ces dix vaisseaux fussent évidemment de rang différent. Nous reconnaîtrons d'ailleurs à d'autres indices que la ville était florissante et que l'industrie et le commerce y étaient redevenus actifs. Non seulement il existait à Milet, comme à Cos, une colonie juive — et nous pouvons ajouter sans crainte de nous tromper, des banques juives (2), — mais la ville tirait de beaux revenus de ses laines. Verrès, lors de son court passage à Milet, sut aussitôt découvrir cette source de richesse et y puisa largement. Notre homme n'avait pas manqué d'annoncer sa visite et la ville lui avait préparé à grands frais une réception solennelle. Les fonctionnaires n'en furent pas moins payés d'outrages et d'offenses (3), et le trésor subit d'autres dommages : « Je négligerai, dit Cicéron, d'évaluer la quantité de laines publiques que Verrès a dérobée aux Milésiens. » On a trop vite conclu de cette courte phrase que Milet « paraissait avoir érigé la manufacture de ses laines en monopole (4). Aussi, M. Guiraud, écartant l'idée d'un monopole d'État, juge-t-il « plus naturel de penser que cette cité possédait des troupeaux et qu'il est question de la laine que ce bétail fournissait (5). » Je crois pour ma part qu'il faut faire un pas de plus dans la voie indiquée par M. Guiraud. Que Milet ait possédé des troupeaux (δημόσια πρόβατα), qu'elle ait entretenu des esclaves (δημόσιοι ou δημόσιαι παῖδες) pour soigner ses bêtes et recueillir leurs laines, nous en serons d'autant moins surpris que nous avons rencontré à Didymes des ἱεροὶ παῖδες ou esclaves sacrés, qui appartenaient en réalité à la ville et travaillaient à la construction du temple. Mais il y a plus : nous pou-

(1) 72 ou 71 dit Th. Reinach, *Mithradates Eupator*, p. 466.

(2) Voy. plus bas, p. 257.

(3) *Verrines*, II, 1, 34, 86. Nam quid a Milesiis lanae publicae abstulerit, item de sumptu in adventum, de contumeliis et iniuriis in magistratum Milesium tametsi dici quum vere tum graviter et vehementer potest, tamen dicere praetermittam. — Magistratum au singulier = τοὺς ἄρχοντας. Voy. plus loin la lettre de Servilius à Milet.

(4) Marquardt, *La Vie privée des Romains*, traduction française, II, p. 108.

(5) P. Guiraud, *La main-d'œuvre industrielle dans l'ancienne Grèce*, 1900, p. 69.

vons admettre que Milet avait ses manufactures et ses atèliers (ἐργαστήρια), qu'on y fabriquait des étoffes, des vêtements, des tapis. Les rois de Pergame, qui savaient amasser de gros revenus, avaient de même leurs βασιλικοὶ et βασιλικαὶ παῖδες, leurs fabriques de parchemin et d'étoffes, leurs briqueteries, dont les produits faisaient concurrence aux produits de l'industrie privée[1]. Les fabriques municipales de Milet lui donnaient aussi de beaux revenus et la concurrence faite aux particuliers assurait l'excellence d'une industrie qui avait de tout temps fait honneur aux Milésiens.

***

Puisque, malgré les impôts et les réquisitions, Milet restait ou redevenait prospère, pouvons-nous savoir si ceux qui la gouvernaient ont jugé bon de continuer les travaux du Didymeion? Nous avons appris déjà que les Didymeia ont été célébrés dans la première partie du Ier siècle. En ce temps-là, travaillait-on au Didymeion? La courte inscription qui suit nous permet de répondre affirmativement; elle est inédite.

A. — « Quelques fragments d'un vase en marbre trouvés dans les fouilles du pronaos. Les quatre fragments sur lesquels est l'inscription sont aujourd'hui au Louvre. Copie et estampage. » O. Rayet.

(1) Voy. Collitz-Baunack, *Griech. Dialekt-Inschr.*, II, nº 2001, acte d'affranchissement de Delphes, l. 2 suiv. : ἐπὶ τοῖσδε ἀπέδοτο Δαμέας ὁ παρὰ τοῦ βασιλέως Ἀττάλου ὁ ἐπὶ τῶν ἔργων τῶν βασιλικῶν Ἀρτεμιδώραν τὰν βασιλικὰν παιδίσκαν. Déméas est le chef des travaux ou ateliers royaux, Artémidora une esclave royale. L'inscription est de l'année 197, le roi, Attale I. Sur ces βασιλικοί et βασιλικαί, voy. Max Fraenkel, *Die Inschr. von Pergamon*, nº 249, l. 21 et le commentaire où est cité le texte de Démétrios de Skepsis (ap. Athénée, XV, 697 *d*) sur le δικαστὴς βασιλικῶν institué par Attale. Le décret nº 249, rendu immédiatement au lendemain de la mort d'Attale III, en 133, élève au rang de métèques les fils et filles d'affranchis, les esclaves royaux, hommes et femmes, à l'exception des esclaves, hommes et femmes, qui ont été achetés sous Attale II et sous Attale III. Donner la liberté à tous les esclaves royaux sans exception, c'eût été risquer de désorganiser les ateliers, qui rapportaient de si beaux revenus. Sur ces ateliers (ἐργαστήρια), voy. *ibid.*, nº 40, l. 7. Le roi Attale I avait affecté les revenus de certaines fabriques au sacerdoce de Zeus, à charge pour le titulaire de donner ces fabriques à bail et de les entretenir. Pour les briqueteries royales, voy. Carl Schuchhardt, *Die Inschr. von Pergamon*, II, p. 395 suiv.

Σώπολις Ἀντιγόνου τοῦ Εὐκράτου
προνοήσας τῆς οἰκοδομίας τοῦ ναοῦ
Ἀπόλλωνι Διδυμεῖ καὶ Ἀρτέμιδι Πυθείῃ.

Il faut traduire : « Sopolis fils d'Antigonos fils d'Eucratès, ayant été chargé de surveiller la construction du temple, (a consacré ce vase) à Apollon Didyméen et à Artémis Pythienne. » C'est une dédidace faite par le Milésien Sopolis à l'occasion des fonctions qu'il a remplies. Le titre de ces fonctions se retrouve dans deux comptes inédits de la construction du Didymeion ; je transcris ce qui reste de l'un des deux.

B. — Fragment de stèle en marbre gris, découvert le 29 juillet 1896 en avant du temple. Complet en haut et à gauche. Copie, estampage.

Ἀπολογισμὸς Φιλοδήμου τοῦ Φ[..... αἱρεθέντος ὑπὸ
τοῦ δήμου προνοεῖν τῆς οἰκοδο[μίας τοῦ ναοῦ τοῦ Ἀπόλλω-
νος τοῦ Διδυμέως εἰς τὸν ἐνιαυ[τὸν τὸν ἐπὶ στεφανηφοροῦντος
Διονυσοδώρου, προφητεύοντο[ς δὲ...... τοῦ.....,
ταμιευόντων δὲ καὶ παρεδρευόν[των ἐν τῶι ἱερῶι Εἰρηνίου τοῦ
Ἀρτέμωνος, Διονυσι[...... τοῦ
*Vac.* Ἀρ[χιτεκτονοῦντος................ τοῦ
Φιλισ[........

Le verbe προνοεῖν suffit à montrer que ce compte est postérieur à ceux que j'ai publiés précédemment et où se lit toujours le verbe ἐπιστατεῖν (1).

Sopolis appartient à une famille considérable : lui-même a été prophète ainsi que nous l'apprend l'inscription suivante, également découverte par O. Rayet dans les fouilles du pronaos et inédite.

C. — « Sur trois débris d'un grand vase de marbre dont plusieurs morceaux ont été trouvés dans les fouilles du temple (pronaos). Ce vase devait faire pendant à un autre de même forme, où est nommé le même personnage. Copie et estampage. » O. Rayet.

(1) Voy. plus haut, p. 158 suiv.

Σώπολις 'Α]ντιγόνου τοῦ Εὐκρά[του
προφητε]ύσας 'Απόλλων[ι
Διδυμεῖ κ]αὶ 'Αρτέμιδι Πυθείῃ.

L'inscription, gravée à la partie supérieure de la panse, était complète au temps de Rayet. Je n'ai retrouvé en 1895 que le fragment du milieu.

Les deux dédicaces faites par Sopolis ne portent pas de date. Je ne suis arrivé à les dater approximativement qu'en suivant un chemin assez long ; le lecteur voudra bien le refaire avec moi. Il s'agit d'abord, à l'aide de rapprochements avec des textes publiés ou des textes inédits, de dresser le tableau de la famille de Sopolis. Je le donnerai immédiatement, me réservant de justifier aussitôt les titres de ceux qui y figurent.

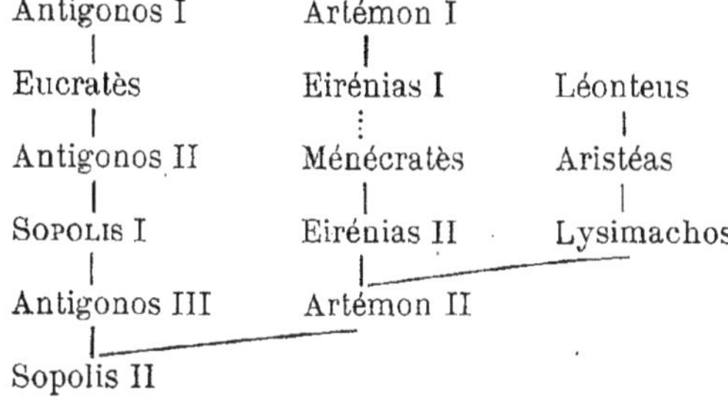


Sopolis I. — Les noms de son père et de son grand-père nous sont donnés par les textes A et C. Son grand-père Eucratès, fils d'Antigonos, a été agonothète en l'année où a été rédigé l'inventaire n° 10 (l. 24). Je trouve ou restitue les noms de son fils et de son petit-fils dans l'inscription suivante qui est conservée au Musée Britannique.

D. — *Anc. gr. Inscr. in the Brit. Museum*, n° 921 *a.*

. . . . . . . . . . . . . . . . . . . . . . .

Προφήτης
'Αντίγονος] Σωπόλιδος, ἀνὴρ εὐσεβὴς καὶ
φιλόδοξος,] πρεσβεύσας δὲ καὶ εἰς Ρώ-
μην καὶ ἀπο]καταστήσας τήν τε πρότερον ἐκκ]λησίαν τῶι δήμωι καὶ τοὺς νόμους,

πρεσβεύσας] δὲ καὶ εἰς Ἀλεξάνδρηαν τὴν πρὸς
Αἰγύπτωι πρ]ὸς βασιλέα Πτολεμαῖον βασιλέως
Πτολεμαίου] θεοῦ νέου Διονύσου καὶ καταγαγὼν
εἰς τὸ] μέγα θύρωμα ἐλέφαντος τάλαντα δεκατέσ]σερα, μνᾶς εἴκοσι. *Vac.*

. . . . . . . . . . . . . . . . . . . . .

Προφήτης
Σώπολις] Ἀρτέμωνος, φύσει δὲ Ἀντιγόνου,
Σώπολις Ἀντιγόνου.

A la ligne 3, je restitue le nom qui, avec celui de Sopolis, semble s'être maintenu le plus régulièrement dans la famille, Antigonos. Je le retrouve d'ailleurs plus loin (l. 16 et 17), joint au nom de Sopolis II.

Sopolis II. — Sopolis II, fils d'Antigonos III, a été adopté par Artémon que je crois retrouver dans l'inscription suivante.

E. — *Revue de Philologie*, XXI (1897), p. 40. Liste de prophètes dont je ne publie aujourd'hui qu'une partie.

Πρ[οφήτης
Ἀρτέμων Εἰρηνίου τοῦ
Μενεκράτους, κατὰ ποίη-
σιν δὲ Λυσιμάχου τοῦ Ἀ-
ριστέου, μητρὸς δὲ Βατι-
οῦς τῆς Ἀρτέμωνος
τοῦ Εἰρηνίου δήμου Κατα-
πολιτίων, κτλ.

Les noms d'Artémon et d'Eirénias se retrouvent dans l'inventaire n° 10 (l. 27). On se souvient qu'Eirénias, fils d'Artémon, a contribué pour une somme importante à la célébration des Didymeia, en l'année où Eucratès était l'un des agonothètes. Il est très probable qu'Eirénias I est le père de Ménécratès et le grand-père d'Eirénias II. Selon toute vraisemblance aussi, Eirénias I a été trésorier en l'année où Philodémos surveillait la construction du temple (B, l. 5-6).

Artémon II a été adopté par Lysimachos, fils d'Aristéas. Je suppose qu'Aristéas est l'agonothète nommé dans l'inventaire n° 10 (l. 24), le collègue et le contemporain d'Eucratès; le nom du père d'Aristéas nous est fourni par le n° 10 (l. 24-25).

Parmi les pièces justificatives que nous avons citées, deux ont pu être datées, l'inventaire n° 10 et le texte D. J'ai attribué plus haut l'inventaire à la première partie du Ier siècle (88-83); quant au texte D, il relate une ambassade d'Antigonos III auprès de Ptolémée XIV et G. Hirschfeld a montré qu'elle ne pouvait guère se placer qu'en l'année 48 (1). Nous pouvons donc joindre au tableau dressé plus haut les dates et renseignements suivants.

Antigonos I.
|
Eucratès. — A été agonothète des Didymeia vers 88-83 (n° 10).
|
Antigonos II.
|
Sopolis I. — A surveillé la construction du temple d'Apollon; a été plus tard prophète (A et C).
|
Antigonos III. — A été prophète; a été ambassadeur à Alexandrie auprès de Ptolémée XIV, très probablement en 48 (D).
|
Sopolis II. — A été prophète (D).

En résumé les travaux qu'a surveillés Sopolis I s'accomplissaient à la fin de la première moitié du Ier siècle avant notre ère, sans qu'il nous soit possible de préciser davantage. Nous devons nous résigner aussi à ignorer dans quelles parties du temple on travaillait. Rappelons seulement que les deux vases de marbre où Sopolis I a gravé son nom ont été retrouvés dans le prodomos : ils servaient à le décorer. C'est évidemment sur le prodomos et la façade que se portaient en cette période tous les efforts des Milésiens.

* * *

La vie n'avait donc pas cessé dans le grand sanctuaire didyméen. Aux mouvements des théores et des pèlerins, aux jeux s'ajoutaient les bruits du chantier, les allées et venues des pyg-

(1) Ad *Anc. gr. Inscr. in the Brit. Museum*, n° 921 *a*. Cf. M. L. Strack, *Archiv für Papyrusforschung*, I (1901), p. 209, ad n° 22.

mées travaillant au colosse. Aussi ai-je peine à comprendre comment on a pu écrire que dans le premier tiers du Ier siècle av. J.-Chr. les pirates avaient pillé et incendié les sanctuaires de Milet et de Claros : « en ces deux endroits, ajoute le même auteur, les pirates avaient rasé les temples au niveau du sol et il ne semble pas qu'on les ait jamais entièrement reconstruits (1). » Les pirates ne s'étaient pas donné tant de mal. Ils avaient simplement vidé le trésor de Didymes : encore cette opération leur fut-elle rendue plus facile par la pauvreté du dieu. A coup sûr un si grand temple leur promettait un plus riche butin (2) ! La tempête passée, le calme revenu, les Milésiens se remirent à l'ouvrage. Voici venir d'ailleurs des jours plus heureux. Le fils de Sopolis I, Antigonos III, fut un négociateur habile, à Rome auprès du Sénat, à Alexandrie auprès de Ptolémée XIV. Le roi d'Égypte lui fit un riche présent : 860 mines d'ivoire destinées à la grande porte du temple, qu'il fallut remplacer ou refaire après le passage des pirates. Mais que pesait cette libéralité en regard des réponses dont le Sénat avait bien voulu charger le même ambassadeur ? Milet redemandait à Rome son assemblée du peuple et ses lois : Antigonos III eut l'honneur d'obtenir, ou du moins d'entendre, une réponse favorable.

Nous nous garderons prudemment de faire trop valoir le mérite ou l'éloquence de notre ambassadeur. De plus puissants personnages étaient intervenus en faveur de Milet, qui ne fut pas seule dans la province à recouvrer son autonomie, ainsi que nous l'apprennent des inscriptions contemporaines du texte D. La dédicace suivante provient de Pergame.

*Inschr. von Pergamon*, n° 413 :

Ὁ δῆμος ἐτίμησεν
Πόπλιον Σερούλιον Ποπλίου υἱὸν Ἰσαυρι-
κὸν τὸν ἀνθύπατον, γεγονότα σωτῆρα καὶ
εὐεργέτην τῆς πόλεως καὶ ἀποδεδωκότα τῆι
πόλει τοὺς πατρίους νόμους καὶ τὴν δημοκ[ρα-
τίαν ἀδούλωτον.

(1) K. Buresch, *Klaros*, 1889, p. 37.

(2) Sur le passage des pirates au Didymeion, voy. *Témoignages*, nos XV et XVI.

L. 3-4. Cf. le n° 414, où Servilius Isauricus est également appelé σωτὴρ καὶ εὐεργέτης τῆς πόλεως.

A ces textes il faut ajouter une dédicace d'Ægæ (R. Bohn et C. Schuchhardt, *Altertümer von Ægæ*, p. 47 = *Jahrbuch des kaiserl. deutschen archäolog. Instituts*, Ergänzungsheft II (1889):

Ὁ δᾶμος Ἀπόλλωνι χρηστηρίωι χαριστήριον σωθεὶς
ὑπὸ Ποπλίω Σερουιλίω Ποπλίω υἱῶ τῶ ἀνθυπάτω.

P. Servilius Isauricus, consul en 48, a été, selon toute vraisemblance, proconsul d'Asie en 46 (1) et c'est à lui, bien plutôt qu'à Antigonos III, que Milet dut son autonomie (2). Servilius, dont l'administration laissa de bons souvenirs, se montra aussi généreux envers les dieux qu'envers les hommes, ainsi que nous l'apprennent des dédicaces d'Ægæ, de Calymna et de Smyrne (3)?

Est-il besoin d'ajouter que Milet ne recouvra pas complètement l'autonomie? Son assemblée se réunit de nouveau, mais une assemblée plus timide où le corps des fonctionnaires (ἄρχοντες) tenait une place considérable, où le droit de faire des propositions et de parler était limité à certaines catégories de citoyens (4). En tout cas, ses décisions n'étaient pas sans appel et le proconsul se réservait un droit de haute surveillance et de veto. L'historien Josèphe nous en fournit la preuve dans ce précieux livre XIV qui renferme une lettre adressée par un proconsul à notre cité (5). Un des premiers actes de l'assemblée restaurée avait été de prendre des mesures contre les Juifs établis à Milet; sur la proposition de Prytanis, elle avait apporté de graves restrictions

(1) Waddington, *Fastes des provinces asiatiques*, p. 70, n° 37.

(2) Il ne résulte nullement du texte D qu'Antigonos III a rempli les deux ambassades d'Alexandrie et de Rome, la même année, en qualité de prophète. Il était tout naturel, dans une liste de prophètes, de rappeler les éminents services rendus par l'un d'eux, mais Antigonos III avait pu bien mériter de sa patrie soit avant, soit même après l'année où il avait porté la couronne prophétique. Ces listes n'étaient pas rédigées année par année. Voy. *Revue de Philologie*, XXVI (1902), p. 136.

(3) Ægæ, R. Bohn et C. Schuchhardt, *ouvr. cité*, p. 53, n° 4; p. 54, n° 5 = CIL., III, Supplem. n° 7097. — Calymna, Waddington, *Fastes des provinces asiatiques*, p. 70. — Smyrne, CIL., I, n° 622. Servilius Isauricus avait également reconnu l'inviolabilité du temple d'Hiérocésarée (Tacite, *Annales*, III, 62).

(4) Voy. Brandis, s. v. Asia dans P.-W. *Real-Encycl.*, II, p. 1551.

(5) Josèphe, *Ant. Iudaïc.*, XIV, 10, 21, § 244 à 247 Naber.

à l'exercice de leur culte. Les Juifs se plaignirent au proconsul et Prytanis dut se présenter devant lui à Tralles, où il tenait ses assises : ils obtinrent gain de cause et furent autorisés à célébrer leurs fêtes et à suivre les coutumes de leurs ancêtres. Le proconsul lui-même fit connaître sa sentence à Milet, dans une lettre dont voici la suscription : Πόπλιος Σερουίλιος, Ποπλίου υἱὸς, Γάλκας, ἀνθύπατος, Μιλησίων ἄρχουσι, βουλῇ, δήμῳ χαίρειν. La leçon Γάλκας que donnent les manuscrits est évidemment fautive. Elle a été corrigée en Γάλβας, en Οὐατίας ou Βατίας, et Κάσκας [1]. Avec Bergmann, Mommsen et Mendelssohn [2], nous adoptons la seconde de ces corrections, qui n'est pourtant qu'à demi satisfaisante, puisque, dans les inscriptions citées plus haut, Servilius porte toujours le surnom d'Isauricus. L'auteur de la lettre à Milet n'est autre en effet que Servilius Isauricus dont j'ai rappelé plus haut l'activité bienfaisante, et elle a été écrite en 46. On remarquera, dans la suscription, l'ordre des trois mots : ἄρχοντες, βουλή, δῆμος. Les fonctionnaires y sont nommés les premiers, mais le δῆμος y figure, pour la plus grande satisfaction du peuple milésien, toujours attaché à l'ombre de son passé.

(1) Voy. WADDINGTON, *Fastes des provinces asiatiques*, p. 75, n° 42. Cf. P. VIERECK, *Sermo graecus...*, p. 108 et 109.

(2) R. BERGMANN, *Philologus*, II (1847), p. 684, note 336 ; MOMMSEN ad CIL., I, n° 622 ; L. MENDELSSOHN, *Senati consulta Romanorum quae sunt in Josephi antiquitatibus*, p. 213, 222 et 228, dans les *Acta societatis philologae Lipsiensis*, V (1875).

## CHAPITRE XII

# L'EMPIRE ROMAIN — DIDYMES AU PREMIER SIÈCLE DE NOTRE ÈRE

MILET SOUS AUGUSTE. — TIBÈRE ET LE DROIT D'ASILE (22). — CALIGULA (37-41). SES PROJETS : TRAVAUX AU DIDYMEION. — LES FÊTES DIDYMÉENNES. — TRAJAN. CONSTRUCTION DE LA ROUTE DE MILET A DIDYMES (100). — RÉPARATIONS SOUS JULIEN (360-363).

La dernière période de l'histoire du Didymeion est très courte : au temple les travaux cessent pour toujours après Caligula (41). Nous ne dépasserons cette date que pour dire quelques mots de la Voie Sacrée construite par Trajan, réparée par Julien, et qui joignait Milet à Didymes. La fin des travaux du temple marque en somme la fin de nos études.

***

Milet ne semble pas avoir attiré particulièrement l'attention d'Auguste dans le cours de son long règne : ni pendant ses nombreux séjours à Samos, en 31 d'abord après la victoire d'Actium [1], en 29 après la mort de Cléopâtre et l'organisation de l'Égypte [2], puis en 21 et en 20, ni pendant son voyage en Asie en 20 [3], le maître du monde ne distingua Milet. Dans la province d'Asie, ce furent Éphèse et Pergame qui obtinrent les faveurs les plus enviées : dès 29 la province fut autorisée à dédier deux temples, dans Éphèse à Rome et à Jules César, dans Per-

(1) SUÉTONE, *Aug.* 17. APPIEN, *Bell. civ.*, IV, 42. Cf. DION CASSIUS, LI, 4, 1. Dion dit seulement qu'il passa en Asie, sans nommer Samos.

(2) SUÉTONE, *Aug.* 26. Cf. ZONARAS, X, 30 et OROSE, VI, 19, 21. Ces deux derniers auteurs disent seulement qu'Auguste alla passer l'hiver en Asie.

(3) DION CASSIUS, LIV, 7, 4 ; 8 et 9.

game à Rome et à Auguste (1). Milet n'en rendit pas moins hommage à l'empereur. Grandes et petites cités rivalisaient de zèle intéressé. Héraclée du Latmos lui élevait un autel au milieu de son agora et, le préférant à Apollon, le désignait à plusieurs reprises pour stéphanéphore, c'est à dire pour éponyme (2). Si j'en crois Rayet, Milet lui dédia son théâtre, ainsi que l'apprend l'inscription suivante qui est inédite.

« Bloc de marbre, cassé à gauche et à droite, trouvé dans les fouilles du théâtre. Grands caractères bien tracés. Copie et estampage ». Rayet. Il ajoute au-dessous de sa copie : « dédicace du théâtre ».

*Vac.* Καίσαρι Σεβαστῶ[ι,
'Απόλλ]ωνι Διδυμεῖ καὶ τῶι δήμ[ωι τῶι Μιλησίων. (3)

J'ai retrouvé l'estampage et la copie dans les papiers de Rayet ; les lettres, très soignées, ont près de 0m,10 de haut.

Les fouilles qui se poursuivent actuellement à Milet nous renseigneront exactement sur le théâtre et nous permettront d'ajouter plus d'un texte intéressant à celui qu'a découvert Rayet. Parmi ceux que j'ai mis au jour à Didymes, je n'en citerai ou mentionnerai que deux. Rencontrant dans une liste de prophètes inédite la date ἐπὶ στεφανηφόρου Καίσαρος, j'avais d'abord pensé que les Milésiens avaient, comme leurs voisins d'Héraclée, pris Auguste pour éponyme, mais il m'a semblé que l'écriture de l'inscription ne m'autorisait pas à remonter si haut. Quelque incertain que soit ce critérium, je préfère attendre patiemment la publication de cette longue liste de souscripteurs, découverte à Milet en 1900 et qui date de la première période de l'empire (4) : j'y retrouverai peut-être le nom du prophète qui fut en fonctions sous le stéphanéphorat de César.

(1) Pour Éphèse, voy. Dion Cassius, LI, 20, 6 ; pour Pergame, Id., LI, 20, 7.

(2) Voy. *Revue de Philologie*, XXIII (1899), p. 287, nº 10 et 288, nº 11. L'autel d'Héraclée est aujourd'hui conservé au Musée du Louvre.

(3) La restitution de la fin de la l. 2 peut être considérée comme certaine. On lit en effet sur une dédicace inédite, découverte à Didymes en partie par O. Rayet, en partie dans les dernières fouilles : Αὐτοκράτορι Κα[ί]σαρι Τραιανῶι 'Αδριανῶι Σεβαστ[ῶι, 'Απ]όλλωνι Διδυμεῖ, 'Αρτέμ[ι]δι Πυθίηι, Λητοῖ, Διὶ καὶ [βουλῆι κ]αὶ δήμωι τῶι Μιλησίων.

(4) *Sitzungsber. der Akad. zu Berlin*, 1901, p. 905.

Par contre, la dédicace suivante est certainement contemporaine d'Auguste.

Didymes. Inédit. Dalle de marbre blanc découverte le 7 août 1896 en avant du temple. Copie, estampage.

Ὁ δῆμος ὁ Μιλησίων
Πόπλιον Οὐήδιον Πωλ-
λίωνα τὸν αὑτοῦ
εὐεργέτην.

P. Vedius Pollio est, à n'en pas douter, l'ami d'Auguste et l'un des plus riches parmi les chevaliers romains (1). Comment s'était-il attiré la reconnaissance des Milésiens? Quels services avait-il rendus à Ilion, où l'on a également retrouvé une dédicace en son honneur (2)? Pourquoi son nom figure-t-il sur des monnaies de Tralles (3)? A quel titre donna-t-il une *constitutio* à Éphèse (4)? Nous l'ignorons absolument. Waddington a supposé que Védius avait rempli en Asie les fonctions de procurateur d'Auguste (5) ; M. Dessau, qu'il avait réglé les affaires d'Éphèse après la bataille d'Actium. Quoi qu'il en soit de ces hypothèses, l'inscription de Milet, comme celle que je viens de rappeler, est antérieure à l'année 15 avant J.-Chr., puisque Védius est mort en 15. J'ajouterai que la découverte à Didymes de la dédicace milésienne semble indiquer que les bienfaits de Védius se sont étendus, sinon bornés, au temple de Didymes. Moins généreuse qu'Ilion (6), Milet n'éleva pas de statue à son bienfaiteur : la dalle qui porte la dédicace est beaucoup trop étroite (0m,23), pour avoir servi de base à une statue ; j'admettrais plutôt qu'elle faisait partie de quelque édifice didyméen, comme la pierre citée plus haut, où se lit la dédicace en l'honneur d'Attale (p. 222).

Auguste avait assuré la paix du monde et Milet en profita, comme toutes les cités de l'Asie, sans pouvoir jamais prétendre

(1) Voy. *Prosopographia imperii romani*, III, p. 390, n° 213 (H. Dessau).
(2) H. Schliemann, *Ilios*, traduction française, p. 832, n° XIX : Ἡ βουλὴ καὶ ὁ δῆμος Πόπλιον Οὐήδιον Πωλλίωνα.
(3) E. Babelon, *Inventaire sommaire de la collection Waddington*, nos 5413-5416.
(4) CIL., III, Supplem. n° 7124, l. 2 et 8.
(5) *Revue numismatique*, XII (1867), p. 121 et 122.
(6) Et qu'Athènes, car Védius avait sa statue à Athènes, CIA., III, n° 579.

aux premiers rangs que tenaient dans la province Éphèse, Pergame, Cyzique, Smyrne et Rhodes (1). Sur la liste des oracles, le Didymeion figurerait en meilleure place : un écrivain contemporain d'Auguste reconnaît qu' « aujourd'hui encore, de l'aveu universel, après celui de Delphes, c'est l'oracle des Branchides qui l'emporte sur tous les oracles grecs (2). » Quelque flatteurs que fussent cet aveu et ce brevet d'excellence, l'oracle des Branchides n'en était pas moins menacé. Non loin d'Éphèse, dont le voisinage lui était singulièrement favorable, sur le territoire de Colophon, l'oracle de Claros devenait un rival redoutable. Sa clientèle de pèlerins et de correspondants augmentait de jour en jour, surtout parmi les Romains (3), et la visite d'un prince impérial consacra sa réputation renaissante. En 18 après J.-Chr., Germanicus, poursuivant lentement sa route vers l'Orient, fit escale à Colophon et, cédant à la fois à la curiosité et à l'inquiétude, interrogea le dieu de Claros; s'il faut en croire Tacite, le dieu lui prédit sa fin prochaine (4). L'historien romain nous fournit au même passage de précieux renseignements sur l'oracle de Claros, que j'ai utilisés dans une autre étude (5). Je rappellerai seulement ici que, d'après Tacite, les Colophoniens « faisaient ordinairement venir de Milet le prêtre d'Apollon Clarien ». Nous n'entendrons pas que l'oracle de Claros fût sous la dépendance de celui de Didymes. Il est possible qu'à une époque inconnue de nous et peut-être rapprochée du passage de Germanicus, la famille colophonienne qui fournissait les prêtres au

(1) J'adopte la classification que propose Rayet, *Milet et le golfe Latmique*, I, p. 180, note 1. Magnésie du Méandre occupait le septième rang. Voy. des monnaies de Magnésie avec la légende ἑβδόμη τῆς Ἀσίας (*Die Inschr. von Magnesia am Maeander*, p. XXV et *Inventaire sommaire de la collection Waddington*, nº 1751).

(2) Conon, *Narrat.*, 33. Le texte est cité dans nos *Témoignages*, nº XXXVI.

(3) Voy. K. Buresch, *Klaros*, p. 38-39.

(4) *Annales*, II, 54.

Tacite nomme encore une fois l'Apollon de Claros, au livre XII des *Annales*, Entre autres griefs, Agrippine reprochait à Lollia Paulina d'avoir consulté le dieu sur la future épouse de l'empereur Claude. Les manuscrits de Tacite (XII, 22) portent : interrogatumque Apollinis Clarii *simulacrum* super nuptiis imperatoris. K. Buresch, *ouvr. cité*, p. 39, note 3, corrige *simulacrum* en oraculum. Ne peut-on garder le texte et supposer qu'il y avait à Rome une image de l'Apollon de Claros, à laquelle on faisait rendre des oracles ?

(5) *Revue de Philologie*, XXII (1898), p. 257 suiv.

temple de Claros se soit éteinte et que la cité se soit adressée à Milet. En tout cas, rien jusqu'à présent, ni dans les inscriptions de Milet, ni dans celles de Didymes, n'éclaire le texte embarrassant de Tacite. On sait que l'oracle de Claros ne tarda pas à se réaliser : Germanicus mourut l'année suivante, en 19 (1). Le Sénat et les provinces le comblèrent aussitôt d'honneurs. Milet, ainsi que nous l'apprend l'inscription suivante, empruntée aux papiers de Rayet, lui éleva un autel :

« Palatia. Fouilles du Mur, chemin d'Ak-keui. Gros marbre poli (provenant) du haut du mur. » Rayet. Il n'avait pas pris d'estampage.

Γερμανικοῦ
Καίσαρος.

Cyriaque d'Ancône avait copié pareille dédicace à Éphèse (CIL., III, 426) :

Germanici Caesaris
Γερμανικοῦ Καίσαρος.

Peut-être les mêmes honneurs divins lui furent-ils décernés dans toutes les cités de la province.

***

Quelques années plus tard, en 22, nous trouvons à Rome des ambassadeurs de Milet : cette fois les inscriptions de Didymes ajoutent au texte de Tacite et le complètent. Tacite rapporte qu'en l'année 22, parmi les demandes et plaintes des provinces, que Tibère renvoyait au Sénat, il en était que motivait l'abus du droit d'asile, et l'historien ajoute : *crebrescebat enim Graecas per urbes licentia atque impunitas asyla statuendi; conplebantur templa pessimis servitiorum; eodem subsidio obaerati adversus creditores suspectique capitalium criminum receptabantur. Nec ullum satis validum imperium erat coercendis seditionibus populi, flagitia hominum ut caerimonias deum protegentis* (2). Strabon nous fait toucher du doigt le mal si bien

(1) *Annales*, II, 72. Cf. CIL., I, p. 403 et *Prosopogr. imperii romani*, II, p. 179.

(2) *Annales*, III, 60. Sur ces abus et sur le droit d'asile en général, voy. la dissertation de B. Barth, *De Graecorum asylis*, Strasbourg, 1888, p. 2 suiv.

décrit par Tacite, en nous citant l'exemple d'Éphèse, où Auguste avait déjà dû intervenir. Le géographe grec, qui avait certainement visité la capitale de la province d'Asie, s'exprime en ces termes : νυνὶ δὲ τὰ μὲν φυλάττεται τῶν νομίμων τὰ δ' ἧττον, ἄσυλον δὲ μένει τὸ ἱερὸν καὶ νῦν καὶ πρότερον· τῆς δ' ἀσυλίας τοὺς ὅρους ἀλλαγῆναι συνέβη πολλάκις, 'Αλεξάνδρου μὲν ἐπὶ στάδιον ἐκτείναντος, Μιθριδάτου δὲ τόξευμα ἀφέντος ἀπὸ τῆς γωνίας τοῦ κεράμου καὶ δόξαντος ὑπερβαλέσθαι μικρὰ τὸ στάδιον, 'Αντωνίου δὲ διπλασιάσαντος τοῦτο καὶ συμπεριλαβόντος τῇ ἀσυλίᾳ μέρος τι τῆς πόλεως· ἐφάνη δὲ τοῦτο βλαβερὸν καὶ ἐπὶ τοῖς κακούργοις ποιοῦν τὴν πόλιν, ὥστ' ἠκύρωσεν ὁ Σεβαστὸς Καῖσαρ (1).

Le Sénat décida que les cités intéressées enverraient des députés pour exposer leurs titres : *placitum ut mitterent iura atque legatos.* Quelques unes s'effacèrent d'elles-mêmes, n'ayant aucun titre à faire valoir ; le nombre fut grand de celles qui, confiantes dans leurs vieilles traditions religieuses ou dans les services rendus au peuple romain, se firent représenter à Rome. Milet n'y manqua pas et l'inscription suivante nous a conservé le nom d'un de ses députés.

*Revue de Philologie*, XXIII (1899), p. 148.

Οἱ] ἀπὸ τῆς 'Ασίας τεχνεῖται
οἱ ἐργαζόμενοι τὸν ἐν Διδύμοις ναὸν Μενίσκον Μέλα-
νος, φύσει δὲ Ζωπύρου, ἱερο-
νίκην, νικήσαντα τὰ Διδύμηα
τρίς, γυμνασιαρχήσαντα [πάν-
των πρῶτον καὶ τὰς λοιπ[ὰς
ἐπιτελέσαντα αὐτοῖ[ς κα-
θ' ὑπερβολὴν φιλοδοξίας, [πρεσ-
β]εύσαντα πρὸς τὸν Σεβασ[τὸν
ὑπὲρ τῆς ἀσυλίας τοῦ Διδυμέως 'Απόλλωνος καὶ τῶν τῆς
πόλεως δικαίων, τειμηθέντα
ὑπό τε τῆς 'Ασίας καὶ τοῦ δήμου
τοῦ Μειλησίων καὶ τῆς γερου-
σίας χρυσαῖς εἰκόσι καὶ ἀν-
δριᾶσιν καὶ ταῖς ἄλλαις με-

(1) XIV, 641.

γίσταις τειμαῖς, ἀπόγονον
ὄντα Λυκομήδους βασιλέ-
ως, ἀρετῆς ἕνεκα καὶ εὐνοίας
τῆς εἰς αὐτοὺς Ἀπόλλωνι
Διδυμῖ (*sic*) καὶ Ἀρτέμιδι Πυθείῃ.

Méniscos, fils adoptif de Mélas, avait été recommandé par sa naissance et sa fortune au choix de ses concitoyens. Il descendait en effet de ce roi Lycomédès sur lequel le Sénat était sans doute mieux renseigné que nous. Lycomédès, issu lui-même des anciens rois de Cappadoce, régnait ou tout au moins vivait au premier siècle avant notre ère(1); César lui avait conféré en 47 le sacerdoce lucratif de Comana du Pont, ainsi que nous l'apprend Appien, et des monnaies frappées à Prusias *ad mare*, l'ancienne Kios, nous font connaître le nom de sa fille Oradaltis ou Orodaltis (2). Comment Méniscos se rattachait-il à la famille de Lycomédès ? Nous l'ignorons absolument. Si nous rappelons que l'ancienne Kios était une colonie milésienne (3), il ne paraîtra pas surprenant que des familles d'origine milésienne se soient perpétuées à Prusias jusqu'au premier siècle avant J.-Chr. Lycomédès s'était allié à l'une d'elles et Méniscos s'y rattachait par quelque lien plus ou moins étroit, suffisant toutefois pour lui permettre de se parer d'un ancêtre royal. De plus, Méniscos était riche : il avait, donnant le premier un exemple que d'autres devaient suivre, été « gymnasiarque de tous », γυμνασιαρχήσαντα πάντων πρῶτον, c'est à dire qu'il avait été gymnasiarque des νέοι, des πατέρες et des πολῖται (4). Enfin il avait remporté une victoire aux Didymeia et gagné le titre, qui deviendra banal

(1) Hirtius, *Bell. Alex.*, 66.

(2) Appien, *Mithrid.*, 121. Cf. Strabon, XII, 558. — Pour les monnaies de Prusias avec la légende Ὀραδαλτίδος βασιλέως Λυκομήδους θυγατρός, voy. Th. Reinach, *Trois royaumes de l'Asie Mineure*, p. 136 et pl. VIII, fig. 8. M. Th. Reinach, qui a le plus habilement distribué les petits royaumes de l'Asie Mineure, a dit sur Lycomédès tout ce qu'on en savait (*ouvr. cité*, p. 110-143.)

(3) Aristote, cité par le Scholiaste d'Apollonius de Rhodes, I, 1177 (= *Fragm. historic. graec.* II, p. 161 n° 187). Pline, *Hist. nat.*, V, 32 (144).

(4) Cf. CIG., 2885, l. 13 suiv. : ... γυμνασιάρχου πάντων τῶν γυμνασίων. — *Anc. gr. Inscr. in the Brit. Museum*, n° 922, l. 5 suiv.

dans la suite, de ἱερονίκης. Tel était le député, ou plus vraisemblablement l'un des députés de Milet.

L'inscription dit qu'il était député vers l'empereur(1). En réalité, Tibère ayant chargé le Sénat de l'enquête, c'est devant le Sénat que se présenta Méniscos, dans ces mémorables séances dont nous devons à Tacite un si brillant compte-rendu(2). Le discours des députés milésiens n'y est pas résumé, et nous ne savons même pas s'ils furent entendus : peut-être furent-ils simplement renvoyés aux consuls par le Sénat lassé de tant d'éloquence et de passion. Le Sénat s'en remit en effet aux consuls du soin d'examiner les titres de tous, et de ceux qu'il avait entendus et des autres.

Les consuls, Haterius et Sulpicius Galba, firent un classement qu'il ne sera pas sans intérêt de reproduire. Ils distinguèrent d'une part les cités et sanctuaires où ils avaient dûment constaté le droit d'asile ; de l'autre les cités et sanctuaires qui s'appuyaient sur des titres dont l'antiquité rendait la légitimité contestable (3). Milet figurait sur la seconde liste.

La première liste comprenait les noms suivants :

ÉPHÈSE, temple d'Artémis ;
MAGNÉSIE DU MÉANDRE, temple d'Artémis Leucophryéné ;
APHRODISIAS, temple d'Aphrodite ;
STRATONICÉE, temple de Zeus et temple d'Hécate ;
HIÉROCÉSARÉE, temple d'Artémis Persique ;
CYPRE, temples d'Aphrodite à Paphos et Amathonte ; de Zeus à Salamine ;
PERGAME, temple d'Asclépios.

L'étude de cette liste nous entraînerait hors de notre sujet et nous nous bornerons à noter que la plupart des cités qui y figurent avaient, parmi leurs titres, des lettres ou rescrits de magistrats romains et d'Auguste. Éphèse s'appuyait sur un rescrit

(1) L. 9-13 : πρεσβεύσαντα πρὸς τὸν Σεβαστὸν ὑπὲρ τῆς ἀσυλίας τοῦ Διδυμέως Ἀπόλλωνος καὶ τῶν τῆς πόλεως δικαίων. Le Sénat avait décidé *ut mitterent iura atque legatos*. Τὰ τῆς πόλεως δίκαια correspond au mot *iura* et c'en est très probablement la traduction officielle, faite à Rome.

(2) *Annales*, III, 60-63.

(3) *Annales*, 63 : ceteros obscuris ob vetustatem initiis niti.

d'Auguste, mentionné par Strabon (1); Magnésie sur des décisions de Scipion et de Sylla (2); Aphrodisias et Stratonicée, de César et d'Auguste (3); Hiérocésarée, de Perpenna et de Servilius Isauricus (4). Fidèles à la tradition, les consuls et le Sénat de l'an 22 ne manquèrent pas de maintenir les décisions prises par la République ou par le fondateur de l'empire.

La seconde liste, moins nombreuse, comprenait :

SMYRNE, temple d'Aphrodite Stratonikis. Le titre des Smyrniens était un oracle d'Apollon (5).

(1) XIV, 641. Le texte de Strabon a été cité plus haut, p. 264. Il est dit dans le sénatusconsulte d'Aphrodisias (CIG., 2737 = VIERECK, *Sermo graecus*..., n° V, p. 7, l. 10 et suiv.) que l'ἀσυλία est accordée à Aphrodisias aux mêmes conditions qu'à Éphèse. Ce sénatusconsulte date de la dernière partie du premier siècle avant notre ère, entre 39 et 35 av. J.-Chr.; il est précédé d'une lettre d'Antoine et nous savons par Strabon qu'Antoine avait confirmé et accru le privilège de l'Artémis éphésienne.

(2) Les Magnètes, qui parlèrent après les Éphésiens, n'auront eu garde de passer sous silence la liste des cités grecques qui avaient, à la fin du troisième et au commencement du deuxième siècle av. J.-Chr., reconnu l'ἀσυλία de leur ville et de leur territoire (*Die Inschr. von Magnesia am Maeander*, nos 18-87).

(3) Aphrodisias s'appuyait sur un édit de Jules César. Dans l'inscription d'Aphrodisias, déjà citée (CIG., 2737), l'édit de César (Γράμματα Καίσαρος) était gravé entre la lettre d'Antoine et le sénatusconsulte : il n'est malheureusement pas conservé. Le sénatusconsulte confirme le privilège du sanctuaire d'Aphrodite (VIERECK, *ouvr. cité*, p. 7, l. 10-13).

Pour les gens de Stratonicée, recens divi Augusti decretum adtulere (III, 62, cf. DION CASSIUS, XLVIII, 26, 3 et 4). Les Stratonicéens auraient également pu invoquer un avis de Sylla et un sénatusconsulte de l'année 81 qui reconnaissaient l'asile d'Hécate. Le sénatusconsulte a été retrouvé à Lagina et publié dans le *Bull. de Corr. hellén.*, IX (1885), p. 437 et suiv. par DIEHL et COUSIN; sur le droit d'asile, voy. col. II, fr. E (l. 49-51); col. IV, fr. L., M (l. 104). A la suite du sénatusconsulte était gravée une liste des peuples, cités, rois et dynastes qui avaient reconnu l'inviolabilité du sanctuaire; la liste est malheureusement incomplète.

(4) Non contents d'invoquer Perpenna et Isauricus, les gens de Hiérocésarée remontèrent jusqu'à Cyrus (*Annales*, III, 62). C'est peut-être au temple d'Artémis Persique d'Hiérocésarée qu'il faut rapporter la lettre d'un roi Séleucide publiée par P. FOUCART (*Bull. de Corr. hellén.*, XI (1887), p. 81 = Ch. MICHEL, n° 48). Le roi, qui n'est pas nommé, confirme ἀσυλίαν τῆς παρ' ὑμεῖν Περσικῆ[ς θεᾶς, et l'inscription, découverte à cinq heures au nord de Magnésie du Sipyle, sur la route de Thyatire, est aujourd'hui à Magnésie. On sait avec quelle facilité voyagent les inscriptions en Asie Mineure. Le roi ne confirme le privilège qu'avec certaines réserves qui portent sur l'authenticité des titres produits par la cité. Comme l'a très bien vu M. Foucart, il faut faire remonter à une époque assez ancienne les abus qui amenèrent l'enquête instituée devant le Sénat romain.

(5) L'oracle de Delphes invoqué par les Smyrniens ne remontait pas à une antiquité aussi reculée que le dit Tacite (III, 63), puisqu'il avait été rendu au milieu du IIIe siècle (voy. plus haut, p. 130 et 132).

TÉNOS, temple de Poseidon. Titre : un oracle d'Apollon.

SARDES, temple d'Artémis. Titre : une donation d'Alexandre.

MILET, temple d'Apollon (Didyméen). Titre : une lettre de Darius (*Milesios Dareo rege niti*).

Comme le remarque Tacite même au chapitre 63, les titres invoqués par les Sardiens et les Milésiens étaient d'une antiquité sensiblement moins reculée que ceux des Téniens. Pour Milet il nous est maintenant plus facile de nous faire une idée de celui qu'elle produisit, depuis la découverte, à Magnésie du Méandre, d'une lettre de Darius, fils d'Hystaspe (1). Dans cette lettre adressée au satrape Gadatas, le roi des rois le blâme d'avoir enfreint ses ordres et manqué à la tradition de ses ancêtres en soumettant au tribut et à la corvée « des jardiniers consacrés à Apollon ». Les premiers éditeurs de ce texte important ont très justement attribué l'inscription au premier siècle de l'ère chrétienne. Dès que fut ouverte l'enquête ordonnée par le Sénat, prêtres et magistrats des cités intéressées se mirent à fouiller dans les archives municipales ou sacrées, pour y découvrir le titre qui servirait de matière au discours de leurs députés. Les Milésiens n'y trouvèrent qu'une lettre de Darius (2) ; les gens de Tralles, qu'un décret de leur cité rendu au milieu du quatrième siècle. Peut-être ces derniers ne se sont-ils pas hasardés à porter jusqu'à Rome leur titre insuffisant ; Méniscos de Milet, au contraire, partit avec la lettre royale (3).

(1) Ch. MICHEL, *Recueil...*, n° 32 = DITTENBERGER, *SIG.*², n° 2 = *Die Inschr. von Magnesia am Maeander*, n° 115.

(2) J'admets sans hésitation que cette lettre a été écrite par Darius, fils d'Hystaspe, antérieurement à l'année 494. H. GELZER (*De Branchidis*, p. 19) déclare la chose impossible. « Comment croire, dit-il, que le roi a donné le droit d'asile à un temple qu'il a pillé et détruit ? » Il se prononce donc pour Darius Ochus qui a régné de 424 à 404 : le second temple de Didymes, ajoute-t-il, a été construit sous son règne par Pæonios, et Darius Ochus en a reconnu l'inviolabilité. Mais Darius Ochus ne pouvait rien accorder à un temple qui n'existait pas, puisqu'on n'a commencé à le rebâtir qu'à la fin du quatrième siècle et Darius, fils d'Hystaspe, n'avait pas attendu la révolte de l'Ionie pour se montrer généreux envers Milet, comme envers Magnésie. Milet et les Branchides furent d'autant plus sévèrement châtiés qu'ils avaient été bien traités auparavant. Les mêmes arguments valent contre B. BARTH (*De Graecorum asylis*, p. 43), qui pense à Darius III, l'adversaire d'Alexandre.

(3) Il est évident que la double liste de Tacite ne comprend pas tous les sanctuaires et cités qui restèrent en possession du droit d'asile. Tacite lui-même et des inscriptions nous permettent d'y ajouter plusieurs noms :

Le Sénat, grandement flatté d'une enquête qui mettait tant de dieux à sa discrétion, les renvoya tous satisfaits. Milet, non moins qu'Éphèse, Sardes, non moins que Magnésie du Méandre, restèrent en possession du droit d'asile. Tacite résume ainsi les décisions prises : *factaque senatus consulta, quis multo cum honore modus tamen praescribebatur; iussique ipsis in templis figere aera sacrandam ad memoriam, neu specie religionis in ambitionem delaberentur*. C'est très probablement à la suite de ces sénatusconsultes que Magnésie, qui n'avait obtenu la reconnaissance du droit d'asile que pour le sanctuaire d'Artémis, fit graver sur marbre une nouvelle copie de la lettre de Darius ; l'occasion lui sembla bien choisie pour rappeler les privilèges dont jouissait la ἱερὰ χώρα d'Apollon. Tralles même en profita pour publier de nouveau, à tout hasard, le texte à peine rajeuni du décret de 351 (1).

Les sénatusconsultes de l'an 22 ne se bornaient pas à ordonner la publication des titres agréés par le Sénat : *multo cum honore*, dit Tacite, *modus tamen praescribebatur*. Il faut entendre par ces derniers mots que chaque sénatusconsulte déterminait l'étendue du terrain sur lequel pouvait s'exercer le droit

Les *Crétois* demandèrent le droit d'asile pour l'enceinte au milieu de laquelle ils avaient élevé une statue à Auguste (*Annales*, III, 63 : petere et Cretenses simulacro divi Augusti).

*Samos* et *Cos*. Les députés de ces deux villes ne se présentèrent à Rome que l'année suivante, en 23 (Voy. *Annales*, IV, 14, où sont exposés les titres invoqués par les uns et les autres en faveur des temples d'Héra et d'Asclépios).

*Pergé* en Pamphylie. Voy. l'inscription publiée par LANCKORONSKI, *Städte Pamphyliens und Pisidiens*, I (1890), p. 166, nº 33, avec la restitution proposée pour la l. 17 par Ad. WILHELM (*Arch.-epigr. Mitth. aus Oesterreich-Ungarn*, XX (1897), p. 65). C'est une dédicace en l'honneur d'un prêtre d'Artémis, l. 5 suiv. : Τιβέριο[ν | Κλαύδιον Ἀπολλωνίου υ[ἱ]ὸν Κυρείνα Ἀπολλώνιον | Ἐλαιβάδην φιλοκαίσαρα | καὶ φιλόπατριν. Parmi ses titres, on rappelle ceux-ci, l. 14 suiv. : τρ[ὶς πρ]ε[σβεύ|σαντα δω[ρ]εὰ[ν] εἰς Ῥώμην κα[ὶ | κατ[ορ]θ[ω]σάμενον [τῇ Περ|γαίᾳ Ἀρτέμιδι τὴ[ν ἀσυλί]αν καὶ τῷ δήμῳ τὰ μέγιστα | [κ]αὶ συνφέροντα. Les ambassades d'Apollonios se placent sous le règne de Tibère, ou sous celui de Claude à qui la ville de Pergé éleva une statue après l'année 42 (*Bull. de Corr. hellén.*, X (1886), p. 158, nº 6).

Une liste complète comprendrait encore, dans la province d'Asie : *Samothrace* (TITE LIVE, XLV, 5, 3), *Téos*, qui pouvait produire une lettre du préteur M. Valerius Messalla, de l'an 193 (CH. MICHEL, *Recueil*..., nº 51 = DITTENBERGER, *SIG.*², nº 279), *Nysa* en Carie, qui pouvait faire valoir une lettre du proconsul Cn. Lentulus Augur, de l'an 1 av. J.-Chr. (CIG., 2943 = VIERECK, *Sermo graecus*..., p. 47, nº XXIV).

(1) Ch. MICHEL, nº 804.

d'asile. A l'origine le sanctuaire seul était ἄσυλον : l'esclave fugitif ou le suppliant n'étaient à l'abri des violences et de la loi que s'ils parvenaient à gagner les degrés du temple ou de l'autel privilégié. Peu à peu le privilège s'étendit aux environs immédiats de l'autel ou du naos, et des abus s'ensuivirent, dont Tacite et Strabon nous ont cité deux exemples. Au temple d'Artémis Persique, à Hiérocésarée, Perpenna, Isauricus et d'autres généraux romains avaient porté à deux mille pas le rayon de l'ἀσυλία (1). On sait que ce mot a le double sens de droit d'asile et de terrain sur lequel s'exerce le droit d'asile. A Éphèse, Alexandre avait porté à un stade le rayon du cercle de l'ἀσυλία. Mithridate l'étendit au point atteint par une flèche lancée de l'angle du toit du temple, et comme il n'avait ainsi ajouté que peu au stade, Antoine avait doublé ce rayon. Comparé au cercle d'Hiérocésarée, le cercle d'Éphèse était bien peu considérable, et pourtant il se trouvait embrasser une partie de la ville (2), pour le plus grand dommage de la cité qui était presque à la merci des malfaiteurs. Aussi Auguste cassa-t-il la décision d'Antoine (3). Il me semble certain qu'en l'année 22 le Sénat s'inspira du sage exemple d'Auguste et ramena partout aux justes proportions les limites du terrain privilégié. Nous ignorons absolument jusqu'où s'étendait le cercle du Didymeion ; nous verrons bientôt qu'il reçut, sous le règne de Caligula, un accroissement considérable.

Méniscos revint donc à Milet après avoir obtenu, sans trop de

(1) *Annales*, III, 62 : et memorabantur Perpennae, Isaurici multaque alia imperatorum nomina, qui non modo templo sed duobus milibus passuum eandem sanctitatem tribuerant. A Oropos, l'édit de Sylla, confirmé par un sénatusconsulte, avait « ajouté mille pas... au temple d'Amphiaraos » Dittenberger, *SIG.*[2], n° 334, l. 44-45 : τῶι ἱερῷ Ἀμφιαράου χώραν πάντῃ προστίθημι πάντοθεν πόδας χιλίους, ἵνα καὶ αὕτη ἡ χώρα ὑπάρχῃ ἄσυλος).

(2) Ou plus vraisemblablement des faubourgs. Voy. E. L. Hicks, *Anc. gr. inscr. in the Brit. Museum*, ad n° 522.

(3) Le texte de Strabon a été cité plus haut, p. 264. En même temps qu'il réduisait le terrain privilégié, Auguste relevait les bornes du territoire sacré ou ἱερὰ χώρα. Voy. l'inscription bilingue gravée sur une borne découverte par M. Eustr. S. Iordanidis, près du village turc de Μικραὶς Κατεύχαις, à cinq heures d'Éphèse (*Bull. de Corr. hellén.*, XX (1896), p. 393). Une autre borne, provenant de Μικραὶς Κατεύχαις, porte seulement les mots : ["Ορος] | ἱερὸς | Ἀρτέμιδο[ς (Communication de M. Iordanidis).

peine, gain de cause. Il est peu probable néanmoins que cette seule ambassade lui ait valu tous les honneurs qui sont énumérés dans notre inscription et qu'il avait reçus tant de la province d'Asie que du peuple et de la γερουσία de Milet (1). Aussi admettrons-nous volontiers qu'il avait rendu d'autres services à sa patrie et à sa province. Peut-être n'est-il pas téméraire de supposer qu'il reprit, en l'an 26, le chemin de Rome, en qualité de député de Milet. La province d'Asie avait décidé d'élever un temple à Tibère, à Livie et au Sénat, et il s'agissait de savoir quelle cité en aurait la garde. Milet se mit sur les rangs avec dix autres, et le Sénat fut encore appelé à prononcer entre les concurrents, en présence de Tibère (2). Furent d'abord éliminées, comme villes de trop peu d'importance, Hypæpa, Tralles, Laodicée, Magnésie, Ilion même. Le nom d'Halicarnasse arrêta un instant le Sénat qui passa outre. Pergame sembla suffisamment pourvue avec le temple d'Auguste. Restaient Éphèse et Milet, Sardes et Smyrne. Les deux premières furent écartées parce qu'il parut qu'elles étaient absorbées l'une et l'autre par le culte d'Artémis et par celui d'Apollon : l'Artémision d'Éphèse ou le Didymeion de Milet aurait porté ombrage au temple nouveau (3). A la fin, Smyrne fut préférée à Sardes, en récompense du dévouement et de la confiance qu'elle avait, dès la première heure, avec une admirable constance, témoignés au peuple Romain (4).

Milet sera plus heureuse, quelques années après, sous le règne de Caligula et nous retrouverons Méniscos investi de nouvelles fonctions non moins honorifiques.

(1) La dédicace en l'honneur de Méniscos est, semble-t-il, le plus ancien des textes où soit mentionnée la γερουσία milésienne. Elle est nommée dans le CIG., n° 2881, l. 19 et dans une inscription publiée en 1893 par O. Kern, *Ath. Mitth.*, XVIII, p. 268, l. 3. Je citerai plus l in ce dernier texte.

(2) Tacite, *Annales*, IV, 55-56. Cf. 15 et 37.

(3) *Annales*, IV, 55. Ephesii Milesiique, hi Apollinis, illi Dianae caerimonia occupavisse civitates visi.

(4) Smyrne avait, en l'année 195, élevé le premier temple à la *dea Roma*. Tacite, *Annales*, IV, 56. Cf. O. Hirschfeld, *Sitzungsber. der Akad. zu Berlin*, 1888, p. 835.

***

Il s'en fallut de peu que le règne de Caligula ne fît époque dans l'histoire du Didymeion. Pendant plus de trois siècles, les Milésiens avaient attendu vainement le roi généreux, le patron puissant, qui eût mené à bonne fin leur colossale entreprise, et voici qu'un empereur, allant au-devant de leurs désirs, assumait librement la charge et la gloire d'une pareille dépense! Peu importait aux Milésiens, lassés, mais non découragés, que cet empereur se fût ruiné par ses prodigalités et ses folies, qu'il fût presque un besogneux, toujours en quête de riches successions et d'impôts nouveaux : l'empereur le plus pauvre avait encore à sa disposition des ressources immenses et Caligula sut en trouver.

Les auteurs anciens nous ont renseignés sur les projets de Caligula et j'ai réuni dans l'Introduction les textes de Suétone, de Dion et de Zonaras (*Témoignages*, nos XVII-XIX); l'inscription de Didymes, citée plus haut, nous apprend que ces projets reçurent un commencement d'exécution. Je traduirai d'abord le texte le moins bref, celui de Dion Cassius.

« Caligula ordonna à la province d'Asie de lui consacrer une enceinte à Milet (entendez : à Didymes). Il avait en effet choisi cette ville, prétextant qu'Éphèse était déjà prise par Artémis, Pergame par Auguste, Smyrne par Tibère, mais en vérité parce qu'il désirait s'approprier le temple, remarquable par sa grandeur et par sa richesse, que les Milésiens *construisaient* en l'honneur d'Apollon. » J'ai souligné à dessein l'imparfait ἐποίουν.

Dion Cassius nous apprend comment ces projets avaient pu éclore dans le cerveau malade de l'empereur. Caligula n'avait de dévotion particulière ni pour Apollon, ni pour aucun autre dieu. Dans sa garde-robe le costume d'Apollon se trouvait à côté de ceux d'Héraclès, de Dionysos et de Zeus : tous ces rôles lui convenaient également et il n'avait de préférence pour aucun (1). S'il se tourna vers le Didymeion et l'adopta, ce fut beaucoup moins par caprice que par calcul. Les cités grecques et la pro-

(1) Dion Cassius, LIX, 26, 5 suiv.; 28, 8. Cf. Philon, *de legat. ad Caium*, 14.

vince d'Asie avaient fait bon accueil au culte des empereurs : Pergame et Smyrne, pour ne parler que des sanctuaires élevés par la province, avaient, l'une un temple d'Auguste, l'autre, de Tibère et de Livie. Caligula voulut avoir le sien et, prudemment, il n'attendit pas les offres de la province : il prit les devants. Le choix de Milet, c'est à dire de Didymes, lui était inspiré par le désir d'aboutir au plus vite et nul n'était plus propre à donner une prompte satisfaction à son impatiente vanité. Là, en effet, se trouvait un temple en construction, ou, pour mieux dire, en souffrance, puisqu'on y travaillait depuis plus de trois cents ans. L'empereur l'achèverait! Bâtir de fond en comble un temple digne de lui, c'était exposer sa propre divinité à des retards, peut-être à un insuccès : le Sénat romain n'avait-il pas dû sévir en l'an 25 contre Cyzique, qui ne se décidait pas à terminer un temple d'Auguste (1)? De plus, ce temple en construction était « remarquable par sa grandeur et sa beauté » : il était déjà et resta le plus grand de tous les temples grecs. Le jeune Gaïus l'avait-il vu en l'année 18, quand il voyageait avec son père Germanicus? Nous l'ignorons. Tacite ne nomme pas Milet parmi les villes où s'arrêtèrent les illustres visiteurs, mais cela ne prouve pas qu'ils n'y aient point fait escale (2). D'ailleurs, Gaïus n'était alors qu'un enfant de six ans, et il est peu probable que les souvenirs de l'enfant aient servi les calculs de l'empereur. Ceux-ci paraissent, encore une fois, très simples et presque sensés : achever le Didymeion, s'y installer à côté d'Apollon et prendre ensuite le nom du dieu en guise de surnom. Claude ne recevra-t-il pas, dans une inscription d'Athènes, le surnom d'Apollon πατρῷος (3)?

Dion, qui nous dévoile les calculs de Caligula, rapporte en même temps que l'empereur justifiait par d'autres motifs le choix qu'il avait fait de Milet : à l'entendre, il n'y avait plus de place pour le nouveau dieu ni à Éphèse, ni à Pergame, ni à Smyrne où dominaient Artémis, Auguste et Tibère. D'ordi-

(1) Dion Cassius, LVII, 24. Tacite, *Annales*, IV, 36.

(2) *Annales*, II, 54. Assos n'est pas nommé non plus par Tacite et il est possible que Germanicus y ait touché. Voy. le décret rendu par Assos à la nouvelle de l'avènement de Caligula (Dittenberger, *SIG*², n° 364).

(3) CIA., III, 456.

naire, quand il s'agissait de sa personnalité divine, Caligula gardait moins de ménagements, et la dissimulation n'était pas son fait. Il en usa pourtant dans les ordres qu'il envoya à la province d'Asie : il lui ordonna simplement τέμενός τι ἑαυτῷ ἐν Μιλήτῳ τεμενίσαι. Le mot τέμενος, rapproché du verbe τεμενίσαι, ne saurait avoir ici d'autre sens que celui d'enceinte consacrée ; il est pris parfois pour le mot νεώς et signifie temple, mais dans le passage de Dion il ne peut être question que d'une enceinte, d'un espace réservé autour d'un autel ou d'une statue. L'ordre était donné τῷ ἔθνει, c'est à dire à la province : entendons par là que la province avait à supporter les frais de la délimitation et de l'embellissement de l'enceinte sacrée. La dépense devait être portée au budget de la province.

L'ordre impérial, que nous font connaître Dion et Zonaras, valut à Didymes une faveur spéciale : Caligula agrandit de deux milles le terrain privilégié qui avait le Didymeion pour centre et sur lequel pouvait s'exercer le droit d'asile. Nous devons ce renseignement à l'inscription suivante, qui provient des fouilles de Didymes.

*Revue de Philologie*, XXVI (1902), p. 133. Liste de trésoriers, dont je ne reproduis aujourd'hui qu'une partie. Cette partie est brisée en neuf morceaux.

Ἐπὶ στεφανηφόρων Θεμί-
σωνος καὶ Ἀπολλωνίου,
προφητεύοντος δὲ Φανί-
ου τοῦ Μέλανος, ταμίας
ὁ παρεδρεύσας τὴν πρώ-
την ἑξάμηνον Φιλόδη-
μός Ἑστιαίο[υ, ἔ]φ' οὗ καὶ προσ-
εδόθη ὑπὸ Καίσαρος πρὸς
τῆι προϋπαρχούσῃ ἀσυλίᾳ
τοῦ ἱεροῦ μίλια δύο, ὑποτα-
μιεύοντος Δώρου τοῦ Δώ-
ρου· ἦρξέν τε ἴσως καὶ δι-
καίως [κ]αὶ εὐσεβῶς. *Vac.*
*Vac.*

J'ai admis sans hésiter que le César mentionné dans la l. 25 n'est autre que Caligula. A en juger par la forme des lettres et par des rapprochements entre des noms propres qui se retrouvent sur d'autres inscriptions, il ne peut s'agir que d'un des premiers empereurs romains (1). Ce n'est certainement ni Auguste ni Tibère. L'exemple d'Éphèse suffit à nous prouver qu'Auguste était opposé à l'extension du droit d'asile (2) ; pour Tibère nous avons vu que l'enquête confiée au Sénat tendait également à restreindre l'exercice d'un droit si préjudiciable aux cités, et Suétone ne se trompe qu'à demi en écrivant : *abolevit et vim moremque asylorum quae usque erant* (3). Au contraire un don de deux milles venant s'ajouter τῇ προϋπαρχούσῃ ἀσυλίᾳ convient à merveille, par son exagération même, au caractère fantasque de Caligula et à ses vues sur le Didymeion. Ce don, tout à fait inattendu au lendemain de l'enquête de l'année 22, devait achever de bien disposer les Milésiens en faveur du nouveau dieu.

Caligula n'en resta pas là. Puisqu'il projetait de mettre la main sur le Didymeion, ou tout au moins de le partager avec Apollon, il lui importait d'achever sa future demeure et de la rendre enfin digne de lui. L'ordre fut donné à la province d'Asie de poursuivre les travaux, et la province obéit. Ce double renseignement ne nous est fourni par aucun auteur et nous le devons à l'inscription citée plus haut. Là encore Caligula n'est pas nommé, mais là encore l'interprétation n'est pas douteuse. L'inscription, qui est complète, est une dédicace en l'honneur de Méniscos, qui a représenté Milet à Rome en l'année 22. La dédicace est faite par des ouvriers qui s'appellent οἱ ἀπὸ τῆς Ἀσίας τεχνεῖται οἱ ἐργαζόμενοι τὸν ἐν Διδύμοις ναόν. Je reviendrai plus loin sur le sens du mot τεχνῖται et m'occuperai d'abord des deux appositions : οἱ ἐργαζόμενοι κτλ. et ἀπὸ τῆς Ἀσίας. Il est, à mon avis, absolument certain que par ces mots : le temple de Didymes, nous devons entendre le temple d'Apollon Didyméen, le Didymeion. S'il s'était agi d'un temple élevé à un empereur, ceux qui ont rédigé la dédicace n'auraient pas manqué de le désigner plus clairement ;

(1) Voy. *Revue de Philologie*, XXVI (1902), p. 136.

(2) En l'an 13 av. J.-Chr., il avait refusé de se laisser élever à Rome un autel qui aurait servi d'asile aux suppliants. Dion Cassius, LIV, 25.

(3) *Tib.*, 37.

sans nommer l'empereur, ils auraient dit : le temple de César ou de l'Auguste. 'Ο ἐν Διδύμοις ναός équivaut à ὁ ναὸς τοῦ 'Απόλλωνος τοῦ Διδυμέως, qui est la désignation officielle dans tous les comptes de la construction du Didymeion. Pour les mots ἀπὸ τῆς 'Ασίας, j'écarte le sens géographique (les ouvriers originaires de l'Asie) et m'en tiens au sens administratif : les ouvriers envoyés et payés par la province d'Asie. C'est, à n'en pas douter, la province qui fait les frais de ces travaux. Or si nous rapprochons de ces premières lignes, d'une part, le passage de Dion cité plus haut et l'ordre donné τῷ ἔθνει, c'est à dire à la province d'Asie, d'autre part, la date certaine de l'ambassade de Méniscos à Rome, nous arrivons à la conclusion suivante : l'ordre de travailler au Didymeion n'a pu être donné à la province que par un empereur et celui-ci n'est autre que Caligula.

Que Caligula fît supporter à la province les dépenses de l'achèvement du Didymeion, cela n'est pas fait pour nous surprendre. Quand Auguste fit réparer, en l'an 6, le mur d'enceinte de l'Artémision et de l'Augusteum d'Éphèse, les frais de réparation furent pris sur les revenus sacrés de la déesse(1). L'usage était, en pareil cas, de faire surveiller les travaux par un légat que désignait d'ordinaire le gouverneur de la province : Sex. Lartidius, en l'an 6, fut délégué à Éphèse(2). De même, en 26, Valerius Naso fut chargé de surveiller à Smyrne la construction du temple de Tibère(3). Pour Didymes nous ignorons le nom du *curator*. Le Milésien Méniscos, à qui les ouvriers élèvent une statue, est peut-être le délégué de la ville de Milet. Riche et généreux, il les a comblés de bienfaits et ceux-ci lui témoignent leur reconnaissance(4).

Il est plus difficile de savoir à quelles parties du temple tra-

(1) CIL., III, 6070. *Anc. gr. Inscr. in the Brit. Museum*, nº 522. Le mur fut réparé sous Titus en 79-80, sur l'ordre du proconsul et aux frais du temple (*Bull. de Corr. hellén.*, XX (1896), p. 95).

(2) Pomponius Bassus en 79-80.

(3) Tacite, *Annales*, IV, 56.

(4) Cf. deux dédicaces analogues, l'une d'Athènes (CIA., II, 1332 : 'Επὶ Φιλοκράτου ἄρχοντος [οἵδε ἀνέθεσαν στεφανωθέντες] ὑπὸ τοῦ κοινοῦ τῶν ἐργαζ[ομένων...], l'autre de Délos (*Bull. de Corr. hellén.*, VIII (1884), p. 126 : οἱ τὴν τετράγωνον ἐργαζόμενοι, ὑπὲρ τοῦ δήμου τοῦ Ρωμαίων..... 'Απόλλωνι καὶ 'Ερμεῖ). La dédicace délienne est de l'année 97 av. J.-Chr.

vaillaient les τεχνῖται mentionnés dans notre inscription. J'ai traduit plus haut : les ouvriers, mais il nous faut évidemment entendre des ouvriers d'art, marbriers et praticiens, occupés à la décoration sculpturale du temple. Si les conclusions que j'ai précédemment tirées de l'étude du monument sont justes, c'est à la frise que travaillaient les τεχνῖται contemporains de Caligula. Je sais bien que récemment, dans l'intéressant recueil dont il a si savamment restauré et renouvelé le texte, K. Wernicke a proposé de faire descendre jusqu'au temps de Caligula les têtes de dieux et notamment celle de Zeus, qui décorent les chapiteaux de la façade principale du Didymeion (1), mais il m'est absolument impossible d'accepter cette hypothèse. Le buste de Zeus est trop proche parent des géants de Pergame pour pouvoir être attribué à l'époque impériale, et il ne faut jamais oublier, en le regardant, qu'il était placé à une hauteur considérable, à plus de dix-huit mètres au-dessus du stylobate. De plus, il est matériellement impossible que les chapiteaux de la façade datent de l'époque impériale. Le chapiteau n'était pas sculpté sur place, une fois posé : il était posé tout sculpté. Des trois colonnes du Didymeion qui sont encore debout, l'une n'est qu'épannelée, mais le chapiteau qui la couronne est entièrement terminé ; les volutes sont sculptées, les cannelures sont amorcées. K. Wernicke veut-il donc que les chapiteaux de la façade principale n'aient été posés que sous le règne de Caligula ? Il lui faudrait alors admettre que l'architrave, la frise et les denticules (les seuls éléments de l'entablement que nous ayons retrouvés dans nos fouilles) ont été aussi posés sous le même règne. Encore une fois, cela est matériellement impossible. Je maintiens donc les conclusions que j'ai développées plus haut : les seules sculptures et moulures qui puissent être attribuées à l'époque impériale sont celles de la frise et des denticules (2).

Nous comprenons maintenant pourquoi sur certaines monnaies de Milet, datées de l'empereur Caligula, figure un temple

(1) *Antike Denkmäler zur griechischen Götterlehre*, zusgs't von C. O. Mueller und F. Wieseler, 4e éd. remaniée par Konrad Wernicke, I (1899), p. 31.

(2) Voy. plus haut, p. 192.

hexastyle, représentation sommaire du Didymeion (1). Ce type, qui ne se rencontre à Milet que sur des monnaies contemporaines de Caligula (2), n'a rien de banal : c'est une allusion évidente aux travaux entrepris par l'empereur. Nos inscriptions donnent en quelque sorte une valeur nouvelle à ces monnaies communes ; c'est un exemple de plus d'un type monétaire relatant un fait historique.

Milet se montra reconnaissante. Elle accorda les honneurs divins à Drusilla, sœur de Caligula, morte en 38 (3), et peut-être institua-t-elle en l'honneur de l'empereur lui-même des jeux dits Καισάρεια. Ceux-ci ne sont mentionnés qu'une fois à Milet, dans une inscription que nous avons publiée (4), mais des jeux de même nom étaient célébrés à Cos où ils sont appelés Καισάρηα τὰ τιθέμενα Γαίῳ Καίσαρι, à Halicarnasse, à Sardes et à Métropolis (5). Ce titre est si vague qu'on ne sait vraiment quel César ont voulu honorer ces différentes villes. MM. Hauvette-Besnault et Dubois attribuent à Caligula les Césareia de Cos ; Dittenberger les rapporte à G. César, fils adoptif d'Auguste, et une inscription, récemment publiée, d'Héraclée du Latmos peut lui fournir un nouvel argument favorable (6). Le doute est le même pour les Césareia de Milet et nous ne saurions nous prononcer.

Enfin il nous est impossible de savoir en quelle année l'idée vint à Caligula d'ordonner l'achèvement du Didymeion. La question est d'ailleurs sans importance puisque l'empereur

(1) Barclay V. Head, *Catalogue of the greek Coins of Ionia*, 1892, p. 198, n° 143.

(2) Mionnet, *Description de médailles antiques*, Supplément VI, p. 269, n° 1233, attribue à Auguste une monnaie de Milet au revers de laquelle figure un temple hexastyle ; au droit serait une tête d'Auguste. Mais la monnaie est empruntée par Mionnet au recueil de Vaillant (*Numismata imperatorum*, p. 4) et l'attribution peut être douteuse.

(3) Barclay V. Head, *ouvr. cité*, p. 198, n° 144.

(4) *Revue de Philologie*, XXI (1897), p. 42, n° 17, l. 8-9.

(5) Cos, *Bull. de Corr. hellén.*, V (1881), p. 230, n° 20, l. 9-11 (= Dittenberger, *SIG.*1, n° 399) ; Halicarnasse, *ibid.*, l. 17-18 ; Sardes, *ibid.*, l. 22 ; Métropolis, *Bull. de Corr. hellén.*, V, p. 232, l. 5 (= Dittenberger, *SIG.*1, n° 400). Je ne cite que des Césareia célébrés dans la province d'Asie. Des jeux de même nom étaient célébrés dans la province d'Achaïe.

(6) *Bull. de Corr. hellén.*, XXII (1898), p. 368, n° 6. Cf. *Revue de Philologie*, XXIII (1899), p. 288.

garda le pouvoir moins de quatre ans, exactement trois ans neuf mois et vingt-huit jours (1). Il serait plus intéressant d'apprendre quand cessèrent les travaux entrepris sur son ordre. On ne se trompera guère en admettant qu'ils furent suspendus au lendemain même du meurtre de Caligula. Trop heureuse de se soustraire à une lourde dépense qui devait grever son budget pour de longues années, la province d'Asie se désintéressa certainement d'une entreprise qui n'était pas pour flatter l'empereur régnant. Claude n'avait-il pas, dès le début de son règne, détruit à Rome toutes les statues de son prédécesseur (2) ?

Milet échouait au port ! C'en était fait du Didymeion auquel on ne devait plus toucher. Pausanias, au siècle suivant, le verra dans l'état où l'avaient laissé les ouvriers de Caligula et le rapprochera d'un autre temple d'Apollon, également inachevé, celui de Claros (3).

* * *

La vie religieuse va pourtant continuer pendant plusieurs siècles autour du grand temple qui en est le foyer. S'il n'est plus question de travaux, si nous en avons fini avec les comptes et les inventaires, les fêtes ne chôment pas et les dédicaces, où elles sont mentionnées, se font plus nombreuses. Sous l'empire, ce sont les fêtes qui absorbent toutes les libéralités des riches de bonne volonté. Plus d'offrandes (4) : le trésor du dieu de Di-

(1) Dion Cassius, LIX, 30.

(2) Dion Cassius, LX, 4, 5 et 6. Un seul projet de Caligula fut repris par l'un de ses successeurs : le percement de l'isthme de Corinthe, par Néron. Sur les travaux de Néron, voy. B. Gerster, dans le *Bull. de Corr. hellén.*, VIII (1884), p. 228 et 229.

(3) Pausanias, VII, 5, 2 = *Témoignages*, n° XXI. Strabon, au siècle précédent, disait en parlant du Didymeion : διέμεινε δὲ χωρὶς ὀροφῆς διὰ τὸ μέγεθος (XIV, 634 = *Témoignages*, n° XIII). S'il avait visité Didymes et regardé les ouvriers à l'œuvre, il aurait vu : 1° que le Didymeion étant un temple hypèthre, il ne pouvait être question de toit ; 2° que les travaux n'étaient pas aussi avancés qu'il le pensait. Je tiens pour certain que Strabon n'est jamais allé à Didymes. Tel était, semble-t-il, l'avis de Rayet (*Milet et le golfe Latmique*, II, p. 31.)

(4) On en est réduit à se vanter des offrandes faites par ses ancêtres ! Dans une dédicace milésienne gravée par une mère en l'honneur de son fils, il est rappelé que celui-ci est issu πατρὸς καὶ προγόνων... λειτουργῶν καὶ διὰ ἀναθημάτων κοσμησάντων τήν τε πόλιν καὶ τὸ ἱερὸν τοῦ θεοῦ Ἀπόλλωνος Διδυμέως. L'inscription, déjà citée plus haut (p. 271, note 1), date probablement du premier siècle de notre ère, autant que j'en puis juger par le nom de la mère [Τρύ]φαινα et par la forme de l'ethnique Διδυμεύς. Voy. ci-dessous, p. 288, note 3.

dymes ne sera plus reconstitué, on se contentera des vases et objets nécessaires au culte, mais les Didymeia seront encore célébrés. Ils le seront avec plus ou moins d'éclat et de régularité, car Milet et Didymes traverseront encore de mauvais jours : sous le règne de Néron, par exemple, il y eut une année sans prophète (1) et le cas se renouvela plus d'une fois sous l'empire (2). D'autres fêtes animaient Didymes, pour le plus grand profit du bourg qui s'était groupé autour du temple, de cette κώμη dont Strabon a entendu parler (3). Le culte d'Artémis Pythienne, ceux de Zeus Soter et des Cabires en avaient leur part, et voici, dressée d'après nos inscriptions, la liste des fêtes et panégyries didyméennes :

Διδύμεια. — Τὰ μεγάλα Διδύμεια et plus tard Τὰ μεγάλα Διδύμεια Κομμόδεια. — Διδύμεια καὶ Ὑακινθοτρόφια (?) (4).

(1) *Anc. gr. Inscr. in the Brit. Museum*, n° 922, l. 22 suiv. : Πρ(οφήτης) τὸ β' ὁ αὐτὸς Κλαύδι[ος ἀνενεώσατο τὰ πάτρι[α], τοῦ πρὸ αὐτοῦ ἐνιαυτο[ῦ] ἀπροφητεύτου γενομ[έ]νου. Ce prophète s'appelait Κλαύδιος Δαμᾶς. Une autre inscription de Didymes nous apprend qu'il avait 81 ans quand il fut prophète pour la seconde fois (CIG., n° 2869). Son nom figure sur des monnaies de Néron frappées à Milet (Τι. Δαμᾶς). Voy. par exemple, E. Babelon, *Inventaire sommaire de la collection Waddington*, n° 1858.

(2) Voy. par exemple l'inscription de Didymes conservée au Musée du Louvre et publiée par J. Delamarre (*Revue de Philologie*, XIX (1895), p. 131 suiv.), où Claudios Chionis se vante d'avoir été la même année archiprytane et prophète, ἡνίκα μήτε τ[ὴν] ἀρχὴν ἀναλαβεῖν ὑπέμε[ι]νέν τις μήτε τὴν προφ[η]τείαν (l. 6 suiv.). L'inscription date probablement du commencement du troisième siècle de notre ère (*Ibid.*, p. 132).

(3) Strabon, XIV, 634 = *Témoignages*, n° XIII. Voy. ci-dessous, p. 282, note 1.

(4) Les Ὑακινθοτρόφια ne sont nommés que dans une seule dédicace inédite de Didymes, où je lis :

. . . . . . ς Μενίσκου
νικήσας Διδύμεια
καὶ Ὑακινθοτρόφια
παῖδας στάδιον
Ἀπόλλωνι Διδυμεῖ.

S'agit-il d'une seule victoire remportée dans la fête couplée des Didymeia et Hyakinthotrophia, ou bien de deux victoires remportées l'une dans les Didymeia, l'autre dans les Hyakinthotrophia ? Si l'on admet une double victoire, il se peut que la seconde ait été remportée à Cnide, par exemple, où nous connaissons le culte d'Artémis Ἰακυνθοτρόφος καὶ Ἐπιφανής (C. T. Newton, *Halicarnassus, Cnidus, and Branchidæ*, II, p. 746, n° 28 ; p. 766, n° 52). Mais je crois plutôt qu'il s'agit d'une victoire unique, remportée à Didymes, dans des jeux célébrés à la fois en l'honneur d'Apollon et d'Artémis.

Καπιτώνεια.

Τὰ μυστήρια, qui sont célébrés par l'hydrophore d'Artémis Pythienne.

Αἱ Ἄν]θιμοι ἡμέραι.

Οἱ Ἀνοι[γμ]οί. Ἡ τῶν ἀνοιγμῶν πανήγυρις. [Ἡ τ]ῶν ἀνοιγμῶν ἑορ[τή].

Ἡ τῶν ἀνύμ[φων πανή]γυρις.

Οἱ Κόσμοι. Ἡ τῶν κόσμων ἑορτή.

Je m'étais d'abord proposé de consacrer un dernier chapitre à l'étude de toutes ces fêtes : si incomplet qu'il dût être, ce tableau me semblait à sa place à la fin d'un livre que remplit presque entièrement l'histoire du Didymeion. J'y renonce aujourd'hui et je prie le lecteur de m'en excuser. Il me faut en effet attendre la publication des inscriptions qu'ont déjà découvertes ou que découvriront les savants allemands qui fouillent les ruines de Milet. Ils ont déjà mis au jour un grand nombre de textes de l'époque impériale et je compte surtout sur cette série pour compléter les renseignements que m'ont fournis les fouilles de Didymes. Les dédicaces banales ne sont pas à dédaigner, quand on y trouve, complaisamment énumérées, les fonctions, les libéralités, la généalogie d'un prophète ou d'une hydrophore : tout fait nombre et le trait de lumière longtemps cherché sous l'éloge uniforme jaillit parfois de la plus plate des phrases. J'attendrai donc : les Didymeia ne seront pas célébrés en ce livre.

***

Vers la fin du Ier siècle de notre ère, les relations entre Didymes et Milet étaient assez animées, le mouvement de la vie religieuse et commerciale assez important, pour que l'empereur Trajan ait jugé « nécessaire au culte d'Apollon Didyméen et utile aux Milésiens » la construction d'une route entre le sanctuaire et la ville (1). J'ai dit plus haut comment, pendant de longs siècles, les Milésiens s'étaient rendus à Didymes, et que, jusqu'à Trajan, ils avaient surtout pratiqué la voie de mer : débarquant à Pa-

(1) Voy. plus haut, p. 154 suiv.

normos, ils suivaient jusqu'au temple la Voie Sacrée, dont le tracé se reconnaît aujourd'hui encore. En l'année 100, sous le proconsulat de Q. Iulius Balbus, fut inaugurée la route de terre, construite aux frais de Trajan, sous la surveillance de L. Passerius Romulus, légat du proconsul. Comment cette route était-elle devenue nécessaire ? Pourquoi la voie de mer ne suffisait-elle plus à un peuple de marins comme les Milésiens ? L'inscription citée plus haut ne nous le dit pas. Je crois que deux raisons décidèrent les Milésiens à solliciter la faveur que leur accorda Trajan. D'abord, depuis la disparition des pirates, le bourg de Didymes s'était considérablement accru et il importait de veiller à son approvisionnement en toute saison ; pendant l'hiver, la navigation était difficile et l'accès de Panormos incertain (1). Puis, dans le golfe Latmique même, les atterrissements du Méandre commençaient à menacer les ports de Milet, après avoir fermé ceux de Myonte et de Priène (2). Pline l'Ancien, qui mourut en 79, vingt ans par conséquent avant l'ouverture de notre route, rapporte que dix stades seulement séparaient Milet de l'embouchure du Méandre, et que le fleuve avait déjà relié au continent les îlots de Dromiscos et de Perné (3), que Rayet place

(1) Sur le bourg ou κώμη de Didymes, voy. *Témoignages*, n° XIII. Dans une inscription de Didymes, connue depuis longtemps (CIG., n° 2879. Cf. *Revue de Philologie*, XXVI (1902), p. 132) sont énumérés les différents éléments de la population du bourg : 1° οἱ περὶ τὸ μαντεῖον πάντες, tous ceux qui sont attachés au sanctuaire ; 2° οἱ τὸ ἱερὸν κατοικοῦντες, les habitants, citoyens Milésiens et étrangers, auxquels se joignent : 3° οἱ πρόσχωροι, les habitants de la région voisine, notamment ceux du dème des Ἀργασεῖς et du dème de Τειχιοῦσσα. Je ne sais comment Brandis (P.-W. *Real-Encycl.*, II, p. 1551) a pu admettre un instant que le bourg de Didymes avait son ἐκκλησία et que l'inscription citée plus haut, p. 253 (l. 5 suiv.) pouvait se rapporter à Didymes. Cela est de toute impossibilité. Aussi bien, même après les très intéressantes études de M. I. Lévy sur la vie municipale de l'Asie Mineure sous les Antonins (*Revue des Études grecques*, VIII (1895), p. 203 suiv.), il y a lieu de revenir sur la composition de l'ἐκκλησία et sur la vie municipale des κῶμαι telles que Didymes et Lagina. Le n° 2879 du *Corpus* cité plus haut doit être rapproché du n° 2715 (l. 16 suiv.), et d'une inscription publiée par C. T. Newton, *Halicarnassus, Cnidus, and Branchidæ*, II, p. 797, n° 100.

(2) Sur le Méandre, voy. l'admirable étude de Rayet, l'un de ses chefs-d'œuvre, dans *Milet et le golfe Latmique*, I, p. 1-32. Pour les progrès du Méandre au temps de Strabon et de Pline l'Ancien, voy. p. 28 suiv.

(3) Pline, *Hist. nat.*, V, 31, 2, 113 Jahn : Ad decumum a Mileto stadium lenis inlabitur mari. Id., II, 91, 204 Jahn : Rursus abstulit (rerum natura) insulas mari iunxitque terris... Dromiscon et Pernen Mileto.

au N. E., à 3 ou 400 mètres des collines de la ville. Je ne sais pourquoi Rayet conteste l'exactitude du chiffre donné par Pline. Il est vrai qu'il ajoute aussitôt après : « Il n'en demeure pas moins certain que le fleuve se rapprochait déjà beaucoup de la ville et que le bras de mer par lequel elle en était séparée se rétrécissait de jour en jour. Déjà même, les boues en suspension dans l'eau traversaient cet espace de quelques milles à peine, et venaient s'accumuler contre le littoral milésien dont elles envahissaient les abords (1). » Est-il donc téméraire de supposer que ces menaces, toujours grandissantes, fournirent aux Milésiens députés vers Trajan leur meilleur argument ?

On sait exactement où commençait, à Milet, la route de Trajan. L'inscription publiée par M. Kékulé de Stradonitz était gravée sur un bloc du mur d'enceinte de la ville, et ce bloc était placé à hauteur d'homme, à l'intérieur du mur, tout près du linteau d'une porte et à l'E. de celle-ci. Cette porte, située au S. de la ville, n'était autre que la Porte de Didymes, la Porte Sacrée, pour lui maintenir le nom que lui donnent les savants allemands (2). Le tracé de la route de Trajan est bien connu de tous ceux qui se sont rendus de Palatia à Hiéronda. Le chemin moderne suit, à n'en pas douter, la route romaine, traversant les vallées, franchissant péniblement les collines que les ouvriers impériaux ont comblées ou abattues, que Rayet a si bien décrites (3) : « à partir de là (de l'entrée de l'isthme du territoire milésien) s'étendent vers l'ouest une série de hauts plateaux calcaires dont les ondulations, dirigées parallèlement du N.-E. au S.-O., donnent au pays l'aspect d'une mer houleuse qui se serait tout à coup figée. Ces plateaux ne sont plus aujourd'hui cultivés que de loin en loin : la majeure partie de leur étendue est couverte d'arbousiers et de buissons de chênes verts tondus de près par la dent des chèvres : l'aspect de ce paysage est de la plus triste monotonie. Les plateaux s'étendent à l'ouest jusqu'à la mer qu'ils dominent par un talus assez élevé, entrecoupé seulement, de distance en distance, par le débouché de petites

(1) *Milet et le golfe Latmique*, I, p. 30.
(2) Voy. Kekule von Stradonitz, *Sitzungsber. der Akad. zu Berlin*, 1900, p. 107.
(3) *Milet et le golfe Latmique*, II, p. 27.

vallées : la plus large et la plus profonde de ces vallées, sillonnée par un petit ruisseau, part du hameau turc de Musliman-Iarâna et aboutit au fond d'une baie assez vaste, la baie Kouvella (ancien port Panormos). » C'est dans cette vallée que la route de Trajan, longue d'environ 15 kilomètres, rejoignait la Voie Sacrée. Or j'ai retrouvé, dans l'un des jardins qui donnent de la vie à cette région silencieuse, trois fragments de l'inscription, déjà connue, qui marquait le terme de la route impériale, comme l'inscription milésienne en marquait le point de départ.

Sur la Voie Sacrée, près du port Panormos, à l'endroit marqué *Jardins* sur la carte de Rayet (*Milet et le golfe Latmique,* pl. I), dans le jardin dit du Papa Mélétios, trois fragments d'une dalle en marbre blanc, encastrés dans des murs.

A. Dans le mur de la citerne qui fait face au jardin. Brisé de tous côtés. Copie, estampage. — B. Dans le même mur, à gauche du fragment A. Complet dans le bas et à droite. Copie, estampage.

| A | B |
|---|---|
| θεντων | |
| ιρησεν·ε | ελε |
| ρωσεν·δι | χοιν |
| ου·βαλβο | ανθυ |
| ιμεληθ | ντος· |
| ασσεριου | ωμυλου |
| υ·χαιαντι | στρατηγου |

C. A l'angle de la citerne, à gauche en entrant dans le jardin. Complet dans le bas et à droite, où il reste un fragment de la moulure qui encadrait l'inscription. Copie, estampage.

*ollibus*
*alli .*
*umma*
*q·iuli*
*cosulem*
*sserio·ro*
*pro·pr*

Ces trois fragments font partie de l'inscription suivante déjà publiée dans le *Corpus*.

CIG., n° 2870, d'après les papiers de Leake et l'article du métropolite Cyrille.

ἀναπληρ[ω]θέντων.....
των ἐνεχείρησεν, ἐτέλ[ε-
σεν, καθιέρωσεν διὰ Κοίν-
του Ἰουλίου Βάλβου ἀνθυ-
πάτου, ἐπιμεληθέντος
Λουκίου Πασσερίου Ρωμύλου
πρεσβ[ε]υτοῦ καὶ ἀντιστρατήγου.

Ni dans les papiers de Leake ni dans l'article du métropolite Cyrille ne se trouvait la traduction latine du texte grec. Les copistes étaient évidemment des Grecs, qui ne sachant lire l'inscription latine avaient négligé même de la mentionner. Elle a été publiée pour la première fois en 1885, d'après les papiers de l'Anglais C. R. Cockerell qui nous apprend que le texte latin était gravé à droite du texte grec. Voici sa copie.

*Journ. of hellen. Studies*, VI (1885), p. 344, d'après les papiers de C. R. Cockerell, qui voyageait en Grèce et en Asie en 1810-1814. Cockerell avait copié à « Geronta (Branchidae) » le n° 2870 du CIG. (n° 103 de son recueil) et l'inscription latine gravée à la droite du n° 2870 (n° 104 de son recueil). L'inscription latine seule a été publiée dans le *Journ. of hellen. Studies*.

I·ETIS·VAILI·
DVSINSIIIVIICONSVMMA
VITIIDICAVIT·PER·QIVII
VMBAIBVM·PROCOSVIEM
CVRAM AGENTE PASSIRIORO
MVIOIIGATO AVG·PRO·PR

Toute la partie supérieure de l'inscription manquait lors du passage de Cockerell, au commencement du siècle dernier. J'en ai retrouvé l'angle gauche en 1896, non plus dans les jardins de la Voie Sacrée, mais à Hiéronda même. Je ne doute pas en effet que le fragment suivant ne fasse partie de la même pierre que les fragments A, B, C : la même moulure plate encadre l'inscription, les lettres, notamment l'upsilon très évasé et le rho, ont mêmes formes; peut-être sont-elles plus serrées que dans le reste de l'inscription et en moyenne plus petites de quelques millimètres, mais on ne sera pas surpris de cette légère différence qui n'est pas constante, quand on saura que les lettres ont plus de $0^m,05$ de haut. Enfin les lignes ont même longueur dans les fragments D, A, B.

D. Didymes. Inédit. Fragment d'une dalle en marbre blanc, retrouvée dans le village de Hiéronda en 1896. Complet en haut et à gauche, où reste la moulure qui encadrait l'inscription. Copie, estampage.

Αὐτο[κράτωρ Καῖσαρ θε-
οῦ Νέρ[ουα υἱὸς Νέρουας
Τραιανὸς [Σεβαστὸς Γερ-
μ]ανικὸ[ς κτλ.

L'inscription de Didymes était donc ainsi rédigée et disposée :

| Αὐτο[κράτωρ Καῖσαρ θε- | [*Imp. Caesar divi Nervae f.*] |
|---|---|
| οῦ Νέρ[ουα υἱὸς Νέρουας | [*Nerva Traianus Aug. Germ.*] |
| Τραιανὸς [Σεβαστὸς Γερ- | [*etc.* |
| μ]ανικὸ[ς κτλ. | . . . . . . . . . . . . . . . . |
| . . . . . . . . . . . . | [*excisis c*]*ollibus* |
| ἀναπληρω]θέντων. . . . . | [*conpletis v*]*alli-* |
| ων ἐνεχε]ίρησεν ἐ[τ]έλε- | [*bus instituit cons*]*umma-* |
| σεν καθιέ]ρωσεν δι[ὰ] Κοΐν- | [*vit dedicavit per*] *Q. Iuli-* |
| του 'Ιουλί]ου Βάλβο[υ] ἀνθυ- | [*um Balbum pro*]*cosulem* |
| πάτου, ἐπ]ιμεληθ[έ]ντος | [*curam agente L. Pa*]*sserio Ro-* |
| Λουκίου Π]ασσερίου [Ρ]ωμύλου | [*mulo legato* ] *pro pr.* |
| πρεσβευτο]ῦ καὶ ἀντιστρατήγου. | |

D'après la copie de Cockerell, incomplète puisqu'elle ne renferme pas le mot *c*]*ollibus* que j'ai encore lu en 1896, la ligne suivante [*conp*]*letis vallibus* serait en caractères plus grands que les autres. Il n'en est rien : les lettres qui ont près de $0^m,06$ de haut sont seulement plus espacées. Sa copie contient d'ailleurs d'autres fautes. J'ai restitué le prénom de Passerius Romulus : *L.* J'ai supprimé après *legato* le mot *Aug.* qui manque dans l'inscription de Milet. Bien que dans l'inscription de Didymes il y ait place pour ces trois lettres, il vaut mieux admettre que les autres étaient plus espacées : L. Passerius Romulus n'était pas *leg. Aug.* et, longtemps avant la découverte de l'inscription de Milet, Mommsen avait déclaré fautive la copie de Cockerell.

Où notre inscription était-elle placée? Était-elle exposée à l'extrémité de la Voie Sacrée, dans Didymes même? Ou bien à l'endroit où la route de Trajan débouchait dans la Voie Sacrée? La présence des fragments A, B, C dans les jardins qui bordent la Voie Sacrée m'avait d'abord permis de supposer qu'ils provenaient des environs immédiats et que par conséquent la pierre se dressait, non à Didymes, mais à l'extrémité de la route construite par Trajan. La découverte à Didymes du fragment D, retrouvé, il est vrai, dans le village et non dans les fouilles, ne semble pas favorable à cette supposition. La pierre a été probablement brisée pour être transportée plus aisément et j'inclinerais à croire que les fragments A, B, C ont été apportés de Didymes au jardin de la Voie Sacrée pour être encastrés dans le mur du réservoir, que décorent également d'autres fragments d'inscription (1).

La ville de Milet se montra reconnaissante envers Trajan et nous savons qu'elle lui éleva au moins une statue sous le proconsulat de L. Dasummius, dont la date nous est inconnue, mais qui se place certainement après l'année 100, c'est à dire après l'achèvement de la route (2).

La route de Trajan fut sans doute parcourue par l'empereur Hadrien, quand il vint à Didymes, s'il est vrai toutefois que j'aie raison d'attribuer à l'époque d'Hadrien la dédicace inédite où je lis ces mots : αὐτῆς [ὑ]δροφορούσης Καῖσαρ ἦλθε. Puis bien des générations et plus de deux siècles se passent avant que nous obtenions un renseignement sur la route impériale déjà ruinée Sur un fût de colonne grossier, qui porte à la face antérieure une dédicace en l'honneur de Constance Chlore, Le Bas a copié à Hiéronda l'inscription suivante (*Inscr. d'Asie Mineure*, n° 234) :

(1) La difficulté serait résolue si nous savions où Cockerell a copié ses n<sup>os</sup> 103 et 104. Ses notes portent, semble-t-il, « Geronta », mais il a pu désigner de la sorte, la Voie Sacrée aussi bien que le bourg de Hiéronda.

(2) Voy. CIG., n° 2876 et Waddington, *Fastes des provinces asiatiques*, p. 183 n° 120. Cf. *Prosopogr. imperii romani*, II, p. 3, n° 9.

Φλ. Κλ. Αὐτοκ[ράτωρ
Ἰουλιανὸς
Αὔγουστος
ἀπὸ τῆς π[όλεως
μίλ(ια)
IIII

Je n'ai malheureusement pas retrouvé d'estampage dans les papiers de Le Bas. La copie ne porte que le chiffre romain IIII (= 4) et je n'y vois pas trace du chiffre grec, qui n'était d'ailleurs pas nécessaire; nous avons l'exemple inverse de bornes milliaires où l'inscription est latine et les chiffres sont grecs(1). Il nous importerait davantage de savoir où se dressait la pierre qui n'a certainement pas été retrouvée *in situ*. De toute façon nous apprenons que Julien a réparé sur une longueur de quatre milles la vieille route de Trajan(2). Puisqu'il porte le titre d'Auguste et qu'il est mort en 363, l'inscription est postérieure à l'hiver de 360 et antérieure au 26 juillet 363.

Vers le même temps la ville de Milet gravait en son honneur une dédicace solennelle, que Cyriaque d'Ancône a copiée à Palatia : elle clora dignement cette étude.

*Bull. de Corr. hellén.*, I (1897), p. 288, n° 65 = DITTENBERGER, *SIG.*², n° 424.

Τὸν γῆς καὶ θαλάσσης καὶ παντὸς ἀνθρώ-
πων ἔθνους δεσπότην Φλ. Κλαύδιον
Ἰουλιανὸν αὐτοκράτορα, τὸν πάσης
οἰκουμένης δεσπότην, ἡ λαμπρὰ τῶν
Μιλησίων μητρόπολις καὶ τροφὸς τοῦ
Διδυμέου Ἀπόλλωνος, εὐτυχῶς(3).

(1) En Cappadoce, par exemple, sur la route de Cocussus à Arabissus. Voy. J. R. Sitlington STERRETT, *An epigraphical Journey in Asia minor*, p. 269 suiv. : n°s 309, 311, 312, 313.

(2) Cf. ce que dit Julien du pavage des routes qu'il a vu construire. *Epist.*, XXVII, 1, Hertlein : Ὃν τρόπον εἰώθασιν ἐν ταῖς ἄλλαις πόλεσι τὰς λεωφόρους οἱ ἐξοικοδομοῦντες, ἀντὶ μὲν τῆς κονίας πολὺν τὸν χοῦν ἐποικοδομοῦντες, πυκνοὺς δὲ ὥσπερ ἐν τοίχῳ τιθέντες τοὺς λίθους.

(3) Cf. la dédicace en l'honneur de Julien, gravée par le Conseil et le peuple d'Iasos (*Bull. de Corr. hellén.*, XIII (1889), p. 35). Nous y voyons que le verbe sous-entendu dans la dédicace milésienne est καθιέρωσεν.

On notera dans la dédicace milésienne la forme Διδυμέου = Διδυμαίου Ἀπόλ-

Quand, pour complaire à l'empereur qui avait permis au sort de le désigner comme prophète (1), Milet s'intitulait « la nourricière d'Apollon Didyméen », les jours du dieu et ceux de la ville étaient comptés. Déjà le dieu ne rencontrait plus le même respect, ni l'oracle le même crédit ; déjà l'ombre victorieuse du christianisme s'étendait sur l'enceinte sacrée, gagnant de jour en jour du terrain. Près du temple, s'étaient bâties, en l'honneur de martyrs, des chapelles où priaient les chrétiens et où ils ensevelissaient leurs morts (2). La bienfaisante invasion menaçait ainsi tous les grands sanctuaires païens et particulièrement les oracles, que les auteurs chrétiens combattent si vivement et sur lesquels ils nous fournissent de si précieux renseignements (3). Près d'Antioche, par exemple, au temple d'Apollon Daphnæos que fait restaurer Julien, les chrétiens sont en quelque sorte les maîtres de l'enceinte sacrée : ils y gardent leurs morts, ils y transportent les restes du martyr Babylas, ils y sont accusés de l'incendie du temple (4). C'est à la suite de cet incendie, survenu le 22 octobre 362, que Julien ordonna au gouverneur de la Carie de détruire les chapelles chrétiennes de Didymes. Ordre fut donné d'incendier celles qui étaient couvertes d'un toit et abritaient une table sainte, de démolir jusqu'aux fondations de celles qui étaient inachevées (5). Vaines mesures qui n'eurent d'autre effet que d'amonceler des ruines autour du colosse demi-ruiné lui-même, d'où la vie se retirait peu à peu. Il semble en effet que les païens mêmes aient bientôt renoncé à réserver à leur dieu délaissé l'édifice tout

λωνος. La forme classique Διδυμεύς est encore employée par Strabon, Appien, Clément d'Alexandrie et Origène (*Témoignages*, nos I, XXXI, XL, XXVII); mais déjà Pline l'Ancien et Plutarque parlent du *Didymaeum* et Διδυμαῖον (*Témoignages*, nos XXV (cf. III), XV). Ulpien nomme *Apollinem Didymaeum* (no XX). Julien et les écrivains postérieurs ne connaissent plus que la forme Διδυμαῖος.

(1) *Témoignages*, no XLVIII.

(2) Saint Thyrse avait été martyrisé à Milet sous le règne de Dèce. *Acta sanctorum*, Janvier, II, p. 808 suiv.

(3) Voy. entre autres Eusèbe, *Praepar. euang.*, II, 3, 4 et surtout IV, 2 (= *Témoignages*, no XLVII), où il parle de poursuites dirigées contre les prophètes d'Antioche (Daphné) et de Milet.

(4) Rufin, *Hist. eccles.*, I, 35. Sozomène, V, 19. Ammien Marcellin, XXII, 13. Saint Babylas était mort sous le règne de Dèce, en 250. Eusèbe, *Hist. eccles.*, VI, 9. Cf. Evagrius, éd. Bidez et Parmentier, I, 16, p. 26.

(5) *Témoignages*, no XXII.

entier. Quand on habite une maison trop grande et trop lourde, on en ferme une partie ou bien on donne une destination nouvelle aux pièces inoccupées ; il en alla de même pour le Didymeion qui fut en quelque sorte désaffecté morceau par morceau, qui mourut au culte païen membre par membre. Si je ne me trompe, une des premières parties abandonnées fut le long côté S. et l'angle S. E. : j'ai relevé, sur les degrés, des inscriptions qui me le font supposer.

Pour la ville, son ennemi séculaire, le fleuve auquel on intentait jadis des procès quand il faisait tomber des éperons et emportait des terres(1), le Méandre, achevait d'en triompher : il comblait ses ports, l'éloignant à tout jamais de la mer, la condamnant à l'isolement et à la ruine (2).

(1) Strabon, XII, 580 : Φασὶ δὲ καὶ δίκας εἶναι τῷ Μαιάνδρῳ μεταφέροντι τὰς χώρας ὅταν περικρουσθῶσιν οἱ ἀγκῶνες, ἁλόντος δὲ τὰς ζημίας ἐκ τῶν πορθμικῶν διαλύεσθαι τελῶν. Par οἱ ἀγκῶνες j'entends les éperons naturels, les angles saillants formés par les détours du fleuve.

(2) Voy. O. Rayet, *Milet et le golfe Latmique*, I, p. 31. « Cette révolution physique, qui entraîna la ruine et le dépeuplement d'Héraclée du Latmos, comme un changement semblable avait amené jadis l'abandon de Myonte, ne peut être de beaucoup postérieure au quatrième siècle de l'ère chrétienne... L'ensablement des ports de Milet dut avoir lieu en même temps que cette fermeture du chenal... » Le chenal est celui qui restait encore ouvert au temps du géographe Ptolémée entre la plaine de Priène, de formation récente, le fond méridional du golfe Latmique et le territoire milésien.

# CONCLUSION

Pourquoi le Didymeion n'a pas été achevé. — Mauvais renom des Branchides. — Suprématie de Delphes. — Insuffisance des ressources de Milet.

Au terme de cette longue étude, une question se pose, que nous ne pouvons laisser sans réponse : pourquoi le temple de Didymes n'a-t-il pas été achevé? Strabon, lui aussi, l'avait posée au premier siècle de notre ère, mais la réponse qu'il avait trouvée dans ses livres, ou que lui avait fournie un interlocuteur mal renseigné, ne nous satisfait qu'à demi : « il est resté sans toit à cause de sa grandeur[1]. » Certes les proportions mêmes du temple et l'énormité des dépenses qui en résultaient ont contribué pour leur bonne part à l'échec de la grande entreprise milésienne, mais ces raisons d'ordre matériel ne suffisent pas à expliquer l'insuccès de l'ambitieuse cité; il y en a d'autres, et d'un autre ordre. Aussi faut-il modifier notre question et demander pourquoi le dieu de Didymes n'a pas retrouvé assez de crédit pour obtenir l'achèvement de sa demeure.

***

Une tradition rapportée par Strabon et empruntée à l'un des historiens d'Alexandre[2] veut que l'antique famille sacerdotale des Branchides ait livré les trésors de Didymes à Xerxès, quand, après la défaite de Salamine (480/479), il regagnait la Perse. Le crime commis, les Branchides s'enfuirent avec le roi et celui-ci les établit en Sogdiane où ils fondèrent une ville qu'ils appelèrent de leur nom. Le châtiment se fit attendre pendant un siècle et

(1) *Témoignages*, n° XIII.
(2) *Témoignages*, n° I. Cf. Strabon, XI, 518.

demi, et c'est seulement sous Alexandre en 330/329 que le dieu se vengea sur les descendants éloignés des traîtres sacrilèges : Alexandre les fit massacrer jusqu'au dernier (1).

Le très consciencieux historien des Branchides, M. Gelzer, a fait effort pour concilier ces traditions avec le texte très précis d'Hérodote où il est dit que le temple de Didymes a été pillé et brûlé par Darius en 494 et que les Milésiens ont été emmenés en captivité à Suse, puis établis à Ampé sur la mer Érythrée (2). La découverte récente, à Suse même, d'un ex-voto du premier Didymeion, qui faisait à n'en pas douter partie du butin de Darius, confirme le témoignage de l'historien grec (3). Les Branchides n'ont pu livrer à Xerxès des trésors sur lesquels Darius avait mis la main, pas plus que Xerxès n'a pu livrer aux flammes un temple que son père avait incendié. Strabon et sa source, plus tard Pausanias (4), ont confondu Xerxès et Darius et je me propose, en publiant l'année prochaine l'ex-voto de Suse, de rechercher les raisons de cette confusion.

Il nous importe davantage de savoir à quelle époque s'est formée la tradition, ou, pour mieux dire, la légende de la trahison des Branchides. Elle avait cours, semble-t-il, au temps d'Alexandre, car j'ai peine à croire que l'auteur suivi par Strabon l'ait inventée de toutes pièces pour expliquer un massacre non moins légendaire que la trahison même. Il se peut que les Milésiens eux-mêmes l'aient répandue dès le cinquième siècle. Le dieu de Didymes et les Branchides s'étaient montrés favorables aux Perses; ils n'avaient pas hésité, notamment, à condamner le Lydien Pactyès dont les aventures avaient frappé l'imagination des Grecs d'Asie Mineure. Le récit de la consultation de l'oracle par les θεοπρόποι de Kymé et l'intervention du Kyméen Aristodicos sont au nombre des épisodes les plus

(1) Sur les Branchides, voy. l'article de F. Cauer, dans P.-W., *Real-Encycl.*, III (1897), p. 809-813. Cf. un article récent de J. B. Bury, *The Relations of Miletus, Branchidae and Delphi : a Problem*, dans les *Beiträge zur alten Geschichte*, II (1902), p. 21-23.

(2) H. Gelzer, *De Branchidis*, 1869, p. 12 suiv. — Hérodote, VI, 19 et 20.

(3) J'ai présenté cet ex-voto à l'Académie des Inscriptions et Belles-Lettres dans sa séance du 9 mars 1902 et je le publierai en 1903 dans le tome VI des *Mémoires de la Délégation en Perse*.

(4) *Témoignages*, nos XXIII et XXIV.

saisissants des histoires d'Hérodote(1) et tous ses lecteurs étaient disposés à faire bon accueil aux insinuations ou accusations lancées contre les Branchides. Pour avoir été partisans des barbares, les Branchides devinrent peu à peu des traîtres : on les accusa de la ruine du Didymeion, alors qu'il leur avait été impossible de s'opposer au pillage du temple autant qu'aux Milésiens de s'opposer à la ruine de leur ville.

Dans quelle mesure cette légende trouva-t-elle crédit et put-elle nuire aux projets de reconstruction du Didymeion? Il nous est très difficile de le savoir. Si nous devions en croire Strabon ou sa source, la haine des Branchides eût encore été assez forte à la fin du quatrième siècle pour attirer sur leurs descendants un châtiment inique. Il faut lire dans Quinte Curce le récit fantastique de la fin des Branchides de Sogdiane(2). L'invraisemblance en éclate aux yeux et nous pouvons décharger la mémoire d'Alexandre de cet odieux forfait. Quelle part de vérité renferment les récits de Strabon et de Quinte Curce? Alexandre a-t-il rencontré en Sogdiane une colonie milésienne? Son historiographe complaisant a-t-il voulu dissimuler sous je ne sais quel semblant de piété hellénique l'exécution en masse de barbares dangereux(3)? Cela est possible, mais l'examen de ces hypothèses nous entraînerait hors de notre sujet.

M. Gelzer, plus conciliant que nous, ne rejette pas le témoignage de l'historien d'Alexandre, Clitarque, selon lui(4). Il croit que la haine des Branchides a longtemps survécu à leur fuite, au point que leur nom a disparu pour toujours et que le second temple de Didymes ne fut jamais appelé, comme le premier, l'oracle des Branchides, mais le Didymeion ou temple d'Apollon Didyméen(5). L'argument est plus spécieux que probant. Il eût été pour le moins singulier de donner au nouveau temple le nom d'une famille qui n'avait plus aucun lien avec le sanctuaire,

(1) I, 158-159.
(2) QUINTE CURCE, VII, 5, 28-36. Cf. ÉLIEN, Fragm. n° 54, éd. R. Hercher, II, p. 210 = SUIDAS, s. v. Βραγχίδαι. PLUTARQUE, *De sera numinis vindicta*, 12 (557 B).
(3) K. Otf. MUELLER, *Kleine deutsche Schriften*, II, p. 540.
(4) *Mémoire cité*, p. 17 suiv. Pour l'attribution à Clitarque, p. 14, note 2.
(5) *Ibid.*, p. 15 suiv.

puisqu'elle avait disparu et que de plus, à tort ou à raison, elle laissait derrière elle de mauvais souvenirs. Je reconnais néanmoins la persistance de ces souvenirs et, je dirais presque, du mauvais renom de l'ancien Didymeion : pendant les cent soixante ans qu'a duré la domination perse, de 494 jusqu'en 334, Milet a laissé la source de Didymes ensevelie sous les ruines. Quand, au lendemain du passage d'Alexandre et de la restauration de la démocratie, elle forma le projet de reconstruire l'oracle jadis fameux, le moment était-il bien choisi ?

***

Dans son remarquable *Mémoire sur les ruines et l'histoire de Delphes*, M. Paul Foucart aborde en ces termes la troisième période de l'histoire du temple : « Depuis la conquête macédonienne, il serait inutile de chercher l'influence de l'oracle sur les affaires politiques. Ce n'étaient plus les ordres des dieux, mais les conseils de l'ambition qu'écoutaient les successeurs d'Alexandre, occupés à se disputer et se partager son héritage. Mais, pour un sanctuaire aussi renommé que Delphes, l'oubli ne succède pas tout d'un coup à la gloire ; après que la foi s'est éteinte, on continue encore à lui rendre hommage par coutume, par bienséance, vanité, politique ou superstition (1). » Que la foi se fût éteinte et que l'oracle de Delphes eût perdu son influence sur les affaires politiques de la Grèce, les Delphiens ne s'en seraient pas consolés s'ils avaient du même coup perdu leur clientèle de théores et de donateurs. Heureusement pour eux et malheureusement pour Didymes, il n'en fut rien. La diffusion de l'hellénisme en Asie Mineure et en Orient valut de nouveaux clients au dieu de Delphes, clients d'importance, clients royaux, Séleucides, Attalides, Ptolémées et rois de Bithynie (2).

J'ai montré plus haut comment les Séleucides, pour ne parler que des princes de cette dynastie, avaient subi l'attrait du grand

(1) P. 204, Paris, 1865.

(2) Cf. L. Couve, *Bull. de Corr. hellén.*, XVIII (1894), p. 226 suiv. ; 248 suiv. ; 254 suiv.

oracle de la Grèce[1]. Ni l'oracle de Daphné qu'ils avaient fondé[2], ni celui, jadis célèbre, de Didymes, si bien disposé pour eux, si empressé à satisfaire leur orgueil et à servir leurs desseins, ne pouvaient être mis sur le même rang que Delphes. Rendre hommage au dieu de Delphes, c'était affirmer le lien de parenté qui les unissait à la Grèce et dont ils n'étaient pas moins fiers que de leur filiation divine; c'était en même temps flatter la vanité des Grecs, dispensateurs souverains des éloges, des honneurs, de cette menue gloire à laquelle les successeurs d'Alexandre n'étaient pas insensibles. Obtenir une réponse favorable du dieu de Didymes et un éloge de Milet, c'étaient choses faciles pour les maîtres de l'Asie Mineure et presque banales : les Séleucides ont préféré se tourner vers Delphes, centre et foyer de la Grèce et de l'hellénisme dont ils avaient conscience de bien mériter.

Les cités de l'Asie Mineure, attachées à leurs traditions séculaires, avaient d'autres raisons, non moins puissantes, de suivre l'exemple des Séleucides : elles sont restées, à travers les siècles, pieusement fidèles à l'oracle de Delphes. J'ai cité plus haut l'exemple si intéressant de Magnésie du Méandre, dont les théores pouvaient en une petite journée gagner le Didymeion. L'idée ne lui vint pas d'interroger un autre dieu que celui de Delphes, son fondateur[3]. Smyrne, Alabanda, Téos, préoccupées comme Magnésie d'assurer leur neutralité, au cours de ce troisième siècle qui eût dû faire la fortune de Didymes, consultent l'Apollon Pythien[4]. Téos, il est vrai, consulte par surcroît l'Apollon Didyméen, mais on dirait que ses ambassadeurs s'en cachent dans la longue campagne qu'ils entreprennent par tout le monde grec. L'avis favorable du dieu de Didymes n'est cité qu'une fois, dans la réponse d'une petite cité crétoise qui entretenait sans doute de bonnes relations avec Milet[5].

(1) P. 126; 130 suiv.

(2) Séleucus I s'était adressé à l'oracle de Delphes pour la fondation du sanctuaire de Daphné, s'il faut en croire LIBANIUS, Ἀντιοχικός, I (Reiske), p. 303. Cf. K. Otf. MUELLER, *De antiquitatibus Antiochenis*, § 16 (*Kunstarchäologische Werke*, éd. Calvary, V, p. 42 suiv.).

(3) Voy. plus haut, p. 143 suiv.

(4) P. 130; 148, note 2; 150, note 1. Cf. l'Index I sous chacun de ces noms.

(5) P. 148.

Le prestige de Delphes, son rayonnement incomparable qui n'avait jamais subi d'éclipse, voilà donc la cause principale de l'insuccès du Didymeion. Vouloir après cent soixante ans de silence, ranimer un oracle oublié; croire qu'il serait possible de reconquérir le crédit du vieux Didymeion, fondé en un temps où Milet couvrait le Pont-Euxin et l'Égypte de ses colonies(1); essayer de partager la gloire et l'influence de l'oracle Pythique, c'était déjà une vaine entreprise : Milet commit une autre faute.

***

A défaut du texte de Strabon, que je rappelais au début de cette Conclusion, ou du texte de Dion Cassius que j'ai cité dans les *Témoignages* (n° XVIII), les ruines mêmes du Didymeion nous auraient exactement renseignés sur les dimensions colossales du temple projeté par Milet : c'est le plus vaste édifice religieux que l'antiquité grecque ait érigé(2).

J'ai dit plus haut qu'au temps où fut conçue cette orgueilleuse entreprise, Milet avait de lourdes charges à supporter : la reconstruction de ses murailles et de plus d'un quartier de la ville(3). Nous avons vu d'autre part que dès le commencement du troisième siècle, elle avait su gagner la faveur de Séleucus et de son fils et nous avons insisté sur les libéralités de ces princes(4). En vint-elle jamais à rêver plus? Espéra-t-elle que, désireux d'imiter Alexandre à Éphèse(5), l'un de ses successeurs se ferait le patron du nouveau temple? Nous ne saurions le dire. Le temps était pourtant favorable à ces espérances encourageantes : les rois savaient encore être généreux au troisième siècle; leurs habitudes changeront au siècle suivant. Polybe, après avoir énuméré complaisamment les magnifiques dons que Rhodes, au lendemain du tremblement de terre de l'année 224, reçut d'Hiéron, de Gélon, de Ptolémée, d'Antigone et de son épouse, de Séleucus, de Prusias et de Mithridate, fait honte aux rois ses

(1) Sur l'antiquité de l'oracle de Didymes, voy. PAUSANIAS, VII, 2, 6.

(2) *Témoignages*, n° XIII.

(3) P. 5.

(4) P. 33 suiv.

(5) Voy. STRABON, XIV, 640-641.

contemporains de leur mesquinerie et engage les cités grecques à mieux proportionner les honneurs dont elles disposent à la faiblesse des dons qu'elles reçoivent[1]. Mais, ni au troisième siècle, ni plus tard, les Séleucides ne se montrèrent disposés à prendre à leur charge les dépenses de la construction du Didymeion. La pieuse générosité de Séleucus I s'exerçait ailleurs : un autre sanctuaire d'Apollon, celui de Daphné, s'élevait et s'achevait aux frais de sa cassette. Les Milésiens, jusqu'au temps de Caligula, n'eurent à compter que sur leurs seules ressources.

Magnésie du Méandre, elle aussi, n'avait eu à compter que sur ses seuls revenus et pourtant elle avait pu mener à bonne fin la construction d'un temple, considérable lui aussi, celui d'Artémis Leucophryéné. Sans aller jusqu'à croire que l'Artémision fut achevé en vingt ans, comme semble disposé à l'admettre Otto Kern[2], il n'en est pas moins certain que le temple dont Hermogène avait donné le plan fut construit d'un seul jet, en une même période, sans interruption appréciable. Dans une page excellente de ses *Études sur Magnésie*, Otto Kern a montré qu'il n'était nullement besoin, pour expliquer l'inégalité du travail, d'admettre une restauration faite à l'époque romaine, comme le proposait W. Dörpfeld. L'inégalité du travail n'implique pas une interruption plus ou moins prolongée; elle témoigne seulement d'une précipitation manifeste. « Plus la construction du temple avançait, dit très justement Otto Kern, plus le travail devenait rapide et négligé. Hermogène, peu après

(1) POLYBE, V, 88-90. Cf. plus haut, p. 242, note 1. La fin du chapitre 90 (5 suiv.) mérite d'être citée : Ταῦτα μὲν οὖν εἰρήσθω μοι χάριν... τῆς τῶν νῦν βασιλέων μικροδοσίας καὶ τῆς τῶν ἐθνῶν καὶ πόλεων μικροληψίας, ἵνα μήθ' οἱ βασιλεῖς τέτταρα καὶ πέντε προϊέμενοι τάλαντα δοκῶσί τι ποιεῖν μέγα καὶ ζητῶσι τὴν αὐτὴν ὑπάρχειν αὑτοῖς εὔνοιαν καὶ τιμὴν παρὰ τῶν Ἑλλήνων ἣν οἱ πρὸ τοῦ βασιλεῖς εἶχον, αἵ τε πόλεις λαμβάνουσαι πρὸ ὀφθαλμῶν τὸ μέγεθος τῶν πρότερον δωρεῶν μὴ λανθάνωσιν ἐπὶ μικροῖς καὶ τοῖς τυχοῦσι νῦν τὰς μεγίστας καὶ καλλίστας προϊέμεναι τιμάς, ἀλλὰ πειρῶνται τὸ κατ' ἀξίαν ἑκάστοις τηρεῖν, ᾧ πλεῖστον διαφέρουσιν Ἕλληνες τῶν ἄλλων ἀνθρώπων. Cf. TITE LIVE, XLI, 20, 5, où il est dit d'Antiochus IV : ...in duabus tamen magnis honestisque rebus vere regius erat animus, in urbium donis et deorum cultu.

(2) Otto KERN, *Magnetische Studien*, dans l'*Hermes*, XXXVI (1901), p. 491 suiv. Il place en 202 ou 203 la célébration de la première fête des Leucophryéna (p. 504) et admet que le temple dut être achevé pour cette date (p. 497 et 498). Or il n'avait pu être commencé avant 221/0 (p. 492).

l'achèvement de l'intérieur et de la façade W., s'était empressé de gagner Téos où l'attirait une nouvelle mission (1). » Aussi bien la disposition pseudodiptère qu'il avait adoptée, l'étroitesse de la cella, la suppression d'un rang de colonnes, tout avait été admirablement calculé pour une entreprise de courte haleine, qui ne devait pas grever trop longtemps le budget de la ville (2). Nos Milésiens avaient été moins prévoyants : perdus dans leur forêt de colonnes et dans leur montagne de marbre, ils ne voyaient pas la fin d'un édifice dont d'autres générations avaient vu le commencement. Que leur avait servi d'user de précipitation pour achever la frise intérieure de l'adyton, dont le travail est pourtant plus soigné que celui de la frise de Magnésie! Ils ne pouvaient venir à bout du double ptérôma, du prodomos, de la façade principale! Ils étaient punis d'avoir voulu un trop grand et trop beau temple, νεὼν... καὶ μέγαν καὶ ὑπερκαλλῆ (3).

Est-il besoin maintenant de rappeler le projet de Caligula et l'échec définitif de l'entreprise milésienne? Le caprice impérial valut au Didymeion l'achèvement rapide d'une frise grossière et de denticules d'un mauvais dessin, puis il augmenta de deux milles le rayon de l'ἀσυλία et ce fut lui sans doute qui mit l'Apollon de Didymes sur la liste peu nombreuse des divinités qu'il était permis d'instituer pour héritiers (4). Mais les chantiers se fermèrent à jamais après sa mort et le temple ne fut pas terminé.

Olivier Rayet, décrivant les progrès des atterrissements du Méandre qui ruinèrent Milet, parle de « la longue décadence de cette ville, si bien située, si prospère au début de son histoire, et contre laquelle la fortune semble s'être toujours acharnée (5). » L'histoire de son temple nous a révélé son imprévoyance et son impuissance, en même temps que sa courageuse obstination. Et pourtant ce temple inachevé est l'un de ses titres de gloire.

(1) *Article cité*, p. 497.
(2) Sur la disposition du temple pseudodiptère de Magnésie, voy. Vitruve, III, 2, 6, p. 68, Rose².
(3) *Témoignages*, n° XVIII.
(4) *Témoignages*, n° XX.
(5) *Milet et le golfe Latmique*, I, p. 31.

Dans la série des édifices élevés par les maîtres de l'école d'Ionie au cours du quatrième et du troisième siècles, le Didymeion occupe un des premiers rangs. Nous dirons, dans l'essai de restauration que nous présenterons prochainement au public, M. Pontremoli et moi, quelle fut l'originalité du Milésien Daphnis et de l'Éphésien Pæonios, quelles dispositions nouvelles ils ont imaginées, quelles formes ils ont créées et quel en fut le succès. Qu'il me suffise, en terminant ce livre, d'affirmer que le Didymeion fait honneur à Milet, « la meilleure, avec Éphèse, et la plus fameuse cité de l'Ionie[1]. »

(1) Strabon, XIV, 634, commence la description de l'Ionie par Milet et Éphèse, et ajoute : αὗται γὰρ ἄρισται πόλεις καὶ ἐνδοξόταται.

# INDEX

## I. — INDEX GÉNÉRAL

## II. — INDEX MILÉSIENS

### A. — *Noms d'hommes et de femmes.*

---

## B. — *Institutions politiques et religieuses.*

---

## C. — *Le Didymeion. — Termes d'architecture.*

---

## D. — *Inscriptions de Didymes et de Milet publiées pour la première fois.*

### Comptes.



### Dédicaces.

**Épitaphe métrique.**



**Inventaires.**

# ADDENDA ET CORRIGENDA

P. 3, ligne 7. — Sur les Branchides, voy. plus loin, p. 291 suiv.

P. 4, note 1. — *Ajouter :* Cf. QUINTE CURCE, IV, 1, 37.

P. 8, ligne 11. — *Lire :* Hidrieus *au lieu de* Idrieus.

P. 35, ligne 26. — *Lire :* υἱὸν *au lieu de* ὑιὸν.

P. 126, lignes 7 et 8. — Sur les relations de Séleucus avec Delphes, voy. p. 295, note 2.

P. 206, ligne 17. — *Lire :* χρημάτων *au lieu de* χημάτων.

P. 229, note 6. — *Ajouter :* Ce chapitre était imprimé quand j'ai reçu de M. W. H. Denham ROUSE son livre intitulé : *Greek votive Offerings. An Essay in the History of greek Religion*, Cambridge, University Press, 1902, xv-463 pages in-8°. Je signale particulièrement à mes lecteurs les chapitres IV : *Games and Contests ;* VII : *Memorials of Honour and Office*, et VIII : *Memorials of Feasts and Ceremonials.*

P. 241, lignes 15 et 30. — *Lire :* Philomélos *au lieu de* Philodémos.

P. 242, note 1, ligne 2. — *Lire :* Philomélos *au lieu de* Philodémos.

---

P. 140, vers 3 et 4 (lignes 7 et 8). — *Lire :*

ξυνὰ δὲ Νηλείδαισιν ὁμαίχμια πρῶτος Ἰώνων
ἔστησας Κρητῶν φῦλα ἀναλεξάμενος.

P. 141, vers 7 (ligne 11). — *Lire :* βασιλεῖας. Cf. *Arch. Anz.*, 1901, p. 196.

www.ingramcontent.com/pod-product-compliance
Ingram Content Group UK Ltd.
Pitfield, Milton Keynes, MK11 3LW, UK
UKHW012154240726
13966UKWH00002B/330